Die Schiedsgerichtsbarkeit bei internationalen
Bau- und Anlagenverträgen in Europa

Europäische Hochschulschriften
Publications Universitaires Européennes
European University Studies

Reihe II
Rechtswissenschaft

Série II Series II
Droit
Law

Bd./Vol. 3106

PETER LANG
Frankfurt am Main · Berlin · Bern · Bruxelles · New York · Oxford · Wien

Claudia Royé

Die Schiedsgerichtsbarkeit bei internationalen Bau- und Anlagenverträgen in Europa

Untersuchung und Entwurf einer europäischen Bauschieds- und Bauvermittlungsordnung

PETER LANG
Europäischer Verlag der Wissenschaften

Die Deutsche Bibliothek - CIP-Einheitsaufnahme

Royé, Claudia:

Die Schiedsgerichtsbarkeit bei internationalen Bau- und Anlagenverträgen in Europa : Untersuchung und Entwurf einer europäischen Bauschieds- und Bauvermittlungsordnung / Claudia Royé. - Frankfurt am Main ; Berlin ; Bern ; Bruxelles ; New York ; Oxford ; Wien : Lang, 2001
(Europäische Hochschulschriften : Reihe 2, Rechtswissenschaft ; Bd. 3106)
Zugl.: Berlin, Humboldt-Univ., Diss., 2000
ISBN 3-631-36902-6

ISSN 0531-7312
ISBN 3-631-36902-6

Meinem Vater
(1940-1999)

Vorwort

Diese Arbeit lag im Wintersemester 1999/2000 der Juristischen Fakultät der Humboldt-Universtät zu Berlin als Dissertation vor. Aktuelle Literatur konnte bis zum Sommer 2000 berücksichtigt werden.

Mein ganz besonderer Dank gilt meinem wissenschaftlichen Betreuer Herrn Prof. Dr. Ulrich Battis für die Annahme meines Promotionsvorhabens, für seine Betreuung und seine unverzügliche Bewertung meiner Arbeit. Mein herzlicher Dank gilt auch meinem Zweitgutachter Herrn Prof. Dr. Rainer Schröder.

Besonders danke ich Herrn Prof. Wolfgang Heiermann für die Unterstützung meines Promotionsvorhabens. Gleichzeitig gilt mein Dank den Mitarbeitern des Lehrstuhls für Internationales Wirtschaftsrecht an der Universität zu Köln. Hierbei möchte ich besonders Frau Denise Digrell hervorheben, die mir immer wieder bei der Literaturrecherche und beim Korrekturlesen meiner Arbeit beistand. Ganz herzlichen Dank möchte ich an meine Freundin Frau Dr. Stephanie Birmanns richten, die mir während meiner Zeit in Köln nicht nur ein Quartier, sondern auch immer wieder hilfreiche Anregungen geboten hat. Herzlich danke ich Herrn Rechtsanwalt Manfred Müller, der zu meiner Arbeit wertvollen Beitrag leistete.

Ganz besonderen Dank schulde ich meinen Eltern Herrn Dr. Klaus Royé und Frau Dr. Ulrike Royé, die mir meine Ausbildung und dieses Promotionsvorhaben ermöglicht haben. Meinem Vater sei die Arbeit gewidmet, deren Abschluß er nur ahnen, aber leider nicht mehr erleben konnte. Außerdem danke ich von ganzem Herzen meinem Freund, Herrn Dipl.-Winf. Jörg Spatzier, der mir beim Layout dieser Arbeit beiseite stand und sich immer verständnisvoll gezeigt hat.

Kronberg, im Dezember 2000

Claudia Royé

Inhaltsverzeichnis

Abkürzungsverzeichnis

a. F.	alte Fassung
aaO.	am angegeben Ort
AALCC	*Asian-African Legal Consultive Committee*
AB 1972	*Almänna Bestämmelser för Byggnaads-, Anläggnings- och Installations entrepenader* 1972
AB 92	*Almindelige Betingelser for Arbejder og Leverancer* 1992
ABR 89	*Almindelige Bestemmelser for teknick radgivning og bystand* 1989
Abs.	Absatz
ADR	*Alternative Dispute Resolution*
AFNOR	*Association Française de Normalisation*
AGB	Allgemeine Geschäftsbedingungen
AGB-Gesetz	Gesetz zur Regelung des Rechts der Allgemeinen Geschäftsbedingungen
Arb.Int.	*Arbitration International*
Arb.J.	*The Arbitration Journal*
ARGE Baurecht	Arbeitsgemeinschaft für privates Bau- und Architektenrecht im Deutschen AnwaltVerein
Art.	Artikel
ASA	*Association suisse de l'arbitrage*
AWD	Außenwirtschaftsdienst
BauGB	Baugesetzbuch
BauR	Baurecht
BB	Betriebs-Berater
Bd.	Band
Beil.	Beilage
BfAI	Bundesstelle für Aussenhandelsinformation
BGBl.	Bundesgesetzblatt
BGH	Bundesgerichtshof
BGHZ	Entscheidungen des Bundesgerichtshofes in Zivilsachen
BRAGO	Bundesgebührenordnung für Rechtsanwälte
Brit.Y.B.Int.Law	*The British Year Book of International Law*
BR-Drucks.	Drucksachen des Deutschen Bundesrates
BT-Drucks.	Drucksachen des Deutschen Bundestages
BW	Bauwirtschaft
bzw.	beziehungsweise

C.A.T.P. ....*Comité d'arbitrage des travaux publics*
ca. ....circa
CBR..............................*Centraal Bureau voor de Rijwiehandel*
CMLRev. ....*Common Market Law Review*
CIMAR..........................*Construction Industry Model Arbitration Rules*
Colum.L.Rev. ....*Columbia Law Review*
d.h. ....das heißt
DÖV ....Die Öffentliche Verwaltung
D.P.C.I. ....*Droit et practique du commerce international*
DAB ....*Dispute Adjudication Board*
ders. ....derselbe
DIN...............................Deutsche Industrienorm
DIS ....Deutsche Institution für Schiedsgerichtsbarkeit e.V.
DIS-Mat. ....DIS-Materialien
DOC. ....*Document*
Dok. ....Dokument
DRiZ.............................Deutsche Richterzeitung
DVA ....Deutscher Verdingungsausschuß
ECE ....*Economic Commission for Europe*
ECOSOC.......................*United Nations Economic and Social Council*
EG ....Europäische Gemeinschaft; Artikel des EG-Vertrag in der Fassung nach dem 01.05.1999
EG-Vertrag ....Vertrag zur Gründung der Europäischen Gemeinschaft in der vor dem 01.05.1999 geltenden Fassung
Einl. ....Einleitung
EP ....Europäisches Parlament
EU ....Europäische Union
EuGH............................Europäischer Gerichtshof
EuGVÜ.........................Übereinkommen der Europäischen Gemeinschaft über die gerichtliche Zuständigkeit und die Vollstreckung gerichtlicher Entscheidungen in Zivil- und Handelssachen
e. V. ....eingetragener Verein
EWGV...........................Vertrag der Europäischen Wirtschaftsgemeinschaft
f. ....folgend
ff. ....folgende
F.N.T.P. ....*Fédération Nationale des Travaux Publics*
FIDIC ....*Fédération Internationale des Ingénieurs-Conseils*
FIEC ....*Fédération Internationale Européenne de la Construction*
FNPC ....*Fédération Nationale des PromoteursConstructeurs*

FS ....Festschrift
GIW ....Gesetz über internationale Wirtschaftsverträge
GKG ....Gerichtskostengesetz
H.L. ....*House of Lords*
hrsg. ....herausgegeben
Hrsg. ....Herausgeber
I.C.L.Q. ....*International and Comparative Law Quarterly*
ICC ....*International Chamber of Commerce*, Internationale Handelskammer von Paris
ICE ....*Institution for Civil Engineers*
ICLR................................*International Construction Law Review*
ICSID ....*International Centre for Settlement of Investment Disputes*
Int.Arb. ....*International Arbitration*
IPRax...............................Praxis des Internationalen Privat- und Verfahrensrechts
J.Int.Arb. ....*Journal of International Arbitration*
JbPraxSch.........................Jahrbuch für die Praxis der Schiedsgerichtsbarkeit
JCT ....*Joint Contracts Tribunal*
JuS ....Juristische Schulung
Kap. ....Kapitel
LCIA................................*London Court of International Arbitration*
Ltd. ....*Limited*
n. F. ....neue Fassung
NAI.................................*Nederlands Arbitrage Instituut*
NJW.................................Neue Juristische Wochenschrift
No. ....*Number*
OECD ....*Organization for Economic Co-operation and Development*
ÖNORM ....Österreichisches Normungsinstitut
Öst. ....Österreichische
OLG.................................Oberlandesgericht
P.L.Rev. ....*Pace Law Review*
para. ....*paragraph*
paras. ....*paragraphs*
Publ. ....Publikation
RabelsZ...........................RabelsZeitschrift für ausländisches und internationales Privatrecht
RGBl. ....Reichsgesetzblatt
Rev.Arb. ....*Revue de l'Arbitrage*
RIBA ....*Royal Institute of British Architects*

RIW .... Recht der Internationalen Wirtschaft
Rn. .... Randnummer
RPS .... Recht und Praxis der Schiedsgerichtsbarkeit
Rs. .... Rechtssache
RvA .... *Raad van Arbitrage vor de Bouwbedrijven in Nederland*
S. .... Seite
Schw.Jb.int.Recht .... Schweizer Jahrbuch für internationales Recht
SIA .... Schweizer Ingenieur- und Architektenverein
SGO Bau .... Schiedsgerichtsordnung für das Bauwesen einschließlich des Anlagenbaus
Slg. .... Sammlung
SOBau .... Schlichtungs- und Schiedsordnung für Baustreitigkeiten
UAV 1989 .... *Uniforme Administratieve Voorwaarden voor de uitvoering van werken* 1989
UN .... *United Nations*
UN Doc. .... *United Nations Documents*, Dokumente der Vereinten Nationen
UN-Übereinkommen ..... New Yorker UN-Übereinkommen über die Anerkennung und Vollstreckung ausländischer Schiedssprüche vom 10. Juni 1958
UNCITRAL .... *United Nations Commission on International Trade Law*
UNIDO .... *United Nations Industrial Development Organisation*
usw. .... und so weiter
v. Chr. .... vor Christi
VDMA .... Verband deutscher Maschinen- und Anlagenbau
vgl. .... vergleiche
VOB .... Verdingungsordnung für Bauleistungen
Vol. .... *Volume*
VwGO .... Verwaltungsgerichtsordnung
WIPO .... *World Intellectual Property Organization*
W.L.R. .... *Weekly Law Report*
zit. .... zitiert
z. B. .... zum Beispiel
ZfBR .... Zeitschrift für Baurecht
ZZP .... Zeitschrift für Zivilprozeß

A. Überblick

I. Einführung

Zunächst sei ein kurzer Rückblick in die Gesetzgebung in Babylon um 1700 v. Chr. gestattet:

„§ 229
Der Baumeister, der durch schuldhaften Bau den Einsturz eines Hauses und hierdurch den Tod des Hauseigners verursacht, wird mit dem Tode bestraft.
[...]

§ 231
Wird hierdurch der Tod eines Knechtes verursacht, so ist der Baumeister schuldig, Knecht für Knecht zu ersetzen.

§ 232
Sind durch den Zusammensturz Sachen beschädigt worden, so ist der Baumeister schuldig, den Schaden zu ersetzen; er ist verpflichtet, das Haus auf eigene Kosten wieder aufzubauen.

§ 233
Stürzt eine Wand ein, so ist der Baumeister verpflichtet, die Wand auf seine Kosten wieder aufzubauen.“[1]

Dieser Textauszug aus dem Codex Hammurabi beschäftigt sich mit der Haftung im Bereich des einfachen Werkvertragsrechts, wobei er neben strafrechtlichen Aspekten bereits grundsätzliche Regelungen zu Fragen der Gewährleistung und des Schadensersatzes enthält; vor allem aber zeigt er, daß schon vor Jahrtausenden Rechtsstreitigkeiten um das Bauwesen entstanden sind und gelöst werden mußten. Die Lösungen des Codex Hammurabi scheinen auf den ersten Blick etwas brachial, aber einfach. Gleichwohl muß die aktuelle Beilegung von Streitigkeiten aus Bau- und Anlagenverträgen differenzierter vonstatten gehen.
So soll es Ziel dieser Arbeit sein, die Beilegung von Streitigkeiten aus insbesondere internationalen Bau- und Anlagenverträgen auf ihre Tauglichkeit in der

---

1 Altbabylonisches Recht aus dem Codex Hammurabi, um 1700 v. Chr.; Übersetzung nach Kohler und Peiser, die versucht haben neben einer wörtlichen Übersetzung auch eine modern-juristische Fassung des Gesetzes wiederzugeben, in Kohler/Peiser, Hammurabi's Gesetz, Bd. I, S. 3, 64 f.

Praxis näher zu untersuchen. Da im internationalen Rahmen die am häufigsten angewandte Form der Streitbeilegung gerade im Bauwesen der Weg in die internationale Schiedsgerichtsbarkeit ist, soll sich die vorliegende Untersuchung auf die internationale Schiedsgerichtsbarkeit in Europa im internationalen Bauwesen und Anlagenbau beschränken.

Bereits zu Beginn der achtziger Jahre löste sowohl die nationale als auch die internationale Bauschiedsgerichtsbarkeit in Fachkreisen rege Diskussionen aus, wobei immer wieder auf ihre besondere Eignung zu einer schnellen, kostengünstigen und zufriedenstellenden Streitbeilegung hingewiesen wurde[2]. Bereits damals wurde allerdings auch immer wieder Kritik an der bestehenden internationalen Schiedsgerichtsbarkeit geäußert und auf die Reformbedürftigkeit existierender Regelungen und Schiedsinstitutionen gerade im Bereich der internationalen Bauschiedsgerichtsbarkeit hingewiesen[3]. Im Laufe des Jahrzehntes verebbten die Diskussionen allerdings; dabei war es nur zu oberflächlichen Maßnahmen zur Verbesserung der Situation gekommen, die nicht wirklich erfolgreich waren[4].
Inzwischen scheint es jedoch angebracht, die Diskussion zu diesem Thema wieder aufzunehmen, da sich gerade im Bereich sowohl der nationalen als auch der internationalen Schiedsgerichtsbarkeit vieles getan hat. So wurden in den letzten Jahren zahlreiche nationale Schiedsgesetze grundlegend reformiert und dabei modernisiert, so beispielsweise das deutsche Schiedsrecht (das zehnte Buch der Zivilprozeßordnung, §§ 1025 bis 1066 ZPO) oder das englische Recht (*Arbitration Act 1996*). Auch Reformen von internationalen Schiedsordnungen wie die Schiedsordnung der Internationalen Handelskammer in Paris oder *Arbitration Rules* des *London Court of International Arbitration* traten am 01.01.1998 in Kraft.
So erscheint die internationale Schiedsgerichtsbarkeit heute als ein aktuelleres Thema denn je. Darüberhinaus wird gerade im Bereich des Baurechts die Schiedsgerichtsbarkeit auch heutzutage als eine exzellente Möglichkeit konstruktiver Konfliktbereinigung bezeichnet[5].

---

2 Veröffentlichungen zu diesem Thema aus der angesprochenen Zeit sind z. B. Böckstiegel (Hrsg.), Vertragssgestaltung und Streiterledigung in der Bauindustrie und im Anlagenbau; Nicklisch (Hrsg.), Bau- und Anlagenverträge -Risiken, Haftung, Streitbeilegung-; Simons (Hrsg.), Der Streit bei internationalen Bauverträgen.

3 So beispielsweise Glossner, Bauschiedsgerichtsbarkeit der Internationalen Handelskammer, in Böckstiegel (Hrsg.), Vertragsgestaltung und Streiterledigung in der Bauindustrie und im Anlagenbau, S. 277, 283.

4 Eine Bestandsaufnahme der bisherigen internationalen Schiedsregelungen, die im Bereich der internationalen Bauschiedsgerichtsbarkeit Anwendung gefunden haben sowie ihre Reformansätze werden ausführlich in Kap. C. dargestellt werden.

5 Mandelkow, Schiedsgerichtsverfahren in Bausachen, BauR 1997, S. 785.

Ein Schiedsverfahren erscheint überall dort ein besonders geeignetes Mittel zur Beilegung von Streitigkeiten, wo ansonsten fremde Gerichtsbarkeit in Betracht kommt. Angesichts der erheblichen Veränderungen im Wirtschafts- und Rechtssystem einer großen Anzahl von Staaten, insbesondere in Osteuropa, erscheint der Weg in die Schiedsgerichtbarkeit um so empfehlenswerter[6]. Gerade die Baubranche, die besonders durch politische und wirtschaftliche Um- und damit auch Aufbrüche angekurbelt wird, wendet man seinen Blick auf die ehemalige Deutsche Demokratische Republik, wird daher häufig angeführt, sich besonders für Verfahren der Schiedsgerichtsbarkeit zu eignen.
In den ehemals sozialistischen Ländern Osteuropas wird es wohl noch einige Zeit brauchen, ein effektiv funktionierendes Gerichtswesen aufzubauen, was einerseits die Schiedsgerichtsbarkeit als einzige Alternative zur sinnvollen Streitbeilegung bedeutet, aber andererseits Fragen offen läßt, inwieweit die für Schiedsverfahren erforderliche Unterstützung der staatlichen Gerichte erhältlich sein soll[7]. Damit wird wiederum die Brisanz zu Fragen der Schiedsgerichtsbarkeit in Europa untermauert.

Desweiteren wird zur Zeit auch gerade im Zusammenhang mit der Beilegung von Baustreitigkeiten die Anwendung von alternativen Streitbeilegungsformen (auch bekannt unter dem Begriff *„Alternative Dispute Resolution*) diskutiert[8], insbesondere inwieweit diese eine Alternative zur Schiedsgerichtsbarkeit darstellen. Hierdurch wurde ebenfalls die Diskussion um die Tauglichkeit der Schiedsgerichtsbarkeit bei Baustreitigkeiten erneut angeheizt.
So erscheint eine Untersuchung der gegebenen Situation der internationalen Bauschiedsgerichtsbarkeit in Europa durchaus angebracht. Ziel dieser Arbeit ist, nach kritischer Würdigung der bestehenden Regelungen, letztendlich einen eigenen Vorschlag einer Schiedsordnung für das internationale Bauwesen und den Anlagenbau in Europa zu entwickeln.

II. Gang der Arbeit

Im einzelnen wird bei der Ausarbeitung der vorliegenden Untersuchung, wie im folgenden dargestellt, vorgegangen.

---

6 Böckstiegel, Schiedsgerichtsbarkeit im wiedervereinigten Deutschland, BB 1992, Beil. zu Heft 15, S. 4, 6.

7 Böckstiegel, *The Problems Facing Arbitration in the European Union*, Arbitration 1995, S. 191, 193.

8 Auf diese Diskussion wird in Kap. C. V. 2. näher eingegangen werden.

Zunächst werden die Grundlagen des internationalen Bauvertrages und des internationalen Anlagenvertrages untersucht und seine spezielle Problematik dargestellt sowie die Grundlagen der internationalen Schiedsgerichtsbarkeit erläutert; außerdem werden hierbei die Vor- und Nachteile der internationalen Schiedsgerichtsbarkeit im Zusammenhang mit internationalen Baustreitigkeiten dargelegt (Kap. B.).
Danach folgt eine Auseinandersetzung mit den bestehenden internationalen Schiedsregelungen in Europa in bezug auf die Beilegung von internationalen Baustreitigkeiten, wobei unter anderem herausgearbeitet werden soll, daß eine bauspezifische internationale Schiedsregelung in Europa nicht besteht (dargestellt in Kap. C.). Bei der Untersuchung der internationalen Schiedsquellen wird im übrigen auf die aktuelle Diskussion zum Thema „*Alternative Dispute Resolution*“ eingegangen.
Da in der vorliegenden Arbeit die internationale Bauschiedsgerichtsbarkeit in Europa analysiert wird, stellt sich auch die Frage nach der Schiedsgerichtsbarkeit in Zusammenhang mit Europarecht (dargestellt in Kap. D.). Da diese Untersuchung ergibt, daß es hierbei um spezifische europarechtliche Aspekte geht, die von der eigentlichen Analyse der Bauschiedsgerichtsbarkeit abweichen, wird diese Untersuchung als Exkurs betrachtet und daher nicht tiefergehend dargelegt.
Sodann wird untersucht, inwieweit auf nationalem Gebiet in Europa bauspezifische Schiedsordnungen existieren, wie diese aussehen und inwieweit diese zu zufriedenstellenden Ergebnissen führen (dargestellt in Kap. E.). Die Literaturrecherche in diesem Bereich gestaltete sich teilweise als etwas schwierig, da es hier um nationale Quellen handelte, die häufig nur in Originalsprachen vorlagen oder aber auch in Deutschland nicht erhältlich waren, wurden schriftliche Anfragen bei französischen, niederländischen, dänischen, tschechischen und schweizerischen Fachkanzleien, die sich auf dem Gebiet des nationalen Bauwesens und Anlagenbaus besonders auskannten, oder bei Schiedsinstitutionen vorgenommen und ausgewertet.
Nach Auswertung sowohl der nationalen als auch internationalen Schiedsregelungen, -quellen und -modelle wird ein Bedürfnis nach einer eigenen europäischen Schiedsordnung für das internationale Bauwesen und den Anlagenbau erkannt und im einzelnen begründet (dargestellt in Kap. F.). Sodann wird ein eigenes Modell einer solchen Schiedsordnung unter der Berücksichtigung der bisher gefundenen Ergebnisse entwickelt und vorgestellt (dargestellt in Kap. G.).
Ihren Abschluß soll die vorgelegte Arbeit in einem kurzem Ausblick in eine mögliche Zukunft einer solchen Schiedsordnung finden (Kap. H.).

B. Grundlagen

I. Der internationale Bau- und Anlagenvertrag

1. Grundbegriff des Baurechts

Das Baurecht im weiteren Sinne ist die „Summe derjenigen Rechtsvorschriften, die sich auf die Ordnung der Bebauung und die Rechtsverhältnisse der an der Erstellung eines Bauwerks Beteiligten beziehen"[9]. Solche Rechtsvorschriften finden sich sowohl auf dem Gebiet des öffentlichen Rechts als auf dem Gebiet des Privatrechts.

Das öffentliche Baurecht umfaßt dabei das Planungsrecht, das Bodenordnungsrecht und das Bauordnungsrecht; unter seinem Begriff läßt sich die Gesamtheit der Rechtsvorschriften zusammenfassen, die die Zulässigkeit und die Grenzen, die Ordnung und die Förderung der baulichen Nutzung des Bodens, insbesondere durch Errichtung, bestimmungsgemäße Nutzung, wesentliche Veränderung und Beseitigung baulicher Anlagen, betreffen[10]. Solche Rechtsvorschriften sind in der Bundesrepublik Deutschland vor allem im Baugesetzbuch, in der Baunutzungsverordnung, dem Raumordnungsgesetz, in den verschiedenen Bauordnungen der einzelnen Bundesländer, aber auch z. B. in Gewerbeordnungen oder im Immissionenschutzgesetz zu finden.

Unter privatem Baurecht versteht man dagegen die Summe derjenigen Normen, die im Rahmen der Baufreiheit Regelungen über die Rechtsbeziehungen der an der Planung und Durchführung eines Bauwerks Beteiligten sowie der Anlagen, die dem Bauwerk unmittelbar dienen, enthalten[11]. Das private Baurecht regelt demnach die Beziehungen zwischen den Personen, die an der Errichtung des Bauwerks beteiligt sind. Unter Bauwerk ist dabei eine unbewegliche, durch Verwendung von Material und Arbeit in Verbindung mit dem Erdboden hergestellte Sache zu verstehen[12].

Während das private Baurecht also die zivilrechtlichen Rechtsbeziehungen insbesondere der Nutzung des Eigentums an Grund und Boden und des Baugeschehens insgesamt betrifft, regelt das öffentliche Baurecht demgegenüber die auf dem öffentlichen Interesse beruhende Ordnung und Lenkung der Grundstücks-

---

9 Locher, Das private Baurecht, S. 1.

10 Battis/Krautzberger/Löhr-Krautzberger, BauGB, Einl. Rn. 3.

11 Locher, Das private Baurecht, S. 3.

12 BGHZ 57, S. 60.

nutzung und des Baugeschehens[13]. Gleichwohl ist die Abgrenzung zwischen privatem und öffentlichem Baurecht nicht immer realisierbar.
Das private Baurecht wird beispielsweise dahingehend durch das öffentliche Baurecht beeinflußt, als daß gemäß § 4 Nr. 1 Abs. 1 Satz 2 der VOB Teil B der Auftraggeber eines Bauvertrages die erforderlichen öffentlich-rechtlichen Genehmigungen und Erlaubnisse, zum Beispiel nach dem Baurecht oder nach dem Wasserrecht einzuholen hat.
Als weiteres Beispiel für die partielle Austauschbarkeit von öffentlichem und privatem Baurecht sei noch das Vergaberecht genannt. Früher war die Vergabe von Bauvorhaben der öffentlichen Auftraggeber und die diesbezügliche Haftung für Baumängel in den Verdingungsordnungen für Bauleistungen allein in Form von privatrechtlichen allgemeinen Geschäftbedingungen geregelt. Inzwischen haben mehrere EU-Richtlinien[14], die das Ziel verfolgten, die nationalen Vergabemärkte europaweit zu öffnen, dazu geführt, daß die gemeinschaftsrechtlichen Vorgaben durch die kartellrechtlichen Regelungen in einem Teil des Gesetzes gegen Wettbewerbsbeschränkungen (§§ 97-129) umgesetzt worden sind. Dadurch ist die Verdingungsordnung für Bauleistung für die Allgemeinen Bestimmungen für die Vergabe von Bauleistungen (VOB Teil A) zum öffentlichen Recht geworden[15].

2. Der Bau- und Anlagenvertrag

Nun werden Begriff und Arten des Bau- und Anlagenvertrages dargestellt, die der vorliegenden Arbeit zugrunde gelegt werden sollen. Diese Darstellung verschafft einen groben Überblick über die verschiedenen Möglichkeiten der Vertragsgestaltung schaffen und zeigt auf, daß es keine einfache Definition der Begriffe Bauvertrag oder Anlagenvertrag gibt. Auch bleibt anzumerken, daß in Literatur und Praxis eine genaue Differenzierung nicht immer vorgenommen wird, sondern häufig der Begriff Bauvertrag als Überbegriff auch für den Begriff des Anlagenvertrages gewählt wird oder umgekehrt; teilweise wird auch der Begriff Anlagenbauvertrag verwandt. Sicherlich haben beide Verträge viele gleiche Elemente. Das macht eine nachvollziehbare Abgrenzung nicht einfach, gleichwohl soll hier zumindest ein Versuch gewagt werden.

---

13 Battis/Krautzberger/Löhr-Krautzberger, BauGB, Einl. Rn. 2.

14 Als ein Beispiel sei die Richtlinie zur Koordinierung der Verfahren zur Vergabe öffentlicher Bauaufträge 71/305/EWG vom 26.07.1971, neugfaßt in 93/37/EWG vom 14.06.1993, geändert durch Richtlinie 97/52/EG vom 13.10.1997 (Baukoordinierungsrichtlinie) genannt.

15 Battis, Öffentliches Baurecht und Raumordnungsrecht, S. 3.

a) Der Bauvertrag

Der Ausdruck Bauvertrag ist im deutschen Recht im Bürgerlichen Gesetzbuch nicht zu finden. Es ist kein legal definierter Begriff wie etwa Kauf-, Dienst- oder Werkvertrag. Im Bauvertrag werden die rechtlichen Beziehungen zwischen Bauunternehmer und Bauherr sowie der übrigen an der Errichtung eines Bauwerks beteiligten Personen geregelt. Der Kreis der Beteiligten richtet sich hierbei nach der Art des Bauwerks und der Ausgestaltung der jeweiligen vertraglichen Beziehungen. Dabei ist nach dem Bundesgerichtshof ein Bauwerk als eine unbewegliche, durch Verwendung von Material und Arbeit in Verbindung mit dem Erdboden hergestellte Sache zu definieren[16].
Da der Bauvertrag entweder die Errichtung eines Gesamtbauvorhabens oder die Erstellung eines Bauteils (zum Beispiel Rohbau, Fenster, Fußboden) und damit die Erstellung eines Werkes zum Inhalt hat, stellt er im deutschen Recht in der Regel einen Werkvertrag im Sinne der §§ 631 ff. des Bürgerlichen Gesetzbuches dar, wobei dies immer wieder nach seiner Ausgestaltung im Einzelfall zu beurteilen ist.
Sowohl im nationalen wie im internationalen Bereich kommt der Bauvertrag in unterschiedlicher Vertragsgestaltung vor.

(1) Der Bauvertrag als Einzelvertrag

Zum einen kann der Auftraggeber einen einzigen Auftrag über das gesamte Bauprojekt an einen Unternehmer vergeben. Dabei kann er einen Vertrag mit einem Generalunternehmen oder einem Konsortium abschließen. Ein Konsortium bedeutet, daß sich Unternehmen verschiedener Produktionsarten zur Durchführung eines Projektes zusammengeschlossen haben, wobei jeder Konsorte sein Fachlos in eigener technischer und ökonomischer Verantwortung übernimmt[17]. Alternativ entschließt sich der Auftraggeber, die Verantwortung für die Koordination der verschiedenen Leistungen selbst zu übernehmen oder auch selbst Arbeiten durchzuführen. Andere Leistungen kann er an verschiedene Unternehmen durch Einzelverträge übergeben, wobei für diese dann unterschiedliche Schuldvertragstypen in Betracht kommen[18].

---

16 BGHZ 57, S. 60, 61.

17 Swoboda, Risiken bei Auslandsbauverträgen aus ökonomisch technischer Sicht, in Nicklisch (Hrsg.) Bau- und Anlagenverträge -Risken, Haftung, Streitbeilegung-, S. 21, 25.

18 Markowsky, Der internationale Bauvertrag im Rechtsverkehr, S. 40.

(2) Der Bauvertrag als Gesamtvertrag

Eine andere Vorgehensweise ist, das gesamte Bauprojekt und damit das Auftragsvolumen im geringeren Maße aufzuteilen und gleichartige Leistungen gebündelt an Unternehmen zu vergeben, anstatt die Vertragspartner durch Einzelverträge mit bestimmten Einzellieferungen oder -leistungen zu beauftragen. Solche Vertragsbündel werden dann teilweise „Gesamtvertrag" bezeichnet[19]. So kann der Auftraggeber z. B. die Bau- und Ingenieurleistungen an das eine, Materialleistungen an das andere Unternehmen vergeben.

(3) Der Vertrag über die Errichtung eines schlüsselfertiges Bauwerk

Auch kann der Bauherr einen Bauunternehmer durch einen einzigen Vertrag verpflichten, das Bauwerk als Gesamtleistung zu erbringen. Hierbei übernimmt es der Bauunternehmer, alle erforderlichen Arbeiten zu erbringen, um ein inbetriebnahmefähiges Bauwerk zu errichten. Solche Verträge über schlüsselfertiges Bauen sind allerdings eher als Verträge über die Errichtung schlüsselfertiger Industrieanlagen üblich, da hier die Betriebsfähigkeit mehr im Vordergrund steht als bei der Errichtung einfacher Bauwerke. Daher soll auch erst bei der Behandlung der Anlagenverträge näher darauf eingegangen werden.

(4) Der Bauvertrag unterschieden nach Art der Vergütung

Eine weitere Art der Unterscheidung ist die Ausgestaltung nach der Vergütung. So kommen Bauverträge als Einheitspreis-, Pauschal-, Stundenlohn-, Selbstkostenerstattungs- und als Festpreisvertrag in Betracht[20]. Auf eine ausführliche Darlegung der einzelnen Vertragsausgestaltungen nach Vergütung soll hier verzichtet werden. Hinzuweisen ist lediglich darauf, daß ein Konfliktpotential häufig bei den Pauschal- oder Festpreisverträgen besteht. Diesen ist gemein, daß hier bei Vertragsabschluß bereits die zu erbringenden Leistungen sowie der Preis pauschalisiert sind oder daß die vereinbarten Einheitspreise, Pauschalpreise oder Stundenlöhne unveränderlich sein sollen. Bei beiden Vertragsarten besteht ein erhebliches Kalkulationsrisiko, da unerwartete Entwicklungen eines Bauprojektes nicht berücksichtigt werden können.

---

19 Krumm, Anlagenverträge im Osthandel, S. 20.

20 Die Definitionen der einzelnen Vertragsausgestaltungen können nachgelesen werden bei Heiermann, Vertragsgestaltung und Streiterledigung in Bau- und Anlagenbauverträgen, in Böckstiegel (Hrsg.), Vertragsgestaltung und Streiterledigung in der Bauindustrie und im Anlagenbau (II), S. 13-15 ff.

(5) Standardvertragsbedingungen im Bauvertrag

Auf nationaler Ebene in der Bundesrepublik Deutschland vereinbaren die Parteien eines Bauvertrages häufig die Geltung der sogenannten Verdingungsordnung für Bauleistungen (VOB)[21]. Die VOB beinhaltet standardisierte Vertragsbedingungen, welche nicht nur auf das Verhältnis zwischen privaten Anbietern und Abnehmern beschränkt ist, sondern auch im öffentlichen Auftragswesen eine gewisse Bedeutung erfährt. Die Verknüpfung von Standardbedingungen für Bauverträge mit dem öffentlichen Auftragswesen kommt auch im Aufbau der VOB zum Ausdruck[22].

Die VOB besteht aus den Teilen A, B und C. Teil A „Allgemeine Bestimmungen für die Vergabe von Bauleistungen" (DIN 1960) beinhaltet im wesentlichen eine für öffentliche Auftraggeber bestimmte Verfahrensordnung für die Vergabe von Bauaufträgen. Die Regeln des Teil A werden nicht Vertragsbestandteil. Die „Allgemeinen Vertragsbedingungen für die Bauleistungen" (DIN 1961) des Teil B werden dagegen bei Vereinbarung Vertragsinhalt, sie enthalten echte standardisierte Vertragsbedingungen. Wenn die Geltung der VOB vereinbart ist, verdrängen die Bestimmungen des Teil B die gesetzlichen Regelungen zum Werkvertragsrecht des Bürgerlichen Gesetzbuches. Teil C „Allgemeine Technische Vertragsbedingungen für Bauleistungen" enthält darüber hinaus einen Katalog für diverse Arten von Bauleistungen sowie die DIN 18299 "Allgemeine Regelungen von Bauarbeiten jeder Art". Diese Normen legen die Normalausführungen für die jeweiligen Bauarbeiten fest und geben außerdem Vorschriften über Stoffe, Bauteile etc.

Die VOB hat in Deutschland im Bereich des gesamten Bauvertragsrecht eine zentrale Bedeutung erfahren. Der Zuschnitt der VOB auf einen bestimmten Wirtschaftszweig, hier das Bauwesen, hat verdeutlicht, daß ein wachsendes Bedürfnis der Vertragsparteien nach rechtlichen Möglichkeiten besteht, die den charakteristischen Besonderheiten in angemessener Weise Rechnung tragen können[23].

Neben der VOB sollen hier die Allgemeinen Geschäftsbedingungen (im folgenden AGB) Erwähnung finden, die in der deutschen Bauvertragswelt eine nicht

---

21 Verdingungsordnung für Bauleistungen Teil A, Allgemeine Bestimmungen für die Vergabe von Bauleistungen (DIN 1960, Ausgabe 1992) und Teil B, Allgemeine Vertragsbedingungen für die Ausführung von Bauleistungen (Din 1961, Ausgabe 1992 in der Fassung des Ergänzungsbandes von 1998), hrsg. vom Deutschen Verdingungsausschuß (im folgenden DVA). Der DVA wurde 1947 nach dem Zusammenbruch des Dritten Reiches gebildet und legte 1952 eine erste Neufassung der VOB vor. Zwischenzeitlich wurden die Teile A und B als „VOB 2000" neu herausgegeben. Am 30. Juni 2000 wurde die Vob 2000 im Bundesanzeiger veröffentlicht, ist aber noch nicht in Kraft getreten.

22 Nicklisch/Weick,VOB, Einl. Rn. 28.

23 Markowsky, Der internationale Bauvertrag im Rechtsverkehr, S. 30.

unerhebliche Auswirkung erfahren haben. Nach § 1 des Gesetzes zur Regelung des Rechts der Allgemeinen Geschäftsbedingungen vom 1. April 1977 (im folgenden AGB-Gesetz) handelt es sich dabei um für eine Vielzahl von Verträgen formulierte Vertragsbedingungen, die eine Vertragspartei der anderen Vertragspartei bei Abschluß des Vertrages stellt. So enthalten Bauverträge in der Regel eine Reihe von AGB, in denen unter anderem beispielsweise Haftungsbeschränkungen, Gerichtsstandsvereinbarungen, Fragen der Beweislastverschiebung oder Aufrechnungsverbote vorgesehen sind und damit ebenfalls die Regelungen des Bürgerlichen Gesetzbuches abbedingen. Ihre gesetzliche Überprüfung finden sie in dem AGB-Gesetz.

Ein gewisser Zug zur Spezialisierung ist auch in anderen europäischen Rechtsordnungen zu erkennen, entweder durch Schaffung eines besonderen gesetzlichen Bauvertragsrechts oder durch die Entwicklung von zu vereinbarenden standardisierenden Bauvertragsbedingungen ähnlich der VOB. In der Schweiz existieren die SIA-Normen[24], in Österreich die ÖNORM-Bedingungen[25] und in Frankreich die AFNOR-Normen[26]. Diese Rechtsentwicklung hat sich auch im angelsächsischen Bereich vollzogen; hier entstanden die RIBA-*Standard Forms* für Hochbau[27] und die ICE-*Conditions of Contracts* für Ingenieur- und Tiefbau[28].

Im skandinavischen Raum wurde das dänische Standard-Bauvertragsrecht[29] bereits im Zeitraum von 1912 bis 1919 im Bereich der Bauwirtschaft entwickelt

---

24 Allgemeine Bedingungen für Bauarbeiten; SIA-Norm 118, 1977 entwickelt und 1991 neugedruckt mit redaktionellen Präzisierungen, hrsg. vom Schweizer Ingenieur- und Architektenverein, Zürich.

25 Vergebung von Leistung, ÖNORM A 2050, Allgemeine Vertragsbedingungen für Bauverträge, ÖNORM B 2110, Fassung 1967, und Vertragsbestimmungen für Regierungsleistungen, ÖNORM B 2112, Fassung 1971, hrsg. vom Österreichischen Normungsinstitut.

26 *Association Française de Normalisation* (AFNOR P 03-011), *Marchés privé, Cahier des clauses générales applicable aux travaux de bâtiment définis* (Festpreisbedingungen); AFNOR P 03 - 001) *Marchès privés, Cahier des clauses générales applicable aux travaux des bâtiment faisant l'objet de marchés privés* (privater Auftragsbereich) und für den öffentlichen Auftragsbereich: *Cahiers de Clauses Administratives Générales.*

27 RIBA *Standard Forms*, Fassung von 1976, herausgegeben vom *Royal Institute of British Architects*; die erste Version dieser *Standard Forms* geht zurück auf das Jahr 1870; Schneider, *International Construction Contracts*, D.P.C.I. 1983, S. 277-322; 429, 441.

28 ICE *Conditions for Contracts*, in der 5. Auflage 1973, hrsg. von der *Institution of Civil Engineers.*

29 Inzwischen existieren *Allmindelige Betingelser for Arbejder og Leverancer*, übersetzt die Allgemeinen Bedingungen für Arbeiten und Lieferungen im Hoch-, Tief und Ingenieurbau (AB 92), ausgefertigt vom dänischen Wohnungsbauministerium am 10.12.1992; sowie die *Almindelige Bestemmelser for teknick Radgivning og Bystand*, übersetzt die Allgemeinen Bestimmungen für technischen Rat und Beistand (ABR 89); ausgefertig im Oktober 1989.

und auch in Norwegen[30], Schweden[31] und den Niederlanden[32] existieren schon länger formularisierte Bauvertragssysteme[33].
Als immer wieder erwähnte Musterstandardbedingungen von Bauverträgen sind hier noch die sogenannten FIDIC-Musterbauvertragsbedingungen zu nennen[34]. Diese werden jedoch als internationale Bauvertragsbedingungen im Rahmen der Betrachtung von internationalen Bau- und Anlagenverträgen näher erläutert werden.
Die Entwicklung von Standardbedingungen im Bauvertragsrecht im europäischen Recht scheint somit keine neuere zu sein. Sie hat im Laufe der Jahre immer mehr zugenommen, was auf einen Bedarf unter den Vertragsparteien nach solchen Standardbedingungen hindeutet, da diese den Umgang im Rechtsverkehr gerade bei solchen komplexen Verträgen wie Bauverträgen wesentlich vereinfachen. Dies läßt es jedoch angebracht erscheinen, hier bereits zu erwähnen, daß ein solch bestehender Bedarf auch im Bereich der Streitbeilegung bei Streitigkeiten aus Bauverträgen nach möglichst klaren Regelungen verlangt, die allgemein anerkannt sind und nicht jedesmal erneut ausgehandelt werden müssen. Von Vorteil wäre dabei, daß auch die Regelungen zur Streitbeilegung von Baustreitigkeiten auf die besonderen Probleme des Bauvertragsrecht zugeschnitten sind.

---

30 *Alminnelige kontrakbestemmelser om utforelse av bygg- og anleggsarbeider*, übersetzt die Allgemeinen Vertragsbestimmungen für die Ausführung von Bau- und Anlagenarbeiten, Doc. NS 3401 -1969; diese wurden 1965 vom *Norges Byggstandardiseringräd* (NBR) erlassen und herausgegeben; Schneider, *International Construction Contracts*, D.P.C.I. 1983, S. 277-322, 429, 450.

31 *Allmänna Bestämmelser för Byggnaads-, Anläggnings- och Installationsentrepenader* (AB 1972), übersetzt die Allgemeinen Bestimmungen für das Bau-, Ingenieurs- und Installationswesen, hrsg. von *Svenska Teknolgföreningen*.

32 *Uniforme Administratieve Voorwaarden voor de uitvoering van werken 1989*, übersetzt die Einheitlichen Vertragsbedingungen für die Ausführung von Bauarbeiten 1989 (UAV 1989); hrsg. vom *Stichting Instituut vor Bouwrecht*, dem Niederländischen Institut für Baurecht in Den Haag, deutsche Übersetzung in der Fassung von 1993 erhältlich.

33 Wiegand, Das anwendbare materielle Recht bei internationalen Bauverträgen, in Böckstiegel (Hrsg.), Vertragsgestaltung und Streiterledigung in der Bauindustrie und im Anlagenbau, S. 69.

34 Die FIDIC- Bauvertragsbedingungen werden gemeinsam von der *Fédération Internationale des Ingenieurs-Conseils* (FIDIC), dem internationalen Dachverband der beratenden Ingenieure und der *Fédération Internationale Européenne de la Construction* (FIEC) herausgegeben. Sie werden als *Red Book* bezeichnet und lagen in der 4. Auflage von 1987 in der Fassung von 1992 vor; Ergänzung von 1996. Im September 1999 hat die FIDIC neue Vertragsmuster herausgegeben, welche die bestehenden Vertragstypen ablösen. Die *Conditions of Contract for Construction for building and engineering works, designed by the employer* sollen das bisherige *Red Book* erneuern.

b) Der Anlagenvertrag

Inhalt des Anlagenvertrages ist die Einigung über die Errichtung einer großtechnischen Industrieanlage. Da das Gebäude der Industrieanlage unter die Definition des Bauwerks fällt und es sich auch hier um die Errichtung eines Bauwerks handelt, hat der Anlagenvertrag Bestandteile des Bauvertrages. Eine gesetzliche Begriffsbestimmung ist für den Anlagenvertrag im aktuellen deutschen Recht nicht zu finden. Das Gesetz über internationale Wirtschaftsverträge (GIW) der ehemaligen Deutschen Demokratischen Republik vom 5. Februar 1976 sah eine Definition für den Industrieanlagenvertrag in seinem § 88 GIW vor: „Durch den Anlagenvertrag verpflichtet sich der eine Partner (Auftragnehmer), eine Anlage zu projektieren, zu liefern, zu montieren, in Betrieb zu setzen und das Eigentumsrecht daran zu übertragen, und der andere Partner (Auftraggeber), die erforderlichen Mitwirkungshandlungen vorzunehmen, den Vertragspreis zu zahlen und die Anlage abzunehmen." Diese Definition hat einen so allgemein gehaltenen Charakter, die den Inhalt eines Anlagenvertrages in seinen wesentlichen Punkten umschreibt, daß sie auch heute noch als Grundlage der näheren Betrachtung herangezogen werden kann. Die Gestaltung solcher Verträge ist jedoch um ein vielfaches diffiziler, gerade was die Vereinbarung der zu erbringenden Leistungen und die Vergütungsweise betrifft.
Nach deutschem Recht handelt es sich beim Anlagenvertrag um einen Gruppenvertrag, der in der Hauptsache Elemente aus Kauf-, Werk- und Dienstvertrag aufweist, darüberhinaus aber noch zehn bis zwanzig weitere Vertragstypen wie etwa Pacht-, Miet-, Leasing-, Transport- und Lagerverträge umfassen kann; auch Kooperations- und Gesellschaftsverträge kommen unter Umständen in Betracht[35]. Doch auch durch diese Definition läßt sich der spezielle Ver-tragscharakter nicht näher fassen. Daher sind die näheren Ausgestaltungsweisen eines solchen Vertrages zu betrachten.

(1) Der eigentliche Anlagenvertrag

Der eigentliche Anlagenvertrag kann je nach Lieferungs- und Leistungsumfang ganz unterschiedlich abgegrenzt sein. Hier übernimmt im Planungsvertrag als Bestandteil des Anlagenvertrages der Auftragnehmer nur die Durchführung definierter Ingenieurleistungen im Rahmen der Errichtung einer Anlage. Hierunter fallen beispielsweise die Konstruktions- und Planungsarbeiten, die Erstellung eines Modells und die Baustellenorganisation und -überwachung. Solche Verträge sind sowohl auf Aufwands- als auch auf Festpreisbasis üblich. Der Planungs-

---

35 Flocke, Risiken beim internationalen Anlagenvertrag, S. 25.

vertrag kann durch den Liefervertrag ergänzt werden, in dem der Auftragnehmer die Beschaffung und Lieferung von Material übernimmt sowie die Beschaffung von Bau- und Montageleistung[36].

Wenn der Bauherr den größten Teil der für einen Anlagenbau erforderlichen Arbeiten, insbesondere die Ingenieur-, Aufbau- und Materialleistungen, nicht eigenständig erbringen kann, so wird er zumeist versuchen, einen Vertragspartner in einem Gesamtvertrag zur Erbringung aller dieser Leistungen zu verpflichten, anstatt eine Vielzahl von Einzelunternehmen zu beauftragen[37]. Dabei wird es sich bei diesem Vertragspartner meistens um ein Konsortium oder ein Generalunternehmen, beispielsweise ein Ingenieurunternehmen, handeln. Für den Bauherrn bedeutet der Vertrag mit einem solchen Konsortium, daß er eine vertragliche Vereinheitlichung und damit eine größere Übersicht in dem vor ihm liegenden Projekt findet.

(2) Der Vertrag über die Errichtung schlüsselfertiger Industrieanlagen

Häufig werden Anlagenverträge als sogenannte *turn key*-Verträge, das heißt als Verträge über die schlüsselfertige Errichtung der Anlage vereinbart. Hier übernimmt der Auftragnehmer die schlüsselfertige Erstellung eines Gesamtprojektes[38]. Bei diesem erfüllt der Auftragnehmer seinen Vertrag nur dann, wenn er bei der Errichtung der Anlage bestimme Termine einhält und die Anlage nach ihrer Erstellung die vertraglich vereinbarte Produktivität erbringt, was durch Leistungstests zu beweisen ist. Hierbei sind auch die *turn key lump sum*-Verträge zu erwähnen, welche die Erstellung einer schlüsselfertigen Industrieanlage gegen die Zahlung eines Gesamtpauschalpreises zum Inhalt haben. Der Auftragnehmer wird dabei verpflichtet, innerhalb des bestimmten zeitlichen Rahmens die Leistungen ordnungsgemäß zu dem vereinbarten Preis durchzuführen. Dem Auftraggeber obliegen hier, wenn überhaupt, nur geringe Mitwirkungspflichten, wie beispielsweise die Einholung von Genehmigungen oder die Bereitstellung von Maschinen. Beim *semi-turn key lump sum*-Vertrag dagegen verbleiben beim Auftraggeber einige mehr Aktivitäten wie Bereitstellung und Unterbringung von Arbeitskräften, geologische Analysen, Markt- und Bedarfsanalysen, Standortge-

---

36 Kremer, Risiken bei Anlagenverträgen in technischer Sicht, in Nicklisch (Hrsg.) Bau- und Anlagenverträge -Risiken, Haftung, Streitbeilegung-, S. 7, 12.

37 Dünnweber, Vertrag zur Erstellung einer schlüsselfertigen Industrieanlage im internationalen Wirtschaftsverkehr, S. 7.

38 Dünnweber, Vertrag zur Erstellung einer schlüsselfertigen Industrieanlage im internationalen Wirtschaftsverkehr, S. 9.

nehmigungen, Heranführung von Energie-, Bau- und Versorgungsleitungen, etc.[39].

Da der Abschluß eines *turn key*-Vertrages für den Auftraggeber in jedem Falle eine deutliche Verringerung der ihn zu erwartenden Risiken bedeutet, erfreuen sich die Verträge über schlüsselfertiges Bauen immer größerer Beliebtheit, so daß das schlüsselfertige Bauen als auf dem „Vormarsch" bezeichnet wird[40]. Der Auftraggeber kann, da ihm im Rahmen des Vertrages feste Terminvorgaben und zu berücksichtigende Kosten gegeben sind, seine Planung frühzeitiger und detaillierter vorantreiben. So ist für eine optimale Bauprojektaufbereitung eine ganzheitliche Betrachtungsweise der komplexen Projektanforderung in Bezug auf Nutzung, Gestaltung und Wirtschaftlichkeit sowohl der Investitionen als auch des späteren Betriebes von Vorteil.

Im Bereich der Einheitsverträge über schlüsselfertige Industrieanlagen gegen Pauschalpreisabrede wird noch einmal unterschieden zwischen dem *contrat clé en main* und *contrat produit en main*[41]. Beim *contrat clé en main* hat der Auftragnehmer seine vertraglichen Pflichten mit dem Aufbau der Anlage, die die vertraglich vereinbarte Kapazität erfüllt, und dem Nachweis des fehlerfreien Betriebes erbracht; beim *contrat produit en main* garantiert der Auftragnehmer dem Auftraggeber eine bestimmte Produktivität der Anlage, das heißt, daß die Industrieanlage, betrieben von einheimischen Personal, über einen Zeitraum je nach Vereinbarung bei einem bestimmten Rohstoffverbrauch einen nach Quantität und Qualität bestimmten Produktionsausstoß erbringt. Inwieweit der *contrat produit en main* vom Auftraggeber angestrebt wird, hängt vom jeweiligen Niveau technologischer Kenntnisse im Auftraggeberland ab. Besonders in Entwicklungsländern wird diese Vertragsart gewählt, da je niedriger das Niveau technologischer Kenntnisse ist, das Bestreben, solche Verträge abzuschließen, um so größer ist[42].

(3) Der Servicevertrag

Teilweise wird ein Anlagenvertrag auch erweitert, indem noch ein Service-Vertrag angeschlossen wird. Hierbei übernimmt der Auftragnehmer beispielswei-

---

39 Krumm, Anlagenverträge im Osthandel, S. 21.

40 Eisbrich, Immer mehr Bauherrn erwarten immer mehr, BW 1990, S. 58.

41 Dünnweber, Vertrag zur Erstellung einer schlüsselfertigen Industrieanlage im internationalen Wirtschaftsverkehr, S. 11.

42 Krumm, Anlagenverträge im Osthandel, S. 22.

se die Ausbildung des Kundenpersonals oder gar eine befristete Betriebsführung[43].

(4) Der Beratungsvertrag

Schließlich kann auch ein schlichter Beratungsvertrag durch Einschaltung eines *Consulting Engineers*, eines beratenden Ingenieurs, als Unterart des Anlagenvertrages betrachtet werden[44]. Inhalt eines solchen Vertrages sind beratende und unterstützende Ingenieurleistungen, die entweder der Entscheidungsfindung des Kunden oder der Abwicklung eines Projektes dienen sollen. In der Regel übernimmt der beratende Ingenieur die Planungs-, Koordinierungs- und Überwachungsleistungen.

Als Grundlage für das Verständnis für die vorliegende Arbeit soll hier jedoch von einem Begriff des Anlagenvertrages ausgegangen werden, der nicht nur Beratung umfaßt, sondern auch oben angeführte architektonische, bauliche und andere Ingenieurtätigkeiten beinhaltende Leistungen einschließt.
Der Industrieanlagenbauvertrag wird dabei zu den sogenannten Langzeitverträgen gezählt. Merkmale eines Langzeitvertrages sind neben einer langen Vertragsdauer die technische, wirtschaftliche und rechtliche Komplexität, sowie ein enges Zusammenwirken und eine starke Verbindung der Parteien[45]. Ein solcher Anlagenvertrag ist noch im größeren Maße als der schlichte Bauvertrag durch seinen Langzeitrahmen- und Kooperationscharakter gekennzeichnet[46]. Denn eine Industrieanlage wird mit dem Ziel errichtet, dem Auftraggeber eine industrielle Anlage zu verschaffen, die betriebsfertig ist und in der nach ihrer Fertigstellung ein Arbeits- und Produktionsprozeß bewirkt werden kann, durch die ein bestimmtes Produkt in wirtschaftlicher Form hergestellt werden kann[47]. Dies vertieft die Problematik, die sich bereits im Zusammenhang mit Bauverträgen ergibt. Jedoch sind die Probleme des Anlagenvertrages ähnlich dem des Bauvertrages gelagert, gerade wenn dieser einen internationalen Charakter hat.

---

43 Kremer, Risiken bei Anlagenverträgen in technischer Sicht, in Nicklisch (Hrsg.) Bau- und Anlagenverträge -Risiken, Haftung, Streitbeilegung-, S. 7, 12.

44 Dünnweber, Vertrag zur Erstellung einer schlüsselfertigen Industrieanlage im internationalen Wirtschaftsverkehr, S. 6.

45 Dünnweber, Vertrag zur Erstellung einer schlüsselfertigen Industrieanlage im internationalen Wirtschaftsverkehr, S. 149.

46 Nicklisch/Weick, VOB, Einl. 2, 4.

47 Walde/Berlinghoff, Das Auslandsgeschäft mit Industrieanlagen, anbahnen - projektieren - finanzieren - abwickeln, S. 13.

(5) Standardvertragsbedingungen im Anlagenvertrag

Beim nationalen Anlagenvertrag gibt es keine vereinbarten Standardbedingungen[48]. Die Bezeichnungen aus dem Bau- und Werkvertragsrecht werden häufig verwandt. Auch hier finden wiederum die FIDIC-Musterbauvertragsbedingungen Erwähnung, die jedoch, wie bereits dargelegt, auf internationale Verträge zugeschnitten sind.

3. Der Bau- und Anlagenvertrag als internationaler Vertrag

a) Begriff des internationalen Bauvertrages

Die Summe von Bauvorhaben internationalen Charakters hat im Laufe der letzten Jahrzehnte erheblich zugenommen. Dies hat Anlaß unter Fachleuten gegeben, sich insbesondere seit Beginn der achtziger Jahre mit der Thematik des internationalen Bau- und Anlagenvertrages verstärkt auseinanderzusetzen[49]. Obwohl zu diesem Thema bereits einiges ausgeführt wurde, hat es jedoch nicht an Brisanz verloren. So ist davon auszugehen, daß gerade bei großen Bauprojekten der internationale Charakter zunehmen wird, da hier die Bereitschaft, Fachleute, die besondere Bautechniken entwickelt haben und in diesem Bereichen als Spezialisten gelten, hinzuzuziehen, größer wird. Hierbei sind nicht nur die Bauvorhaben gemeint, bei denen deutsche Bauunternehmer, Architekten und andere Fachleute herangezogen werden, um im Ausland Bauleistungen zu erbringen; auch die Zahl der ausländischen Bauunternehmer und Architekten, die mit der Errichtung und Planung von Bauvorhaben in der Bundesrepublik beauftragt sind, ist in den letzten Jahren beständig gewachsen. Besonders ist ein solcher Austausch in den Staaten der Europäischen Union zu beobachten. Dazu hat der Binnenmarkt der Gemeinschaft, die Verpflichtung zur EU-weiten Ausschreibung von Bau- und Architektenleistungen oberhalb eines bestimmten Grenzwerts und der problemlose Zugang von Architekten und Unternehmern aus Drittstaaten, die mit den Kostenvorteilen ihrer Heimatstaaten auf dem inländischen oder ausländischen Markt auftreten, beigetragen[50].

---

48 Schneider, Schiedsverfahren bei Streitigkeiten aus Bau- und Anlagenverträgen, in Böckstiegel (Hrsg.), Vertragsgestaltung und Streiterledigung in der Bauindustrie und im Anlagenbau, S. 160.

49 Besonders ist hier Nicklisch zu nennen, der dieses Thema nicht nur schriftlich bearbeitet, aaO., sondern auch durch die Veranstaltung von Kolloquien, beispielsweise in Heidelberg im Jahre 1983 zu dem Thema „Bau- und Anlagenverträge -Risiken, Haftung, Streitbeilegung-", zum Meinungsaustausch auf diesem Gebiet beigetragen hat.

50 Thode/Wenner, Internationales Architekten- und Bauvertragsrecht, S. 1.

Unter dem Begriff des internationalen Bauvertrages selbst ist ein Vertrag zu verstehen, der auf Bauleistungen gerichtet ist, bei dem entweder die beteiligten Vertragsparteien verschiedener Nationalität sind oder die Bauleistung außerhalb der Grenzen des Staates zu erbringen sind, in dem eine oder beide Vertragsparteien ihren Sitz haben. Häufig ist auch der Fall gegeben, daß es sich umVertragsparteien verschiedender Nationalität handelt und die Bauleistung in einem Drittstaat erbracht werden soll. Andere Begleiterscheinungen eines solchen Vertrages, wie beispielsweise die Beratung durch einen Ingenieur aus einem weiteren Staat oder der Bezug von Baustoffen und – materialien aus einem anderem Staat können darüberhinaus einen internationalen Effekt auf den Vertrag haben[51].
Dabei ist darauf hinzuweisen, daß es sich bei internationalen Bauverträgen häufig um komplexe Großprojekte der Bauindustrie handelt, da es für den Privatmann aufgrund von Sprachbarrieren und Distanz wenig interessant ist, einen Bauvertrag mit einem Vertragspartner anderer Nationalität abzuschließen. Ausnahmen gelten hier für den grenznahen Einzugsbereich und Spezialbauaufgaben[52].

b) Der internationale Anlagenvertrag in Abgrenzung

Obwohl auf die Ähnlichkeit des internationalen Bauvertrages mit dem Industrieanlagenvertrag hingewiesen wurde, so ist jedoch eine erforderliche wenn auch geringe Abgrenzung vorzunehmen. Im Gegensatz zum internationalen Bauvertrag, bei dem entweder die gesamte Bauleistung im Ausland erbracht wird oder zumindest ein anderer internationaler Aspekt mit dem Vertrag verhaftet sein wird, wird beim internationalen Anlagenvertrag zumeist die Anlage in heimischen Fabriken hergestellt, um dann im Ausland montiert zu werden. Auch ist es bei der Herstellung von Anlagenprojekten in den Fabriken leichter möglich, die Projektdurchführung bei Vertragsstörungen zeitweilig anzuhalten, während ein zwischenzeitliches Anhalten der Bauleistungen auf einer Baustelle im Ausland mehr oder minder nicht in Frage kommt[53].
Um eine Definition aufzugreifen, die sowohl dem ungewöhnlich großen Umfang der Leistungsbeziehungen eines internationalen Anlagenvertrages als auch den grenzüberschreitenden und damit dem internationalen Aspekt dieser Leistungsbeziehungen gerecht wird, soll von folgendem ausgegangen werden:

---

51 Glossner, Bauschiedsgerichtsbarkeit bei der internationalen Handelskammer (ICC), in Böckstiegel (Hrsg.), Vertragsgestaltung und Streiterledigung in der Bauindustrie und im Anlagenbau, S. 277.

52 Markowsky, Der internationale Bauvertrag im Rechtsverkehr, S. 33.

53 Nicklisch, Risiken bei Bau- und Anlagenverträgen aus rechtlicher Sicht - Besondere Vertragsstrukuren mit speziellen Riskien, in Nicklisch (Hrsg.) Bau- und Anlagenverträge -Risiken, Haftung, Streitbeilegung-, S. 54.

„Ein internationaler Anlagenvertrag ist ein Vertrag zwischen einem Anlagen-Anbieter, dem Unternehmer, und einem Anlagen-Besteller, die unterschiedlichen nationalen Wirtschaftsgebieten angehören, über die Errichtung und Übergabe einer Industrieanlage. Dabei ist eine Industrieanlage ein durch Vermarktungsfähigkeit abgegrenztes und in einem geschlossenen Angebot erstelltes, komplexes ortsgebundenes Hardware-/Software-Bündel zur wirtschaftlichen Deckung eines bestimmten, der Anlagenentwicklung zugrunde liegenden Bedarfs"[54].
So haben sich im Ergebnis doch verschiedene, wenn auch gering voneinander abweichende Definitionen des internationalen Bau- und des internationalen Anlagenvertrages entwickelt. Jedoch ist die bereits angesprochene Vergleichbarkeit der beiden Verträge ein ausreichender Grund dafür, daß beide Vertragsarten hier im weiteren zusammen abgehandelt werden, mit den an den einzelnen Punkten erforderlichen Differenzierungen.

c) Standardvertragsbedingungen in internationalen Bau- und Anlagenverträgen

Im internationalen Bauvertrag kommen den bereits erwähnten FIDIC-Musterstandardbedingungen, die *Conditions of Contract for Works of Civil Engineering Construction*, eine zentrale Bedeutung zu. Für Anlagenverträge existieren keine nationalen oder internationalen Bedingungswerke; jedoch werden gelegentlich Regelungen in Anlagenverträgen an die einzelnen Bestimmungen der FIDIC-Bedingungen angelehnt. Diese werden überwiegend auch bei internationalen Anlagenverträgen zwischen Auftraggeber und Auftragnehmer vereinbart, unter anderem um mögliche zukünftige Streitigkeiten zu vermeiden. So werden sie als „vertragsinternes Mittel der Streiterledigung"[55] bezeichnet.
Die FIDIC-Musterbauvertragsbedingungen haben im internationalen (Anla-gen-) Bauvertragswesen die weiteste Verbreitung erfahren. Die *Conditions of Contract for Construction for Building and Engineering Works designed by the employer*

[54] Diese Definition wird übernommen von Flocke, Risiken beim Internationalen Anlagenvertrag, S. 24, der diese Definition seiner Arbeit zugrundelegt; im Rahmen seiner Arbeit wird untersucht, welche Risiken ein Anlagenanbieter eingeht, wenn er einen Internationalen Anlagenvertrag abschließt und damit eine Industrieanlage im internationalen Rahmen verkaufen will. Da diese Risiken auch immer den Keim von zukünftigen Streitigkeiten beinhalten, die es dann beizulegen gilt, wird diese Definition daher auch als geeignet angesehen, um als Grundlage der hier vorliegenden Arbeit zu dienen.

[55] Goedel, Aspekte der Streiterledigung bei internationalen Bauverträgen und das Arbitral Referee Verfahren, in Böckstiegel (Hrsg.), Vertragsgestaltung und Streiterledigung in der Bauindustrie und im Anlagenbau -Risiken, Haftung, Streitbeilegung-, S. 34.

werden als *Red Book* bezeichnet[56]. Die Originalfassung stammt aus dem angelsächsischen Rechtskreis. Inzwischen gibt es eine Vielzahl von Übersetzungen; unter anderem in die deutsche, französische und spanische Sprache. Die neuen drei FIDIC–Klauselwerke verfügen nun einheitlich über 20 Bestimmungen mit Unterbestimmungen, die *Short Form* über 15 Bestimmungen.
Die FIDIC-Bedingungen sind gleich den VOB Teil B Bauvertragsbedingungen keine gesetzlichen Vorschriften, sie werden nur Vertragsbestandteil, wenn die Vertragsparteien ihre Anwendung vereinbart haben. Sie enthalten unter anderem *General Provions* (Klausel 1), Regelungen über Leistungspflichten, Regelungen zum Bauablauf (Klausel 8), über Leistungsstörungen (Klausel 11), über die Vergütungsweise (Klausel 14) sowie zur Gefahrverteilung (Klausel 17).
Im Gegensatz zur VOB Teil B basieren die FIDIC-Bestimmungen jedoch nicht auf einer bestimmten Rechtsordnung; gemäß Klausel 1.4 soll auf den Vertrag das Recht anzuwenden sein, welches im Appendix an das Angebot bestimmt ist. Die FIDIC-Klauseln sind wesentlich ausführlicher als die Regelungen des Teil B der VOB[57].

Ein weiterer interessanter Unterschied zur VOB ist in der zentralen Stellung des Ingenieurs zu sehen. Diese ergibt sich aus Klausel 3 der FIDIC-Bestimmungen. So ist es eine Besonderheit der FIDIC-Bestimmungen, daß der Bauherr einen Ingenieur bestellen muß. Dabei wird der vom Bauherrn ernannte Ingenieur selbst nicht Partei des Vertrages zwischen Bauherrn und -unternehmer; in der Regel hat er einen eigenen Vertrag mit dem Bauherrn. Dem Ingenieur kommt hier eine dreifache Rolle zu. Er ist zum einem der Vertreter des Bauherrn; in dieser Eigenschaft hat er sämtliche Aufgaben im Rahmen der Bauaufsicht und überwacht die Bauausführung. Darüber hinaus hat der Ingenieur die Aufgabe, den Wert der jeweils ausgeführten Leistungen und durch *Payments Certificates* zu bescheinigen, die die Grundlage für die Zahlung des Bauherrn darstellen. Die dritte Funktion des Ingenieurs im Rahmen der FIDIC-Bestimmungen sollte vor allem der vertragsinternen Konfliktregelung dienen; hierbei stand ihm gemäß der Klausel 67 der alten Fassung der FIDIC eine Befugnis zur Entscheidung von Streitigkei-

---

56 Neben dem *Red Book* bietet die FIDIC noch die *Conditions of Contract for Plant and Design-Build for Electrical and Mechanical Plant, and for Building and Engineering Works, Designed by the Contractor (Yellow Book)*, die *Conditions of Contracts for EPC Turnkey Projects ((Silver Book)* und die *Short Form of Contract (Green Book)*; FIDIC spricht hierbei von den *New Major Books* oder vom *FIDIC Rainbow*; Mallmann, Neue FIDIC-Standardbedingungen für Bau- und Anlagenverträge, RIW 2000, S. 532, 533.

57 Clamm/Borgmann, Bauvertragsrecht, S. 203.

ten vor der Anrufung eines Schiedsgerichtes zu[58]. Damit kam dem Ingenieur eine quasi-schiedsrichterliche Stellung zu. Seit der Ergänzung der FIDIC von 1996 gab es dazu eine Alternative; nämlich statt der Hinzuziehung eines beratenden Ingenieurs die Einrichtung eines *dispute adjudication boards* (im folgenden DAB). In der aktuellen Fassung des *Red Book* ist in der Klausel 20 nun nur noch der Einsatz des DAB vorgesehen; der Ingenieur ist nicht mehr an der Streitschlichtung beteiligt. Beide Vorgehensweisen, sowohl der Einsatz des Ingenieurs als „Quasi-Schiedsrichter" wie auch der Einsatz eines DAB, werden jedoch im Rahmen der Darlegung der internationalen Rechtsquellen und Modelle ausführlicher präsentiert, da sich dort mit Möglichkeiten der Streitbeilegung bei internationalen Bau- und Anlagenverträgen auseinandergesetzt werden wird[59].

Das sich bis auf den Einsatz des DAB die Rolle des Ingenieurs in den neuen FIDIC-Bedingungen nicht grundlegend geändert hat, wurde konsequenterweise dem Auftragnehmer durch Klausel 16 erstmals Rechtsbehelfe auch bei Pflichtverletzungen des Ingenieurs eingeräumt[60].

Der Grund für die weite Verbreitung der FIDIC-Bedingungen ist nicht zuletzt in der insgesamt wohl als ausgewogen zu bewertenden Risikoverteilung zu sehen[61].

Neben den FIDIC-Bedingungen sind für den internationalen Anlagenbau die „Allgemeinen Lieferbedingungen für den Export von Anlagen und Maschinen" zu nennen. Diese wurden von einer Spezialistengruppe der Wirtschaftskommission (*Economic Commission for Europe*, im folgenden ECE) der Vereinten Nationen für Europa bereits 1953 entwickelt. Diese ECE-Standardbedingungen existieren sowohl in einer Ost- als auch in einer Westfassung, wobei diese weitgehend übereinstimmen, allerdings z.B. in den Fragen der Gefahrübertragung und bei Entlastungsgründen teilweise voneinander abweichen[62].

---

58 Goedel, Aspekte der Streiterledigung bei internationalen Bauverträgen und das Arbitral Referee Verfahren, in Böckstiegel (Hrsg.), Vertragsgestaltung und Streiterledigung in der Bauindustrie und im Anlagenbau, S. 36, 37, 38, Goedel, Die FIDIC-Bauvertragsbedingungen im internationalen Baurecht, RIW 1982, S. 81, 82.

59 Siehe dazu Kapitel C. V. 1.

60 Mallmann, Neue FIDIC-Standardbedingungen für Bau- und Anlagenverträge, RIW 2000, S. 532, 535.

61 Flocke, Risiken beim Internationalen Anlagenvertrag, S. 62.

62 Von Bernstoff, Vertragsgestaltung im Auslandsgeschäft, S. 245.

Darüber hinaus wurden ebenfalls für den Anlagenbau die Musterbedingungen der *United Nations Industrial Development Organisation* (UNIDO)[63] ausgearbeitet. Dieses Vertragsmuster ist besonders auf die Zusammenarbeit von Unternehmern, die aus der entwickelnden Industrie stammen, und den in Entwicklungsländern tätigen privaten und öffentlichen Stellen zugeschnitten, da es die Hauptaufgabe der UNIDO ist, das industrielle Wachstum in den Entwicklungsländern zu fördern und die Arbeit der UN-Organisationen auf diesem Gebiet zu koordinieren[64].

Unter Zugrundelegung der ECE-Vergabedingungen, der FIDIC-Musterbauvertragsbedingungen und der UNIDO-Musterverträge hat die *United Nations Commission on International Trade Law* (im folgenden UNCITRAL) einen Leitfaden über die Gestaltung von Verträgen über die Lieferung und Errichtung großer Industrieanlagen entworfen, den *Legal Guide on Drawing up Contracts for Constructions of Industrial Works*. Dieser enthält Ratschläge und anschauliche Formulierungsanregungen für die Ausarbeitung und Gestaltung von Verträgen über die Lieferung und Errichtung von Industrieanlagen. Außerdem finden sich in ihm Hinweise zu Streitbeilegung durch Schiedsgerichtsbarkeit. Die Anregungen des Leitfadens sollen jedoch ausdrücklich keine Musterbedingungen sein, die in tatsächlichen Verträgen vereinbart werden sollen[65]. Die Prognose, die Regelungen dieses Leitfadens würden sich unter Umständen als etabliertes Recht neben den FIDIC-Vertragsbedingungen etablieren[66], hat sich nicht bewahrheitet.
Abschließend ist zu sagen, daß bis heute die FIDIC-Musterbauvertragsbedingungen im internationalen Bauwesen und Anlagenbau am anerkanntesten sind und damit auch die häufigste Verwendung erfahren. Trotz immer wieder auftretender Kritik hat sich bis heute keine Regelung entwickelt, die die gleiche Bedeutung in diesem internationalen Wirtschaftsbereich erfahren hat.

63 UNIDO-*Model Form of Turn-key Lump Sum Contract for Construction and Fertilizer Plant*, UNIDO (Hrsg.), Dokument UNIDO/PC.25, Rev. 1 1983; Abdruck bei Dünnweber, Vertrag zur Erstellung einer schlüsselfertigen Industrieanlage im internationalen Wirtschaftsverkehr, S. 171 ff.

64 Markowsky, Der Bauvertrag im internationalen Rechtsverkehr, S. 87.

65 So wird auch die ungenügende Praktikabilität und akademische Natur dieser Vorschläge gerügt von Wallace, *The UNCITRAL Legal Guide on Industrial Works Contracts*, ICLR 1991, S. 233.

66 So getätigt von Wiegand, Internationales Bauschiedswesen: UNCITRAL als Schrittmacher der Rechtsvereinheitlichung, ZfBR 1985, S. 5, 7.

4. Probleme des internationalen Bau- und Anlagenvertrages

Um den Bedarf nach der Regelung der Streitbeilegung bei internationalen Bau- und Anlagenverträgen zu verdeutlichen, soll nun ein kurzer Blick auf die Probleme solcher Verträge geworfen werden, die letztendlich auch der Anlaß für entstehende Streitigkeiten sind.

Bau- und Anlagenverträge werfen bereits auf nationaler Ebene in den verschiedensten Richtungen Probleme auf, die mit beispielsweise deutschem gesetzlichen Werkvertragsrecht allein nicht mehr zu bewältigen sind. Als Grund werden unter anderem die Komplexität und das große Volumen der Projekte genannt, außerdem der Rahmencharakter der Verträge, die lange Dauer der Vertragsdurchführung, die notwendige Kooperation zwischen einer größeren Zahl von Beteiligten sowie das Streben des Kunden, möglichst neuste Technologien zu verwenden[67]. Beschränkt man diese Probleme allein auf die rein rechtlichen Schwierigkeiten, so bleiben noch immer eine Vielzahl.

Betrachtet man das Problem Langzeitcharakter des Bauvertrages, so ist dabei zu berücksichtigen, daß dieser in hohem Maße das Risiko in sich trägt, daß relevante Umstände sich in der Zwischenzeit verändern und damit zu vom Unternehmer nicht kalkulierten Leistungspflichten oder zu zusätzlichen Kosten für den Kunden führen. Solche Veränderungen können beispielsweise Lohnsteigerungen oder Währungsänderungen, Veränderungen der politischen Verhältnisse oder Gesetzesänderungen zum Gegenstand haben[68]. Ebenfalls den Langzeitcharakter des Bau- und Anlagenvertrages betrifft es, daß der Vertrag während seiner Laufzeit verschiedene Phasen durchläuft: die Planungsphase, die Herstellungsphase, die Abnahmephase und die Garantiephase. In jeder dieser Phasen bestehen für die einzelnen Beteiligten besondere Rechten und Pflichten, bei denen versucht wird, sie in einem Vertrag regulativ zu erfassen[69]. Ein Bauvertrag kann nicht mit einem einmaligen Leistungsaustausch im Sinne des *do ut des* als beendet betrachtet werden.

Weiterhin haben Bau- und Anlagenverträge zumeist nur einen Rahmencharakter, da im Zeitpunkt des Vertragsabschlusses regelmäßig noch nicht alle Einzelheiten der zu erbringenden Leistung festgelegt werden können. Die Konkretisierung dieser Rahmenplanung beinhaltet zwangsläufig das Eintreten von bisweilen

---

67 Dünnweber, Vertrag zur Erstellung einer schlüsselfertigen Industrieanlage im internationalen Wirtschaftsverkehr, S. 149; Nicklisch in seinem Vorwort zu Bau- und Anlagenverträge - Risiken, Haftung, Streitbeilegung-, S. V.

68 Simons, Ursachen und Gründe für Streitigkeiten bei internationalen Bau- und Consultingverträgen, in Simons (Hrsg.), Der Streit bei internationalen Bauverträgen, S. 1, 8, 9.

69 Nicklisch, Risiken bei Bau- und Anlagenverträgen aus rechtlicher Sicht - Besondere Vertragsstrukturen mit speziellen Risiken, in Nicklisch (Hrsg.) Bau- und Anlagenverträge -Risiken, Haftung, Streitbeilegung-, S. 41, 44 f.

schwierigen Rechtsproblemen[70]. Hier bleibt häufig die Frage offen, wen die damit verbundenen Risiken treffen sollen.
Sowohl Langzeit- als auch Rahmencharakter des Bau- und Anlagenvertrages führen darüber hinaus dazu, daß Vertragsbedingungen oder noch bestehende Vertragslücken immer wieder der erneuten Auslegung durch die Beteiligten unterliegen, was ebenfalls Ansatzpunkt für eine Problemquelle bedeuten kann.
Auch werden die Parteien durch den Langzeitcharakter des Vertrages immer wieder zur Kooperation verpflichtet, in dem sie ihren Konsultations-, Informations- und Mitwirkungspflichten nachkommen sollen[71]. Dies beinhaltet wiederum erneute Konfliktansätze, da die Parteien sich ständig aufs neue dazu gezwungen sehen, sich mit den anderen Vertragsparteien auseinandersetzen zu müssen und es hierbei immer wieder zu Meinungsverschiedenheiten kommen kann.
Zur Komplexität von Bau- und Anlagenverträgen ist zu sagen, daß solche Verträge immer aus einer Vielzahl von Vertragsbündelungen bestehen; sie sind textlich und zeichnerisch kompliziert gegliederte Bedingungswerke, die nicht nur die unmittelbaren Pflichten und Rechte von Auftraggebern und -nehmern regeln, sondern auch die vielseitigen Rechtsbeziehungen zu weiterem am Bau- oder Anlagenprojekt Beteiligten erfassen[72].

Dies gewährt einen Einblick in die sich aus den Strukturen von nationalen Bau- und Anlagenverträgen ergebende Problematik. Eindeutig ist, daß sich diese Probleme bei Bau- und Anlagenverträgen mit internationalem Charakter noch um ein Vielfältiges vermehren. Hier sind zunächst einmal rein praktische Erwägungen zu berücksichtigen. So wird meistens zwischen Parteien eines internationalen Vertrages ein gewisses Sprachproblem bestehen, wobei zu berücksichtigen ist, daß dies heutzutage durch zunehmende Sprachkenntnisse oder die Möglichkeit der Nutzung von Übersetzern, im Vergleich zu früheren Zeiten, eher zurückgegangen sein dürfte. Es bleibt jedoch das Problem, daß gerade bei der Übersetzung in eine andere Sprache im Falle eines Vertragsabschlusses gewisse Ungenauigkeiten entstehen, die dann bei verschiedener Auslegung Anlaß zu Mißverständnissen und damit zu Konflikten bedeuten. Auch ist es bei unterschiedlicher Nationalität beispielsweise für den Bauherrn zumeist schwierig, mit Mitarbeitern oder Angestellten des Bauunternehmers zu kommunizieren. Ebenfalls kann es zu Verständigungsproblemen kommen, wenn es allzu große Mentalitätsunterschiede zwi-

70 Nicklisch, Risiken bei Bau- und Anlagenverträgen aus rechtlicher Sicht - Besondere Vertragsstrukturen mit speziellen Risiken, in Nicklisch (Hrsg.) Bau- und Anlagenverträge -Risiken, Haftung, Streitbeilegung-, S. 41, 46 f.

71 Nicklisch/Weick, VOB, Einl. Rn. 4.

72 Wiegand, Rechtsprobleme einer speziellen internationalen Bauschiedsgerichtsbarkeit, in Nicklisch (Hrsg.) Bau- und Anlagenverträge -Risiken, Haftung, Streitbeilegung-, S. 290.

schen den Beteiligten an einem internationalen Bauprojekt gibt, seien diese zum Beispiel kultureller oder religiöser Art. Als Beispiel sei der Einsatz von Ingenieurinnen in einem islamischen Land genannt, die sicherlich Durchsetzungsschwierigkeiten gegenüber einheimischen Arbeitnehmern haben würden.
Als weiteres Problem kommen Behinderungen durch den Auftraggeber oder durch „Höhere Gewalt" in Betracht. Der Bauherr kann beispielsweise, gehört dies zu seinen Mitwirkungspflichten, verspätete Lieferung von Zeichnungen oder verspätete Genehmigungen von Materialien verursachen[73].
Bei der Auslegung eines internationalen Vertrages kommt es hin und wieder zu Problemen, da die Vertragsparteien unter Umständen aus unterschiedlichen Rechtskreisen stammen und daher teilweise der Auslegung einzelner Rechtsbegriffe ein anderes Rechtsverständnis zugrunde legen. Diesem versucht man durch die Vereinbarung von Standardbedingungen wie die oben bereits dargestellten FIDIC-Musterbauvertragsbedingungen zu vermeiden, doch unterliegen auch solche Vertragsbedingungen der unterschiedlichen Auslegung.
Ein weiteres Problem ist die Frage nach dem Recht, welches auf einen internationalen Bau- oder Anlagenvertrag anzuwenden sein soll, da dieser so vielschichtig und sein inhaltlicher Schwerpunkt so schwer auszumachen ist[74].

Nach Erörterung dieser Störanfälligkeiten und Probleme von Bau- und Anlagenverträgen, sei es auf nationaler oder internationaler Ebene wurde deren Konfliktpotential deutlich. Dies läßt sich auch daraus ersehen, daß immer wieder versucht wurde und wird, sich mit der Frage der Streitbeilegung bei internationalen Bau- und Anlagenverträgen sowohl vor als auch nach der Entstehung von Streitigkeiten auseinanderzusetzen.
Um so interessanter wird es sein, die existierenden und vorgeschlagenen Lösungsansätze zu untersuchen und sich mit ihnen auseinanderzusetzen[75]. Als eindeutig häufigster Lösungsansatz wird der Weg in die internationale private Schiedsgerichtsbarkeit gewählt.

---

73 Simons, Ursachen und Gründe für Streitigkeiten bei internationalen Bau- und Consultingverträgen, in Simons (Hrsg.), Der Streit bei internationalen Bauverträgen, S. 1, 7.

74 Mit diesem Problem der Bestimmung des anwendbaren Rechts, insbesondere wenn die Parteien keine Rechtswahl getroffen haben, hat sich Markowsky ausführlich in seiner Dissertation „Der Bauvertrag im internationalen Rechtsverkehr" gewidmet, aber auch Thode/Wenner, Internationales Architekten- und Bauvertragsrecht; sowie Wiegand, Das anwendbare Recht bei internationalen Bauverträgen -Zur internationalprivatrechtlichen Anknüpfung bei Bauexportproblemen, in Böckstiegel (Hrsg.), Vertragsgestaltung und Streiterledigung in der Bauindustrie und im Anlagenbau, S. 59 ff.

75 Die Darstellung dieser Lösungsansätze findet sich in Kap. C.

II. Die Schiedsgerichtsbarkeit bei Streitigkeiten aus internationalen Bau- und Anlagenverträgen

1. Allgemeines zur Schiedsgerichtsbarkeit

Allgemeiner Tenor in der Literatur und Praxis der letzten Jahre und Jahrzehnte ist, daß die Bedeutung von nationaler und internationaler Schiedsgerichtsbarkeit zunimmt. Gerade der Bereich des nationalen und internationalen Wirtschaftsverkehrs wirft, versucht man ihn durch staatliche Gerichtsbarkeit zu kontrollieren, besondere Schwierigkeiten auf. So kann man seit Jahren nahezu eine „Flucht in die Schiedsgerichtsbarkeit"[76] beobachten, die wie bereits in der Einleitung erwähnt, sich auch gerade im Bereich des Bauwesens und des Anlagenbaus vollzogen hat. Daher sollen nun zunächst der Begriff der privaten Schiedsgerichtsbarkeit und insbesondere der internationalen Schiedsgerichtsbarkeit und ihr Hintergrund kurz erläutert werden.

a) Begriffsbestimmung

Der Begriff der Schiedsgerichtsbarkeit beinhaltet die Durchführung von Schiedsverfahren vor Schiedsgerichten. Ein Schiedsverfahren ist demnach ein Prozeß, bei dem die Parteien eines Rechtsstreits vereinbart haben, diesen Streit vor einem Schiedsgericht, bestehend aus einer oder mehreren selbsterwählten Personen (Schiedsrichtern), in welche sie Vertrauen setzen, zur Entscheidung vorlegen und bereit sind, sich der Entscheidung des oder der Schiedsrichter zu unterwerfen. Schiedsgerichte sind dabei aus einem oder mehreren Schiedsrichtern zusammengesetzte Privatgerichte, denen die Entscheidung bürgerlicher Rechtsstreitigkeiten anstelle staatlicher Gerichte durch private Willenserklärung übertragen ist[77].
Der Rechtsnatur nach ist die Schiedsgerichtsbarkeit eine prozessual-jurisdiktionelle, nicht nur eine materiellrechtliche Institution[78]. So gehört die

---

76 So Cohn, Die englische Schiedsgerichtsbarkeit, AWD des BB 1974, S. 65.

77 Schwab/Walter, Schiedsgerichtsbarkeit, S. 1.

78 Dazu legt Lionnet, Handbuch der internationalen und nationalen Schiedsgerichtsbarkeit, S. 29 f., dar, daß dies nicht immer unproblematisch war. So wurde in Deutschland vor Inkrafttreten der ZPO die Schiedsgerichtsbarkeit als materiellrechtliche Institution verstanden, während heute das prozeßrechtliche Verständnis vorherrscht. Eine materiellrechtliche Auffassung der Schiedsgerichtsbarkeit hat lange die französische Rechtssprechung beherrscht, wobei sich auch dort inzwischen der juridiktionellen-prozeßrechtlichen Theorie angenähert wird. Ausgiebig stellt Schlosser den Meinungsstand und die Entwicklung dieser Streitfrage in den einzelnen Ländern dar in Schlosser, Das Recht der internationalen privaten Schiedsgerichtsbarkeit, S. 29-38.

Ausgestaltung der Schiedsgerichtsbarkeit als echte Jurisdiktion zu den wichtigsten Entwicklungen der letzten Jahrzehnte.
Grundsätzliche Voraussetzung für das Entstehen eines Schiedsverfahrens ist zunächst das Vorliegen eines (Rechts-)Streites. Weiterhin muß die Vereinbarung bestehen, daß die Streitigkeit einem Schiedsgericht vorgelegt werden soll sowie die Einigung, durch die Entscheidung des Schiedsgerichtes gebunden zu sein. Das Schiedsverfahren wird dann eingeleitet, indem die eine Partei der anderen mitteilt, daß sie ein solches Verfahren beginnt, und eine Ernennung der Schiedsrichter erfolgt. Besonderheit des Schiedsverfahrens ist im übrigen, daß die Parteien das Schiedsgericht von der Anwendung eines bestimmten Rechts befreien und eine Entscheidung nach Billigkeit, also *ex aequo et bono* bestimmt werden kann[79]. Der Schiedsrichter wird in solchen Fällen auch als *amiable compositeur* bezeichnet. Die Zulässigkeit der Billigkeitsentscheidung folgt aus dem das Schiedsverfahren beherrschende Grundsatz der Vertragsfreiheit[80]. Gerade im internationalen Handelsverkehr mögen die Vertragspartner angesichts der Unklarheiten des internationalen Privatrechts dazu neigen, die Streitigkeiten aus ihren Vertragsbeziehungen mittels einer Billigkeitsentscheidung durch das Schiedsgericht zu regeln[81].
Das Schiedsverfahren endet in der Regel mit einem Schiedsspruch, dem die Wirkung eines rechtskräftigen Urteils zukommt, da ein Schiedsgericht nach Funktion und Wirkung materielle Rechtsprechung ausübt. Dabei darf das Schiedsgericht nur entscheiden, wenn und soweit auch staatliche Gerichte entscheiden können. Die Aufgabe des Schiedsgerichts, einen Rechtsstreit wie ein staatliches Gericht zu entscheiden, ist damit gleichzeitig Voraussetzung für die Zulässigkeit des Schiedsgerichtsverfahrens und des Schiedsgerichtsurteils[82].
Die Entscheidung des Schiedsgerichtes ist grundsätzlich endgültig, da es hiergegen keine Rechtsmittel gibt. Dies gilt selbst dann, wenn die Schiedsvereinbarung nichtig war, ein ordnungsgemäßes Verfahren nicht eingehalten wurde oder ein Verstoß gegen den ordre public des jeweiligen Landes vorliegt. Allerdings kann der Schiedsspruch dann durch die am Ort des Schiedsverfahrens zuständigen Gerichte aufgehoben werden, oder im Ausland kann die Anerkennung eines solchen Schiedsspruches verweigert werden.

---

79 Schütze, Schiedsgericht und Schiedsverfahren, S. 94 mit weiteren Nachweisen zur Figur des *amiable compositeur*.

80 Schütze/Tscherning/Wais, Handbuch des Schiedsverfahrens, S. 320 mit weiteren Nachweisen.

81 Glossner/Bredow/Bühler, Das Schiedsgericht in der Praxis, S. 27; so sehen auch internationale Schiedsordnungen wie die der Internationalen Handelskammer in Paris (*International Chamber of Commerce*, im folgenden ICC) die Möglichkeit der Billigkeitsentscheidung vor, wenn die Parteien dies vereinbart haben, z.B. in Art. 17 Abs. 3 der ICC-Schiedsordnung,.

82 Lionnet, Handbuch der internationalen und nationalen Schiedsgerichtsbarkeit, S. 35, 36.

Eine Definition des internationalen Schiedsverfahrens findet sich zum Beispiel in der deutschen Zivilprozeßordnung nicht. So war der Begriff der internationalen Handelsschiedsgerichtsbarkeit auch lange Zeit nicht eindeutig geklärt. Es ließen sich zwei Strömungen unterscheiden. Einerseits wurde eine prozessuale Theorie vertreten, die darauf abstellte, ob ein Schiedsverfahren zu mehreren Rechtsordnungen bezug hatte[83]. Dabei ging man davon aus, daß, da sich das Schiedsverfahren in Einzelakte wie Schiedsverfahren, Bestellung der Schiedsrichter, das eigentliche Schiedsverfahren und den Schiedsspruch gliedere, internationale Schiedsgerichtsbarkeit gegeben sei, wenn nur ein Einzelakt eine Berührung mit dem Ausland habe, da sich dann das gesamte Schiedsrechtsverhältnis auf mehr als eine Rechtsordnung bezieht. Andererseits wurde eine materielle Theorie vertreten, wonach die Schiedsgerichtsbarkeit international ist, wenn der sachliche Streitgegenstand in materieller Hinsicht Berührungspunkte mit wenigstens einer ausländischen Rechtsordnung aufweist[84].
Inzwischen findet sich eine gesetzliche Begriffserläuterung in Art. 1 Abs. 3 Modellgesetz zur Internationalen Handelsschiedsgerichtsbarkeit[85] der *United Nations Commission on International Trade Law* (im folgenden UNCITRAL). Danach ist ein Schiedsverfahren dann als international zu bezeichnen, wenn die Parteien ihren Sitz in verschiedenen Staaten haben oder wenn der Schiedsort, der Erfüllungsort oder der Ort, mit dem der Streitgegenstand die engste Verbindung aufweist, sich in einem Drittstaat befindet. Dies ist eine recht weite Begriffsauslegung, die zum ersten Mal eine gesetzlich definierte Grenze zwischen interner und internationaler Schiedsgerichtsbarkeit zieht. Damit hat das UNCITRAL-Modellgesetz eine selbständige, von der lex fori unabhängige Begriffsbestimmung hervorgebracht. Nationale Vorstellungen sind nicht mehr von Bedeutung; vielmehr werden in den Staaten, die das UNCITRAL-Modellgesetz rezipieren, einheitliche Vorstellungen über den Begriff des internationalen Schiedsverfahrens verfolgt werden, was wohl als vorteilhaft für die Rechtsvereinheitlichung und Rechtssicherheit zu werten ist. Aufgrund seiner Weite und der Tatsache, daß das UNCITRAL-Modellgesetz prägend für Zentralbegriffe der internationalen

83 Roth, Der Vorbehalt des Ordre Public gegenüber fremden gerichtlichen Entscheidungen, S. 127 ff.; Schlosser, Das Recht der internationalen privaten Schiedsgerichtsbarkeit, S. 27.

84 Von Hoffmann, Internationale Handelsschiedsgerichtsbarkeit, S. 51.

85 *Model Law on International Commercial Arbitration* der UNCITRAL; das Modellgesetz wird in Kap. C. III. 2. noch ausführlich erläutert werden.

Schiedsgerichtsbarkeit ist[86], hat diese Definition allgemein Anerkennung erfahren und wird daher als Grundlage der vorliegenden Arbeit herangezogen.

(1) Abgrenzung zur völkerrechtlichen Schiedsgerichtsbarkeit

Abzugrenzen ist die nationale und internationale private Schiedsgerichtsbarkeit zum einen von der völkerrechtlichen Schiedsgerichtsbarkeit. Diese wurde ursprünglich danach vorgenommen, ob die Parteien der Rechtsstreitigkeit Völkerrechtssubjekte waren[87]. Jedoch haben sich Staaten vom „Ordnungsgaranten zum Leistungsträger"[88] entwickelt, was bedeutet, daß sie sich auch auf dem Gebiet des internationalen Handels betätigen. Streitigkeiten aus Handelsgeschäften, die Staaten mit Privaten oder mit staatlichen Organisationen anderer Länder abschließen, können nicht als völkerrechtliche Streitigkeiten beurteilt werden, sondern gehören zum Bereich der internationalen privaten Schiedsgerichtsbarkeit, wenn die Parteien einen Schiedsvertrag geschlossen haben. Andererseits muß es sich bei völkerrechtlichen Schiedsverfahren nicht immer um Streitigkeiten zwischen Staaten handeln, da jeder Staat die verfassungsrechtliche Befugnis hat, die Erledigung von Zivilprozessen unter Privatparteien den zuständigen staatlichen Gerichten zu entziehen, um sie einem völkerrechtlichen Schiedsgericht zu übertragen[89].

Jedoch gehören zur völkerrechtlichen Schiedsgerichtsbarkeit hauptsächlich Streitigkeiten zwischen Völkerrechtssubjekten, bei denen es um Streitgegenstände aus der staatlichen Hoheitsgewalt handelt.

(2) Abgrenzung zur öffentlich-rechtlichen Schiedsgerichtsbarkeit

Die öffentlich-rechtliche Schiedsgerichtsbarkeit findet in der deutschen Verwaltungsgerichtsordnung (im folgenden VwGO) in §§ 168 Abs. 1 Ziff. 5, 187 Abs. 1 VwGO Erwähnung. § 168 Abs. 1 Ziff. 5 VwGO behandelt die Vollstreckung von für vollstreckbar erklärten Schiedssprüche öffentlich-rechtlicher Schiedsgerichte und schiedsrichterlicher Vergleiche, § 187 Abs. 1 VwGO die Übertragung der

---

86 Die Vermutung, daß das UNCITRAL-Modellgesetz wohl eine solche prägende Wirkung haben wird, äußerte bereits Schlosser, Das Recht der internationalen und privaten Schiedsgerichtsbarkeit, S. 28 im Jahre 1989, eine Prognose, die sich in der Realität tatsächlich niederschlug.

87 Berber, Lehrbuch des Völkerrechts, Bd. III, S. 42.

88 Von Hoffmann, Internationale Handelsschiedsgerichtsbarkeit S. 53.

89 Lionnet, Handbuch der internationalen und nationalen Schiedsgerichtsbarkeit, S. 27; dieser nennt hier als herausragendes Beispiel die Verfahren zwischen den Staaten Iran und USA vor dem *Iran-United States Claims Tribunal* in Den Haag.

Aufgaben der Schiedsgerichtsbarkeit bei Vermögensauseinandersetzungen öffentlich-rechtlicher Verbände auf die Gerichte der Verwaltungsgerichtsbarkeit durch die Länder. Gegenstand einer Schiedsvereinbarung im öffentlichen Recht, die im deutschen Recht einen öffentlich-rechtlichen Vertrag im Sinne der §§ 54 ff Verwaltungsverfahrensgesetz darstellt, können öffentlich-rechtliche Beziehungen sein, jedoch nur insoweit, als die Beteiligten über sie verfügen können[90].
Als internationale Regelungen der verwaltungsrechtlichen Schiedsgerichtsbarkeit kommen neben dem Bereich der schiedsrichterlichen Regelung von Investitionsstreitigkeiten nach dem Übereinkommen zur Beilegung von Investitionsstreitigkeiten zwischen Staaten und Angehörigen anderer Staaten[91] keine weiteren in Betracht. Daß der verwaltungsrechtlichen Schiedsgerichtsbarkeit damit insgesamt keine besondere Tragweite zukommt, mag daran liegen, daß in einigen Ländern die Unterscheidung zwischen öffentlichem (Verwaltungs-) und privatem Recht nicht in der dem deutschen Recht entsprechenden Weise gemacht wird, so daß bisher auch immer vermieden wurde, in internationalen Übereinkommen die Unterscheidung zwischen privatrechtlicher und öffentlich-rechtlicher Schiedsgerichtsbarkeit aufzunehmen[92].

b) Historische Entwicklung

Seit Menschen in Gemeinschaft leben und versuchen, Streitigkeiten möglichst friedlich beizulegen, spielt die Schiedsgerichtsbarkeit eine wichtige Rolle. So gehen in Europa die Wurzeln der privatrechtlichen Schiedsgerichtsbarkeit zurück auf die griechische und römische Antike. Besonders in Rom war die Schiedsgerichtsbarkeit als Ausdruck der Vertragsfreiheit anerkannt[93]. Vieles der modernen Schiedsgerichtsbarkeit in Europa hat seinen Ursprung allerdings in der Französischen Revolution und den Napoleonischen Kriegen; immerhin erklärte die Französische Revolution die Schiedsgerichtsbarkeit als die erstrangige Form der Rechtsprechung[94]. Im *Code Civil Procédure*, einem Teil des napoleonischen *Code Civil*, fand die Schiedsgerichtsbarkeit in detaillierter Form Erwähnung. Ein

90 Redeker/von Oertzen, VwGO, § 40 Rn. 78; als Beispiel sei hier die Bildung eines Schiedsgerichtes des Sachverständigenrates zur Begutachtung der gesamtwirtschaftlichen Entwicklung zu nennen, Schiedsgerichtsurteil vom 21.05.1973, veröffentlicht in DÖV 1973, S. 852.

91 Dieses Übereinkommen wird in Kap. C. II. 4. näher erläutert.

92 Schlosser, Das Recht der internationalen privaten Schiedsgerichtsbarkeit, S. 3.

93 Böckstiegel, Einführung in Recht und Praxis der Schiedsgerichtsbarkeit, in Labes/Lörcher (Hrsg.), Nationales und Internationales Schiedsverfahrensrecht, S. XV, XVII.

94 So begann Art. 1 des *loi sur l'organisation judiciaire* vom 24. August 1790 mit den Worten, daß die Schiedsgerichtsbarkeit das vernünftigste Mittel sei, eine Streitigkeit zwischen Bürgern zu beenden.

Teil der neukonstituierten Schweiz übernahm damals ähnliche Schiedsgesetze. In England wurde dagegen bereits 1697 ein *Arbitration Act* erlassen. Erst in der Mitte des 19. Jahrhunderts nahm man dort modernere Schiedsgesetze auf, zunächst im *Common Law Procedure Act* von 1854 und später in einem erneuertem (überarbeiteten) *Arbitration Act* von 1879. Dieser ist noch heute die Quelle des modernen Schiedsrechts Englands und des *Commonwealth*[95]. Die Fassung der deutschen Zivilprozeßordnung (im folgenden ZPO) von 1879 sah ebenfalls Regelungen zur Schiedsgerichtsbarkeit vor, die bis zur letzten Reform des Schiedsrechts in der ZPO von 1998 im wesentlichen gültig waren.
Auf internationaler Ebene kam es zum Abschluß des Genfer Protokoll über Schiedsklauseln im Handelsverkehr von 1923 und des Genfer Abkommens zur Vollstreckung ausländischer Schiedssprüche von 1927. Auch die Gründung der Internationalen Handelskammer in Paris (*International Chamber of Commerce,* im folgenden ICC genannt) im Jahre 1919 war ein Beitrag zur Fortentwicklung der internationalen Schiedsgerichtsbarkeit[96].
Während der Zeit des zweiten Weltkrieges und des Dritten Reiches war das Schiedsgerichtswesen in Europa, mit Ausnahme von England, allerdings zurückgedrängt; erst danach brach ein gewisser Enthusiasmus, die Schiedsgerichtsbarkeit auch gerade im internationalen Bereich weiterzuentwickeln, wieder aus[97]. Diese Weiterentwicklung wurde vor allem Dingen durch den Abschluß von Abkommen und Übereinkommen gefördert. Zu nennen sind hier unter anderem das Übereinkommen der Vereinten Nationen über die Anerkennung und Vollstreckung ausländischer Schiedssprüche von 1958 und das Europäische Übereinkommen über die Handelsschiedsgerichtsbarkeit von 1961. Dieser Enthusiamus dauert bis heute an und findet seinen Ausdruck unter anderem in der fortwährenden Aktualisierung und Überarbeitung bereits existierender Schiedsabkommen und Schiedsordnungen, aber auch in der Schaffung neuer Modelle.

c) Ad hoc-Schiedsgerichtsbarkeit

Von den Erscheinungsformen der Schiedsgerichtsbarkeit ist das ad hoc-Schiedsgericht die älteste. Wie sich bereits aus dem Namen ableiten läßt, werden ad hoc-Schiedsgerichte entweder vor oder nach Eintritt der Rechtsstreitigkeit von den Parteien vereinbart, um nur diesen einen Rechtsstreit beizulegen. Die Entscheidung eines konkreten Streites wird dabei dem hierfür einmalig bestellten

---

95 Samuel, *Arbitration in Western-Europe - A Generation of Reform,* Int. Arb 1991, S. 319.
96 Siehe hierzu Kap. C. II. 1. und C. IV. 1.
97 Samuel, *Arbitration in Western-Europe - A Generation of Reform,* Int. Arb 1991, S. 319, 321.

Schiedsrichter (oder mehreren Schiedsrichtern) übertragen[98]. Die Parteien können sich eine selbst formulierte Prozeßordnung schaffen, die auf ihre Bedürfnisse zugeschnitten ist und die nur in den zwingenden Bestimmungen der anwendbaren nationalen Schiedsgerichtsbarkeit und den internationalen Verträgen auf Grenzen stößt. Bei dieser Vorgehensweise wird das Prinzip der Parteiautonomie im Schiedsverfahren sehr deutlich. Vorteil ist auch, daß hierbei die größtmögliche Kooperation zwischen den Parteien erfolgen kann.

Die Parteien können sich auch in der ad hoc-Schiedsgerichtbarkeit einer bestimmten, bereits bestehenden Musterschiedsordnung unterwerfen. Als Beispiel für internationale Schiedsverfahren ist hier die UNCITRAL-Schiedsordnung von 1976 oder die Schiedsgerichtsordnung der Wirtschaftskommission der Vereinten Nationen von Europa von 1966 zu nennen[99]. Vorteil ist, daß die Parteien von der Konzipierung einer Verfahrensordnung, mit der sie häufig Schwierigkeiten haben dürften, enthoben sind. Damit wäre dann auch eine mögliche Schwachstelle der Schiedsvereinbarung ausgemerzt, da häufig unzureichende Schiedsklauseln und -ordnungen Anlaß für erneute Probleme beim Schiedsverfahren sind. Die Schiedsgerichtsordnung der UNCITRAL wurde speziell beispielsweise für das ad hoc-Schiedsverfahren entworfen. Zu erwähnen bleibt, daß das ad hoc-Schiedsverfahren sich eher zur Streitschlichtung im nationalen Wirtschaftsverkehr eignet, da die Parteien auf eine gleiche Rechtstradition zurückblicken können und damit sich wohl eher auf eine Regelung einigen werden können.

d) Institutionelle Schiedsgerichtsbarkeit

Die institutionelle Schiedsgerichtsbarkeit spielt besonders im internationalen Bereich in der Praxis eine wichtige Rolle. Bei ihr genügt, im Gegensatz zur ad hoc-Schiedsgerichtbarkeit, eine Klausel im Vertrag, welche auf eine von einer selbständigen Institution ausgearbeiteten Schiedsgerichtsordnung hinweist.

Institutionelle Schiedsgerichte stellen eine Zwischenform zwischen Staatsgericht und ad hoc-Schiedsgericht dar. Sie sind mit einer neutralen Institution organisatorisch verbunden, wodurch es einen feststehenden Kreis von Schiedsrichtern sowie feststehende Verfahrensregeln gibt[100]. Im Gegensatz zum staatlichen Gericht entscheiden sie einen Rechtsstreit nicht selbst, sondern stellen den Parteien einen Rahmen zur Verfügung, innerhalb dessen der Rechtsstreit vor dem (den) hierzu

---

98 Schütze/Tscherning/Wais, Handbuch des Schiedsverfahrensrecht, S. 13.

99 Raeschke-Kessler/Berger/Lehne, Recht und Praxis des Schiedsverfahrens, S. 13.

100 Diedrich, Grundlagen der Schiedsgerichtsbarkeit, JuS 1998, S. 158, 160.

bestimmten Schiedsrichter(n) ausgetragen wird. So wird dem institutionellen Schiedsgericht auch eine „administrative Natur" zugeschrieben[101].
Wesentlicher Vorteil der institutionellen Schiedsgerichtsbarkeit gegenüber der ad hoc-Schiedsgerichtsbarkeit ist die Erleichterung des Verfahrensablaufs, bedingt auch durch die höhere Professionalität eines institutionellen Schiedsgerichtes[102]. In manchen Fällen geht eine zu starke Administrierung und Überwachung des Schiedsverfahrens durch eine Institution auf Kosten der Flexibilität und damit auch teilweise auf Kosten der Schnelligkeit des Verfahrens.

2. Die Bedeutung des Schiedsverfahrens für Streitigkeiten aus internationalen Bau- und Anlagenverträgen

Wie bereits in der Einleitung erwähnt, ist gerade im Bereich des internationalen Bauwesens und Anlagenbaus bei Streitigkeiten der Weg in die Schiedsgerichtsbarkeit sehr beliebt. Mittlerweile sind fast alle „brancheninternen" internationalen Verträge in diesem Bereich mit Schiedsklauseln versehen. Der Verband deutscher Maschinen- und Anlagenbau (VDMA) berichtet, daß bestimmt über 80 % aller Exportverträge der deutschen Unternehmen des Maschinen- und Anlagenbaus Schiedsvereinbarungen enthalten[103]. So nahmen bereits 1988 in der Statistik des Schiedsgerichtshofes der Internationalen Handelskammer in Paris die Streitfälle des Baues und Anlagenbaus mit ca. 25 % gemeinsam mit dem Außenhandel den vorderen Rang ein[104]. Inzwischen hat sich der prozentmäßige Anteil der Bauschiedsverfahren etwas verringert, was aber unter anderem darauf zurückzuführen sein könnte, daß sich die ICC-Schiedsgerichtsbarkeit auch in anderen Wirtschaftsbereichen immer größerer Beliebtheit erfreut und diese damit anteilsmäßig zugenommen haben könnte.
Für die Bauwirtschaft hat das Schiedsgerichtswesen eine ganz besondere Bedeutung, weil baurechtliche Streitigkeiten die ordentlichen Gerichte immer wieder vor erhebliche Schwierigkeiten stellt, sei es beispielsweise durch fehlende Sachkompetenz der staatlichen Richter. Zwar erfolgte an einigen Gerichten die Einrichtung spezieller Baukammern und -senate, jedoch werden selbst spezialisierte Richter regelmäßig auf Sachverständige zurückgreifen müssen, um technische Streitfragen aufzuklären. Daher eignen sich Baustreitigkeiten im besonderen

---

101 Raeschke-Kessler/Berger/Lehne, Recht und Praxis des Schiedsverfahrens, S. 14.

102 Schütze/Tscherning/Wais, Handbuch des Schiedsverfahrensrecht, S. 14 f.

103 Hesse, Die Bedeutung der Schiedsgerichtsbarkeit im gegenwärtigen, politischen und wirtschaftlichen Umfeld, in Böckstiegel (Hrsg.), Schiedsgerichtsbarkeit im Umfeld von Politik, Wirtschaft und Gerichtsbarkeit, S. 27.

104 Statistik bei Craig/Park/Paulsson, *International Chamber of Commerce Arbitration*, S. 9.

Maße für Schiedsverfahren, da solche Streitigkeiten mit einer meist zeitraubenden und intensiven Bearbeitung mit technischen und rechtlichen Schwierigkeiten und daher mit einem meist hohem Kosten- und Zeitaufwand verbunden sind[105].
Bei internationalen Bau- und Anlagenverträgen, wie überhaupt bei internationalen Verträgen, ist zu berücksichtigen, daß bei den Parteien häufig ein besonderes Mißtrauen gegen die fremde Gerichtsbarkeit besteht. Die Parteien haben häufig die Befürchtung, daß derjenige Vertragspartner beim Ausgang des Verfahrens im Vorteil ist, vor dessen staatlicher Gerichtsbarkeit das Verfahren abgewickelt wird[106].

a) Vorteile von Schiedsverfahren bei Streitigkeiten aus internationalen Bau- und Anlagenverträgen

Um die besondere Relevanz der Schiedsgerichtsbarkeit beim internationalen Bau- und Anlagenvertrag zu verdeutlichen, soll an dieser Stelle erst einmal auf die Vorteile von Schiedsverfahren bei solchen Verträgen eingegangen werden.

(1) Schnelligkeit

Am häufigsten wird als besonderer Vorzug der Schiedsgerichtsbarkeit die Schnelligkeit betont[107], mit der im Gegensatz zum langwierigen Bauprozeß ein solches Verfahren zu Ende gebracht werden kann. Die Dauer eines Bauprozesses bei Durchlaufen aller Instanzen bis zu einer gerichtlichen Entscheidung wird in Deutschland mit sechs bis sieben Jahren angegeben[108]. Im internationalen Vergleich ist dies noch als schnell zu beurteilen, da gerade im Ausland die Verfahren häufig wesentlich länger dauern[109]. Wichtig ist die Verfahrensgeschwindigkeit für

---

105 Werner/Pastor, Der Bauprozess, S. 193; Knacke, Auseinandersetzungen im privaten Baurecht, S. 150.

106 Dünnweber, Vertrag zur Erstellung einer schlüsselfertigen Industrieanlage im internationalen Wirtschaftsverkehr, S. 159.

107 So beispielsweise Nicklisch, Privatautonomie und Schiedsgerichtsbarkeit bei internationalen Bauverträgen, RIW 1991, S. 89; Heiermann, Der Schiedsvertrag im Bauwesen und Anlagenbau, JbPraxSch Bd. 2 (1988), S. 66, 68; Schütze/Tscherning/Wais, Handbuch des Schiedsverfahrensrecht, S. 3; Schwab/Walter, Schiedsgerichtsbarkeit, S. 5.

108 Heiermann, Das Schiedsgerichtsverfahren bei Bauverfahren -Vorteile und Risiken, in Spezielle Fragen des Bauvertrags- und Architektenrechts, S. 51; nicht ganz so pessimistisch sieht dies dagegen Mandelkow, Chancen und Probleme des Schiedsgerichtsverfahrens in Bausachen, S. 50, der davon ausgeht, daß Zivilgerichte revisionsfähige Bausachen durchschnittlich binnen 50 Monaten erledigen.

109 Stumpf, Vor- und Nachteile des Verfahrens vor dem Schiedsgericht gegenüber dem Verfahren vor dem ordentlichen Gericht, FS für Bülow, 1982, S. 217, 219.

den Ablauf der Bautätigkeiten, da sich zwischen Baubeginn und Abnahme bei der Durchführung eines Bauvorhabens häufig besondere Beschleunigungsbedürfnisse ergeben, insbesondere wenn die Bauvorhaben umfangreicher sind. So kann ein eventuell durch die Streitigkeit entstehender längerer Baustop enorme Unkosten hervorrufen. Aber auch nach der Abnahme bestehen Beschleunigungsbedürfnisse, insbesondere bei Nutzung des Bauwerks durch Mieter oder den Bauherrn selbst. Auch die Bemühung der ordentlichen Gerichte in Deutschland beispielsweise, Bausachen auf Spezialkammern zu übertragen, führt nicht zu einer wesentlich schnelleren Streiterledigung. Eigene Sachkunde des Richters macht die Einholung eines Sachverständigengutachens dann zwar teilweise entbehrlich. Allerdings muß das Gericht seine eigene Sachkunde dann im Urteil ausführen, was dazu führt, daß Gerichte bei komplexeren Sachverhalten dazu tendieren, doch Sachverständigenbeweis zu erheben[110].

Teilweise wird vertreten, daß die Dauer von Schiedsverfahren in der Praxis durchaus länger ist, als dies von den Beteiligten angenommen wird. Ursachen lägen hierbei in den von den Parteien ausgedehnten Schriftsatzfristen, den überfrachteten Terminkalendern und den Schiedsrichtern, die sich mit dem Erlaß prozeßleitender Verfügungen und zuletzt dem Schiedsspruch Zeit ließen[111].

Dies sind Argumente, die allerdings auch bei Verfahren der ordentlichen Gerichtsbarkeit zu einer Verzögerung der Urteilsfindung führen.

Die kürzere Verfahrensdauer wird damit begründet, daß Schiedsgerichte unter anderem nur an wenige zivilprozessuale Formvorschriften gebunden sind, so lange den Parteien ausreichend rechtliches Gehör gewährt wird. Außerdem werden nur selten zeitaufwendige Beweisaufnahmen durchgeführt, da die Beweismittel zur mündlichen Verhandlung präsent sein sollen. So werden beispielsweise Zeugenaussagen häufig schriftlich vor Durchführung des eigentlichen Verfahrens angefordert. Überzeugendstes Hauptargument für die kürzere Verfahrensdauer ist jedoch, daß es im Schiedsverfahren keinen Instanzenzug gibt. Es erscheint einleuchtend, daß gerade bei langwierigen, mit hohen Kosten verbundenen Bauprozessen der Weg durch mehrere Instanzen führt, verbunden mit Rückverweisungen, so daß der Instanzenzug eventuell öfters durchlaufen werden muß[112].

---

110 Hök, Das Schiedsverfahren in Bausachen nach neuem Recht: Ein Vergleich des Schiedsverfahrens mit dem gerichtlichen Verfahren in Bausachen, BauR 1998, S. 835, 845.

111 Glossner/Bredow/Bülow, Das Schiedsgericht in der Praxis, S. 21.

112 Mandelkow, Chancen und Probleme des Schiedsgerichtsverfahrens in Bausachen, S. 53.

(2) Kostengünstigkeit

Als weiteres Schlagwort für die Begründung der Vorteile der Schiedsgerichtsbarkeit gerade im Bauwesen und Anlagenbau taucht immer auf, daß dies wesentlich kostengünstiger sei[113]. Die Kostengünstigkeit von Schiedsverfahren wird jedoch häufig überschätzt. Als Kostenfaktor sind hier die Honorare sowohl der Schiedsrichter als auch der Prozeßvertreter sowie eventuelle Verwaltungskosten der in Anspruch genommenen Schiedsgerichtsinstitution zu berücksichtigen. Vergleicht man im nationalen Bereich die Kosten eines Schiedsverfahrens bei üblicher Vergütung der Schiedsrichter und bei Hinzuziehung von Anwälten bei einem Streitwert von 100.000,- DM mit den Kosten eines ordentlichen Gerichtsverfahren in erster Instanz, so erscheint das Verfahren der ordentlichen Gerichtsbarkeit günstiger[114]. Hierbei ist aber zu betonen, daß es in der Regel nicht bei der ersten Instanz bleiben und sich das Schiedsverfahren, würden stattdessen drei Instanzen durchlaufen, doch als kostengünstiger herausstellen wird. Ein Vergleich der Kosten ergibt, daß ein Schiedsverfahren ohne anwaltliche Vertretung im Vergleich zu einem Prozeß durch zwei staatliche Instanzen deutlich billiger ist[115]. Hier liegt ein Vorteil von Schiedsverfahren für Unternehmen mit eigener Rechtsabteilung, die dem vor staatlichen Gerichten zumindest in Deutschland ab dem Landgericht herrschenden Anwaltszwang entgehen wollen. Bedarf es allerdings im Schiedsverfahren der Anwälte, so nähern sich die Kosten des eininstanzlichen Verfahrens jedoch der Größenordnung der Kosten eines zweiinstanzlichen Prozesses, wobei sie mit Sicherheit noch unter ihnen bleiben[116].

Bei internationalen Schiedsverfahren ist es ungleich schwieriger, einen solchen Vergleich anzustellen, da sich beispielsweise kaum die Üblichkeit der Vergütung von Schiedsrichtern feststellen läßt. Versucht man dennoch eine Vergleich, indem man sämtliche Unwägbarkeiten unterstellt und günstig ausgestaltet, so kann man durchaus zu dem Ergebnis kommen, daß ein ICC-Schiedsverfahren bei einem Streitwert von 1 bis zu 6 Millionen US-Dollar durchaus günstiger sein kann, stellt man es einem deutschen Gerichtsverfahren mit zwei Instanzen gegenüber[117].

---

113 Werner/Pastor, Der Bauprozess, S. 193; Dünnweber, Vertrag zur Erstellung einer schlüsselfertigen Industrieanlage im internationalen Wirtschaftsverkehr, S. 158 f.; Heiermann, Das Schiedsgerichtsverfahren bei Baustreitigkeiten -Vorteile und Risiken, in Spezielle Fragen des Bauvertrags- und Architektenrechts, S. 51, 58.

114 Ein solcher Vergleich ist zu finden bei Schütze/Tscherning/Wais, Handbuch des Schiedsverfahrens, S. 6, siehe dazu auch das Diagramm bei Lachmann, Handbuch für die Schiedsgerichtspraxis, S. 410 f.

115 Lachmann, Handbuch für die Schiedsgerichtspraxis, S. 412 ff., der diesen Vergleich wiederum mit einem Diagramm darstellt.

116 Lachmann, Handbuch für die Schiedsgerichtspraxis, S. 415 ff. mit weiteren Diagrammen.

117 Lionnet, Handbuch der internationalen und nationalen Schiedsgerichtsbarkeit, S. 54 f.

Was sich allerdings mit Sicherheit sagen läßt, ist, daß die Kosten von Schiedsverfahren gewiß beeinflußbarer und damit auch kalkulierbarer sind, als die Kosten eines staatlichen Gerichtsverfahrens, da beispielsweise die Vergütung von Schiedsrichtern auch Verhandlungssache sein kann oder auch auf das Heranziehen von Anwälten verzichtet werden kann. Dies gilt insbesondere bei der Durchführung von ad hoc-Schiedsverfahren, da gerade der institutionellen Schiedsgerichtsbarkeit steigende Kosten nachgesagt werden.

(3) Vertraulichkeit

Als weiteres positives Argument ist zu nennen, daß Schiedsverfahren nicht öffentlich sind, somit die Entscheidungen von Schiedsgerichten vertraulich behandelt werden. Diese Vertraulichkeit ist damit auch gegenüber konkurrierenden Unternehmen gewährleistet, was ein entscheidender Aspekt für die Parteien von Bauverträgen sein kann, da es nicht in ihrem Interesse liegen dürfte, daß in einem öffentlichen Gerichtsverfahren Vertragsdetails oder auch bei dem Bauprojekt entwickelte technische Neuerungen an die bekannt gemacht werden, deren Geheimhaltung die Parteien eher bevorzugt hätten[118]. Dadurch wird auch ein einer friedlichen Lösung zuträglicheres Klima geschaffen. Weiterer Vorteil der Vertraulichkeit ist auch, daß der Ruf der Parteien in der Öffentlichkeit keinen Schaden erleiden kann[119]. Kritisch an der fehlenden Öffentlichkeit von Schiedsverfahren ist jedoch die damit einhergehende wenig stattfindende Veröffentlichung von Schiedssprüchen. Die Entscheidung eines Schiedsgerichtes kann keine Präzedenzwirkung entfalten; damit wird sie auch keine Signalwirkung im Gegensatz zu "bahnbrechenden" Urteilen der ordentlichen Gerichtsbarkeit haben[120]. Jedoch ist aufgrund der teilweisen Veröffentlichungen von Schiedssprüchen eine Tendenz bei den Schiedsgerichten erkennbar, auf frühere Entscheidungen Bezug zu nehmen.

(4) Sachkunde der Schiedsrichter

Als weiterer Vorteil ist darüberhinaus die besondere Sachkunde der Schiedsrichter zu erwähnen. Da die Parteien beim Schiedsverfahren die Möglichkeit haben, die Zusammensetzung des Schiedsgerichts selbst zu bestimmen, haben sie es in

---

118 Markowsky, Der Bauvertrag im internationalen Rechtsverkehr, S. 93.

119 Dünnweber, Vertrag zur Erstellung einer schlüsselfertigen Industrieanlage im internationalen Wirtschaftsverkehr, S. 159.

120 Böckstiegel, Einführung in Recht und Praxis der Schiedsgerichtsbarkeit, in Labes/Lörcher, Nationales und internationales Schiedsverfahrensrecht, S. XV, XIX.

der Hand, Schiedsrichter auszuwählen, die für ihren Fall in technischer, juristischer und sprachlicher Hinsicht besonders qualifiziert sind[121]. So können auch Nichtjuristen Schiedsrichter sein. Gerade im Bereich des internationalen Bau- und Anlagenwesens ist der Aspekt der technischen und sprachlichen Fähigkeit besonders interessant. In jedem Fall kann man zur Frage, wer als Schiedsrichter in einem Bauschiedsverfahren ernannt werden soll, zweierlei Ansichten vertreten. Während es einerseits als vorteilhaft erscheint, daß ein Anwalt oder sonstiger Rechtsgelehrter als Schiedsrichter fungiert, da eine richtige Rechtsanwendung die Durchsetzbarkeit und Vollstreckbarkeit eines Schiedsspruches gewährleistet, ist andererseits zu berücksichtigen, daß ein im Bauwesen tätiger Sachverständiger mit den streitigen technischen Fragen eines Disputes sowie mit der Fachterminologie insgesamt vertraut ist und daher ebenfalls als qualifizierter Schiedsrichter in Betracht kommt[122]. Der größte Teil der Auseinandersetzungen in diesem Bereich ist wohl eher technischer und nicht so sehr rechtlicher Art. Wählt man demnach einen Schiedsrichter mit entsprechenden technischen Kenntnissen, bleibt einem der Rückgriff auf Sachverständigengutachten häufig erspart. Auch wird man von einem sachkundigen Schiedsrichter, der über eine Spezialisierung oder langjährige Erfahrung mit der Entwicklung im Bereich des Baurechts und der Bautechnik verfügt, mehr Verständnis erwarten können. Gleichzeitig ist auch die Bereitschaft, sich dem Urteil eines teilweise selbsterwählten sachkundigen Schiedsgerichtes zu unterwerfen, größer.

(5) Vollstreckbarkeit und Anerkennung von Schiedssprüchen

Inländische Schiedssprüche können in den europäischen Staaten nach den innerstaatlichen schiedsrechtlichen Regelungen vollstreckt werden. In der Neuregelung der deutschen ZPO beispielsweise finden sich die Voraussetzungen zur Vollstreckbarkeit in § 1060 ZPO. Im Vergleich dazu ist es ungleich schwerer, Ansprüche im internationalen Rahmen aufgrund der Besonderheiten des internationalen Prozeßrechts, mehrfacher Zuständigkeit und fehlender supranationaler Durchsetzungsorgane durchzusetzen[123]. Die Durchsetzung von Schiedssprüchen ist jedoch international abgesichert, soweit es Zwangsmaßnahmen überhaupt bedarf. So wird im internationalen Bereich die Durchsetzbarkeit von Schiedssprüchen im Vergleich zu gerichtlichen Entscheidungen als ungleich höher be-

---

121 Raeschke-Kessler/Berger/Lehne, Recht und Praxis des Schiedsverfahrens, S. 3.

122 Bunni, *The FIDIC Form of Contract*, S. 382.

123 Böckstiegel, Einführung in Recht und Praxis der Schiedsgerichtsbarkeit, in Labes/Lörcher, Nationales und internationales Schiedsverfahrensrecht, S. XV, XLVI.

wertet[124]. Die Bundesrepublik Deutschland hat mit einer Vielzahl von Ländern staatsvertragliche Vereinbarungen getroffen, die sich mit Wirkungserstreckung von Schiedssprüchen beschäftigen. Als wichtigstes Abkommen sind hier das New Yorker UN-Übereinkommen über Anerkennung und Vollstreckung ausländischer Schiedssprüche von 1958 sowie das Genfer Abkommen zur Vollstreckung ausländischer Schiedssprüche von 1927 zu nennen. Darüberhinaus gibt es eine Vielzahl von bilateralen Anerkennungs- und Vollstreckungsabkommen[125], welche jedoch zumeist aus der Zeit vor dem UN-Übereinkommen von 1958 stammen. Soweit die Vertragsstaaten der bilateralen Abkommen gleichzeitig Vertragsstaaten des UN-Übereinkommens von 1958 sind, gelten dic Regelungen des UN-Übereinkommens[126].

In der Praxis kommt es selten zu Vollstreckungsmaßnahmen. Nach Angaben der ICC werden beispielsweise mehr als 90 % der Schiedssprüche freiwillig erfüllt[127]. Sollte dies jedoch nicht geschehen, so gilt der Grundsatz der Meistbegünstigung. Danach richtet sich Anerkennung und Vollstreckung nach dem anerkennungs- und vollstreckungsfreundlichstem Recht, was die Anerkennung und Vollstrekkung von Schiedssprüchen und -vereinbarungen erleichtern soll. Keine Partei soll durch ein Übereinkommen um die Anerkennung eines Schiedsspruches gebracht werden, wenn ohne dieses Übereinkommen eine Anerkennung nach nationalem Recht oder nach sonstigen Staatsverträgen möglich gewesen wäre[128]. So findet sich eine solche Meistbegünstigungsklausel auch in einigen internationalen Übereinkommen, beispielsweise in Art. VII des UN-Übereinkommens von 1958. Die Meistbegünstigungsregel gilt aber immer nur zugunsten derjenigen Partei, welche an der Anerkennung eines Schiedsspruches interessiert ist, nicht für die Partei, die sich aufgrund von nationalem Recht der Anerkennung widersetzen will[129]. Demnach erscheint die Anerkennung und Vollstreckung von Schiedssprüchen mit internationalem Charakter in der Tat abgesichert. Dies wird als ein großer Vorteil der internationalen Schiedsgerichtsbarkeit gewertet, und dies zu Recht.

---

124 Schütze/Tscherning/Wais, Handbuch des Schiedsverfahrens, S. 10.

125 Ein Überblick über die bilateralen Abkommen mit Deutschland gibt Schütze/Tscherning/Wais, Handbuch des Schiedsverfahrens, S. 344-351.

126 Auf die inhaltlichen Regelungen des UN-Übereinkommens von 1958 wird näher im Kap. C. II. 2. bei der Behandlung der internationalen Rechtsquellen und -modelle eingegangen werden.

127 Stumpf, Vor- und Nachteile des Verfahrens vor Schiedsgerichten gegenüber Verfahren vor ordentlichen Gerichten, FS für Bülow S. 217, 223.

128 Böckstiegel, Einführung in Recht und Praxis der Schiedsgerichtsbarkeit, in Labes/Lörcher (Hrsg.), Nationales und internationales Schiedsverfahrensrecht, S. XV, IL.

129 Schlosser, Das Recht der internationalen privaten Schiedsgerichtsbarkeit, S. 126.

(6) Sprache

Die weiteren Vorzüge gerade bei internationalen Schiedsverfahren sind zum einen, daß es keine Bindung an eine gesetzlich vorgeschriebene Gerichtssprache gibt. Die Parteien können sich darauf einigen, in welcher Sprache das Schiedsverfahren durchgeführt werden soll.

b) Risiken von Schiedsverfahren bei Streitigkeiten aus internationalen Bau- und Anlagenverträgen

Trotz der hier dargestellten Vorteile darf jedoch nicht außer acht gelassen werden, daß die Vereinbarung, Streitigkeiten in einem Schiedsverfahren beizulegen, auch gewisse Risiken und Nachteile in sich birgt.

(1) Mehrparteienschiedsverfahren

Ein Problem gerade bei Bau- und Anlagenverträgen, seien sie national oder international, ist, daß häufig mehr als zwei Parteien, so beispielsweise Auftraggeber, Generalunternehmer, mehrere Konsortialunternehmen und Subunternehmen, an Streitigkeiten beteiligt sind. Sollen all diese Parteien an einem Schiedsverfahren beteiligt werden, so fällt dies unter die sogenannte Mehrparteienschiedsgerichtsbarkeit. In einem Mehrparteienschiedsverfahren stehen auf der Kläger- und/oder Beklagtenseite mehrere Parteien, die als ursprüngliche oder nachträgliche Streitgenossen auftreten. Für solche Mehrparteienschiedsverfahren enthielten die meisten Schiedsordnungen oder -vereinbarungen keine Regelungen; bei einigen ist dies heute noch der Fall. Viele nationale und internationale Regelungen zur Schiedsgerichtsbarkeit befassen sich nur mit dem Zweiparteienschiedsverfahren.
So wirft die Mehrparteienschiedsgerichtsbarkeit einige Probleme auf; diese betreffen vor allem die vertragliche Einigung der Parteien auf ein Mehrparteienschiedsverfahren, die Konstituierung des Schiedsgerichts, bei der alle Parteien gleichen Einfluß auf dessen Besetzung haben sollen sowie die mögliche Konsolidierung bereits anhängiger Schiedsverfahren, in denen gemeinsame Rechts- und Tatfragen zu erledigen sind[130]. Gerade bei Großprojekten im Anlagenbau, die aus einer großen Zahl netzartig verflochtener komplexer Langzeitverträge bestehen, bietet sich die Zusammenfassung mehrerer Einzelschiedsverfahren zu einem

[130] Koussoulis, Fragen zur Mahrparteienschiedsgerichtsbarkeit, ZZP 1994, S. 195, 197; Nicklisch, Mehrparteienschiedsgerichtsbarkeit und Streitbeilegung bei Großprojekten, in FS für Glossner, S. 221, 223.

Mehrparteienschiedsverfahren geradezu an, da sich wegen der verknüpften Vertragsbeziehungen die Projektstörung nicht nur in einem, sondern in mehreren Verträgen auswirkt[131]. Die besondere Problematik der Mehrparteienschiedsgerichtsbarkeit ist demnach ein viel diskutiertes Thema und wird in der Literatur ausführlich dargestellt[132].

Für den Ablauf eines Mehrparteienschiedsverfahrens müssen vor allen Dingen zwei Voraussetzungen gegeben sein, die bereits als problematisch erkannt wurden, die vertragliche Einigung auf ein Mehrparteienschiedsverfahren sowie der gleiche Einfluß aller Parteien auf die Zusammensetzung des Schiedsgerichtes. Fehlt eine der beiden oben genannten Voraussetzungen, kann ein Mehrparteienschiedsverfahren nicht durchgeführt werden; geschieht dies dennoch, ergeben sich Probleme bei der Anerkennung und Vollstreckung des so zustandegekommenen Schiedsspruches[133].

So muß zunächst eine vertragliche Grundlage zwischen den Parteien für die Durchführung eines Mehrparteienschiedsverfahrens bestehen. Gerade eine solche ausdrückliche Einigung in Schiedsklauseln auf Mehrparteienschiedsverfahren oder auf die Zusammenfassung verschiedener Schiedsverfahren ist selten. Vielmehr wird man die Schiedsklauseln dahingehend auslegen müssen, ob sich aus ihnen eine konkludente Einigung entnehmen läßt. Unproblematisch sind zunächst die Fälle, in denen zwar formal mehrere Parteien beteiligt sind, in denen aber prozessual der Sache nach um ein Zweiparteienverfahren geht, das auch materiell rechtlich auf einer einzigen Rechtsbeziehung basieren. Die Schiedsklausel ist dann dahingehen zu interpretieren, daß z. B. die in einem Konsortium zusammengefaßten Unternehmen, die einen Generalunternehmervertrag abgeschlossen haben, gemeinsam auf einer Seite stehen und gemeinsam einen Schiedsrichter benennen. Dagegen ist die Mehrparteienschiedsgerichtsbarkeit in dem Fall abzulehnen, wenn mehrere Schiedsklauseln vorliegen, die auf unterschiedliche Institutionen verweisen. Sehr problematisch stellen sich allerdings die Konstellationen dar, in denen eine Einigung auf ein Mehrparteienschiedsverfahren weder von

---

131 Nicklisch, Mehrparteienschiedsgerichtsbarkeit und Streitbeilegung bei Großprojekten, in FS für Glossner, S. 221, 222.

132 So beispielsweise bei Diesselhorst, Mehrparteienschiedsverfahren; Markfort, Mehrparteien-Schiedsgerichtsbarkeit im deutschen und ausländischen Recht; Koussoulis, Fragen zur Mehrparteienschiedsgerichtsbarkeit, ZZP 1994, S. 195 ff., Laschet, Die Mehrparteienschiedsgerichtsbarkeit, FS für Bülow, S. 85 ff.; Nicklisch, Mehrparteienschieds-gerichtsbarkeit und Streitbeilegung bei Großprojekten, in FS für Glossner, S. 221 ff.; Habscheid, Zum Problem der Mehrparteienschiedsgerichtsbarkeit, Schweizer Studien zur Schiedsgerichtsbarkeit Bd. 1, S. 173 ff.; von Hoffmann, Mehrparteienschiedsgerichtsbarkeit und internationale Handelskammer, FS für Nagel, S. 112 ff.

133 Böckstiegel, Einführung in Recht und Praxis der Schiedsgerichtsbarkeit, in Labes/Lörcher (Hrsg.), Nationales und internationales Schiedsverfahrensrecht, S. XV, XXXIV.

vornherein bejaht oder abgelehnt werden kann, aber andererseits die Tatsache, daß die Störung des einen Vertrages sich auf einen anderen Vertrag auswirkt, einen Bedarf nach einem Mehrparteienschiedsverfahren bedeutet[134].
Auch die weitere Voraussetzung, daß die Parteien bei der Besetzung des Schiedsgerichtes den gleichen Einfluß haben sollen, war bisher ebenfalls ungeklärt. Die Schwierigkeit war es, den Gleichbehandlungsgrundsatz und zugleich möglichst das Recht der Parteien auf die Ernennung eines Schiedsrichters bei der Bestellung zu verwirklichen. Die im Januar 1992 ergangene *Dutco*-Entscheidung[135] des französischen *Cour des Cassation* in Verbindung mit einem ICC-Verfahren, an dem mehrere Parteien beteiligt waren, ist ein markantes Beispiel für die Problematik. Hier wurde entschieden, daß auf den Grundsatz der Gleichheit der Parteien bei der Ernennung des Schiedsgerichtes, was an sich zum *ordre public* gehört, erst nach Entstehung des Streitfalles verzichtet werden kann. So kann nach dieser Entscheidung das eingeschränkte Benennungsrecht einer Partei, die sich im Mehrparteienverfahren auf einer Seite mit mehreren Mitparteien sieht, zur Unzulässigkeit des gesamten Schiedsverfahrens führen.
Inzwischen wurde jedoch gerade im internationalen Rahmen die besondere Problematik des Mehrparteienschiedsverfahrens berücksichtigt, so daß die Neuerungen der Schiedsordnungen nun Regelungen zur Mehrparteienschiedsgerichtsbarkeit und dabei gerade zur Frage der Schiedsrichterbenennung enthalten, so beispielsweise die Neuregelung der Schiedsgerichtsordnung der ICC von 1998 in Art. 10 und auch die Regelung der Schiedsordnung des *London Court of International Arbitration* (im folgenden LCIA) in Art. 8, die ebenfalls mit Wirkung vom 01.01.1998 erneuert wurde. Auch die neue Schiedsgerichtsordnung der Deutschen Institution für Schiedsgerichtsbarkeit e.V. (im folgenden DIS) von 1998, in Kraft getreten am 01.07.1998, verfügt in ihrem § 13 über eine Regelung über die Mehrheit von Parteien auf Kläger- oder Beklagtenseite. Damit wurde dem Bedarf nach einer Regelung der Mehrparteienschiedsgerichtsbarkeit Rechnung getragen, so daß sich zumindest ein Teil der Diskussion um die Mehrparteienschiedsgerichtsbarkeit eine gewisse Klärung erfahren hat.
Zur Vermeidung der oben angeführten Konflikte wird empfohlen, eine für die jeweilige Konstellation „maßgeschneiderte" Mehrparteienklausel innerhalb der

---

134 Nicklisch, Mehrparteienschiedsgerichtsbarkeit und Streitbeilegung bei Großprojekten, in FS für Glossner, S. 221, 224 f.

135 *Cour de Cassation: Société Siemens AG und BKMI c. Société Dutco Construction, Société Industrieanlagenbau GmBH c. Société Siemens AG vom 07.01.1992*, Rev.Arb. 1992, S. 470 ff.

Schiedsvereinbarung oder die Anwendbarkeit einer Schiedsordnung mit Regelungen zur Mehrparteienschiedsgerichtsbarkeit zu verabreden[136].

(2) Streitverkündung, Nebenintervention und Streitzusammenlegung

Aber nicht nur bei der Schiedsrichterbenennung können Probleme entstehen, sollten mehr als zwei Parteien an einem Schiedsverfahren beteiligt werden. So kann nach Beginn des Schiedsverfahrens auch der Wunsch entstehen, weitere Parteien in das Verfahren miteinzubeziehen, beispielsweise in Form der Streitverkündung. Hier gibt es Nachteile, da hier eine Bindungswirkung nicht erreicht werden kann, wenn die Unterwerfung eines Dritten sich nicht aus der Schiedsvereinbarung oder einem gesonderten Vertrag oder Beitritt ergibt[137]. Auch die Möglichkeiten der Haupt- und Nebenintervention sind kaum berücksichtigt. Dabei ist es bei Schiedsverfahren im Bereich von internationalen Bau- und Anlagenverträgen nicht unüblich, daß erst nach Beginn des Schiedsverfahrens sich herauskristallisieren wird, welche der am Bau einer Großanlage beteiligten Unternehmen in die konkrete Rechtsstreitigkeit verstrickt sein könnte.
Schwierigkeiten können darüberhinaus beim Vorliegen eines Gesamtschuldverhältnisses entstehen, wenn ein Gesamtschuldner durch die Schiedsvereinbarung des anderen nicht selbst dem Schiedsverfahren unterworfen ist[138]. Schließlich treten auch bei der notwendigen Streitgenossenschaft Probleme auf, wenn ein Streitgenosse die Schiedsvereinbarung abgeschlossen hat und der andere nicht.
Auch die Möglichkeit der Streitzusammenlegung soll in diesem Punkt erwähnt werden, da diese ebenso den Parteien von Bauschiedsverfahren sehr entgegenkommen dürfte, da es weniger in ihren Interessen liegen dürfte, verschiedene Verfahren, die eventuell zu unterschiedlichen Zeitpunkten begonnen wurden, aber z. B. den ähnlichen Streitgegenstand betreffen, zu betreiben. Die Möglichkeit der Streitzusammenlegung im internationalen Bereich ist, wie sich in den später dargelegten internationalen Schiedsordnungen und anderen internationalen Rechtsquellen zeigen wird, begrenzt.

---

136 Böckstiegel, Einführung in Recht und Praxis der Schiedsgerichtsbarkeit, in Labes/Lörcher (Hrsg.), Nationales und internationales Schiedsverfahrensrecht, S. XV, XXXV.

137 Werner/Pastor, Der Bauprozess, S. 193 f.

138 Heiermann, Das Schiedsgerichtsverfahren bei Baustreitigkeiten - Vorteile und Risiken, in Spezielle Fragen des Bauvertrags- und Architektenrechts, S. 51, 60.

(3) Einstweiliger Rechtsschutz

Inwieweit vorläufige Sicherungsmaßnahmen im Sinne von einstweiligen Verfügungen oder Arrest den staatlichen Gerichten vorbehalten und damit den Schiedsgerichten entzogen sein sollen, bedarf ebenfalls noch einer Klärung[139]. Gerade Bau- und Anlagenvertragskonflikte lösen jedoch typischerweise den Bedarf nach einstweiligem Rechtsschutz aus. Klassische eillösungsbedürftige Konflikte sind hier beispielsweise die Klärung von Widersprüchen in den Vertragsunterlagen, die Entscheidung über die Erforderlichkeit zusätzlicher Leistungen, die Verteilung der Baustellen-Einrichtungs- und Gemeinkosten, die Festlegung der Voraussetzungen neuer Preisvereinbarungen unter Berücksichtigung von Mehr- und Minderkosten, die Schadens- und Mangeldokumentation, die Teilabnahmen in Dringlichkeitsfällen sowie Entscheidungen über notwendige Änderungen in der Verfahrenstechnik oder über Materialeigenschaften[140].

In der Bundesrepublik Deutschland war man beispielsweise nach dem bis zum 31.12.1997 geltenden Recht überwiegender Meinung[141] der Ansicht, daß Maßnahmen des einstweiligen Rechtsschutzes durch ein Schiedsgericht nicht zulässig seien, da dieser grundsätzlich Domäne der staatlichen Gerichtsbarkeit bleibe, weil er seinem Wesen nach mit dem Schiedsverfahren unvereinbar sei. Zweck des Schiedsverfahrens sei eine Entscheidung des Rechtsstreites, die aufgrund eines Erkenntnisverfahrens getroffen werde; bei einstweiligen Maßnahmen gehe es dagegen nur um die Sicherung der Vollstreckung und nicht um den Erlaß endgültiger Schiedssprüche, die durch ein besonderes Verfahren für vollstreckbar erklärt werden könnten[142]. Allerdings haben auch im Bereich des einstweiligen Rechtsschutzes die teilweise stattgefundenen Neuregelungen von nationalen und internationalen Schiedsordnungen Abhilfe geschaffen. Zum Beispiel wird im deutschen Recht mit der Neuregelung der ZPO zum 01.01.1998 in Anlehnung an Art. 17 des UNCITRAL-Modellgesetzes über die internationale Handelsschiedsgerichtsbarkeit in § 1041 Abs. 1 ZPO bestimmt, daß auch ein Schiedsgericht vorläufige und sichernde Maßnahmen anordnen kann. Eine ähnliche Regelung

---

139 Vgl. zu diesem Problem Bösch (Hrsg.), *Provisional Remedies in International Arbitration*, S. 4 f. mit weiteren Nachweisen.

140 Wiegand, Das *Pre-Arbitral-Référée*-Verfahren der ICC, S. 146, 152 f.

141 So beispielsweise Schütze/Tscherning/Wais, Handbuch des Schiedsverfahrens, S. 23 f.; Walter, Neuere Probleme der privaten Schiedsgerichtsbarkeit in Europa, in Grunsky/Stürner/Walter/Wolf (Hrsg.), Wege zu einem europäischen Zivilprozeßrecht, S. 111, 116 ff.; Schwab/Walter, Schiedsgerichtsbarkeit in der Vorauflage, 5. Aufl. 1995, S. 59 ff. mit weiteren Nachweisen zum damaligen Meinungsstand; für eine Reform der Schiedsgerichtsbarkeit in diesem Punkt war damals beispielsweise Kühn, Vorläufiger Rechtsschutz und Schiedsgerichtsbarkeit, JPraxSch Bd. 1 (1987), S. 47 ff.

142 Walter, Neuere Probleme der privaten Schiedsgerichtsbarkeit in Europa, in Grunsky/Stürner/Walter/Wolf (Hrsg.), Wege zu einem europäischen Zivilprozeßrecht, S. 111, 116 f.

findet sich in Art. 23 der neuen ICC-Schiedsgerichtsordnung. Diese gilt jedoch nicht für Zwangsmittel wie beispielsweise den Arrest in das gesamte Vermögen. Zumindest im deutschen Recht bleiben diese allein der staatlichen Gerichtsbarkeit vorbehalten.

(4) Probleme bei der Schiedsrichterbenennung

Als nicht juristischer, sondern praktischer Nachteil ist die Gefahr zu beurteilen, daß es parteibenannten Schiedsrichtern an Neutralität und Unabhängigkeit mangeln könnte, wenn sie sich der Partei verbunden fühlen, die sie ernannt hat[143]. Diese Gefahr dürfte jedoch im Bereich der institutionellen Schiedsgerichtsbarkeit als eher gering zu bewerten sein, da hier die Schiedsgerichtsinstitution die Unabhängigkeit der parteibenannten Schiedsrichter überprüft und von diesen eine Erklärung über mögliche Befangenheits- oder Ablehnungsgründe verlangt. Eine solche Regelung findet sich z. B. in Art. 7 Abs. 2 der ICC-Schiedsgerichtsordnung.
Außerdem wird es als nachteilig empfunden, daß allein die Zusammensetzung des Schiedsgerichtes gerade bei internationalen ad hoc-Schiedsverfahren bereits viel Zeit in Anspruch nehmen wird, was gerade dem Streben nach einer schnellen Entscheidung entgegensteht[144].

(5) Beweisführung und -sicherung

Ein weiteres Problem bei Schiedsverfahren im Bereich des Bau- und Anlagenwesens ist die Beweisführung und -sicherung. Es entwickeln sich immer wieder gerade beim Großanlagenbau, sobald eine Großzahl von Auftragnehmern beteiligt ist, Streitfälle und Schiedsverfahren daraus, daß bei Funktions- oder Materialmängeln der Großanlage die einzelnen Auftragnehmer sich gegenseitig das Verschulden zuschieben. Hierbei verhindern häufig Beweisprobleme die endgültige Aufklärung. So spricht in internationalen Schiedsverfahren vieles für eine frühzeitige Beweissicherung, da sich Schwierigkeiten bei der Beweisführung vor allem dann ergeben, wenn es um nur in einem fremden Land zu klärende Tatsachenfragen geht oder bei Projekten des Anlagenbaus oder der Bauindustrie der betreffende Teil des Bauwerkes oder der Anlage geöffnet oder gar aufgesprengt

---

143 Lionnet, Handbuch der internationalen und nationalen Schiedsgerichtsbarkeit, S. 49.

144 Nicklisch, Privatautonomie und Schiedsgerichtsbarkeit bei internationalen Bauverträgen, RIW 1991, S. 89.

werden müßte[145]. Ebenso wenig befriedigend ist die Möglichkeit, ansonsten nach den Regeln der Beweislastverteilung zu entscheiden.

c) Bewertung

Abschließend ist zur Beurteilung von Vor- und Nachteilen der Schiedsgerichtsbarkeit zu sagen, daß die Vorteile überwiegen, wenn mit einem sehr hohem Streitwert und ansonsten mit einem langen Gerichtsverfahren, das wahrscheinlich mehrere Instanzen durchlaufen wird, zu rechnen ist. Von diesen beiden Voraussetzungen kann allerdings gerade im internationalen Wirtschaftsverkehr und insbesondere im Bereich des internationalen Bauwesens und Anlagenbaus ausgegangen werden. Dies hat sich zum einen durch die Praxis bestätigt und zum anderen durch die Tatsache, daß, wie bereits erwähnt, der größte Teil der internationalen Bau- und Anlagenverträge Schiedsvereinbarungen enthält.

3. Ablauf von Schiedsverfahren bei Streitigkeiten aus internationalen Bau- und Anlagenverträgen

Als Beleg von Vor- und Nachteilen von Schiedsverfahren soll die Darstellung zweier Beispielsfälle den Ablauf von Schiedsverfahren im Bereich des internationalen Bauwesens und Anlagenbaus in Europa zu vermitteln.

a) *Channel Tunnel Group v. Balfour Beatty Construction Ltd.*

Als bekannter europäischer Fall im Bereich des internationalen Bauwesens ist *Channel Tunnel Group v. Balfour Beatty Construction Ltd.* als Beispiel anzuführen. In diesem hat sich ein klassisches Konfliktpotential eines Langzeitvertrages verwirklicht. Hierbei ging es um den Kanaltunnelvertrag vom 13.08.1986. Besteller und Inhaber einer Konzession sowohl der englischen als auch der französischen Regierung waren *Channel Tunnel Group* und *France Manche SA* (im folgenden gemeinsam Eurotunnel genannt). Unternehmer war ein Konsortium von fünf, untereinander ein Unterkonsortium bildenden englischen und sechs, ebenfalls untereinander ein Unterkonsortium bildenden französischen Gesellschaften unter der Führung von *Balfour Beatty Construction Ltd.* Klausel 67 des Vertrages sah vor, beim Auftreten von Streitigkeiten zunächst ein Sachverständigengremi-

---

145 Böckstiegel, ICC-Schiedsgerichtsbarkeit aus der Sicht eines Schiedsrichters, in Böckstiegel (Hrsg.), Recht und Praxis der Schiedsgerichtsbarkeit der Internationalen Handelskammer, S. 75, 83.

um anzurufen und eine endgültige Streitbeilegung durch ein Schiedsverfahren nach der Schiedsordnung der ICC zu erreichen. Beim Bau stellte sich die Einrichtung eines Kühlsystems, die zunächst zurückgewiesen worden war, als notwendig heraus, was zu einer *Variation Order* führte. Streit entbrannte um den Mehrpreis sowie seine Berechnung. Eurotunnel zahlte an das Konsortium nach Maßgabe des Baufortschrittes nur Anzahlungen, zunächst aufgrund einer sogenannten *Cost-Plus*-Formel, später auf eigene Bewertung. Diese deckten nach der bestrittenen Auffassung des Konsortiums die Kosten nicht mehr. Daher verlangte das Konsortium am 03.10.1991 die Anzahlung der Differenz zu den verlangten Beträgen und drohte, die Arbeiten sonst einzustellen. Zugleich trug das Konsortium die Streitigkeit dem Sachverständigengremium vor. Das Konsortium machte geltend, der ursprüngliche Pauschalpreis sei wegen veränderter Umstände nicht mehr anwendbar; der Preis sei nunmehr nach Maßgabe der geleisteten Arbeit festzusetzen. Das Sachverständigengremium entschied im Mai 1992 im wesentlichen zugunsten des Konsortiums, woraufhin Eurotunnel im April 1992 vor das vorgesehene Schiedsgericht zog, das schließlich im September 1992 zugunsten von Eurotunnel entschied[146]. Damit belief sich die Gesamtdauer dieses Schiedsverfahrens lediglich auf fünf Monate, was zeigt, daß Schiedsverfahren tatsächlich große Zeitersparnis bedeuten können, selbst wenn diese nach der ICC-Schiedsordnung vorgenommen werden[147].
Gleichzeitig versuchte Eurotunnel im Wege einer einstweiligen Verfügung vor einem englischen Gericht einen Baustopp zu verhindern, woraufhin das *House of Lords* gegen ein Baueinstellungsverbot entschied und die Verfahrenseinstellung beschloß[148].

b) ICC-Schiedsverfahren bei Streitigkeiten aus einem internationalen Bauvertrag (Bauprojekt in Russland)

Im September1995 ging beim ICC-Schiedsgerichtshof in Paris eine Klageschrift eines Konsortiums unter bulgarischer Beteiligung ein, das mit einem Konsortium, an dem unter anderem ein deutsches Unternehmen beteiligt war, im Streit lag[149]. Die Rechtsstreitigkeiten waren aufgrund eines Vertrages über die Errichtung einer schlüsselfertigen Bauprojekts in Russland entstanden. Die Errichtung sollte

---

146 Den Sachverhalt in dieser Form entnommen aus Karrer, Einstweiliger Rechtschutz in Schiedsdsachen - Mut zum freien Ermessen, IPRax 1994, S. 56, 57.

147 Der Ablauf des Schiedsverfahrens selbst wurde nicht veröffentlicht.

148 *Channel Tunnel Group v. Balfour Beatty Construction [1993] W.L.R.* S. 262 ff., *H.L.*

149 Der Ablauf dieses ICC-Schiedsverfahren wurde nicht veröffentlicht; Namen der Parteien sowie die Quelle dieses Schiedsverfahrens sind vertraulich.

das bulgarische Konsortium übernehmen. Der Vertrag beinhaltete eine Schiedsklausel, derzufolge sämtliche Streitigkeiten im Zusammenhang mit diesem Vertrag nach Möglichkeit zwischen den Parteien bereinigt werden sollten. Bei Nichteinigung sollte die Streitigkeit nach der Schiedsordnung der ICC von drei Schiedsrichtern entschieden werden, wobei jeweils die Parteien einen Schiedsrichter bestimmen sollten, und diese gemeinschaftlich einen Dritten. Als Ort des Schiedsverfahrens wurde Wien vereinbart. Auf den Vertrag war russisches Recht anwendbar, Verhandlungssprache des Schiedsverfahrens war dagegen deutsch.
Dem Fall lag folgender Sachverhalt zugrunde: nachdem sich die Parteien im Jahre 1993 auf die Errichtung des Bauprojektes geeinigt hatten, kam es zu diversen Nachtragsvereinbarungen, bei denen unter anderem der Fertigstellungstermin um vier Monate verschoben wurde, der Gesamtpauschalpreis erhöht und eine Vertragsstrafe bei nichtrechtzeitiger Fertigstellung vereinbart wurde. Da der vertragliche Fertigstellungstermin nicht eingehalten wurde und die Parteien sich nicht über den Umfang der von der Klägerin zu erbringenden und tatsächlichen Leistungen sowie über das Verschulden der Nichteinhaltung des Fertigstellungstermines einigen konnten, kam es zur Schiedsklage.
Im Dezember 1995 folgte eine Klageerwiderung nach Verlängerung der nach der ICC-Schiedsordnung von 1988 geltenden 30-Tagefrist, da der Sachverhalt sowie seine einzelnen Streitpunkte sehr komplex und kompliziert waren. Beantragt wurde Klageabweisung. Im folgenden kam es zur Klageerhöhung auf Klägerseite sowie zur Hilfsaufrechung und Widerklage auf Beklagtenseite, so daß sich der endgültige Streitwert dieses Schiedsverfahrens auf nahezu 50.000.000,- DM belief. Streitig war unter anderem, inwieweit der Klägerin zusätzliche Aufwendungen in bezug auf Fundierung der Gebäude und Anlagen, Vergrößerung der Abstände für den Transport von Baumaterial sowie Einbehaltung einer Summe in Höhe der Vertragsstrafe zurückzuerstatten seien. Die Beklagte machte dagegen in ihrer Widerklage bzw. Hilfsaufrechnung Erstattung von Gemeinkosten geltend.
Im weiteren lief das Verfahren folgenderweise ab: die Benennung der Schiedsrichter durch die Parteien fand bis Mitte November 1995 statt; die endgültige Bestätigung durch den Obmann erfolgte Mitte Dezember 1995, so daß von Eingang der Klageschrift bis zur endgültigen Schiedsrichterbenennung drei Monate vergangen waren. Im Februar 1996 meldete sich sodann der Obmann zum ersten Mal bei den Parteien. Im August 1996 erfolgte ein erster Entwurf des nach Art. 13 der alten Fassung der ICC-Schiedsordnung von 1988 erforderlichen Schiedsauftrages[150]. Nach diversen Stellungnahmen der Parteien und darauffolgenden Neufassungen durch das Schiedsgericht, erfolgte im November 1996 die

150 Eine nähere Erläuterung zum ICC-Schiedsauftrag sowie zur ICC-Schiedsordnung überhaupt folgt in Kap. C. IV. 1.

endgültige Fassung des Schiedsauftrages mit Einverständniserklärung der Parteien. Inzwischen waren seit Eingang der Klage bereits 14 Monate vergangen. Zwischenzeitlich wurde für die Parteien ein Kostenvorschuß an den ICC-Schiedsgerichtshof in Höhe von 350.000,- US $ fällig, der von den Parteien zunächst einmal hälftig zu tragen war.
Im Mai 1997 wurde sodann eine erste Vorbesprechung des Schiedsgerichtes mit den Parteienvertretern in Wien durchgeführt. Die nächste mündliche Verhandlung folgte im Oktober 1997, bei der Urkundsbeweise eingebracht und verhandelt wurden. Im März 1998 erfolgte eine weitere dreitägige Verhandlung in Wien, bei der Zeugen und Sachverständige gehört wurden. Nach Auskunft der Schiedsrichter sollte bis zum Ende des Jahres 1998 mit einem Schiedsspruch gerechnet werden können, der dann zur Genehmigung dem ICC-Schiedsgerichtshof vorgelegt werden könnte. Im April 1999 lag ein Entwurf eines Schiedsspruches vor, der vorsah, der Klage und der Widerklage in ähnlicher Höhe stattzugeben, so daß die Beklagten wahrscheinlich letztendlich lediglich ca. 200.000,- DM zu zahlen haben werden. Das Schiedsverfahren hatte zu diesem Zeitpunkt ca. dreieinhalb Jahre in Anspruch genommen.
Generell zeichnete sich dieses Schiedsverfahren durch umfangreichste Schriftsätze versehen mit Bauplänen und komplizierten Abrechnungen aus. Die Schriftsatzwechsel ließen Verständigungsschwierigkeiten aufgrund der sprachlichen Komponente erkennen; außerdem kamen in diesen Briefwechseln sowie in den Protokollen der mündlichen Verhandlungen deutliche Mentalitätsunterschiede zum Ausdruck. Beispielsweise wurde in einem deutschen Anwaltsschreiben die Schriftsatzverzögerungen auf der anderen Seite als Zeichen bulgarischer Mentalität gerügt und gleichzeitig das Schiedsgericht darum gebeten, nun endlich „einen Schlußstrich zu ziehen“. Damit zeigt sich, daß sich in diesem Rechtsstreit klassische Konfliktpotentiale, die einem solchen internationalen Bauvertrag anhaften wie sein Langzeitcharakter oder zusätzlich entstandene Kosten und nicht kalkulierte Leistungspflichten, schließlich verwirklicht haben. Gleichzeitig drückt sich durch dieses Schiedsverfahren auch aus, daß zwischen den Angehörigen der verschiedenen Staaten durchaus ein Mißtrauen in die Mentalitätsunterschiede zum anderen besteht, so daß dieses Mißtrauen noch verstärkt den Weg vor die staatliche Gerichtsbarkeit der anderen Partei betreffen würde. In diesem Punkt scheint die Entscheidung, eine Schiedsklausel zu vereinbaren, um Streitigkeiten durch ein Schiedsverfahren beilegen zu lassen, die richtige gewesen zu sein. Einzig großer Kritikpunkt in diesem Fall ist allerdings die lange Verfahrensdauer. Jedoch kann bei einem solchen Verfahren vor deutschen Gerichten damit gerechnet werden, daß dieses durch mehrere Instanzen gehen wird und damit die insgesamte Verfahrensdauer von voraussichtlich vier Jahren überschritten haben dürfte.

Über die Kosten, die dieses ICC-Schiedsverfahren bei einem Streitwert von nahezu 50.000.000,- DM verursacht haben dürfte, soll folgender Überblick gegeben werden: nach der ICC-Kostentabelle der alten Fassung belaufen sich die Verwaltungskosten des ICC-Schiedsgerichtshofes umgerechnet auf ca. 65.000,- DM. Das Schiedsrichterhonorar für drei Schiedsrichter, geht man von einem Maximalbetrag aufgrund der Komplexität dieses Verfahrens aus, dürfte insgesamt ca. 722.000,- DM betragen. Rechnet man nun noch Anwaltskosten auf jeder Seite von 459.675,- DM[151], also insgesamt von ca. 919.350,- DM hinzu, so kommt man auf Verfahrenskosten von ca. 1.706.350,- DM.
In Vergleich dazu würden sich bei einem Verfahren vom selben Streitwert vor einem deutschen Gericht die Gerichtskosten auf 458.715,- DM belaufen[152]. Die Anwaltskosten beider Parteien würden ebenfalls 459.675,- DM pro Partei, also insgesamt 919.350,- DM betragen, so daß sich die Gesamtkosten des Verfahrens unter Auslassung sonstiger möglicherweise anrechenbarer Auslagen auf 1.378.065,- DM belaufen würden.
Demnach erscheint zumindest ein deutsches Gerichtsverfahren auf den ersten Blick günstiger, jedoch ist auch hier zu berücksichtigen, daß es bei einem staatlichen Gerichtsverfahren in einem solchen Fall wohl nicht bei der ersten Instanz bliebe, so daß weitere Gerichts- und Anwaltskosten in darauffolgenden Instanzen entstehen dürften, die insgesamt dann die Kosten des ICC-Verfahrens übersteigen dürften. Gleichwohl zeigt dieses Schiedsverfahren, daß zumindest die ICC-Schiedsgerichtsbarkeit ein sowohl zeit- also auch kostenintensives Instrument ist.
Durch diese zwei Beispiele dürfte sich gezeigt haben, daß sich die typischen Probleme bei internationalen Bau- und Anlagenverträgen in der Tat befriedigend durch die Durchführung eines Schiedsverfahren lösen lassen. Allerdings bleibt zum Teil eine gewisse Kritik zumindest bezüglich des zweiten Falles an der Dauer und den Kosten dieser Schiedsverfahren offen.

---

151 Für diesen vorläufigen Kostenüberblick wurde das Anwaltshonorar nach § 11 BRAGO berechnet, wobei davon ausgegangen wurde, daß diese im Sinne des § 31 BRAGO dreifach anfallen (30/10).

152 Die Gerichtskosten wurden nach § 11 Abs. 2 GKG dreifach berechnet.

C. Rechtsquellen und Modelle der internationalen Schiedsgerichtbarkeit

I. Einführung

In diesem Kapitel soll nun dargelegt werden, inwieweit sich Rechtsquellen und gesetzliche Regelungen im Bereich der internationalen Schiedsgerichtsbarkeit finden lassen sowie diese aussehen. Im Bereich des internationalen Bauwesens und des Anlagenbaus gibt es eine „branchenspezifische" Schiedsordnung mit europäischem internationalem Charakter nicht. Es existiert lediglich ein UNCITRAL-Modellgesetz über die Beschaffung von Gütern, Bau- und Dienstleistungen, welches die UNCITRAL im Juni 1994 beschloß. Ziel dieses Modellgesetzes war es jedoch, die Einheitlichkeit der Regelung des Vergabeverfahrens (unter anderem von Bauleistungen) von der Planung der Vergabe bis zum Vertragsschluß und des Beschaffungswesens zu erreichen. Regelungen zur Streitbeilegung im Bereich des internationalen Bauwesens und Anlagenbaus sieht dieses Modellgesetz nicht vor[153].

Außerdem finden sich im Leitfaden der UNCITRAL über die Gestaltung von Verträgen über die Lieferung und Errichtung großer Industrieanlagen Vorschläge zur möglichen Streitbeilegung. Als mögliche Lösung wird neben der Verhandlung in Form von *Negotiation* und *Conciliation* der Weg in die Schiedsgerichtsbarkeit empfohlen[154]. Hierbei werden das ad hoc- und das institutionelle Schiedsverfahren mit ihren jeweiligen Vor- und Nachteilen erläutert sowie Vorschläge zur Besetzung des Schiedsgerichtes, des Schiedsortes und der Verfahrenssprache gemacht. Dabei wird auf das UNCITRAL-Modellgesetz über die internationale Handelsschiedsgerichtsbarkeit und die UNCITRAL-Schiedsordnung verwiesen. Eine bauspezifische Auseinandersetzung oder ein Formulierungsvorschlag, der auf die Besonderheit des internationalen Industrieanlagenvertrages eingeht, ist jedoch nicht gegeben, vielmehr handelt es sich um allgemeine Ausführungen und Empfehlungen zur Schiedsgerichtsbarkeit.

Innerhalb der ICC-Schiedsgerichtsbarkeit wurde die Errichtung von besonderen internationalen Schiedsorganen, die sich ausschließlich mit Baustreitigkeiten beschäftigen sollten, vorgeschlagen; dies wurde jedoch verworfen, da man annahm, daß es für die Parteien verwirrend sei, zwischen verschiedenen Schiedsor-

---

153 Ausführlich setzt sich mit diesem UNCITRAL-Modellgesetz Adolphsen in Das UNCITRAL-Modellgesetz über die Beschaffung von Gütern, Bau- und Dienstleistungen auseinander.

154 *United Nations*, UNCITRAL *Legal Guide on Drawing Up International Contracts for the Construction of Industrial Works*, S. 306 ff.

ganen wählen zu können[155]. Vielmehr wurde es als den Bedürfnissen der Bauindustrie genügend entgegenkommend erachtet, qualifizierte Schiedsrichter in Baustreitigkeiten zu finden. Trotzdem hat die ICC zumindest bereits 1976 eine Internationale Zentrale für Technische Gutachten eingerichtet. Diese verfügt über eine eigene Verfahrensordnung, wonach sie auch und insbesondere für Bau- und Anlagenverträge zu Verfügung steht[156]. Das Verfahren für technische Gutachten besteht hauptsächlich darin, die Ernennung eines Sachverständigen sowie seine Intervention zu regeln. So ist dieses Verfahren auch vom Schiedsverfahren unabhängig, und der Schiedsrichter ist an die Feststellungen des Gutachters aus einem solchen Verfahren nicht gebunden. Zum Beispiel wurde die Zentralstelle für technische Gutachten in Anspruch genommen, als ein europäischer Lieferant, der mit einem Bauprojekt in einem Land des Nahen Ostens beauftragt war, vom Eigentümer von der Baustelle verwiesen wurde, wobei der Eigner den Bau dann selbst zu Ende führte. Der Auftragnehmer verlangte die Bestellung eines Sachverständigen, um den Stand der Arbeiten zum Zeitpunkt der Verweisung von der Baustelle festzuhalten, damit er bei einem späteren Schiedsverfahren gegenüber dem Eigentümer einen Beweis in den Händen halte[157]. So wird das Verfahren der internationalen Zentralstelle für technische Sachverständigengutachten als Ergänzung für das eigentliche Schiedsverfahren bezeichnet, da es den Parteien die Möglichkeit bietet, Feststellungen zu machen, Maßnahmen zu empfehlen und/oder Probleme technischer Natur zu lösen, ohne daß es zu einem Schiedsverfahren kommt, das zeitraubender und kostspieliger sein könnte als notwendig[158].

Wegen des Fehlens bauspezifischer internationaler Schiedsregeln werden hier nun Staatsverträge, Schiedsordnungen und -regelungen dargestellt, welche branchen- und länderunabhängig die größte internationale Verwendung und Anerkennung finden und welche von Privatpersonen sowie von Unternehmen, die auf dem Gebiet des internationalen Bauwesens und Anlagenbaus tätig sind, häufig verwendet werden. Die einzelnen Rechtsquellen werden in ihrer Entstehung und ihrem Inhalt dargestellt, wobei einzelnene Regelungen der Rechtsquellen nur auszugsweise vorgestellt werden sollen. Inhaltlich sollen sie aber doch dargelegt

---

155 Jarvin, Aus der Praxis des ICC Schiedsgerichtshofes, in Böckstiegel (Hrsg.), Recht und Praxis der Internationalen Handelskammer, S. 7, 23.

156 Glossner, Bauschiedsgerichtsbarkeit der Internationalen Handelskammer, in Böckstiegel (Hrsg.), Vertragsgestaltung und Streiterledigung in der Bauindustrie und im Anlagenbau, S. 277, 280.

157 Jarvin, Die Erfahrung der ICC mit technischen Gutachten, in Nicklisch (Hrsg.), Der komplexe Langzeitvertrag, S. 551, 553.

158 Jarvin, Die Erfahrung der ICC mit technischen Gutachten, in Nicklisch (Hrsg.), Der komplexe Langzeitvertrag, S. 551, 559.

werden, da sie bei dem Entwurf einer eigenen europäischen Schiedsordnung für Streitigkeiten aus internationalen Bau- und Anlagenverträgen herangezogen werden sollen. Sodann wird im einzelnen überblickartig untersucht, inwiefern die einzelnen Bestimmungen der jeweiligen Rechtsquelle Kritik oder Anerkennung erfahren haben.
Bei diversen Rechtsquellen, wie beispielsweise dem UNCITRAL-Modellgesetz, wurden allerdings schon in der internationalen Literatur ausführliche Erläuterungen vorgenommen[159]. Zweck der hier erneut vorgenommenen Erwägungen soll sein, sowohl Schwachstellen als auch positive Aspekte der einzelnen Rechtsquellen aufzuzeigen, was bei der anschließenden Bewertung der Modelle Einfluß finden wird. Außerdem wird die Bedeutung, welche die einzelnen Quellen und Regelungen für das internationale Bauwesen und den Anlagenbau entwickelt haben, hinterfragt. Darüberhinaus wird ein kurzer Blick auf andere Formen der Streitbeilegung geworfen.

II. Staatsverträge

Zunächst sind als eine der ersten Quellen der internationalen Schiedsgerichtsbarkeit die diversen Staatsverträge zu nennen. Letztlich fand die Ausbreitung der internationalen Schiedsgerichtsbarkeit hauptsächlich durch den Abschluß wichtiger internationaler Verträge statt, durch die die Anerkennung und insbesondere die Vollstreckung von Schiedssprüchen im internationalen Bereich geregelt worden sind.

1. Genfer Verträge: Genfer Protokoll von 1923 und Genfer Abkommen von 1927

Das Genfer Protokoll vom 24.09.1923[160] war in Europa der erste Versuch zur internationalen Regelung des Schiedsgerichtswesens. Es wurde auf Initiative der ICC unter der Schirmherrschaft des Völkerbundes[161] erstellt. Hauptziel dieses Staatsvertrages war es, Schiedsvereinbarungen international durchsetzbar zu machen, so daß die Beteiligten einer Schiedsvereinbarung verpflichtet sein sollten, ihre Streitigkeiten eher durch die Durchführung eines Schiedsverfahrens beizulegen, als sich an staatliche Gerichte zu wenden. Daneben sollte es gewährleisten, daß die Schiedssprüche, welche als Folge der Schiedsvereinbarungen

---

159 Siehe dazu Kap. C. III. 3.

160 Abgedruckt in RGBl. 1925 II, S. 47 ff.

161 *League of Nations*, 1946 ersetzt durch die Vereinten Nationen (*United Nations*).

gefällt wurden, auch in dem Territorium der Staaten, in welchen sie entschieden wurden, vollstreckt würden[162].
Dabei enthielt das Genfer Protokoll Einschränkungen bezüglich seiner Reichweite und Gültigkeit. Nach seinem Art. 1 erkennt jeder der vertragsschließenden Staaten Schiedsabreden und Schiedsklauseln zwischen Personen, die der Gerichtsbarkeit der vertragsschließenden Staaten unterworfen sind, als gültig an, und zwar auch dann, wenn das Schiedsverfahren in einem anderen Staate stattfindet, als dem, dessen Gerichtsbarkeit jede der Parteien unterworfen ist. Also müssen Schiedsklauseln zwischen Parteien abgeschlossen sein, die der Gerichtsbarkeit der vertragsschließenden Staaten unterworfen sind. Es darf demzufolge nicht auf die Staatsangehörigkeit abgestellt werden. Außerdem können nach Art. 1 des Genfer Protokolls die Parteien dessen Anwendbarkeit weiter einschränken, indem sie es für Handelsangelegenheiten eingrenzen. Viele europäische Staaten wurden Vertragsstaaten des Genfer Protokolls, so unter anderem Belgien, die Tschechoslowakei, Dänemark, Finnland, Frankreich, Deutschland, Griechenland, die Niederlande, Norwegen, Polen, Portugal, Spanien und das Vereinigte Königreich[163]. Bereits das Genfer Protokoll hob in Art. II Abs. 1 die Bedeutung der Parteiautonomie hervor, die sich im UN-Übereinkommen von 1958 fortsetzte.

Am 26.09.1927 wurde dann das Genfer Abkommen[164] erstellt, wiederum unter der Schirmherrschaft des Völkerbundes. Es war als Ergänzung zum Genfer Protokoll gedacht und enthielt die Regelung der Vollstreckbarerklärung von Schiedssprüchen im Ausland. Dem Abkommen traten in Europa mit der bemerkenswerten Ausnahme von Polen und Norwegen nahezu die gleichen Staaten bei, die auch Vertragsstaat des Genfer Protokolls waren. Allerdings war das Abkommen wenig klar und brachte in der Praxis erhebliche Schwierigkeiten[165].
Die Probleme der Genfer Verträge resultierten zum einem aus ihrer begrenzten Anwendbarkeit sowie daraus, daß nach dem Genfer Abkommen von 1927 die Partei, welche die Vollstreckung eines Schiedsspruches erreichen wollte, die zur Vollstreckung erforderlichen Voraussetzungen beweisen mußte. Auch mußte die obsiegende Partei die Gerichte des Staates, in dem das Schiedsverfahren stattgefunden hatte, um eine Erklärung ersuchen, daß der Schiedsspruch in diesem Staat vollstreckbar wäre, um zu beweisen, daß der Schiedsspruch auch final in dem

---

162 Redfern/Hunter, *Law and Practice of International Commercial Arbitration*, S. 61.
163 Redfern/Hunter, *Law and Practice of International Commercial Arbitration*, S. 62.
164 Abgedruckt in RGBl. 1930 II, S. 1068 ff.
165 Schwab/Walter, Schiedsgerichtsbarkeit, S. 413.

Land seines Ursprunges wäre; dann erst konnte die Partei die Vollstreckung in dem anderen Land betreiben[166].

Diese praktischen Schwierigkeiten sowie die immer größer werdende Bedeutung des internationalen Handels führten zu Bemühungen zum weiteren Ausbau der internationalen Schiedsgerichtbarkeit. Da die Schwierigkeiten bei der Anwendung des Genfer Protokolls und des Genfer Abkommens nicht einmal so sehr auf dem Wortlaut der Verträge lagen, konnten die Probleme nicht simpel durch eine Neufassung des Textes behoben werden. Es bedurfte einer kompletten Erneuerung.

Die Genfer Verträge verloren dann auch mit Entwicklung des UN-Übereinkommens von 1958 ihre Bedeutung, da sie in ihrer Anwendbarkeit von diesem verdrängt wurden (Art. VII Abs. 2 des UN-Übereinkommens). In Europa gilt das Genfer Protokoll im Verhältnis zur Bundesrepublik Deutschland beispielsweise nur noch gegenüber Albanien und Malta; das Genfer Abkommen nur gegenüber Malta[167]. Daher soll hier auch nicht vertieft auf den Regelungsinhalt der Genfer Verträge eingegangen werden.

Trotz ihrer heutigen zurückgedrängten Bedeutung sollten die Genfer Verträge jedoch Erwähnung finden, da durch sie im Rahmen der internationalen Schiedsgerichtsbarkeit ein erster Schritt in Richtung der internationalen Anerkennung und Vollstreckbarkeit von Schiedssprüchen getan wurde.

2. Das New Yorker UN-Übereinkommen von 1958 über die Anerkennung und Vollstreckung ausländischer Schiedssprüche

a) Entstehungsgeschichte

Aufgrund der Unzulänglichkeiten der Genfer Verträge kam es zur Entwicklung des New Yorker UN-Übereinkommen von 1958 über die Anerkennung und Vollstreckung ausländischer Schiedssprüche.

Im Jahre 1953 unterbreitete die ICC den Vereinten Nationen einen Vorschlag zur Reform der Genfer Verträge. Dieser enthielt einen Vorentwurf[168] für eine Konvention über die Vollstreckung internationaler Schiedssprüche. Das geschah erst ca. 30 Jahre nach den Genfer Verträgen, da in Europa 1939 der Zweite Weltkrieg ausgebrochen war und damit die Tendenzen der Ausbreitung der internationalen Schiedsgerichtsbarkeit vorübergehend zunichte gemacht wurden. Der Wirtschafts- und Sozialrat der Vereinten Nationen (*United Nations Economic and*

---

166 Redfern/Hunter, *Law and Practice of International Commercial Arbitration*, S. 62.

167 Schwab/Walter, Schiedsgerichtsbarkeit, S. 447.

168 UNDoc. E/C 2/273

Social Council, ECOSOC) überarbeitete den Vorentwurf der ICC und erstellte einen erheblich abweichenden Entwurf[169]. Bei einer Staatenkonferenz der Vereinten Nationen in New York wurde am 10.06.1958 das UN-Übereinkommen über die Anerkennung und Vollstreckung ausländischer Schiedssprüche abgeschlossen[170]. Bereits am Schluß der Konferenz zeichneten zehn Staaten das Übereinkommen; vierzehn weitere Staaten folgten noch im Jahre 1958[171].

Das UN-Übereinkommen trat am 07.06.1959 in Kraft, nachdem es von drei Staaten ratifiziert worden war. In der Bundesrepublik Deutschland wurde es mit Wirkung vom 28.09.1961 ratifiziert[172]. Der Erfolg des UN-Übereinkommens zeigte sich bald in der stetig wachsenden Zahl der Vertragsstaaten. Heute existieren bereits 111 Vertragsstaaten[173], wobei nahezu alle wichtigen Wirtschaftsstaaten das Übereinkommen ratifiziert haben. Dabei ist zu beobachten, daß gerade in den ehemaligen Staaten der Sowjetunion das UN-Übereinkommen in den letzten Jahren in Kraft trat, so beispielsweise in Kasachstan im Jahre 1996, in Kirgistan im Jahre 1997, in Litauen 1955 und in Usbekistan 1996. Auch die ehemalige Tschechoslowakei trat nach ihrer Teilung dem Übereinkommen bei; sowohl die Tschechische Republik als auch die Slowakische Republik im Jahre 1993.

b) Regelungsinhalt

Es handelt sich bei dem UN-Übereinkommen von 1958 um das wichtigste und am häufigsten angewandte multinationale Übereinkommen zur Erleichterung und Beschleunigung der Anerkennung und Vollstreckung ausländischer Schiedsvereinbarungen und Schiedssprüche. Vorteil gegenüber dem Genfer Abkommen ist, daß die Parteien des Schiedsverfahrens nicht mehr aus einem Vertragsstaat kommen müssen. Außerdem wurde grundsätzlich die Erfordernis aufgegeben, daß der Schiedsspruch in einem Vertragsstaat des UN-Übereinkommens ergangen sein muß. Damit wurde zum ersten Mal ein weltweites System geschaffen, das die Vollstreckung von Schiedssprüchen in den Vertragsstaaten auf einer identischen Grundlage gewährleistet.

---

169 UNDoc. E/2704 und corr.1; Abdruck beider Entwürfe bei Gentinetta, Die Lex Fori internationaler Handelsschiedsgerichte, S. 273 ff.

170 Schwab/Walter, Schiedsgerichtsbarkeit, S. 414.

171 Bredow in Bülow/Böckstiegel/Geimer/Schütze, Internationaler Rechtsverkehr in Zivil- und Handelssachen, Bd. II, 714 S. 2.

172 Abgedruckt in BGBl. 1961 II, S. 122 ff.

173 Stand vom 01.01.1998; die einzelnen Vertragsstaaten sind abgedruckt in Labes/Lörcher (Hrsg.), Nationales und internationales Schiedsverfahren, S. 8 ff.

Das UN-Übereinkommen geht davon aus, daß Schiedssprüche, die in fremden Staaten ergangen sind, grundsätzlich anzuerkennen sind. In gewissen Ausnahmefällen darf ihre Anerkennung versagt werden. Mit 16 Artikeln ist das UN-Übereinkommen als relativ kurz zu beurteilen.
Art. I des Übereinkommens regelt den Anwendungsbereich des Übereinkommens. Danach ist es auf die Anerkennung und Vollstreckung von Schiedssprüchen anzuwenden, die in Rechtsstreitigkeiten zwischen natürlichen und juristischen Personen in dem Hoheitsgebiet eines anderen Staates als demjenigen, in dem die Anerkennung und Vollstreckung nachgesucht wird, entstehen. Daneben ist es nach Art I Abs. 1 Satz 2 auch auf Schiedssprüche anzuwenden, die nicht als inländische anzusehen sind. Mit einer solchen Doppelanknüpfung, nämlich an den Schiedsort oder an die Qualifikation nach dem Recht des Vollstreckungslandes, wird erreicht, daß Schiedssprüche nicht deshalb unvollstreckbar bleiben, weil sie nach nationalem Recht im Vollstreckungsland nicht als inländisch angesehen werden und vom Schiedsort her nicht unter das UN-Übereinkommen fallen[174]. Beide Anknüpfungen stehen selbständig nebeneinander. So spielen, anders als noch unter der Geltung des Genfer Abkommens Eigenschaften, wie z. B. der Sitz des Schiedsgerichtes für den Anwendungsbereich keine Rolle. An dem Schiedsverfahren können also Parteien beteiligt sein, die mit dem Staat, auf dessen Territorium der Schiedsspruch ergangen ist, nicht das Geringste zu tun hatten. Auch umfaßt der Anwendungsbereich, daß der Schiedsspruch eines Verfahrens, bei dem ein Staat, der selbst nicht Vertragsstaat ist, Partei ist, unter das UN-Übereinkommen fallen kann; generelle Auslegung ist dabei, daß der Schiedsspruch, beziehungsweise das Verfahren, im weitesten Sinne eine wirtschaftliche Transaktion betrifft[175].
Art. I Abs. 3 des UN-Übereinkommens sieht allerdings Vorbehaltsmöglichkeiten vor. Danach kann nach Art. I Abs. 3 Satz 1 jeder beitretende Staat gleichzeitig auf der Grundlage der Gegenseitigkeit erklären, daß er das Übereinkommen nur auf die Anerkennung und Vollstreckung solcher Schiedssprüche anwenden werde, die in den Hoheitsgebieten eines anderen Vertragsstaates ergangen sind. Diesem Vorbehalt liegt der Gedanke zugrunde, daß ein Staat nur dann innerstaatliches Recht zugunsten internationaler Verträge außer acht lassen sollte, wenn er die gleiche Bereitschaft in dem beteiligten Staat findet. Von diesem Vorbehalt hat sowohl die Bundesrepublik Deutschland wie auch 49 weitere Vertragsstaaten Gebrauch gemacht. Allerdings ist in der Bundesrepublik Deutschland nach der Neuregelung der §§ 1025 ff. ZPO in § 1061 Abs. 1 Satz 1 ZPO erklärt, daß das

---

174 Bredow in Bülow/Böckstiegel/Geimer/Schütze, Internationaler Rechtsverkehr in Zivil- und Handelssachen, Bd. II, 714 S. 7.

175 Van den Berg, *The New York Arbitration Convention of 1958*, S. 279.

UN-Übereinkommen von 1958 für die Wirkungserstreckung aller ausländischen Schiedssprüche anwendbar ist. Damit ist es anwendbar unabhängig davon, ob der Erststaat dem Übereinkommen angehört oder nicht; demzufolge ist der Gegenseitigkeitsvorbehalt, den die Bundesrepublik bei der Ratifizierung vorgenommen hat, praktisch hinfällig geworden[176].

Weiter kann der beitretende Staat nach Art. I Abs. 3 Satz 2 auch erklären, daß nur handelsrechtliche Schiedssprüche dem Übereinkommen unterfallen sollen. Ob es sich um eine Handelssache handelt, bestimmt sich dann nach innerstaatlichem Recht. Von diesem Vorbehalt haben immerhin 41 Vertragsstaaten Gebrauch gemacht; nicht jedoch die Bundesrepublik Deutschland[177].

Art. II des UN-Übereinkommens enthält neben der Bestätigung in Abs. 1, daß sowohl ein bereits entstandener Streit wie auch ein möglicher zukünftiger Streit der Schiedsgerichtsbarkeit unterworfen werden kann, im Gegensatz zu den Genfer Verträgen, als Voraussetzung die Schriftform der Schiedsvereinbarung. Obwohl der Schwerpunkt des UN-Übereinkommens in der Frage der Anerkennung und Vollstreckbarkeit liegt, so brachte dies damit doch eine wesentliche Klarstellung der Formvorschriften.

Eine der wichtigsten Regelungen des UN-Übereinkommens findet sich in Art. V, in dem die Versagungsgründe bezüglich der Anerkennung und der Vollstreckbarkeit detailliert geregelt sind. Dort wird zunächst einmal klargestellt, daß einem Schiedsspruch, der in den Anwendungsbereich des UN-Übereinkommens fällt, nur aus den in Art. V genannten Gründen die Anerkennung oder Vollstreckung versagt werden kann. Dabei sind in Abs. 1 des Art. V die von der unterlegenen Partei vorzutragenden Versagungsgründe, in Abs. 2 die von Amts wegen zu prüfenden Versagungsgründe genannt.

Nach Art. V Abs. 1 a ist Versagungsgrund zum einen die Ungültigkeit der Schiedsvereinbarung. Diese bestimmt sich nach dem Recht, das die Parteien für persönlich maßgeblich gehalten haben, alternativ nach dem Recht, dem sie die Vereinbarung unterstellt haben oder nach dem Recht des Landes, in dem der Schiedsspruch ergangen ist. Art. V Abs. 1 b nennt daneben Gründe, die allgemein als Benachteiligung einer Partei im Verfahrenslauf bezeichnet werden können[178], wie die fehlende gehörige Inkenntnissetzung der beklagten Partei. Weite-

---

176 Schütze, Schiedsgericht und Schiedsverfahren, S. 121.

177 Welche einzelnen Vertragsstaaten die jeweiligen Vorbehaltsmöglichkeiten genutzt haben ist zu finden bei Labes/Lörcher; Nationales und internationales Schiedsverfahrensrecht, S. 8, 9; näheres zu den von den Vertragsstaaten erklärten Vorbehalten in Bülow/Böckstiegel/Geimer/Schütze, Internationaler Rechtsverkehr in Zivil- und Handelssachen, Bd. II, 714 S. 49 ff.

178 Bredow in Bülow/Böckstiegel/Geimer/Schütze, Internationaler Rechtsverkehr in Zivil- und Handelssachen, Bd. II, 714 S. 27.

rer Versagungsgrund ist nach Art. V Abs. 1 c die Überschreitung der schiedsrichterlichen Kompetenz, wenn über eine Streitigkeit entschieden wurde, die gar nicht Bestandteil der Schiedsvereinbarung war, wobei nach Halbsatz 2 des Art. V Abs. 1 c bei Teilbarkeit des Schiedsspruches der Teil des Schiedsspruches, welcher den Streitpunkt betrifft, der der Schiedsvereinbarung unterworfen war, aufrecht erhalten werden und damit auch anerkannt und vollstreckt werden kann.
Art. V Abs. 1 d betrifft Fehler in der Besetzung des Schiedsgerichtes und der Durchführung des Verfahrens, Art. V Abs. 1 e die Unverbindlichkeit des Schiedsspruches, sei es, weil er zwischen den Parteien nicht verbindlich oder weil er von einer zuständigen Behörde des Landes, in dem oder nach dessen Recht er ergangen ist, aufgehoben oder in seiner Wirkung gehemmt wurde.
Die von Amts wegen zu prüfenden Versagungsgründe nach Art. V Abs. 2 sind zum einen die fehlende Schiedsfähigkeit des Streitgegenstandes (Art. V Abs. 2 a), zum anderen der Verstoß gegen die öffentliche Ordnung des Landes, in dem der Schiedsspruch anerkannt oder vollstreckt werden soll. Bei der Prüfung, ob ein solcher ordre public Verstoß vorliegt, kommt es nicht darauf an, ob ein bestimmtes Recht richtig oder falsch angewandt wurde, sondern vielmehr ist darauf abzustellen, ob das Entscheidungsergebnis im Anerkennungs- oder Vollstrekkungsland noch hinnehmbar ist. Dabei kann der Verstoß verfahrens- oder materiellrechtlicher Art sein. In Deutschland wurde als Verstoß gegen den verfahrensrechtlichen ordre public beispielsweise die mangelhafte Besetzung des Schiedsgerichts[179], als Verstoß gegen den materiellrechtlichen ordre public beispielsweise die Verletzung grundlegender Normen des Kartellrechts gesehen[180].
Aus den Gründen des Art. V ergibt sich demzufolge, daß eine Überprüfung des Schiedsspruches in der Sache selbst nicht in Frage kommt; die sachliche Entscheidung obliegt allein dem Schiedsgericht. Selbst bei fehlerhafter Rechtsanwendung oder Beweiswürdigung durch das Schiedsgericht hat das staatliche Gericht keine Möglichkeit zur Aufhebung des Schiedsspruches.

Als weitere wichtige Regelung des UN-Übereinkommens soll hier noch Art. VII genannt werden. So enthält Art. VII Abs. 1 eine bereits erwähnte Meistbegünstigungsklausel. Danach steht es den Parteien frei, ihren Anspruch auf Anerkennung oder Vollstreckung neben dem UN-Übereinkommen auch auf innerstaatliches Recht oder Verträge des Landes, in dem er geltend gemacht wird, zu stützen. Beruft sich eine Partei tatsächlich auf eine ihr günstigere Grundlage, muß das

---

179 OLG Köln, ZZP 91 (1978), S. 318.

180 BGHZ 46, S. 365; OLG Frankfurt, RIW/AWD 1989, S. 911 (den Verstoß in diesem konkreten Fall allerdings verneinend).

UN-Übereinkommen aber insgesamt unanwendbar bleiben[181]. Art. VII Abs. 2 des UN-Übereinkommens stellt darüberhinaus klar, daß das Genfer Protokoll von 1923 und das Genfer Abkommen von 1927 in den Vertragsstaaten außer Kraft tritt, in denen das UN-Übereinkommen verbindlich ist.
Die übrigen Artikel des Übereinkommens betreffen sodann Beitritts- und Ratifizierungsregelungen sowie die Frage des Inkrafttretens.

Nicht eindeutig aus dem Wortlaut des UN-Übereinkommens läßt sich entnehmen, ob sein Anwendungsbereich auf privatrechtliche Schiedssprüche[182] beschränkt ist und es damit für öffentlich-rechtliche Schiedssprüche unanwendbar sein soll. Es besteht jedoch kein Grund, den Anwendungsbereich über den Wortlaut hinaus zusätzlich einzuschränken. Soweit öffentlich-rechtliche Streitigkeiten nicht schiedsfähig sind, werden die Schiedssprüche im Geltungsbereich des UN-Übereinkommens nicht anerkannt oder vollstreckt (Art. V Abs. 1 a); außerdem können Staaten dies, wie bereits erwähnt, selbständig auf Handelssachen beschränken. Offensichtlich ist dagegen, daß völkerrechtliche Schiedssprüche nicht unter das UN-Übereinkommen fallen können[183].
Regelungen zum Ablauf des eigentlichen Schiedsverfahrens und damit zur Schiedsrichterbenennung, zum Mehrparteienschiedsverfahren sowie zum einstweiligen Rechtsschutz sieht das UN-Übereinkommen von 1958 nicht vor, da es sich um ein reines Anerkennungs- und Vollstreckungsabkommen handelt.

c) Bewertung

Ein besonderer Kritikpunkt bezüglich des UN-Übereinkommens sind die Vorbehaltsmöglichkeiten des Art. I. So wird zu dem Gegenseitigkeitsvorbehalt ausgeführt, daß man gerade in internationalen Schiedsverfahren als Schiedsplatz im Verhältnis zu den Parteien einen neutralen Staat wählt. Dann hätte der Staat, der vom Gegenseitigkeitsvorbehalt Gebrauch gemacht hätte, den eigenen Parteien keinen guten Dienst erwiesen, da die zu ihren Gunsten in einem Nichtvertragsstaat ergangenen Schiedssprüche gegen die unterlegene Partei auf seinem eigenen Territorium nicht vollstreckbar wären[184]. Auch sei die Qualität eines Schiedsspruches nicht davon abhängig, ob das Land, in dem das Schiedsverfahren statt-

---

181 Bredow in Bülow/Böckstiegel/Geimer/Schütze, Internationaler Rechtsverkehr in Zivil- und Handelssachen, Bd. II, 714 S. 38.

182 Dies bezieht sich nur auf im Sinne von kontinentaleuropäischen Rechtsordnungen privatrechtliche Schiedssprüche.

183 Schlosser, Das Recht der internationalen privaten Schiedsgerichtsbarkeit, S. 48.

184 Schlosser, Das Recht der internationalen privaten Schiedsgerichtsbarkeit, S. 54.

gefunden habe, das UN-Übereinkommen ratifiziert habe, da die Zusammensetzung des Schiedsgerichtes, das angewandte Schiedsverfahrensrecht sowie das materielle Recht nicht unbedingt vom Ort des Schiedsgericht abhängig sind[185]. Auch technische Bedenken werden bei Anwendung des Gegenseitigkeitsvorbehalts geäußert: sollte ein Gericht des Staates X, bevor es den Gegenseitigkeitsvorbehalt anwendet, die gesetzlichen und gerichtlichen Praktiken des Staates Y untersucht und bewertet haben, könnten diese Untersuchung und Bewertung nicht nur kostspielig und schwierig sein; die Ergebnisse könnten auch irreführen. Außerdem repräsentiere der Gegenseitigkeitsvorbehalt eine unkluge gerichtliche Einmischung in internationale und politische Beziehungen[186].

Inzwischen hat der Gegenseitigkeitvorbehalt insofern an Bedeutung verloren, da so viele Staaten weltweit das UN-Übereinkommen ratifiziert haben, daß die Gegenseitigkeit selten ein Problem darstellt.

Auch der Handelssachenvorbehalt in Art. I Abs. 3 Satz 2 des UN-Übereinkommens hat Kritik erfahren. Zwar wurde angeführt, daß im Hinblick darauf, daß das UN-Übereinkommen in erster Linie für den Handelsverkehr von Interesse sei, diesem Vorbehalt keine große Bedeutung zukommen dürfe[187]. Allerdings ergeben sich sehr wohl Probleme dahingehend, daß die Abgrenzung von Handelssachen zu anderen Rechtsgebieten der Rechtsordnung des den Vorbehalt erklärenden Staates überlassen ist. Daraus entsteht ein Qualifikationsproblem, da der einzelne Vertragsstaat unter Umständen etwas anderes als Handelssache definieren wird als der andere. Dies führt jedoch zu einer uneinheitlichen Auslegung des UN-Übereinkommens[188]. Allerdings wird beispielsweise in den meisten europäischen Staaten der Begriff Handelssache eher weit ausgelegt. In der Tat führte der Handelssachenvorbehalt insbesondere in Indien zu Interpretationsproblemen, wo der Begriff Handelssache zunächst teilweise sehr eng ausgelegt wurde, so daß die Anwendbarkeit des UN-Übereinkommens abgelehnt wurde[189]; später dann wurde dieser engen Auslegung nicht mehr gefolgt[190].

---

185 Bredow in Bülow/Böckstiegel/Geimer/Schütze, Internationaler Rechtsverkehr in Zivil- und Handelssachen, Bd. II, 714 S. 10.

186 Mok, *The Principle of Reciprocity in the United Nations Convention on the Recognition and Enforcement of Foreign Arbitral Awards of 1958*, Journal of International Law 1989, S. 123, 137; Peterson, *Foreign Country Judgments and the Second Restatements on Conflict of Law*, Colum.L.Rev. 1972, S. 220, 235.

187 Sedlacek, Das UN-Übereinkommen vom 10. Juni 1958 über die Anerkennung und Vollstrekkung ausländischer Schiedssprüche, Öst. Zeitschrift für Rechtsvergleichung 1962; S. 23, 25.

188 Redfern/Hunter, *Law and Practice of International Commercial Arbitration*, S. 459 f.

189 *Indian Organic Chemical Limited v. Subsidiary 1 (U.S.) Subsidiary 2 (U. S.) and Chemtex Fibres Inc. (Parent Company) (U.S.), Yearbook Commercial Arbitration IV (1979)*, S. 271 ff.

190 Vgl. *Union of India and Others v. Lief Hoegh & Co. (Norway) and Others, Yearbook Commercial Arbitration IX (1984)*, S. 405, 407 f.

Der Versagungsgrund aus Art. V Abs. 1 e hat ebenfalls Kritik erfahren. Auch hier sind bei der Auslegung des Begriffes der Verbindlichkeit des Schiedsspruches Uneinigkeiten aufgetreten. So ist strittig, ob die Frage der Verbindlichkeit nach dem auf das Verfahren anwendbare Recht[191] oder ob diese Frage ohne Bezugnahme auf ein bestimmtes Recht danach zu entscheiden ist, ob eine Überprüfung des Schiedsspruches in der Sache möglich ist, entweder durch eine zweite schiedsgerichtliche Instanz oder durch ein staatliches Gericht[192].
Die Darstellung dieser verschiedenen Probleme, die selbst dieses weit verbreitete Übereinkommen aufwirft, zeigt die Relevanz auf, daß es im Hinblick auf einen möglichen eigenen Entwurf einer Schiedsgerichtsordnung einige Schwachstellen zu berücksichtigen gilt, die die Erfahrung mit dem Umgang internationaler Rechtsquellen gebracht hat.

d) Bedeutung für Schiedsverfahren bei Streitigkeiten aus internationalen Bau- und Anlagenverträgen

Das UN-Übereinkommen hat, wie bereits erwähnt, aufgrund seiner weiten Verbreitung sehr große Anerkennung erfahren. Seine besondere Bedeutung liegt darin, daß es ein weltweites System für die Vollstreckung von Schiedsgerichtsurteilen zur Verfügung stellt. So gewährleistet es auch die Anerkennung und Vollstreckung von Schiedssprüchen, die im Bereich des internationalen Bau- und Anlagenwesens ergehen. Demnach können Schiedssprüche in diesem Zusammenhang relativ unproblematisch auf der Grundlage des UN-Übereinkommens vollstreckt oder anerkannt werden, sollte dies überhaupt erforderlich sein. So fallen natürlich auch die Schiedssprüche aus internationalen Bau- und Anlagenverträgen unter das UN-Übereinkommen von 1958. Als Beispiele für die Anwendung des Übereinkommens sei der Fall *Walter Thosti Boswau Bauaktiengesellschaft (WTB) v. Costruire Coop. srl*[193] genannt. Hier hatte der Hauptvertragspartner *Costruire Coop. srl* im Rahmen eines Vertrags vom 01.08.1983 einen Untervertrag an *WTB* für Bauarbeiten in der Nähe von Mailand vergeben. Dieser Vertrag enthielt eine Schiedsklausel, so daß es bei einem angeblichen Vertragsbruch zu einem ICC-Schiedsverfahren zu Fragen der Beendigung des Vertrages sowie Schadensersatz kam. In einem teilweisen Schiedsspruch wurde am

---

191 Vgl. *Tribunal de Grande Instance de Strasbourg, Yearbook Commercial Arbitration II (1976)*, S. 244.

192 Van den Berg, *The New York Arbitration Convention of 1958*, S. 341, der Meinungsstand ist insgesamt nachzulesen bei Bredow in Bülow/Böckstiegel/Geimer/Schütze, Internationaler Rechtsverkehr in Zivil- und Handelssachen, Bd. II, 714 S. 31.

193 *Corte di Cassazione*, 07.06.1995, Nr. 6246; in Auszügen abgedruckt in *Yearbook Commercial Arbitration* XXII (1997), S. 727 ff.

04.08.1988 entschieden, daß *Costruire Coop. srl.* für eine fehlerhafte Vertragsbeendigung verantwortlich sei; darüberhinaus wurde in einem endgültigen Schiedsspruch entschieden, daß *Costruire Coop. srl* an *WTB* 110.033,03 DM zu zahlen hätte. Als *WTB* beim *Corte di Apello* in Bologna um Vollstreckung nachsuchte, wurde diese abgelehnt, da er nur den endgültigen Schiedsspruch hätte vollstrecken lassen wollen. Der Schiedsspruch bestände jedoch aus sowohl der teilweisen als auch der endgültigen Vollstreckung und sei als ganzes zu betrachten. Damit läge ein Verstoß gegen Art. IV des UN-Übereinkommens von 1958 vor, da es hier an der Vorlage einer vollständigen Urschrift des Schiedsspruches gefehlt habe. Der *Corte di Cassazione* entschied dagegen, daß die Vollstreckung von nicht endgültigen Schiedssprüchen nicht eine Voraussetzung des UN-Übereinkommens sei, daher aufgrund dessen auch nicht die Vollstreckung versagt werden könne, es sei denn, die einzelne Vollstreckung würde gegen den *ordre public* Italiens verstoßen.
Auch in dem baurechtlichen Fall *Osuuskanta METEX Andelslag V.S. (Finland) v. Türkiye Electric Kurumu Genel Müdürlügü General Directorate (TEK) Ankara (Turkey)*[194] wurde um Vollstreckung unter dem UN-Übereinkommen von 1958 nachgesucht. Hierbei ging es um einen Vertrag, der zwischen dem finnischen Unternehmen *METEX* und der türkischen Gesellschaft *TEK* (zu dem Zeitpunkt noch staatlich) im November 1976 abgeschlossen wurde. Der Vertrag betraf den Bau eines Elektrizitätswerks in Soma in der Türkei. Auch dieser Vertrag enthielt eine Schiedsklausel, die als Schiedsordnung die des ICC beinhaltete und als Schiedsort Zürich festsetzte. Als Streitigkeiten entstanden, waren die Parteien unterschiedlicher Ansicht, was das anwendbare Prozeßrecht betraf. So kam es auch dazu, daß, als um die Vollstreckung eines zwischenzeitlich ergangenen Schiedsspruches ersucht wurde, diese von der Vierten Kammer des Handelsgerichts von Ankara abgelehnt wurde mit der Begründung, es hätte neben türkischem materiellen Recht auch türkisches Prozeßrecht angewandt werden müssen, so daß ein Verstoß gegen Art. V Abs. 1 Buchst. d vorläge. Darüberhinaus wurde auch ein Verstoß gegen den ordre public festgestellt. Das Berufungsgericht hielt diese Entscheidung mit Ausnahme des ordre public Verstoßes aufrecht.

Diese beiden Beispiele zeigen, daß bei Schiedsverfahren bei internationalen Bau- und Anlagenverträgen ähnlich wie bei anderen Verträgen wie z. B. Lieferungs- oder Transportverträgen sowie Verträgen, die häufig im internationalen Handel vorkommen, die Anerkennung und Vollstreckung nach dem UN-Übereinkommen vorgenommen wird. Jedoch gibt es neben den allgemeinen Verfahrensregeln

---

194 *Court of Appeals, 15th Legal Division,* 01.02.1996, Nr. 1996/627; in Auszügen abgedruckt in *Yearbook Commercial Arbitration* XXII (1997), S. 807 ff.

keine bauspezifischen Besonderheiten. Auch läßt sich nicht sagen, daß Schiedssprüche aus Verfahren, die internationale Bau- und Anlagenverträge betreffen, in ihrer Vollstreckung nach dem UN-Übereinkommen Schiedssprüchen aus anderen Bereichen überwiegen. Damit geht die Bedeutung des UN-Übereinkommens für Schiedsverfahren bei internationalen Bau- und Anlagenverträge nicht über die Bedeutung hinaus, die es allgemein für die weltweite Anerkennung und Vollstreckung von Schiedssprüchen erfahren hat. Diese Bedeutung ist jedoch als sehr hoch einzustufen.

3. Das Genfer Europäische Übereinkommen über die internationale Handelsschiedsgerichtsbarkeit von 1961

a) Entstehungsgeschichte

Das Europäische Übereinkommen über die internationale Handelsschiedsgerichtsbarkeit von 1961 entstand aufgrund der vielfältigen Schwierigkeiten, die sich im Zusammenhang mit den Ost/Westhandelsbeziehungen ergaben. Es wurde demzufolge bei der Entwicklung des Europäischen Übereinkommens von 1961 die Schwierigkeiten von Schiedsvereinbarungen solcher Handelsbeziehungen berücksichtigt[195]. Probleme bei Schiedsverfahren im Bereich des Ost/Westhandels waren vor allem entstanden, wenn sich die Parteien zwar über eine schiedsrichterliche Streiterledigung geeinigt hatten, aber nicht über die notwendigen Organisations- und Verfahrensdetails.
Ziel dieses Übereinkommens war es, den Eingriff der staatlichen Richter in Form von Hilfstätigkeiten auf das Schiedsverfahren zu vermeiden und die erforderlichen Funktionen auf Träger zu verlagern, die nicht mit nationalstaatlichen Vorurteilen belastet waren.
Eine Sachverständigengruppe innerhalb der Wirtschaftskommission der Vereinten Nationen für Europa, die von 1953 bis 1963 bestand, bereitete das Übereinkommen im wesentlichen vor. Es wurde dann auf einer speziellen Konferenz von Staatenbevollmächtigten am 21.04.1961 in Genf unterzeichnet und trat am 07.01.1964 in Kraft. Hierbei bemühten sich die Experten ein Übereinkommen mit ergänzendem Inhalt gegenüber dem UN-Übereinkommen von 1958 abzufassen. Da in dem UN-Übereinkommen der inhaltliche Ablauf des Schiedsverfahrens nicht geregelt war, sollte diese Materie in Angriff genommen werden, um auf europäischer Ebene ein rein internationales Schiedsverfahren zu errichten. Aufgrund der politischen Spaltung Europas standen die Verfasser des Abkom-

195 Schwab/Walter, Schiedsgerichtsbarkeit, S. 415.

mens dabei vor einer äußerst schwierigen Aufgabe, was dazu führte, daß einige Regelungen Spuren mühevoller Kompromisse tragen[196].
In der Bundesrepublik Deutschland trat das Europäische Übereinkommen von 1961 am 25.01.1965 in Kraft[197]. Inzwischen hat es 27 Vertragsstaaten, wobei ein Großteil dieser Staaten innerhalb der ersten drei Jahren nach Inkrafttreten des Übereinkommen diesem beitraten[198].

b) Regelungsinhalt

Ähnlich dem UN-Übereinkommen von 1958 ist das Europäische Übereinkommen von 1961 mit zehn Artikeln ebenfalls ein eher kurzer Staatsvertrag; allerdings sind die einzelnen Regelungen wesentlich ausführlicher gestaltet als die des UN-Übereinkommens. Hauptsächlich beinhaltet das Europäische Übereinkommen von 1961 eine Hilfestellung durch bestimmte Instanzen, vor allem bei der Bildung des Schiedsgerichtes.
Art. I des Übereinkommens regelt dabei zunächst den Anwendungsbereich. Das Europäische Übereinkommen von 1961 ist in Art. I Abs. 1 auf Schiedsvereinbarungen beschränkt, die zum Zwecke der Regelung von bereits entstandenen oder künftig entstehenden Streitigkeiten aus internationalen Handelsgeschäften zwischen natürlichen oder juristischen Personen geschlossen werden, sofern diese bei Abschluß der Vereinbarung ihren gewöhnlichen Aufenthalt oder ihren Sitz in verschiedenen Vertragsstaaten haben. Damit müssen objektive, subjektive und territoriale Anwendungsvoraussetzungen gegeben sein. Indem Streitigkeiten aus internationalen Handelsgeschäften betroffen sein müssen, stellt sich das Europäische Übereinkommen von 1961 hier enger als das UN-Übereinkommen von 1958 dar.
Art. II und III behandeln die Schiedsfähigkeit der juristischen Personen des öffentlichen Rechts sowie die Fähigkeit der Ausländer zum Schiedsrichteramt.
Geht man die Artikel des Europäischen Übereinkommens von 1961 durch, so fällt Art. IV als umfangreichste Bestimmung auf. Art. IV enthält die Regelung über die Gestaltung des schiedsrichterlichen Verfahrens. Diese Bestimmung war Gegenstand langer Verhandlungen und wurde im Hinblick auf den Handelsverkehr zwischen Ost- und Westeuropa verfaßt. Sie sollte bei Streitigkeiten eine schiedsrichterliche Schlichtung im Form eines ad hoc-Schiedsverfahrens, im

196 Klein, Das Europäische Übereinkommen über die internationale Handelsschiedsgerichtsbarkeit, ZZP 76 (1963), S. 342, 345.
197 Abgedruckt in BGBl. 1964 II, S. 425 ff.
198 Stand vom 01.01.1998; die einzelnen Vertragsstaaten sind abgedruckt in Labes/Lörcher (Hrsg.), Nationales und internationales Schiedsverfahren, S. 21 f.

übrigen aber die Anrufung eines ständigen Schiedsgerichtes entbehrlich machen[199]. In Art. IV Abs. 1 a gewährleistet das Europäische Übereinkommen von 1961 zunächst einmal die rechtliche Verbindlichkeit von Schiedsverträgen, welche das ständige Schiedsgericht einer Organisation für zuständig erklären. Haben sich die Parteien für ein ad hoc-Verfahren entschieden, so wird die Hilfestellung des Handelskammerpräsidenten oder eines „Besonderen Komitees" vorgesehen, das paritätisch mit Vertretern der west- und osteuropäischen Staaten besetzt ist (Art. IV Abs. 1 b, Abs. 2-7). Dabei ist die Hilfestellung so ausgestattet, daß sich die Parteien beim Abschluß eines internationalen Vertrages auf die Vereinbarung einer Blankoschiedsklausel beschränken können.
In Art. VII des Übereinkommens findet sich eine Regelung zur Frage des auf das streitige Rechtsverhältnis anwendbaren Rechtes; eine Frage, die in den vorherigen Staatsverträgen nur wenig Beachtung fand. Nach Art. VII Abs. 1 Satz 1 steht es den Parteien frei, das anwendbare Recht in der Schiedsvereinbarung zu wählen. Damit wurde wieder dem Gedanken der Parteiautonomie, der die Schiedsgerichtbarkeit beseelt, Rechnung getragen. Fehlt es an einer Rechtswahl, so hat das Schiedsgericht das Recht anzuwenden, auf das die Kollisionsnormen hinweisen, von denen auszugehen das Schiedsgericht für richtig erachtet (Art. VII Abs. 1 Satz 2).
Art. IX regelt die Anerkennung und Vollstreckung von Schiedssprüchen, die in einem anderen Vertragsstaat und damit nicht im Vollstreckungsland ergangen sind. Gleichzeitig sind in Art. IX Abs. 1 a bis d eine Reihe von Gründen aufgezählt, die es dem staatlichen Richter erlauben, die Anerkennung und Vollstrekkung zu versagen. Diese entsprechen mit einer Ausnahme dem Art. V Abs. 1 a bis d des UN-Übereinkommens von 1958. Allerdings wollten die Verfasser des Europäischen Übereinkommens von 1961 Vollstreckungsrichtern keinen zu großen Entscheidungsspielraum überlassen, um die Fälle einer möglichen Versagung der Anerkennung oder Vollstreckung möglichst gering zu halten. Da hierbei keine Einigung gefunden werden konnte, behandelte man in Art. IX schließlich nur einen Fall, und zwar die Aufhebung des Schiedsspruchs im Ursprungsland, d. h. in dem Staate, in dem oder nach dessen Recht der Schiedsspruch ergangen ist[200]. Art. IX Abs. 2 regelt darüberhinaus das Verhältnis von Art. IX Abs. 1 zwischen Vertragsstaaten, die auch Vertragsstaaten des UN-Übereinkommens von 1958 sind. Danach hat Art. IX Abs. 1 des Europäischen Übereinkommens von 1961 die Wirkung, daß die Anwendung Art. V Abs. 1 e des UN-

---

199 Klein, Das Europäische Übereinkommen über die internationale Handelsschiedsgerichtsbarkeit, ZZP 76 (1963), S. 342, 345.

200 Klein, Das Europäische Übereinkommen über die internationale Handelsschiedsgerichtsbarkeit, ZZP 76 (1963), S. 342, 352.

Übereinkommens auf die Aufhebungsgründe zu beschränken ist, die in Art. IX Abs. 1 des Europäischen Übereinkommens von 1961 aufgezählt sind.
Da das Verfahren der Hilfestellung durch außerstaatliche Instanzen sich als relativ kompliziert darstellte, schlossen die westlichen Länder am 17.12.1962 ein Zusatzabkommen, die Pariser Vereinbarung über die Anwendung des Europäischen Übereinkommens über die internationale Handelsschiedsgerichtsbarkeit[201]. Dieser Vereinbarung traten Belgien, Dänemark, die Bundesrepublik Deutschland, Frankreich, Italien, Luxemburg und Österreich bei. Statt der Zuhilfenahme dieser Instanzen sieht sie die Aushilfe durch staatliche Gerichte vor.

c) Bewertung

Nach Entstehung des Europäischen Übereinkommens von 1961 wurde zwar anerkannt, daß dieses gegenüber dem UN-Übereinkommen von 1958 Korrekturen enthalte, gleichzeitig wurde jedoch kritisiert, daß es in das UN-Übereinkommen eingreife. Dabei wurde die Regelung des Art. IX Abs. 2 beanstandet, da sie die Bestimmung des Art. V Abs. 1 e einschränke, ohne in seiner Formulierung jedoch die wichtige Frage zu beantworten, für welche Fälle das UN-Übereinkommen eigentlich abgeändert werde[202]. Es bleibe unklar, ob die Beschränkung der beachtlichen Aufhebungsgründe immer eintrete, wenn der Aufhebungs- und Vollstreckungsstaat sowohl durch das UN-Übereinkommen von 1958 als auch durch das Europäische Übereinkommen miteinander verbunden seien, oder ob noch weitere Voraussetzungen erforderlich seien.
Auch der objektive Anwendungsbereich in Art. I Abs. 1 wurde als nicht ganz unproblematisch betrachtet. So herrschte bei der Auslegung des Begriffes Handelsgeschäft keine Einheitlichkeit. Die Bestimmung des Begriffes ist jedoch richtigerweise nicht dem nationalem Recht überlassen; vielmehr umfaßt sie jedes Geschäft, das auf die Verbringung von Sachen, Kapital, Dienstleistungen und anderen Leistungen gegen Entgelt von einem Land in das andere gerichtet ist[203].

---

201 Abgedruckt in BGBl. 1964 II, S. 449 ff.

202 Gentinetta, Das Verhältnis des europäischen Übereinkommens über die Handelschiedsgerichtsbarkeit von 1961 zu anderen multilateralen Abkommen auf dem Gebiet der privaten Schiedsgerichtsbarkeit, Schw.Jb.int.Recht Bd. XXV (1968), S. 149, 156.

203 Dieser Ansicht sind Mezger, Das Europäische Übereinkommen über die Handelsschiedsgerichtsbarkeit, RabelsZ 1965, S. 231, 240; Gentinetta, Die Lex Fori Internationaler Handelsschiedsgerichtsbarkeit, S. 310 f.; Schwab/Walter, Schiedsgerichtsbarkeit, S. 442; Schlosser, Das Recht der internationalen privaten Schiedsgerichtsbarkeit, S. 67 f.; anderer Ansicht ist hier Klein, Das Europäische Übereinkommen über die internationale Handelsschiedsgerichtsbarkeit, ZZP 76 (1963), S. 342, 346, der meint, daß das Handelsgeschäft nach den Anschauungen der lex fori des damit befassten staatlichen Richters zu qualifizieren sei.

Auch wird bei der Regelung in Art. IX Abs. 1 bemängelt, daß wichtige Aufhebungsgründe nicht berücksichtigt worden seien, beispielsweise Verfahrens- und Formverstösse bei der Abfassung von Schiedssprüchen[204].
Es ist darüberhinaus festzustellen, daß auch das Europäische Übereinkommen zahlreiche Probleme der internationalen Schiedsgerichtsbarkeit, wie beispielsweise die Anerkennung von Gerichtsentscheidungen über die Wirksamkeit und Auslegung von Schiedsvereinbarungen, nicht geregelt hat[205].

d) Bedeutung für Schiedsverfahren bei Streitigkeiten aus internationalen Bau- und Anlagenverträgen

Die unmittelbare Bedeutung des Europäische Übereinkommens von 1961 ist insgesamt nicht als sehr groß zu bewerten. Insbesondere werden die von ihm geschaffenen Träger von Aushilfsfunktionen eigentlich kaum beansprucht[206]. Außerdem ist auch die eigentliche grundlegende Problematik, die mit zum Abschluß dieses Übereinkommens geführt hat, die spezielle Ost/West-Problematik sowohl im Rahmen des Handels als auch im politischen Bereich, weggefallen. So liegt die Bedeutung des Europäischen Übereinkommens von 1961 wohl eher darin, daß es nach dem zweiten Weltkrieg ein erster europäischer Ansatz war, einen Beitrag zur internationalen Schiedsgerichtsbarkeit und deren Vereinheitlichung zu leisten. Eine darüberhinausgehende spezielle Relevanz hat es für die Schiedsgerichtsbarkeit bei internationalen Bau- und Anlagenverträgen nicht.

4. Das Washingtoner ICSID-Übereinkommen von 1965 zur Beilegung von Investitionsstreitigkeiten

a) Entstehungsgeschichte

Am 18.03.1965 trat ein weiteres Übereinkommen, das Übereinkommen zur Beilegung von Investitionsstreitigkeiten (auch als Weltbank- oder ICSID-Übereinkommen bekannt, hier im folgenden ICSID-Übereinkommen genannt) in Kraft. Im Gegensatz zu den bisherigen Übereinkommen regelt dieses schiedsgerichtliche Erledigungen ausschließlich von Investitionsstreitigkeiten zwischen Staaten und Angehörigen anderer Vertragsstaaten.

---

204 Mezger, Das Europäische Übereinkommen über die Handelsschiedsgerichtsbarkeit, RabelsZ 1965, S. 231, 287.

205 Mezger, Das Europäische Übereinkommen über die Handelsschiedsgerichtsbarkeit, RabelsZ 1965, S. 231, 289.

206 Schlosser, Das Recht der internationalen privaten Schiedsgerichtsbarkeit, S. 66.

Nachdem man in der Organisation der Weltbank in Washington bereits in den fünfziger Jahren die Notwendigkeit empfunden hatten, ein Schiedsgericht zu schaffen, das Streitigkeiten zwischen ausländischen Investoren und dem Gastgeberland beilegen kann, war die Weltbank Initiatorin sowie Verhandlungsführerin bei den Diskussionen um die Ausarbeitung des Abkommens. Der vom Weltbankdirektorium um die Jahreswende 1963/1964 vorgelegte Text sowie ein weiterer Vorentwurf wurden auf vier regionalen Konferenzen von den Mitgliedsstaaten der Weltbank und weiterhin von einem Expertengremium beraten, woraufhin dann das Übereinkommen 1965 zur Unterzeichnung vorgelegt wurde[207]. Inzwischen ist das Übereinkommen in 122 Staaten in Kraft getreten[208]. In den letzten Jahren ist es besonders in lateinamerikanischen Staaten ratifiziert worden, wie beispielsweise in Argentinien im Jahre 1994, in Bolivien 1995 und Venezuela im Jahre 1995. Die Bundesrepublik Deutschland ist dem Übereinkommen mit Gesetz vom 25.02.1969 beigetreten[209].
Ziel des Übereinkommens war die Gründung des Internationalen Zentrums für die Beilegung von Investitionsstreitigkeiten (*International Centre for Settlement of Investment Disputes*, im folgenden ICSID), das seinen Hauptsitz bei dem Weltbank-Komplex in Washington hat. Auch dies bedeutet einen Unterschied zu den bisherigen Staatsverträgen, da dieses Übereinkommen nicht nur neue Schiedsverfahrens- sowie Anerkennungs- und Vollstreckungsvoraussetzungen beinhaltet, sondern eine spezielle Schiedsgerichtsinstitution schaffen sollte. Jedoch sollte nicht einfach nur eine neue Schiedsinstitution als Konkurrenz zu den bereits existierenden geschaffen werden; vielmehr sollte zu privaten Investitionen aus Industrieländer in die wirtschaftliche Entfaltung von Entwicklungsländern ermutigt werden[210]. So ist das Übereinkommen mit 75 Artikeln auch wesentlich länger als die bisher vorgestellten Staatsverträge, da es beispielsweise besondere Regelungen zur Gründung, Organisation und Verwaltung des ICSID enthält.
Das ICSID ist ein unabhängiges Organ. Es wird von einem Sekretariat mit einem Generaldirektor als Vorsitz geleitet. Ziel des ICSID-Übereinkommens war, ein Klima für gegenseitiges Vertrauen zwischen Staaten und Investoren zu schaffen, damit mehr Mittel unter vernünftigen Bedingungen in Entwicklungsländer fließen

---

207 Bülow/Böckstiegel/Geimer/Schütze, Der Internationale Rechtsverkehr in Zivil- und Handelssachen, Bd. II, 720 S. 3.

208 Stand vom 01.01.1998; die einzelnen Vertragsstaaten sind abgedruckt in Labes/Lörcher (Hrsg.), Nationales und internationales Schiedsverfahren, S. 48 ff.

209 Abgedruckt in BGBl. 1969 II, S. 369 ff.

210 Nathan, *ICSID and Dispute Resolution in International Civil Engineering Contracts*, Arbitration 1992, S. 193, 195.

können[211]. Hier sollen nun die Voraussetzungen des Übereinkommens, nach denen ein ICSID-Schiedsverfahren durchzuführen, ist dargelegt werden.

b) Regelungsinhalt

Die Art. 1 bis 24 des ICSID-Übereinkommens regeln zunächst einmal Gründung, Organisation, Verwaltung und Rechtsstellung des Zentrums. Auf diese soll hier nicht näher eingegangen werden.

Art. 25 bis 27 enthalten dagegen die Zuständigkeitsvoraussetzungen des Zentrums. Nach Art. 25 Abs. 1 des ICSID-Übereinkommens erstreckt sich die Zuständigkeit auf alle unmittelbar mit einer Investition zusammenhängenden Rechtsstreitigkeiten zwischen einem Vertragsstaat einerseits und einem privaten Investor aus einem anderem Vertragsstaat andererseits, wenn die Parteien schriftlich eingewilligt haben, die Streitigkeiten dem Zentrum zu unterbreiten. Demnach gibt es drei grundlegende Anwendungsvoraussetzungen. Erst einmal müssen sich die Parteien schriftlich darüber geeinigt haben, daß sie ihre Streitigkeiten dem ICSID vorlegen. Zweite Anwendungsvoraussetzung ist, daß Anlaß einer Streitigkeit eine Investition ist. Im ICSID-Übereinkommen selbst ist der Begriff Investition nicht definiert. Es wird jedoch eine weite Auslegung gefordert. So soll zum Kern des Investitionsbegriffs die Anlage oder Einbringung von Geld oder sonstigen wirtschaftlichen Werten wie Eigentum, Urheberrechte, technische Verfahren und *good will* zur Gewinnung, Herstellung oder Verbreitung von Gütern im Investitionsland gehören, wobei die Anlage auf Dauer oder zumindest auf einen erheblichen Zeitraum und ohne unmittelbare Gegenleistung im Sinne eines Austauschverhältnisses erfolgen muß[212].

Die dritte Zuständigkeitsvoraussetzung bezieht sich auf die Partei des Rechtsstreites. Sie muß zwischen einem Vertragsstaat und einem Angehörigem eines anderen Vertragsstaates bestehen. Voraussetzung ist also, daß sowohl der Gaststaat als auch das Heimatland des ausländischen Investors das ICISD-Übereinkommen ratifiziert haben. Anstelle des Staates kann sich auch eine benannte Gebietskörperschaft oder andere staatliche Stelle befinden. Bei dem Angehörigen des anderen Vertragsstaates kann es sich entweder um eine natürliche Person handeln, die die Staatsangehörigkeit eines anderen Vertragsstaates als die des Kapitalanlagestaates besitzt, und zwar sowohl zum Zeitpunkt der Vereinbarung der ICSID-Schiedsklausel als auch zum Zeitpunkt der Meldung des Streites

---

[211] Delaume, *ICISD Arbitration*, in Lew (Hrsg.), *Contemporary Problems in International Arbitration*, S. 23.

[212] Pirrung, Die Schiedsgerichtbarkeit nach dem Weltbank-Übereinkommen für Investitionsstreitigkeiten, S. 58.

an das Zentrum (Art. 25 Abs. 2 a), oder um eine juristische Person, die zum Zeitpunkt der Vereinbarung der ICSID-Schiedsklausel die Staatsangehörigkeit eines anderen Staates als die des Kapitalanlagestaates besitzt (Art. 25 Abs. 2 b).

Art. 28 bis 35 des ICSID-Übereinkommens enthält Regelungen über ein mögliches Vergleichsverfahren, wonach die Parteien mit Hilfe einer Vergleichskommission, bestehend aus einem oder einer ungeraden Anzahl von Vermittlern (Art. 29) sich einigen können.

Art. 36 bis Art. 55 regeln den Ablauf des Schiedsverfahrens im einzelnen. Art. 37 befasst sich mit der Bildung des Schiedsgerichtes. Danach können die Parteien einen Einzelschiedsrichter oder eine ungerade Zahl von Schiedsrichter vereinbaren. Können sich die Parteien nicht einigen, besteht das Gericht aus drei Schiedsrichtern, wobei jede Partei einen Schiedsrichter benennt und der dritte im gegenseitigen Einvernehmen der Parteien als Vorsitzender ernannt wird (Art. 37 Abs. 2 b). Bei fehlender Einigung ernennt der Generalsekretär die Schiedsrichter, wobei gewährleistet sein muß, daß die Schiedsrichter weder dem Staat angehören, der Streitpartei ist noch dem Staat, dem die andere private Streitpartei angehört (Art. 38). Damit soll die Unparteilichkeit der Schiedsrichter gesichert sein.

Nach Art. 41 des ICISD-Übereinkommens entscheidet das Schiedsgericht selbst über seine Zuständigkeit. Art. 42 enthält darüber hinaus eine Bestimmung über das anwendbare Recht. Danach entscheidet das Schiedsgericht die Streitigkeit gemäß den von den Parteien vereinbarten Rechtsvorschriften. Fehlt es an einer solchen Vereinbarung, wendet das Schiedsgericht das Recht des Vertragsstaates an, der Streitpartei ist.

Unter den folgenden prozessualen Regelungen soll die Regelung des Art. 47 hervorgehoben werden. Hiernach kann das Gericht, sollten die Parteien nichts anderes vereinbart haben, vorläufige Maßnahmen zur Sicherung der Rechte beider Parteien empfehlen. Für eine Regelung aus dem Jahre 1965 ist diese weit gedacht, da zu diesem Zeitpunkt in der Literatur das Fehlen der Regelung bezüglich einstweiliger Maßnahmen noch nicht in dem Maße kritisiert wurden, wie dies heute der Fall ist.

In Art. 48 finden sich Regelungen zum Schiedsspruch; interessant ist hierbei, daß gemäß Art. 48 Abs. 5 das Zentrum die Schiedssprüche mit Zustimmung der Parteien veröffentlichen kann.

Nach den Voraussetzungen des Art. 50 ist es möglich, ein Wiederaufnahmeverfahren, nach den Voraussetzungen des Art. 51 dagegen die Aufhebung des Schiedsspruches zu beantragen. Diese Regelungen sind einmalig im Vergleich zu den bisher dargestellten Verträgen. Die ICSID-Schiedsgerichtsentscheidungen unterliegen jedoch dabei keiner nationalen gerichtlichen Kontrolle.

In Art. 54 und 55 finden sich die Anerkennungs- und Vollstreckungsregelungen. Nach Art. 54 verpflichten sich die Vertragsstaaten, einen ICSID-Schiedsspruch,

vorbehaltlich der Aufhebung nach Art. 52, als bindend anzuerkennen und, als handele es sich um ein rechtskräftiges Urteil eines ihrer innerstaatlichen Gerichte. Sie verzichten damit auf ihre völkerrechtliche (Jurisdiktions-) Immunität im Schiedsverfahren und im Anerkennungsverfahren. Im Gegenzug dazu verzichten die Heimatstaaten der Investoren auf die Wahrnehmung diplomatischen Schutzes zugunsten ihrer Staatsangehörigen (Art. 27 Abs. 1). Im Vollstreckungsverfahren ist die Berufung auf die völkerrechtliche Staatenimmunität jedoch weiterhin möglich (Art. 55). Hier ist insoweit das Recht des Forumstaates maßgeblich.
Nach Art. 62 finden die Vergleichs- und Schiedsverfahren vorbehaltlich der Bestimmungen des Art. 63 am Sitz des Zentrums statt. Alternativ ist in Art. 63 der Ständige Gerichtshof oder eine andere geeignete private oder öffentliche Institution, mit der das Zentrum eine entsprechende Abmachung getroffen hat, genannt sowie jeder andere von der Kommission oder dem Gericht nach der Konsultierung des Generalsekretärs gebilligte Ort.
Die übrigen Bestimmungen betreffen die Streitigkeiten zwischen Vertragsstaaten (Art. 64), Änderungen des Übereinkommens (Art. 65 und 66) sowie die üblichen Schlußbestimmungen zur Ratifizierung, Unterzeichnung und zum Inkrafttreten eines Staatsvertrages (Art. 67 bis 75).

Neben den Regelungen des ICSID-Übereinkommens sollen hier noch die ergänzenden Normen des ICSID Erwähnung finden. Art. 36 bis 55 des ICSID-Übereinkommens bilden einen Rahmen, der durch die Ergänzungen näher ausgefüllt wurde und vom ICSID-Verwaltungsrat aufgrund seiner Befugnisse nach Art. 6 des ICSID-Übereinkommens erlassen wurde. Die für die Schiedsgerichtsbarkeit wichtigsten ergänzenden Normen enthalten die *Rules of Procedure for Arbitration Proceedings* (im folgenden *Arbitration Rules*), die seit dem 26.09.1984 in Kraft getreten sind. In diesen finden sich detaillierte Vorschriften über das für jeden einzelnen Streitfall neu zu bildende Schiedsgericht wie z. B. die Ernennung der Schiedsrichter durch die Partei sowie die Arbeit eines Schiedsgerichtes und das schriftliche und mündliche Verfahren mit den Parteien, über Prozeßvergleiche und einstweilige Anordnungen, über Parteisäumnis sowie Schiedssprüche und ihre Wirkung.[213] Verfahrenstechnisch entsprechen die *Arbitration Rules* in etwa üblichen Regelungen der Schiedsgerichtsordnungen sonstiger internationaler Institutionen wie beispielsweise der UNCITRAL. Daher soll hier auch nicht mehr näher auf sie eingegangen werden. Zu erwähnen ist jedoch, daß einige Sonderregelungen der Eigenheit des ICSID-Übereinkommens enthalten sind, wie etwa die eventuelle Aufhebung eines Schiedsspruches gemäß Art. 52 des Über-

213 Bülow/Böckstiegel/Geimer/Schütze, Internationaler Rechtsverkehr in Zivil- und Handelssachen, Bd. II, 720 S. 3/4.

einkommens. Neben den *Arbitration Rules* gibt es als Ergänzungsregelungen noch die *Rules of Procedure for the Institution of Conciliation and Arbitration Proceedings*, die *Rules of Procedure for Conciliation Proceedings* und die *Administrative and Financial Regulations*.
Außerdem verfügt das ICISD über eine umfangreiche Schiedsrichterliste, auf die die Parteien des Rechtsstreites zurückgreifen können. Sie sind in ihrer Wahl der Schiedsrichter jedoch nicht an diese Liste gebunden.

c) Bewertung

Die Zuständigkeitsvoraussetzungen des Art. 25 des ICSID-Übereinkommens bezüglich der Parteien der Streitigkeit werfen nur solange keine Probleme auf, solange die Beteiligung eines Staates in den Vertragsbeziehungen zwischen den Parteien klar erkennbar ist. Anders ist es, wenn der Staat nicht offen als Vertragspartei auftritt, sondern sich durch eine staatliche Organisation vertreten läßt. Dann wäre das ICSID-Übereinkommen nicht anwendbar, es sei denn, daß der Staat für sich den Anwendungsbereich des Übereinkommens erweitert hätte oder für den konkreten Einzelfall ausdrücklich erklärte, daß er sich die Akte der betreffenden Organisation zurechnen ließe[214]. Auch die Erläuterungen des Art. 25 Abs. 2 zur Frage, wer als Angehöriger eines anderen Vertragsstaates anzusehen ist, haben nicht zu einer abschließenden Klärung aller Zweifelsfragen geführt; vielmehr finden sich in der Literatur[215] und in den ICSID-Schiedssprüchen[216] selbst durchaus Erörterungen hierzu. Die Voraussetzung des Vorliegens einer Investition hat keine größeren Probleme hervorgerufen. Dies ist insoweit interessant, als daß das ICSID-Übereinkommen beabsichtigterweise keine Legaldefinition dieses Begriffes bereithält. Durch die fehlende Definition war es möglich, beide traditionellen Formen der Investition miteinzubeziehen; sowohl in Form von Kapitalanlagen als auch in Form von Service-Verträgen und Technologietransfer[217].

---

214 Mengel, Probleme der Zuständigkeit des International Centre for Settlement of Investment Disputes (ICSID), RIW 1986, S. 941, 942.

215 Zum Beispiel bei Pirrung, Die Schiedsgerichtsbarkeit nach dem Weltbankübereinkommen für Investitionsstreitigkeiten, S. 66 ff.

216 Beispielsweise in *Holiday Inns S.A. Occidental Petroleum Corporation v. Government of Morocco (Case No. ARB/72/1)*; eine ausführliche Auseinandersetzung mit diesem Fall findet sich bei Lalive, *The First „World Bank" Arbitration (Holiday Inns v. Morocco) - Some Legal Problems*, Brit.Y.B.Int. Law (1980), S. 123 ff.

217 Delaume, *ICSID Arbitration*, in Lew (Hrsg.), *Contemporary Problems in International Arbitration*, S. 23, 26.

Demnach wird das ICSID-Schiedssystem insbesondere aufgrund seiner ausgeprägten Flexibilität hervorgehoben. Nach der Ratifizierung oder nachdem ein Vertragsstaat dem ICSID einen Disput mitgeteilt hat, können sie sich der Jurisdiktion des Zentrums unterwerfen; sie müssen es aber nicht. Außerdem können sich die Vertragsstaaten jederzeit durch eine schriftliche Mitteilung von dem Übereinkommen lösen[218]. Auch sind viele Bestimmungen des ICSID-Übereinkommens abdingbar, so daß ihre Regelungen in der Hand der Parteien liegen und damit ihren besonderen Bedürfnissen entsprechen können. Diese Flexibilität bedeutet also, daß sich die Parteien ein beschleunigtes oder verlängertes Verfahren schaffen können, je nach ihren Anliegen[219].
Aus der Sicht der Parteien kommt darüberhinaus dem Verfahren über die Anerkennung und Vollstreckung des Schiedsspruches besondere Bedeutung zu. Nach den Art. 54 und 55 des Übereinkommens sind die Gerichte nicht einmal befugt, eine äußerste ordre public-Kontrolle durchzuführen. Für ICSID-Schiedsgerichte bedeuten sie vielmehr reine Vollstreckungsorgane[220]. Damit ist das ICSID-Schiedssystem autonom und unterliegt keiner staatlichen Kontrolle. Es unterscheidet sich damit in seinen Anerkennungs- und Vollstreckungsbedingungen grundlegend vom UN-Übereinkommen von 1958, welches, wie bereits dargestellt, diverse Anerkennungsversagungsgründe bereithält, die von staatlichen Gerichten geprüft werden.

d) Bedeutung für Schiedsverfahren bei Streitigkeiten aus internationalen Bau- und Anlagenverträgen

Das ICSID wird als die erste wirklich internationale Institution mit gerichtlichen Funktionen betrachtet, die es einer privaten Partei ermöglicht, ein entsprechendes Verfahren gegen einen Staat einzuleiten[221]. Die Besonderheit des ICSID-Übereinkommens besteht darin, daß gerade Streitigkeiten zwischen ausländischen Privatpersonen, die in andere Staaten investiert haben, und einem anderen Staat beigelegt werden sollen. Bei den bisherigen vor dem ICSID entschiedenen Schiedsverfahren handelte es sich dabei zumeist um Streitigkeiten aus Investitionen in Entwicklungsländern. Damit dürfte dem Abkommen eine weltweite Bedeutung zukommen, insbesondere bei Berücksichtigung der Zahl der Vertrags-

---

218 Nathan, *ICISD and Dispute Resolution in International Civil Engineering Contracts*, Arbitration 1992, S. 192, 200.

219 Lamm/Smutny, *The International Centre for Settlement of Investment Disputes: Responses to Problems and Changing Requirements*, Arbitration 1998, S. 22, 25.

220 Schlosser, Das Recht der internationalen privaten Schiedsgerichtsbarkeit, S. 78.

221 Nathan, *ICSID and Dispute Resolution in International Civil Engineering Contracts*, Arbitration 1992, S. 193, 197.

staaten. Allerdings hält sich, trotz des langjährigen Bestehens des ICSID, die Zahl der Fälle, die vor ein ICSID-Gericht gebracht wurden, in Grenzen. Bis November 1996 wurden 35 Schiedsgerichtsverfahren nach dem ICISD-Übereinkommen durchgeführt oder zumindest begonnen[222], wobei die Anzahl der Verfahren in den letzten Jahren eindeutig zugenommen hat. Im Laufe des Jahres 1997 wurde 15 Verfahren vor dem ICSID verhandelt[223]. Mai 1997 wurden insgesamt 45 Verfahren vom ICSID registriert[224]. Veröffentlicht werden diese Verfahren seit 1984. Die Regelungen des ICSID sollen hier trotz fehlender großer intereuropäischer Bedeutung Erwähnung finden, da ein Großteil der Schiedsverfahren, die nach diesen Regeln stattfanden, aus dem Gebiet des internationalen Bauwesens und Anlagenbaus stammten. So sind die Regelungen dieses Übereinkommens für die Thematik der vorliegenden Arbeit insoweit besonders interessant, da der Bereich des Anlagen- und Bauwesens Anlaß für große international getätigte Investitionen bietet. Gerade bei internationalen Anlagenverträgen wird vom Bestellerstaat für den Bau und Betrieb einer Anlage häufig eine gesonderte Gesellschaft gegründet, an deren Kapital sich der Lieferant als Minderheitsaktionär zu beteiligen hat. Aus solchen Vereinbarungen entstehende Streitigkeiten sind problemlos als Investitionen zu qualifizieren[225].

Als Beispielsfall einer Entscheidung im internationalen Anlagenbau nach dem ICSID-Übereinkommen sei *Klöckner Industrieanlagen GmbH, Klöckner Belge S.A. and Klöckner Handelmaatschappji B.V. v. United Republic of Cameroon and Sociėtė Camerounnaise des Engrais (Case No. ARB/81/2)*[226] genannt. Er betraf den Bau einer Düngemittelfabrik in Kamerun. Diesem Fall lag folgender, hier vereinfachter Sachverhalt[227] zugrunde: der Staat Kamerun schloß mit Klöckner Industrie-Anlagen GmbH einen Vertrag ab, wonach Klöckner sich verpflichtete, in Kamerun eine Düngemittelfabrik zu errichten. Außerdem übernahm Klöckner die Verpflichtung, das wirtschaftliche und technische Management zu übernehmen sowie die erforderlichen Bestandteile und Ausrüstungsgegenstände zu liefern, wobei das Unternehmen von einer *Joint-Venture* Gesellschaft mit Sitz

---

222 ICSID (Hrsg.), Doc. ICSID/16/Rev. 5/ *November* 30 1996, *ICISD Cases*, S. 7.

223 ICSID (Hrsg.), ICSID 1997 *Annual Report*, S. 6.

224 Escobar, *Three Aspects of ICSID's Administration of Arbitration Proceedings*, News from ICISD Vol. 14 No. 2 1997, S.4.

225 Schneider, Schiedsverfahren in Streitigkeiten aus Bau- und Anlagenverträgen, in Böckstiegel (Hrsg.), Vertragsgestaltung und Streiterledigung in der Bauindustrie und im Anlagenbau, S. 159, 175 f.

226 Die Erstentscheidung vom 21.10.1983 dieses Falles wurde abgedruckt bei Clunet (*Journal du droit international*) 1984, S. 409 ff. abgedruckt, der folgende Aufhebungsentscheid vom 03.05.1985 in Clunet (*Journal du droit international*) 1987, S. 163 ff.

227 So dargestellt bei Markowsky, Der Bauvertrag im internationalen Rechtsverkehr, S. 102.

in Kamerun getragen werden sollte und Klöckner mit 51 % am Aktienkapital beteiligt sein sollte. Da sich der Betrieb der Anlage als unrentabel herausstellte, schloß Klöckner diese bereits 18 Monate nach der vollendeten Errichtung. Auf dem Klagewege forderte Klöckner vom Staat Kamerun die Zahlung noch ausstehender Beträge für Material und Errichtung der Anlage. Am 21.10.1983 erging ein Schiedsspruch, bei dem das Schiedsgericht seine Entscheidung formell auf das Recht von Kamerun (bzw. das französische Recht) stützte; hierbei wurde die Klage abgewiesen. Am 03.05.1985 erging ein Aufhebungsentscheid. Das aufhebende Schiedsgericht gelangte zu der Ansicht, daß das erste Schiedsgericht die Art. 52 Abs. 1 b und Art. 42 Abs. 1 des ICSID-Übereinkommens verletzt habe, indem es den Begriff der Treuepflicht (*loyauté renforcée*), dessen Auslegung entscheidend war, nicht näher bestimmt habe und damit diesen Begriff nicht näher konkretisiert habe. Beide Schiedsgerichte gingen in diesem Fall wegen fehlender Rechtswahl von der Anwendung des Rechts von Kamerun aus.
Die meisten folgenden Fälle des ICSID betrafen ebenfalls den Bau von Projekten oder Großanlagen, beispielsweise den Bau von vier Hotels einer amerikanische Hotelkette in Marokko[228], einen Produktionsfabrikbau für den Export von Faserstoffen an der Elfenbeinküste[229], den Bau einer Entbindungsstation in Gabun[230], eine Produktionsfabrik für Plastikflaschen im Kongo[231] sowie den Bau von Häusern in Senegal[232].
Aus dieser Auflistung läßt sich ersehen, daß die Streitbeilegung durch Schiedsverfahren bei Investionen in ein Entwicklungsland im Bereich des Bausektor beliebt ist. Gerade ein ausländischer Investor bevorzugt es bei Projekten in einem Entwicklungsland, nicht auch noch der Gerichtsbarkeit dieses Landes ausgeliefert zu sein, da er in diese wahrscheinlich nicht all zu großes Vertrauen setzen wird. Das ICSID bietet demnach einen institutionellen Rahmen, in dem praktisch alle Streitigkeiten aus internationalen Bau- und Anlagenverträgen von einem Schiedsgericht entschieden werden können. Zwar ist das Verfahren vor dem ICSID nicht für Bau- oder Anlagenvertragsstreitigkeiten entworfen; es wird diesen aber auch nicht weniger gerecht als es andere internationale Schieds-

228 *Holiday Inns S.A. Occidental Petroleum Corporation v. Government of Morocco (Case No. ARB/72/1)*

229 *Adriano Gardella SpA v. Government of Cote d'Ivoire (Case No. ARB/74/1).*

230 *Government of Gabon v. Société S.A. (Case No. ARB/76/1).*

231 *S.A.R.L.. Benvenuti & Bonfant srl v, Government of the People's Republic of Congo (Case No. ARB/77/2).*

232 *Société Ouest Africaine des Betons Industriel (SOABI) v. State of Senegal (Case No. ARB/82/1).*

ordnungen und Institutionen tun[233]. Die anwachsende Nutzung des ICSID-Schiedssystems ist dabei als guter Indikator zu werten, was die steigende Akzeptanz solcher Schiedsverfahren betrifft.

III. Die UNCITRAL-Schiedsordnung sowie das UNCITRAL-Modellgesetz über die internationale Handelsschiedsgerichtsbarkeit

1. Entstehungsgeschichte der UNCITRAL

Die *United Nations Commission on International Trade Law* (UNCITRAL) ist ein ständiger Ausschuß der Vereinten Nationen für Handelsrecht. Sie wurde im Dezember 1966 von der UN-Vollversammlung mit der Zielsetzung gegründet, die Harmonisierung und Vereinheitlichung des internationalen Handelsrechts voranzutreiben[234]. UNCITRAL erließ im Bereich der Streitbeilegung eine Schiedsordnung im Jahre 1976, eine Schlichtungsordnung im Jahre 1980, einen Leitfaden zur Handhabung der Schiedsgerichtsbarkeit unter der UNCITRAL-Schiedsordnung im Jahre 1982, sowie ein Modellgesetz für die internationale Handelsschiedsgerichtsbarkeit im Jahre 1985. Daneben entwarf UNCITRAL unter anderem, wie bereits erwähnt, einen Leitfaden über die Gestaltung von Verträgen über die Lieferung und Errichtung großer Industrieanlagen. Weiterhin verabschiedete die UNCITRAL das UN-Kaufrecht von 1980, das zwischenzeitlich weltweite Anerkennung erfahren hatte. Aufgrund dieser Aktivitäten wird die UNCITRAL auch als „Schrittmacher" der Rechtsvereinheitlichung und insbesondere des Schiedswesens bezeichnet[235]. Näher dargestellt werden sollen hier nur die Schiedsordnung sowie das Modellgesetz der UNCITRAL, da nur diese beiden im Rahmen der Schiedsgerichtsbarkeit die weiteste Verbreitung und Anerkennung erfahren haben. Die Schlichtungsregeln von 1980 werden dagegen als in der Praxis völlig bedeutungslos bezeichnet[236].

---

233 Schneider, Schiedsverfahren in Streitigkeiten aus Bau- und Anlagenverträgen, in Böckstiegel (Hrsg.), Vertragsgestaltung und Streiterledigung in der Bauindustrie und im Anlagenbau, S. 159, 178 f.

234 Redfern/Hunter, *The Law and Practice of Commercial International Arbitration*, S. 479.

235 Wiegand, Internationales Bauschiedswesen: UNCITRAL als Schrittmacher der Rechtsvereinheitlichung, ZfBR 1985, S. 5, 6.

236 Schlosser, Das Recht der internationalen privaten Schiedsgerichtsbarkeit, S. 101.

2. Modellgesetze und Schiedsordnungen

Nachdem bisher Staatsverträge behandelt wurden, werden im folgenden Modellgesetze und Schiedsordnungen dargestellt und bewertet werden, so daß diese zunächst von Staatsverträgen abzugrenzen sind.

Ziel von Staatsverträgen und Modellgesetzen ist es, ein hohes Maß an Rechtsvereinheitlichung zu erreichen. Als bisher klassische Methode der Rechtsvereinheitlichung wurde das staatliche bilaterale oder multilaterale Abkommen gewählt. Bei einem Staatsvertrag gehen die Vertragsstaaten die Verpflichtung ein, die staatsvertragliche Regelung ohne Änderung in ihr nationales Recht zu übernehmen und nicht durch Gesetzgebung und Rechtsprechung einseitig umzugestalten. Diese beabsichtigte völkerrechtliche Bindung ist für einen Staatsvertrag charakteristisch[237]. In vielen Abkommen ist diese Bindungswirkung jedoch durch die Möglichkeit gemildert, Vorbehalte zu erklären, durch die der nationalen Rechtsordnung Vorrang vor der internationalen Rechtseinheit eingeräumt werden kann. Diese Vorbehaltsmöglichkeiten bleiben jedoch in der Regel überschaubar. Durch die Bindungswirkung entsteht eine gewisse Rechtssicherheit, deren Nachteil jedoch wiederum ihre mangelnde Flexibilität ist, da, einmal ratifiziert, die einzelnen Vertragsstaaten kaum mehr Einfluß auf den Inhalt des Staatsvertrages nehmen können.

Eine solche völkerrechtliche Bindung fehlt einem Modellgesetz völlig. Vielmehr handelt sich allein um einen Vorschlag zur Rechtsvereinheitlichung in den einzelnen Staaten. Es ist nicht zeichnungs-, ratifizierungs- oder beitrittsfähig, sondern wird nach Verabschiedung zur Übernahme in nationales Recht anempfohlen. Dabei sind die dem Modellgesetz gewogenen Staaten frei, bei der Übernahme Modifikationen vorzunehmen[238]. Diese freie Handhabe führt dazu, daß auch im Zeitraum nach der Übernahme der nationale Gesetzgeber das Gesetz ständig den neuen Bedürfnissen anpassen kann. Demnach zeichnet sich ein Modellgesetz im Gegensatz zum Staatsvertrag durch ein wesentlich höheres Maß an Flexibilität aus.

Die Rechtsqualität von Schiedsordnungen entspricht dagegen einer privatrechtlichen Vereinbarung, die, anstatt von den Parteien im Ganzen übernommen zu werden, auch individuell abgewandelt werden kann. Demnach handelt es sich der Sache nach um eine von einer bestimmten Institution erarbeitete Mustervereinbarung, die dem Publikum zur Verwendung angeboten wird. Rechtlich verbindlich wird sie erst, wenn sie von den jeweiligen Parteien vereinbart wird. Hierin unterscheiden sich die Schiedsordnungen der internationalen Handelsschiedsgerichts-

---

237 Kropholler, Internationales Einheitsrecht, S. 94.

238 Schlosser, Das Recht der internationalen privaten Schiedsgerichtsbarkeit, S. 102, der im übrigen wie andere das Modellgesetz als Mustergesetz bezeichnet.

barkeit auch von Schiedsverfahrensregeln, welche für gesetzlich vorgesehene Schiedsgerichte gelten[239]. So stellen beispielsweise im deutschen Arbeitsrecht die §§ 101 ff. Arbeitsgerichtsgesetz zum Schiedsvertrag in Arbeitsstreitigkeiten zwingendes Recht dar.

3. Die Schiedsordnung der UNCITRAL

a) Enstehungsgeschichte

Bei der Ausarbeitung der UNCITRAL-Schiedsregeln war die Annahme prägend, daß traditionelle Schiedsordnungen wie die Schiedsordnung der ICC beispielsweise die Industriestaaten einseitig begünstigten. Deshalb wollte man eine Schiedsordnung schaffen, die sowohl für kapitalistische wie sozialistische Wirtschaftsordnungen wie auch für entwickelte und Entwicklungsländer gleichermaßen akzeptabel ist. Darüberhinaus sollten die Unterschiede der Prozeßtraditionen in den römisch-rechtlichen Rechtsordnungen und den *Common Law*-Ländern überbrückt werden[240]. In Anbetracht dieser Ziele ist es beeindruckend, daß die UNCITRAL-Schiedsordnung nach nur dreijähriger Vorarbeit am 28.04.1976 angenommen wurde und dann am 15.12.1976 von der UN-Vollversammlung zur Verwendung empfohlen wurde. Interessanterweise handelt es sich hierbei um die erste Schiedsordnung, welche unter voller Beteiligung der Entwicklungsländer geschaffen wurde[241].

Als Grundlage für den Entwurf der UNCITRAL-Schiedsordnung wurde die Schiedsgerichtsordnung der Wirtschaftskommission für Europa der Vereinten Nationen (*Economic Commission for Europe,* im folgenden ECE) vom 20.01.1966 herangezogen. Die ECE-Schiedsgerichtsordnung steht grundsätzlich Parteien aus allen Länder zur Verfügung, hat jedoch in der Praxis kaum Bedeutung erfahren, was darauf zurückgeführt wird, daß weder Wirtschaftsverbände noch andere mit der Schiedsgerichtsbarkeit befassten Organisationen die Anwendung der ECE-Schiedsgerichtsordnung empfohlen haben[242].

Für die UNCITRAL-Schiedsregeln ist bewußt nicht die Form eines Staatsvertrages gewählt worden, da dieses für den angestrebten Zweck der Rechtsvereinheit-

---

239 Aden, Internationale Handelsschiedsgerichtsbarkeit. S. 18.

240 Wiegand, Internationales Bauschiedswesen: UNCITRAL als Schrittmacher der Rechtsvereinheitlichung, ZfBR 1985, S. 5, 7; Redfern/Hunter, *The Law and Practice of International Commercial Arbitration*, S. 480.

241 Böckstiegel, Die UNCITRAL-Verfahrensordnung für Wirtschaftsschiedsgerichtsbarkeit und das anwendbare Recht, RIW 1982, S. 706.

242 Schütze/Tscherning/Wais, Handbuch des Schiedsverfahrens, S. 424.

lichung nicht notwendig war. Außerdem wäre der Entwurf eines Staatsvertrages wesentlich zeitaufwendiger und kostspieliger gewesen[243]. Vielmehr wurde mit dieser Schiedsordnung eine Musterverfahrensordnung für ein ad hoc-Schiedsgericht entworfen. Die UNCITRAL-Schiedsordnung konkurriert insofern nicht mit der institutionellen Schiedsgerichtsbarkeit, als daß sie keine Administrierung des Schiedsverfahrens vorgesehen hat und kein übergeordneter Schiedsgerichthof geschaffen wurde. In einem geringen Umfang verlangt diese Schiedsordnung jedoch auch nach der Hilfe einer dritten Partei oder Schiedsinstitution als „Ernennende Stelle", wenn die Parteien sich nicht auf die Schiedsrichterernennung einigen können[244]. Diese „Ernennende Stelle" bedeutet ein essentielles Element für das Funktionieren der UNCITRAL-Schiedsordnung, so daß doch ein gewisser administrativer Aspekt nicht völlig verneint werden kann. Gleichwohl kennt das System der UNCITRAL-Schiedsordnung keine eigenen Einrichtungen, so daß die UNCITRAL selbst auch keine eigenständige Schiedsfunktion übernommen hat[245].

b) Regelungsinhalt

Die UNCITRAL-Schiedsordnung ist in vier Abschnitte eingeteilt und besteht insgesamt aus 41 Artikeln. Die einzelnen Artikel sind dabei ausführlich und detailliert ausgestaltet.

Der erste Abschnitt (Art. 1 bis 4) befaßt sich mit den einleitenden Bestimmungen. Art. 1 Abs. 1 bestimmt hierbei den Anwendungsbereich der UNCITRAL-Schiedsordnung. Voraussetzung ist danach die schriftliche Vereinbarung zwischen den Parteien eines Vertrages, die beinhaltet, daß Streitigkeiten, die sich auf diesen Vertrag beziehen, der Schiedsgerichtsbarkeit nach der UNCITRAL-Schiedsordnung unterliegen; vorbehaltlich der schriftlichen Änderungen, die die Parteien vereinbaren. Es wurde hier keine gesetzliche Definition der Schriftform gegeben, jedoch kann davon ausgegangen werden, daß die Schriftform weit auszulegen ist, so daß auch ein Brief-, Telegramm- oder Fernschreibwechsel sowie heutzutage wohl der Austausch von Telefaxen ohne übereinstimmende Unterschriften auf einer Urkunde genügen dürften[246].

Weiterhin werden in der Einführung neben dem Geltungsbereich die Fristenberechnung und Zustellung (Art. 2) und die formelle Einleitung des Verfahrens

---

243 Herrmann, Schiedsregeln der UNCITRAL, BfAI, Rechtsinformation Nr. 100 1977, S. 1, 2.

244 Sanders, *Commentary on UNCITRAL Arbitration Rules, Yearbook Commercial Arbitration II (1977)*, S. 172, 174.

245 Schütze/Tscherning/Wais, Handbuch des Schiedsverfahrens, S. 425.

246 Schütze/Tscherning/Wais, Handbuch des Schiedsverfahrens, S. 426.

(Art. 3) festgelegt. Dabei enthalten die einleitenden Bestimmungen den ausdrücklichen Vorrang von zwingendem nationalem Recht vor den UNCITRAL-Schiedsregeln (Art. 1 Abs. 2).

Der zweite Abschnitt (Art. 5 bis 14) bestimmt die Zusammensetzung des Schiedsgerichtes. In Art. 5 wird vom Dreierschiedsgericht als Regelfall ausgegangen, da drei Schiedsrichter zu bestellen sind, sollten sich die Parteien nicht innerhalb von 15 Tagen nach Erhalt der Verfahrensanzeige auf einen Schiedsrichter geeinigt haben. In Art. 6 bis 8 ist sodann die Frage der Schiedsrichterbenennung ausführlich geregelt. Sie wird auch als ausreichende Regelung bezeichnet, da die vorgesehenen Maßnahmen ohne die Einschaltung staatlicher Gerichte zum Ziel führen, was dem Grundsatz der UNCITRAL-Schiedsordnung entspricht[247]. Kann kein Einverständnis über die Schiedsrichterernennung erzielt werden, muß eine Ernennde Stelle eingeschaltet werden, auf die sich die Parteien zuvor geeinigt haben sollten (Art. 6). Fehlt es an einer solchen Einigung so kann die erste Partei den Generalsekretär des Ständigen Gerichtshofes in Den Haag um die Bestimmung der Ernennenden Stelle ersuchen (Art. 7 Abs. 2). An die Staatsangehörigkeit der Schiedsrichter sind nach der UNCITRAL-Schiedsordnung keine nennenswerten Voraussetzungen geknüpft; lediglich beim Einzelschiedsrichter wird empfohlen, diesen mit einer anderen Staatsangehörigkeit als die der Parteien zu wählen (Art. 6 Abs. 4). Weitere Vorkehrungen zur Sicherung der Unparteilichkeit und Unabhängigkeit des oder der Schiedsrichter finden sich in Art. 9, wonach vorgesehen ist, daß die möglichen Schiedsrichter alle Umstände bekanntzugeben haben, die geeignet sind, berechtigte Zweifel an der Unparteilichkeit und Unabhängigkeit aufkommen zu lassen. Auch die Parteien haben die Möglichkeit, Schiedsrichter abzulehnen. Bezüglich der Ablehnung und Ersetzung von Schiedsrichtern gelten dann ähnliche Verfahrensregeln wie bei der Ernennung, was sich aus Art. 11 bis 13 ergibt.

Der dritte Abschnitt (Art. 15 bis 30) ist der längste Abschnitt der Schiedsordnung und befaßt sich mit der eigentlichen Durchführung des Schiedsverfahrens. Das Schiedsgericht hat hierbei weitgehend Gestaltungsfreiheit. Es sind jedoch einige zwingende Bestimmungen zu beachten, die für das Schiedsgericht bindend sind. Nach Art. 15 Abs. 1 ist das Schiedsgericht an das Gebot der Gleichbehandlung der Parteien sowie das Gebot der Gewährung des vollen rechtlichen Gehörs in jeder Phase des Verfahrens gebunden. Außerdem hat das Schiedsgericht nach Art. 15 Abs. 2 auf Antrag einer Partei eine mündliche Verhandlung zur Erhebung von Beweisen durch Zeugen und Sachverständige oder zum mündlichen Vortrag durchzuführen. Art. 18 und 19 enthalten zwingende Vorschriften zur Übersendung der Klageschrift und der Klageerwiderung. Außerdem bestimmt Art. 27

---

247 Herrmann, Schiedsregeln der UNCITRAL, BfAI, Rechtsinformation Nr. 100 1977, S. 1, 7.

Abs. 4, daß, sollte das Schiedsgericht einen Sachverständigen bestellt haben, den Parteien auf Antrag gewährt werden muß, den Sachverständigen in einer mündlichen Verhandlung zu hören sowie eigene sachverständige Zeugen beizubringen. Der ansonsten bestehende Ermessensspielraum des Schiedsgerichtes ist jedoch durch die Einigungsmöglichkeiten der Parteien beschränkt, beispielsweise auf den Verfahrensort (Art. 16) oder die Verfahrenssprache (Art. 17). Die Parteiautonomie, die ein Grundprinzip des privaten Schiedsverfahrens ist, wurde demzufolge berücksichtigt. Das Schiedsgericht hat in diesen Fällen bei fehlender Parteibestimmung eine Art Ergänzungsfunktion, während es in anderen Fällen nach freiem Ermessen Verfahrensentscheidungen trifft[248]. Es kann zum Beispiel zusätzlich zur Klageschrift und deren Erwiderung Schriftsätze und Parteierklärungen anfordern und jeweils die Einreichungsfrist festsetzen (Art. 22 und 23). Im übrigen entscheidet das Schiedsgericht nach Art. 21 selbständig über seine Zuständigkeit und die Frage des Bestehens und der Gültigkeit des Vertrages, der die Schiedsklausel enthält.

Art. 24 und 25 enthalten Regelungen zum Beweis und der mündlichen Verhandlung. Art. 24, 25 und 27 lassen dem Schiedsgericht beträchtliche Freiheit bei der Beweiserhebung und Beweiswürdigung sowie der Beauftragung von Sachverständigen. Dies ist auf die recht unterschiedlichen Beweisregelungen der verschiedenen Rechtskreise, insbesondere des *Common Law* Systems und des kontinentaleuropäischen Systems, zurückzuführen. Das Schiedsgericht soll seinen Ermessensspielraum hier unter der Berücksichtigung der Herkunft der Parteien und der Schiedsrichter sowie des Sitzes des Schiedsgerichtes im Einzelfall flexibel nutzen können[249].

Art. 26 räumt dem Schiedsgericht darüberhinaus die Möglichkeit ein, vorläufige oder sichernde Maßnahmen zu treffen. Dies ist insbesondere für das Bauverfahren von Bedeutung, da hier ein Bedürfnis nach der Möglichkeit der einstweiligen Anordnung besonders gegeben ist, weil durch weiteren Fortgang der Bauarbeiten irreversible Situationen entstehen können, die durch den Erlaß einer vorläufigen Maßnahme verhindert werden können. Auch die Möglichkeit nach Art. 28, Verzögerungsversuchen des Schiedsbeklagten entgegenzuwirken, indem das Schiedsgericht in die Lage versetzt wird, das Verfahren mitsamt eines Schiedsspruches auch ohne den Schiedsbeklagten bzw. dessen Klageerwiderung fortzusetzen, kommt dem Bauverfahren sehr entgegen.

---

248 Herrmann, Schiedsregeln der UNCITRAL, BfAI, Rechtsinformation Nr. 100 1977, S. 1, 8.

249 Böckstiegel, Erfahrungen als Schiedsrichter mit der UNCITRAL-Schiedsgerichtsordnung, JbPraxSch Bd. 4 (1990), S. 15, 28 f.

Art. 29 regelt den Abschluß des Verfahrens; Art. 30 sodann die Behandlung von Verfahrensmängeln. Diese können nur auf die Einrede einer Partei hin berücksichtigt werden.
Der vierte und letzte Abschnitt (Art. 31 bis 41) der UNCITRAL-Schiedsordnung behandelt den Schiedsspruch sowie diverse Kostenregelungen. Art. 31 enthält die Regelung, daß bei einem Schiedsgericht bestehend aus drei Schiedsrichtern jeder Schiedsspruch oder andere Entscheidungen mit Stimmenmehrheit zu entlassen sind; nur bei Verfahrensfragen kann der Vorsitzende bei fehlender Stimmenmehrheit allein entscheiden vorbehaltlich etwaiger Änderung durch das Schiedsgericht. Art. 33 Abs. 1 enthält Bestimmungen zum anwendbaren materiellen Recht. Hier wird wieder von einer möglichen Rechtswahl der Parteien ausgegangen. Fehlt diese, hat das Schiedsgericht das Recht anzuwenden, das nach dem im betreffenden Fall anzuwendenden Kollisionsrecht maßgeblich ist. Art. 33 Abs. 2 betrifft die Möglichkeit von Billigkeitsentscheidungen. Anerkennungs- und Vollstreckungsregelungen enthält die UNCITRAL-Schiedsordnung dagegen nicht. Allein in Art. 32 Abs. 2 ist bestimmt, daß sich die Parteien zur endgültigen Erfüllung des Schiedsspruches verpflichten, der für sie bindend und endgültig ist. Daneben befinden sich in Art. 34 bis 37 Regelungen über einen Schiedsvergleich und über andere Beendigungsgründe sowie über die Auslegung, Berichtigung und Ergänzung des Schiedsspruches.
Im Schiedsspruch ist nach Art. 38 ff. auch über die Kosten zu entscheiden. Eine solche Regelung war in den bisher dargestellten Staatsverträgen nicht zu finden. Für die Festsetzung der Kosten sind hier allgemeine und flexible Maßstäbe aufgeführt. In Art. 38 ist definiert, was unter den Begriff Kosten fallen soll. Art. 39 regelt die Honorare der Schiedsrichter und Art. 40 die Kostenverteilung. Art. 41 bestimmt abschließend die Möglichkeit der Hinterlegung eines Kostenvorschusses. Art. 40 bestimmt, daß grundsätzlich die unterliegende Partei die Kosten des Schiedsverfahrens zu tragen hat, vorbehaltlich der Ausnahmen von Art. 40 Abs. 2. Das Schiedsgericht kann dann ausnahmsweise die Kostenverteilung nach freiem Ermessen bestimmen. Hinsichtlich der eigenen Kosten des Rechtsbeistandes der obsiegenden Partei gilt der Grundsatz, daß die unterliegende Partei die Kosten trägt, nicht; auch hier ist das Schiedsgericht aufgefordert, frei zu bestimmen, welche Partei welche Kosten in welcher Höhe zu tragen hat[250].
Eine Bestimmung zur Mehrparteienschiedsgerichtsbarkeit findet sich nicht in der UNCITRAL-Schiedsordnung, was für mögliche Bauverfahren nachteilig ist.

---

250 Aden, Internationale Handelsschiedsgerichtsbarkeit, S. 54.

c) Bewertung

Die UNCITRAL-Schiedsregeln zielten in ihrer Länge und umfassenden Regelung auf alle denkbaren Vorfälle, die in der internationalen Handelsschiedsgerichtsbarkeit aufkommen könnten. Hierbei wird kritisiert, daß in der detaillierten und umfangreichen Regelung zwangsläufig ein „Stolperstrick" für ein späteres Anerkennungs- und Vollstreckungsverfahren liegen könnte, da gerade beispielsweise nach Art. 5 Abs. 1 d des UN-Übereinkommens von 1958 jede Mißachtung der Vereinbarung der Parteien über das Verfahren der Vollstreckung zur Anerkennungsunfähigkeit der Entscheidung führe; gleichzeitig wurde jedoch auch erkannt, daß die Schöpfer der UNCITRAL-Schiedsregeln diese Problematik gesehen haben und den Schiedsrichtern in besonders schwierigen Punkten den bereits erwähnten Ermessensspielraum zuerkannt haben[251].

Darüberhinaus wird die UNCITRAL-Schiedsordnung im Vergleich zur ICC-Schiedsordnung als halborganisierte Schiedsgerichtsbarkeit bezeichnet; außerdem bringt sie keine befriedigende Lösung, was die entscheidende Frage der Einschaltung von Hilfsinstanzen in das Schiedsverfahren betrifft[252]. Insbesondere die Schiedsrichterbestellung wird als schwerfälliges, auf den ersten Blick kompliziertes Verfahren bezeichnet. Es räumt den Parteien die Möglichkeit ein, die Schiedsrichterbestellung auf einen Zeitraum von mindestens 4 bis 5 Monaten hinauszuzögern; dieser kann sich auch noch durch die Möglichkeit, Schiedsrichter abzulehnen, erhöhen[253]. Eine umfassende Parteivereinbarung, die das Zwangsernennungsverfahren von Schiedsrichtern überflüssig macht, kann ein solch langes Bestellverfahren abkürzen. Auch ist den Parteien eines UNCITRAL-Schiedsverfahrens zu raten, möglichst vorab eine Ernennde Stelle zu bestimmen[254]. So werden zur Musterschiedsklausel der UNCITRAL-Schiedsordnung auch die folgenden Ergänzungen empfohlen:

a) die Ernennende Stelle ist ... (Name der Institution oder Person);
b) die Anzahl der Schiedsrichter beträgt ... (einer oder drei);
c) der Ort des Schiedsverfahrens ist ... (Stadt oder Land);
d) die im Schiedsverfahren zu verwendende(n) Sprache(n) ist (sind) ...[255].

---

251 Schlosser, Das Recht der internationalen privaten Schiedsgerichtsbarkeit, S. 140 f.

252 Glossner, Die UNCITRAL-Schiedsordnung in der Praxis, RIW 1978, S. 141, 143.

253 Rauh, Die Schieds- und Schlichtungsordnung der UNCITRAL, S. 29.

254 Glossner, Die UNCITRAL-Schiedsordnung in der Praxis, RIW 1978, S. 141, 142; Pirrung, Die Schiedsverfahrensordnung der UNCITRAL, RIW 1977, S. 513, 515.

255 Musterschiedsklausel nebst empfohlenen Ergänzungen abgedruckt bei Labes/Lörcher (Hrsg.), Nationales und internationales Schiedsverfahrensrecht, S. 495 f.

Die Kombination von *Common Law* System und kontinentaleuropäischem System des Prozeßablaufes, wie beispielsweise bei der Beweisaufnahme, wird als Ungereimtheit bezeichnet, was sich jedoch im Endeffekt kaum negativ auswirkt[256]. So läßt sich über die Praxis generell sagen, daß die Schiedsgerichte häufig einen liberalen Ansatz wählen, in dem die Parteien alle nach ihren Rechtsordnungen üblichen Beweismittel verwenden können, daß dann aber die Schiedsrichter bei der Beweiswürdigung den unterschiedlichen Aussagewert von Beweismitteln zu beachten haben[257].

Als gelungen ist die Regelung zur Klageänderung in Art. 20 zu beurteilen. Eine solche Änderung kann das Schiedsgericht nicht zulassen, wenn es diese wegen Verspätung, wegen eines Nachteils für die andere Partei oder wegen anderer Umstände nicht für angebracht hat. Das grundsätzliche Zulassen einer Klageänderung zeigt ein hohes Maß an Flexibilität, insbesondere da es in großen Schiedsverfahren immer wieder vorkommt, daß Parteien im Verlauf des Prozesses, wenn die Streitfragen klarer geworden sind, ihre ursprünglichen Klagen ändern möchten. Sie stellt sich damit auch flexibler als die ICC-Schiedsordnung dar, da im Gegensatz zu dieser keine frühzeitige Festschreibung in Form eines sogenannten Schiedsauftrages (*Terms of Reference*, Art. 18 der ICC-Schiedsordnung) vorgesehen ist, in dem unter anderem die Liste der entscheidenden Streitfragen sowie der Streitwert festgelegt werden[258].

Als nachteilig wird dagegen kritisiert, daß positive Regelungen zu Fragen der Streitgenossenschaft und Beteiligung Dritter am Rechtsstreit sowie zu Geheimhaltungs- und Vertraulichkeitspflichten, zur Pflicht der Aktenaufbewahrung und zur Unterbrechung und Vertagung der Verhandlung insbesondere zur Förderung der vergleichsweisen Erledigung des Rechtsstreites durch Abhaltung von Güteverhandlungen und Erarbeitung von Vergleichsvorschlägen fehlen[259].

Obwohl die Schiedsordnung der UNCITRAL speziell für das ad hoc-Schiedsverfahren entworfen wurde, enthält sie insofern Anklänge an institutionelle Verfahren, als daß für bestimmte Maßnahmen während der Konstituierung des Schiedsgerichtes und bei der Kostenfestsetzung eine „Ernennende Stelle" vorgesehen ist[260].

---

256 Rauh, Die Schieds- und Schlichtungsordnung der UNCITRAL, S. 184.

257 Böckstiegel, Erfahrungen als Schiedsrichter mit der UNCITRAL-Schiedsgerichtsordnung, JbPrax Sch Bd. 4 (1990), S. 15, 29.

258 Bis zur Abfassung des ICC-Schiedsauftrages kann bereits einige Zeit verstreichen, wie das Beispiel in Kap. B. II. 3. b) gezeigt hat.

259 Rauh, Die Schieds- und Schlichtungsordnung der UNCITRAL, S. 184.

260 Berger, Internationale Wirtschaftsschiedsgerichtsbarkeit, S. 45.

Die Bemessung der Kosten und insbesondere der Schiedsrichtervergütung im Sinne der Art. 38 bis 40 ist bei einer Schiedsordnung, die sowohl in Industrienationen als auch in Entwicklungsländern Anwendung finden soll, naturgemäß kompliziert. Daher sind die Regelungen hier als Kompromiß zu verstehen. Die Schiedsrichtergebühren sollen sowohl nach Streitwert als auch nach Zeitaufwand sowie nach besonderen rechtlichen Schwierigkeiten bemessen werden. Nach der Schiedsordnung wird versucht, Anhaltspunkte für die Vergütung mit Hilfe einer ernennenden Stelle zu finden (Art. 39). Diese Kostenregelung kann in der Praxis zu großen Verzögerungen bei der Abfassung des Schiedsspruches führen; gleichzeitig kann sich die Unsicherheit über die Kostenfrage bereits vor Beginn des Schiedsverfahrens negativ auf das Vertrauen der Parteien in ein solches auswirken, da sie sich fragen müssen, ob sich ein solches überhaupt lohnt[261].

Zum Fehlen der Regelung über die Vollstreckung von Schiedssprüchen ist zu sagen, daß die Nichtregelung bewußt geschah. Dieses Schweigen soll jedoch nicht bedeuten, daß das nationale Recht keine Bedeutung für die Vollstreckung von Schiedssprüchen nach diesen Schiedsregeln hätte; vielmehr wurde bei der Ausarbeitung der Schiedsordnung darauf Rücksicht genommen, daß die Anerkennung und Vollstreckung in jedem Fall den relevanten Normen des nationalen Rechts sowie bekannten internationalen Übereinkommen unterliegen würde, insbesondere dem UN-Übereinkommen von 1958[262]. Dabei mag es sein, daß zwingende Normen des Völkerrechts und des nationalen Rechts für die Anerkennung und Vollstreckung von innerstaatlichen oder ausländischen Schiedssprüchen im Recht eines bestimmten Staates strengere Anforderungen stellen als die UNCITRAL-Schiedsregeln. So kann die Nichterfüllung dieser Anforderungen dazu führen, daß die Vollstreckbarkeit ausgeschlossen wird. Die Schiedsrichter sind dann gut beraten, schon im Schiedsverfahren und beim Schiedsspruch die zwingenden Normen jener Staaten zu berücksichtigen, in denen mögliche Versuche einer Vollstreckung vorauszusehen sind.

d) Bedeutung für Schiedsverfahren bei Streitigkeiten aus internationalen Bau- und Anlagenverträgen

Unmittelbar nach der Schaffung der UNCITRAL-Schiedsordnung wurde vermutet, daß die westlichen Industrienationen unter sich von dieser Schiedsordnung keinen Gebrauch machen würden, so daß diese nur Bedeutung in der Ost/West-

---

261 Schütze/Tscherning/Wais, Handbuch des Schiedsverfahrens, S. 429 f.

262 Böckstiegel, Die UNCITRAL-Verfahrensordnung für die Wirtschaftsschiedsgerichtsbarkeit und das anwendbare nationale Recht, RIW 1982, S. 706, 711.

und möglicherweise in der Nord/Süd-Relation finden werde[263]. Inzwischen haben unter anderem sowohl die ICC als auch der LCIA ihre Bereitschaft erklärt, die Funktion einer Ernennenden Stelle und damit auf Wunsch auch administrative Dienste zu übernehmen, was als ersten Durchbruch der UNCITRAL-Schiedsordnung bezeichnet wird[264]. Für die Verbreitung der UNCITRAL-Schiedsordnung spricht darüber hinaus, daß sich in ihr keine ausdrücklich einschränkenden Bestimmungen bezüglich der Art der in Frage kommenden Streitigkeiten oder der möglichen Parteien finden, so daß eine generelle Anwendung in Betracht kommt[265].

In dem folgenden Jahrzehnt nach Erlaß der UNCITRAL-Schiedsordnung wurde darüber hinaus angenommen, daß, da es sich bei der UNCITRAL-Schiedsordnung um ein von der UN-Vollversammlung empfohlenes und damit auch bei Entwicklungsländern positiv aufgenommenes Instrument handelt, sie wohl auch in Bau- und Anlagenverträgen mit Entwicklungsländern zunehmende Bedeutung gewinnen würde[266]. Diese Entwicklung wurde als dadurch verstärkt angesehen, daß einige regionale Schiedszentren der Entwicklungsländer die UNCITRAL-Schiedsregeln übernommen haben. Auch neugebildete Schiedsinstitutionen haben die Schiedsordnung der UNCITRAL ganz oder teilweise übernommen, so zum Beispiel der durch königliches Dekret erlassene spanische Schiedsgerichtshof[267].

Besondere Bedeutung gewann die UNCITRAL-Schiedsordnung allerdings, als sich die Vereinigten Staaten und der Iran in einem völkerrechtlichen Vertrag im Jahre 1981 darauf einigten, daß das für alle zwischen ihnen bestehenden Streitigkeiten geschaffene *Iran-U.S. Claims Tribunal* in Den Haag seine Verfahren nach der UNCITRAL-Schiedsordnung abwickeln solle. Dabei ging es zu größten Teil um die Abwicklung normaler Verträge sowie Auslandsinvestitionen amerikanischer Privatunternehmen im Wirtschaftsverkehr mit dem Iran[268]. Ursprünglicher Auslöser für die Gründung des *Iran-U.S. Claims Tribunal* war die Geiselaffäre im Iran, bei der im November 1979 militante Anhänger des Imam Khomeinis die

---

263 Glossner, Die UNCITRAL-Schiedsordnung in der Praxis, RIW 1978, S. 141, 143.

264 Glossner, Die UNCITRAL-Schiedsregeln zwischen Privatrecht und Völkerrecht, RIW 1981, S. 300.

265 Pirrung, Die Schiedsverfahrensordnung der UNCITRAL, RIW 1977, S. 513, 514

266 Schneider, Schiedsverfahren in Streitigkeiten aus Bau- und Anlagenverträgen, in Böckstiegel (Hrsg.), Vertragsgestaltung und Streiterledigung in der Bauindustrie und im Anlagenbau, S. 159, 179; Wiegand, Internationales Bauschiedswesen: UNCITRAL als Schrittmacher der Rechtsvereinheitlichung, ZfBR 1985, S. 5, 10.

267 Schütze/Tscherning/Wais, Handbuch des Schiedsverfahrens, S. 429.

268 Böckstiegel, Erfahrungen als Schiedsrichter mit der UNCITRAL-Schiedsgerichtsordnung, JbPraxSch Bd. 4 (1990), S. 15, 16 f.

US-amerikanische Botschaft in Teheran besetzten, was zu weitreichenden Konflikten zwischen den USA und dem Iran führte. Einige der Entscheidungen des *Iran-U.S. Claims Tribunal* betrafen dann auch tatsächlich Streitigkeiten bei internationalen Bau- und Anlagenverträgen. Als Beispiel ist hier *Agrostruct International. Inc. v. Iran State Cereals Organization, The Islamic Republic of Iran*[269] zu nennen. Die Klage entstand aus einen Vertrag, der zwischen der Klägerin *Agrostruct International, Inc.* sowie einer weiteren Gesellschaft, *Werner Lehara International, Inc.* mit dem Handelsministerium, *Foreign Transaction Corporation,* dessen Rechtsnachfolger die Beklagte *Iran State Cereals Organization* ist. Der Vertrag betraf die Ausführung eines schlüsselfertigen Bauvertrages einer Backfabrik im Iran. Streitig war, ob die Klägerin *Agrostruct* überhaupt Rechte aus dem Vertrag ableiten könne, da *Iran State Cereals Organization* behauptete, *Agrostruct* wäre gar nicht Vertragspartner. Weiterhin wurde unter anderem über die Auszahlung einbehaltener Gelder bis zur Abnahme der fertiggestellten Fabrik, über die Haftung für mangelhafte Vertragsausführung, Vertragsbruch sowie Ersatz von Folgeschäden gestritten. Es wurde durch einen Schiedsspruch beschlossen, daß *Agrostruct* zwar Vertragspartner war; ein Schadensersatz für Vertragsbruch oder für etwaige Folgeschäden wurde jedoch abgelehnt. Dafür wurde überwiegend zugunsten *Agrostruct* in der Frage der Auszahlung des einbehaltenen Betrages entschieden.
Als weiterer Beispielsfall sei noch *Component Builders, Inc., Wood Components Co. and Moshofky Enterprises, Inc. v. Islamic Republic of Iran, Bank Maskan Iran and Insurance Company of Iran*[270] genannt. Hier behaupteten die Kläger unter anderem verschiedene Vertragsbrüche und Unterbezahlung einer Vereinbarung über die Lieferung von Baumaterial sowie die Errichtung betreffend des Baus mehrerer hundert Fertighauseinheiten im Iran. In der Sache war zwischenzeitlich um eine vorläufige Maßnahme[271] im Sinne des Art. 26 ersucht worden.
Heute sind die Entscheidungen des *Iran-U.S. Claims Tribunal* als Erkenntnisquelle für die praktische Anwendbarkeit der UNCITRAL-Schiedsordnung denn auch von besonderer Bedeutung, da sie allesamt veröffentlicht werden[272], wäh-

---

269 Case No. 195 (358-195-1) of 15 April 1988, in Auszügen abgedruckt in *Yearbook Commercial Arbitration XIV (1989)* S. 354 ff.

270 Case No. 395 (431-395-3) of 10 August 1989, in Auszügen abgedruckt in *Yearbook Commercial Arbitration XV (1990)* S. 232 ff.

271 *Component Builders, Inc., Wood Components Co. and Moshofky Enterprises, Inc. v. Islamic Republic of Iran et al.,*. Case No. 395 of 10 January 1985, in Auszügen abgedruckt in *Yearbook Commercial Arbitration XI (1986)* S. 359 ff.

272 Alle Entscheidungen können beispielsweise auf Anfrage von der Kanzlei des Tribunals erworben werden; Urteile und sonstige wichtige Entscheidungen werden außerdem seit 1983 in *Iran-United Claims Tribunal Reports (Iran-U.S.C.T.R.), Grotius Publications, Cambridge*

rend die sonstigen Entscheidungen von ad hoc-Verfahren vertraulich bleiben. Gleichwohl kann nicht behauptet werden, daß ein übermäßiger Anteil der Entscheidungen des *Iran-U.S. Claims Tribunal* sich mit Bau- oder Anlagenstreitigkeiten befasst hätte. Hier läßt sich keine vergleichbar bedeutende Prozentzahl wie beispielsweise beim ICC festmachen. Bei der Durchsicht der veröffentlichten Entscheidungen des *Iran-U.S. Claims Tribunal* ist festzustellen, daß diese in gleichem Maße oder sogar häufiger andere Wirtschaftszweige wie z. B. Versicherungen oder die Elektronik-, Computer- oder Telekommunikation betreffen. Insgesamt hat sich doch nach einem mehr als zwanzigjährigem Bestehen der UNCITRAL-Schiedsordnung herauskristallisiert, daß sie neben ihrer besonderen Bedeutung im Zusammenhang mit dem *Iran-U.S. Claims Tribunal* im Vergleich zu bekannten internationalen Schiedsordnungen und Institutionen wie beispielsweise die Schiedsordnung der ICC im Bereich des internationalen Bauwesens und Anlagenbaus weniger Verbreitung gefunden haben dürfte, als dies zunächst prognostiziert wurde. Gleichwohl ist bei dieser Annahme zu berücksichtigen, daß aufgrund der fehlenden Veröffentlichung von ad hoc-Schiedsverfahren außerhalb der Entscheidungen des *Iran-U.S. Claims Tribunal* eine solche These nur schwer zu belegen ist. Zumindest hat die UNCITRAL-Schiedsordnung in der Literatur im Zusammenhang mit der Streitbeilegung bei internationalen Bau- und Anlagenvertrag gerade in den letzten Jahren kaum Erwähnung gefunden. Trotzdem ist darauf hinzuweisen, daß ohne Zweifel ein gewisser Anteil von Verträgen, die internationale Handelstransaktionen betreffen, inzwischen Schiedsklauseln, die auf die UNCITRAL-Schiedsordnung verweisen, enthalten[273].

4. Das UNCITRAL-Modellgesetz über die internationale Handelsschiedsgerichtsbarkeit

a) Enstehungsgeschichte

Die Entwicklung und der Inhalt des UNCITRAL-Modellgesetzes über die internationale Handelsschiedsgerichtsbarkeit soll hier in der angebrachten Kürze dargestellt werden, da das Modellgesetz seit seiner Entstehung bereits eine erhebliche Auseinandersetzung in der Literatur gefunden hat[274]. Zu kaum einem

---

veröffentlicht; Böckstiegel, Erfahrungen als Schiedsrichter mit der UNCITRAL-Schiedsgerichtsordnung, JbPraxSch Bd. 4 (1990), S. 15, 17.

273 Redfern/Hunter, *The Law and Practice of International Commercial Arbitration*, S. 497.

274 So äußerte ein bekannter Schiedsrichter bereits 1986 die Vermutung, daß sicherlich über 66.000 Gallonen Tinte und mehrere Millionen Seiten Papier im Zusammenhang mit dem Modellgesetz verbraucht wurden, Herrmann, *The role of the courts under the UNCITRAL Model*

weiteren Projekt der Rechtsvereinheitlichung wurden wahrscheinlich die extensiven *travaux préparatoires* veröffentlicht, zu denen Delegierte der verschiedenen Staaten weltweit und Experten im Bereich des internationalen Handelsrechts beigetragen haben[275].
Gleichwohl kann auf seine Darlegung nicht verzichtet werden, da es Grundlage für die aktuellen Reformen internationaler und nationaler Schiedsordnungen war. So wurden auf internationaler Ebene beispielsweise die Schiedsordnung der ICC reformiert; auf nationaler z. B. die deutschen Schiedsregeln. Auch die niederländische Reform des Schiedswesen vom 01.12.1986 war bereits von UNCITRAL-Modellgesetz beeinflußt[276]. Damit kommt dem UNCITRAL-Modellgesetz außerdem bei Rechtsstreitigkeiten im internationalen Bauwesen und Anlagenbau eine wichtige Rolle zu.

Die Idee eines Modellgesetzes wurde von der UNCITRAL bereits 1972 erwogen. Die Entscheidung, ein Modellgesetz zu entwerfen, fand seinen Ursprung in den Vorschlägen, die UNCITRAL solle doch Wege finden, die gesamte Struktur der internationalen Handelsschiedsgerichtsbarkeit zu verbessern[277]. Insbesondere das *Asian-African Legal Consultive Committee* (im folgenden AALCC) warf diverse Fragen bezüglich der Verbesserung der Effektivität der Schiedsgerichtsbarkeit auf. 1977 fragte das AALCC an, das UN-Übereinkommen von 1958 bezüglich seines offensichtlichen Fehlens von Einheitlichkeit in der Umsetzung von nationalen staatlichen Gerichten bei der Vollstreckung von Schiedssprüchen zu überarbeiten. Experten der Kommission kamen auf einem Treffen in Paris 1978 einstimmig darüber überein, daß der effektivste Weg zur Stärkung der gesetzlichen Struktur der internationalen Handelsschiedsgerichtsbarkeit ein Modellgesetz sei. Sie waren der Ansicht, daß, sollte ein Modellgesetz von den Staaten in der *ganzen* Welt übernommen werden, dies nicht nur zur Einrichtung eines einheitlichen internationalen Schiedsverfahrens führte, das auf den internationalen Handel

---

Law script, in Lew (Hrsg.), *Contemporary Problems in International* Arbitration, S. 164; vertiefte Beschäftigung mit dem UNCITRAL-Modellgesetz findet sich z. B. bei Hußlein-Stich, Das UNCITRAL-Modellgesetz über die internationale Handelsschiedsgerichtsbarkeit; Holtzmann/Neuhaus, *A Guide to the UNCITRAL Model Law on International Commercial Arbitration;* Broches, *Commentary on the UNCITRAL Model Law on International Commercial Arbitration.*

275 Redfern/Hunter, *The Law and Practice of International and Commercial Arbitration*, S. 525.

276 Zerbe, Die Reform des deutschen Schiedsverfahrensrecht, S. 9.

277 Holtzmann/Neuhaus, *A Guide to the UNCITRAL Model Law on International Commercial Arbitration*, S. 9.

zugeschnitten wäre, sondern es würde auch ein universeller Standard der Gerechtigkeit erreicht werden[278].

Im Jahre 1981 wurde die mit internationalen Vertragspraktiken vertraute *Working Group* eingesetzt, die sich mit der Ausarbeitung des Modellgesetzes befaßte. Sie erarbeitete innerhalb von drei Jahren einen Entwurf und legte diesen auf der 18. Sitzung der UNCITRAL vor. Damit schuf die *Working Group* in einer vergleichsweisen kurzen Zeitspanne ein brauchbares und allgemein anerkanntes Regelungswerk, wobei im traditionellen Geiste der UNCITRAL versucht wurde, fremde Positionen zu verstehen und Übereinstimmung zu erreichen[279]. Die politischen Ziele, die die UNCITRAL beim Entwurf des Modellgesetzes heranzog, wurden im Bericht[280] des Generalsekretärs wie folgt beschrieben:

-der Liberalisierung der internationalen Handelsschiedsgerichtsbarkeit durch Einschränkung der Rolle der nationalen staatlichen Gerichte sowie dem Grundsatz der Freiheit der Parteien, die Regeln für die Beilegung ihrer Streitigkeit selbst zu bestimmen, Wirkung zu verleihen;

-die Einrichtung eines Kerns zwingender Regelungen, die Gerechtigkeit und ein ordnungsgemäßes Verfahren sichern;

-die Bereitstellung einer Rahmenregelung für die Durchführung internationaler Handelsschiedsverfahren, so daß im Falle der Nichteinigung der Parteien über prozessuale Fragen das Schiedsverfahren trotzdem beendet werden kann;

-die Regelung der Sicherung von Anerkennung und Vollstreckbarkeit von Schiedssprüchen und die Klärung gegensätzlicher praktischer Streitpunkte[281].

Das Modellgesetz wurde am 21.06.1985 von der UNCITRAL in Wien in seiner endgültigen Fassung beschlossen[282], woraufhin am 11.12.1985 die UN-Generalversammlung den vorgelegten Entwurf angenommen hat[283] und dabei allen Staaten empfohlen hat, das Modellgesetz anzunehmen und auf dem Gebiet der internationalen Handelsschiedsgerichtsbarkeit anzuwenden[284]. Inzwischen wurde das Modellgesetz in 24 Staaten übernommen; in Europa handelt es sich

---

278 Holtzmann/Neuhaus, *A Guide to the UNCITRAL Model Law on International Commercial Arbitration*, S. 10.

279 Herrmann, *The role of the courts under the UNCITRAL Model Law script*, in Lew (Hrsg.), *Contemporary Problems in International* Arbitration, S. 164, 166.

280 Der Bericht trägt den Titel *Possible features of a model law on international commercial arbitration*, UN Doc. A/CN.9/207.

281 UN Doc. A/CN.9/207 paras. 16 f.; abgedruckt bei Redfern/Hunter, *The Law and Practice of International Commercial Arbitration*, S. 509.

282 UN Doc. A/40/17, paras. 332 f.

283 UN Doc. A/RES/40/72, vgl. Anhang C.

284 Hußlein-Stich, Das UNCITRAL-Modellgesetz, S. 2 f.

dabei um Bulgarien, die Bundesrepublik Deutschland, Finnland, Malta, die Russische Föderation, Schottland, Ungarn und Zypern[285].

b) Regelungsinhalt

Das Modellgesetz sollte die Vereinheitlichung des internationalen Schiedsrechts fördern, ohne den Staaten eine staatsvertragliche Übernahmepflicht aufzuerlegen. Dabei vermeidet es also den schwierigen Weg einer internationalen Konvention oder eines sogenannten *Loi uniforme*[286]. Es sollte den einzelnen Ländern als Muster dienen, die den Erlaß oder die Änderung von Gesetzen, die internationale Schiedsverfahren betreffen, erwägen. Aufgrund diese Modellcharakters können aus ihm keine verbindlichen Verfahrensregeln abgeleitet werden.
Das Modellgesetz besteht aus insgesamt 36 Artikeln und ist in acht Kapitel unterteilt. Es ist damit kürzer als die UNCITRAL-Schiedsordnung. Ähnlich der Schiedsordnung sind seine einzelnen Bestimmungen umfangreich und enthalten detaillierte Regelungen.

Das erste Kapitel (Art. 1 bis 6) befaßt sich mit den allgemeinen Bestimmungen. Die erste und teilweise auch als vielleicht wichtigste bezeichnete Regelung[287] betrifft dabei den Anwendungsbereich des Modellgesetzes. Nach Art. 1 Abs. 1 ist das Gesetz auf die internationale Handelsschiedsgerichtsbarkeit anzuwenden. Eine Legaldefinition des Begriffes Handelsschiedsgerichtsbarkeit bietet das Modellgesetz nicht; klar ist jedoch, daß davon weder zwingende Schiedsbestimmungen, dic nicht aufgrund einer Schiedsvereinbarung zur Anwendung kommen, noch nationale Besonderheiten, wie das deutsche Schiedsgutachten, mitumfaßt sein sollen. Der Begriff Handel wird in einer Fußnote zum Gesetzestext von der UNCITRAL selbst zumindest näher erläutert. Danach soll er „weit ausgelegt werden, so daß er Angelegenheiten umfaßt, die sich aus Handelsbeziehungen jeder Art ergeben, gleichviel, ob sie auf Vertrag beruhen oder nicht“. Es werden dann verschiedene Handelsbeziehungen aufgezählt; diese Aufzählung soll jedoch nicht abschließend sein. Dabei wird ausdrücklich das Bauwesen und der Anla-

---

285 Diese Auskunft des Sekretariats der UNCITRAL in Wien sowie die übrigen Übernahmestaaten sind abgedruckt bei Labes/Lörcher (Hrsg.), Nationales und internationales Schiedsverfahrensrecht, S. 185.

286 Berger, Internationale Wirtschaftsschiedsgerichtsbarkeit, S. 34 f.; zur Rechtsnatur eines *Loi uniforme* vgl. Kegel, Internationales Privatrecht, S.9 ff.

287 Redfern/Hunter, *The Law and Practice of International Commercial Arbitration*, S. 510.

genbau erwähnt, in der deutschen Fassung mit den Worten „Errichtung von Anlagen, Consulting, Engineering“[288].

Wie bereits bei der Abgrenzung vom nationalen zum internationalen Schiedsverfahren erwähnt, enthält Art. 1 Abs. 3 dagegen eine Legaldefinition des internationalen Schiedsverfahrens. Es ist danach international, wenn a) die Parteien der Schiedsvereinbarung bei Abschluß dieser Vereinbarung ihre Niederlassung in verschiedenen Staaten haben, oder b) der Schiedsort oder der Ort, an dem ein wesentlicher Teil der Pflichten aus der Handelsbeziehung zu erfüllen ist oder zu dem der Streitgegenstand die engste Verbindung aufweist, außerhalb des Staates liegt, in dem die Parteien ihre Niederlassung haben; oder c) die Parteien ausdrücklich vereinbart haben, daß der Gegenstand der Schiedsvereinbarung Beziehungen zu mehr als einem Staat hat. Bereits bei der Ausarbeitung dieses Modellgesetzes war diese Formulierung Bestandteil einer ausführlichen Diskussion. Die Begriffsbestimmung sollte zum einen mit den Bestimmungen des Europäischen Übereinkommens von 1961 und des UN-Kaufrechts von 1980 übereinstimmen, auf der anderen Seite wurde versucht eine möglichst weitgehende Definition zu entwickeln[289]. Der klassische Fall eines internationalen Schiedsverfahrens dürfte jedoch sein, daß die Parteien einer Schiedsvereinbarung ihren Sitz oder ihre Niederlassung in unterschiedlichen Staaten haben; dies wird trotz der weitergehenden Definition vermutlich den größten Teil der internationalen Schiedsverfahren ausmachen.

Art. 1 Abs. 2 beschäftigt sich darüberhinaus mit dem territorialen Anwendungsbereich. Danach sind die Bestimmungen dieses Gesetzes (mit Ausnahmen) nur anzuwenden, wenn der Ort des Schiedsverfahrens im Hoheitsgebietes dieses Staates liegt.

Nach Art. 4 besteht ein Recht zur Einrede, sollte einer Bestimmung dieses Gesetzes oder einem Erfordernis der Schiedsvereinbarung nicht entsprochen worden sein; erhebt eine Partei diese nicht innerhalb einer dafür vorgesehenen Frist, so wird angenommen, sie habe auf dieses Recht verzichtet. In Art. 5 werden die Eingriffsmöglichkeiten der staatlichen Gerichte auf das Maß beschränkt, das das Modellgesetz vorsieht. Durch Art. 6 sollen die Staaten, die das Modellgesetz übernehmen, ermutigt werden, einen speziellen Gerichtshof einzurichten, der für die ihm vom Modellgesetz auferlegten Aufgaben zuständig sein soll, beispielsweise für die ersatzweise Schiedsrichterbenennung nach Art. 11 Abs. 3 und 4.

---

288 Die Begriffe *Consulting* und *Engineering* wurden unübersetzt in die deutsche Fassung übernommen, da sie international verwandte und bekannte Begriffe der Wirtschaft sind.

289 Szász, *Introduction to the Model Law of UNCITRAL on International Commercial Arbitration, Report I*, in Sanders (Hrsg.), *UNCITRAL'S Project for a Model Law on International Commercial Arbitration*, S. 31, 42.

Das zweite Kapitel (Art. 7 bis 9) betrifft Regelungen zur Schiedsvereinbarung. In Art. 7 Abs. 1 befindet sich eine Bestimmung des Begriffes Schiedsvereinbarung. Danach ist darunter eine Vereinbarung der Parteien zu verstehen, alle oder bestimmte Rechtsstreitigkeiten, die zwischen ihnen in bezug auf ein bestimmtes Rechtsverhältnis, vertraglicher oder nichtvertraglicher Art, entstanden sind oder künftig entstehen, einem schiedsrichterlichen Verfahren zu unterbreiten. Diese Legaldefinition wurde für erforderlich gehalten, da im nationalen Schiedsrecht der Begriff doch immer wieder eine etwas andere Auslegung erfuhr, und es auch teilweise ein unterschiedliches Verständnis des Begriffes Schiedsklausel gab[290]. Neu war auch, daß die Schiedsvereinbarung ebenfalls für zukünftige Streitigkeiten gelten sollte, da die Schiedsvereinbarung bisher traditionell im Zusammenhang mit bereits bestehenden, der Schiedsgerichtsbarkeit zu unterwerfenden Streitigkeiten betrachtet wurde[291].
Art. 7 Abs. 2 enthält die Schriftformvoraussetzung für die Schiedsvereinbarung. Ähnlich Art. II Abs. 1 UN-Übereinkommen von 1958 wird hier von einem erweiterten Schriftformbegriff ausgegangen, der Formen der modernen Nachrichtenübermittlung mitumfasst. Diese müssen einen Nachweis der Vereinbarung enthalten. Sie werden für die Schriftformwahrung als ausreichend erachtet, soweit die inhaltliche Dokumentation der Schiedsvereinbarung sichergestellt ist. Nicht näher definiert werden die Parteien der Schiedsvereinbarung und inwieweit Staaten als Parteien eines Schiedsverfahrens nach dem Modellgesetz in Frage kommen.
Art. 8 enthält das Gebot an das staatliche Gericht, auf Parteiantrag bei wirksamer Schiedsvereinbarung über einen Streitgegenstand auf das Schiedsverfahren zu verweisen. In Art. 9 ist klargestellt, daß es mit einer Schiedsvereinbarung nicht unvereinbar ist, vor oder während eines Schiedsverfahrens um vorläufige oder sichernde Maßnahmen bei einem staatlichen Gericht nachzusuchen.

Im dritten Kapitel (Art. 10 bis 15) sind Bestimmungen zur Bestellung, zur Ablehnung sowie zur Ersetzung von Schiedsrichtern enthalten. Ungewöhnlich ist die Regelung in Art. 10 Abs. 1, wonach die Parteien frei sind, die Anzahl der Schiedsrichter zu vereinbaren. Üblicherweise wurde in den bisher dargestellten Modellen zumindest die Vereinbarung einer ungeraden Anzahl von Schiedsrichtern gefordert, zum Teil wurde auch von der Benennung von einem oder drei

290 Szurki, *Arbitration Agreement and Competence of the Arbitral Tribunal, Report II*, in Sanders (Hrsg.), *UNCITRAL'S Project for a Model Law on International Commercial Arbitration*, S. 53, 54.

291 Szurki, *Arbitration Agreement and Competence of the Arbitral Tribunal, Report II*, in Sanders (Hrsg.), *UNCITRAL'S Project for a Model Law on International Commercial Arbitration*, S. 53, 54.

Schiedsrichtern ausgegangen. Theoretisch könnte also nach dem Modellgesetz eine gerade Anzahl von Schiedsrichtern benannt werden, was zu der wenig wünschenswerten Situation führen könnte, daß die Schiedsrichter keine Einigung aufgrund einer fehlenden Mehrheit finden können, womit die Entscheidungsfindung erheblich verlängert würde[292]. Gemäß Art. 10 Abs. 2 sind denn auch im Falle der fehlenden Parteivereinbarung drei Schiedsrichter zu benennen. In Art. 11 ist sodann die Schiedsrichterbestellung im einzelnen ausführlich geregelt. Da internationale Streitigkeiten beigelegt werden sollen, wäre an sich von einer internationalen Besetzung des Schiedsgerichtes auszugehen. Dazu findet sich in Art. 11 Abs. 1 die Regelung, daß niemand wegen seiner Staatsangehörigkeit vom Schiedsrichteramt ausgeschlossen werden darf, es sei denn, die Parteien haben etwas anderes vereinbart. Dies bedeutet, daß die Parteien auch Schiedsrichter ihrer eigenen Nationalität vereinbaren können. Dies widerspricht beispielsweise Art. 39 des ICSID-Übereinkommens von 1965, wonach die Mehrheit der Schiedsrichter anderen Staaten angehören muß, als demjenigen, der Streitpartei ist. Auch eine solche Regelung gab es in den bisher dargestellten internationalen Schiedsregeln nicht.

Das Verfahren, nach dem Schiedsrichter bestellt werden, kann gemäß Art. 11 Abs. 2 von den Parteien selbst vereinbart werden. Dabei müssen die Parteien keine Schiedsinstitution als Ernennende Stelle auswählen; allerdings haben solche Schiedsinstitutionen zumeist die aktuellsten Informationen, gerade auch betreffend der Namen und der Qualifikationen geeigneter Schiedsrichter[293].

Art. 12 und 13 befassen sich mit der Ablehnung von Schiedsrichtern und dem entsprechenden Ablehnungsverfahren. Ähnlich der Regelung in Art. 9 der UNCITRAL-Schiedsordnung muß auch nach Art. 12 Abs. 1 die als Schiedsrichter zu ernennende Person alle Umstände offenlegen, die berechtigte Zweifel an ihrer Unabängigkeit und Unparteilichkeit erwecken könnten. Art. 14 regelt, daß ein Schiedsrichter, sollte er seiner Funktion nicht gerecht werden können, zurücktreten kann; die Parteien können seinen Rücktritt aber auch vereinbaren. Diese Möglichkeit erscheint zunächst etwas ungewöhnlich, allerdings wird klar, daß diese Regelung den Parteien die Möglichkeit gibt, durch eine solche Vereinbarung sogar das ganze Schiedsverfahren zu beenden. Art. 15 bestimmt dann die Voraussetzungen für die Bestellung des Ersatzschiedsrichters.

---

292 Ein früherer Entwurf, demzufolge die Anzahl der Schiedsrichter ungerade sein sollte, wurde allerdings verworfen, UN Doc. A/CN.9/207 para. 67; abgedruckt bei Holtzmann/Neuhaus, *A Guide to the UNCITRAL Model Law on International Commercial Arbitration*, S. 349 f.

293 Redfern/Hunter, *The Law and Practice of International Arbitration*, S. 514.

Das vierte Kapitel (Art. 16 und 17) beinhaltet Bestimmungen zur Zuständigkeit der Schiedsgerichte. Nach Art. 16 Abs. 1 kann das Schiedsgericht über seine eigene Zuständigkeit einschließlich aller Einreden bezüglich des Bestehens und der Gültigkeit der Schiedsvereinbarung entscheiden[294]. Art. 17 gewährt, ähnlich dem Art. 26 der UNCITRAL-Schiedsordnung, dem Schiedsgericht die Befugnis, auf Antrag einer Partei hin vorläufige oder sichernde Maßnahmen zu ergreifen. Dies zeichnet aus, daß die Wichtigkeit solcher Maßnahmen für das internationale Handelswesen inzwischen anerkannt wurde. Bis zum Erlaß des Modellgesetzes wurde in internationalen Übereinkommen und in internationalen Schiedsordnungen mit Ausnahme der UNCITRAL-Schiedsordnung kaum dem Schiedsgericht die Befugnis übertragen, einstweilige Maßnahmen anzuordnen, und wenn dann nur als Ausnahme; ansonsten waren die staatlichen Gerichte zuständig. Allerdings räumt Art. 17 dem Schiedsgericht keinerlei Befugnis ein, die angeordnete Maßnahme zu vollstrecken; auch regelt er nicht eine Vollstreckung durch staatliche Gerichte. Zwar war in einem ursprünglichen Entwurf des Modellgesetzes vorgesehen, daß das Schiedsgericht bei staatlichen Gerichten um Hilfe für die zwangsweise Durchsetzung der einstweiligen Maßnahme nachsuchen könne, dies wurde jedoch aufgegeben, da man dies der Regelung durch nationales Prozeßrecht überlassen wollte[295].

Weiterhin wird im vierten Kapitel (Art. 18 bis 27) die Durchführung des schiedsrichterlichen Verfahrens geregelt. Interessant ist dabei, daß Art. 18 zwei Grundsätze voranstellt. Danach haben die Parteien Anspruch auf Gleichbehandlung sowie auf rechtliches Gehör, also darauf, daß ihnen Gelegenheit zur umfassenden Darlegung ihres Standpunktes gegeben wird. Hierbei handelt es sich nach Meinung der Verfasser des Modellgesetzes um solch fundamentale Grundsätze, die nicht durch Parteivereinbarung ausgeschlossen werden können[296]. Zu ihrer Abfassung wurden sie durch Art. 15 Abs. 1 der UNCITRAL-Schiedsordnung inspiriert.
Die übrigen Vorschriften des Verfahrensganges, Art. 19 bis 27 decken sich ebenfalls teilweise mit den Verfahrensregelungen der UNCITRAL-Schiedsordnung

---

294 Diese Befugnis wird auch als Kompetenz-Kompetenz bezeichnet, so z. B. Broches, *Commentary on the UNCITRAL Model Law on International Commercial Arbitration*, S. 75; Herrmann, *UNCITRAL's Works towards a Model Law on International Commercial Arbitration*, P.L.Rev. 1984, S. 537, 554; Schwab/Walter, Schiedsgerichtsbarkeit, S. 56.

295 UN Doc. A/CN.9/245 paras. 70, 72; abgedruckt bei Holtzmann/Neuhaus, *A Guide to the UNCITRAL Model Law on International Commercial Arbitration*, S. 539 f.

296 UN Doc. A/CN.9/264 Art. 19, para. 7; abgedruckt bei Holtzmann/Neuhaus, *A Guide to the UNCITRAL Model Law on International Commercial Arbitration*, S. 559.

(wenn auch die Reihenfolge nicht übereinstimmt)[297]. Unterschiedlich ist nur die Formulierungsweise. Während das Modellgesetz positiv vom Vorliegen einer Parteivereinbarung ausgeht und deren Nichtvorliegen als Ausnahme regelt, werden in der Schiedsordnung Regelungen getroffen, die gelten sollen, sollten die Parteien nicht etwas anderes vereinbart haben. Aufgrund der Ähnlichkeit soll das eigentliche Verfahren nur kurz dargestellt werden. Nach Art. 19 Abs. 1 sind die Parteien weitgehend frei, das vom Schiedsgericht zu beachtende Verfahren selbst zu vereinbaren. Diese Bestimmung wird teilweise als *„Magna Charta of Arbitral Procedure"* bezeichnet[298]. Im übrigen sind Regelungen zum Ort des Schiedsverfahrens, (Art. 20), zum Beginn des Schiedsverfahrens (Art. 21), und zur Verfahrenssprache (Art. 22) enthalten, wobei hier grundsätzlich von einer jeweiligen Parteivereinbarung ausgegangen werden soll. Weiterhin werden Voraussetzungen zur Klageeinreichung und deren Erwiderung (Art. 23) wie auch die Frage, ab wann eine mündliche Verhandlungen erforderlich ist oder ob ein schriftliches Verfahren ausreicht (Art. 24) geregelt. Art. 25 befasst sich mit der Säumnis von Parteien, wobei auch dem Schiedsgericht die Befugnis darüber eingeräumt wird, das Schiedsverfahren trotz säumiger Partei zu beenden oder ohne deren Anwesenheit fortzusetzen. Nach Art. 26 hat das Schiedsgericht dann selbst die Möglichkeit, Sachverständige zu bestellen; außerdem kann es oder eine Partei mit Bewilligung des Schiedsgerichtes gemäß Art. 27 staatliche Gerichte um Unterstützung bei der Beweisaufnahme bitten.

Im sechsten Kapitel (Art. 28 bis 33) sind Regelungen zum Schiedsspruch und zur sonstigen Beendigung des Verfahrens enthalten. Art. 28 befasst sich zunächst einmal mit der Bestimmung des bei der Entscheidung anwendbaren Rechtes. Dies können die Parteien durch Rechtswahl selbst bestimmen; fehlt es an einer solchen, ist dem Schiedsgericht die Freiheit eingeräumt, die ihm geeignet erscheinende Anknüpfungsregel anzuwenden. Reine Billigkeitsentscheidungen ohne rechtliche Erwägungen bedürfen der ausdrücklichen Ermächtigung der Parteien (Art. 28 Abs. 3). Für Entscheidungen in Schiedsrichtergremien gilt das Mehrheitsprinzip (Art. 29). Auch die Möglichkeit von Vergleichen sieht das Modellgesetz vor (Art. 30). Ihnen kommt die gleiche Rechtswirkung wie Schiedssprüchen zu. Im Falle des Vergleiches beendet das Schiedsgericht das Verfahren und hält diesen in Form eines Schiedsspruches fest. Art. 31 sieht sodann die Schriftform und die Unterzeichnung durch alle Schiedsrichter vor. Außerdem kann der

---

297 Wiegand, Internationales Bauschiedswesen: UNCITRAL als Schrittmacher der Rechtsvereinheitlichung, ZfBR 1985, S. 5, 9.

298 Fleischhauer, *UNCITRAL Model Law on International Commercial Arbitration*, Arb.J.1986, Vol. 41, S. 17, 19; Herrmann, *UNCITRAL's Work towards a Model Law on International Arbitration*, P.L.Rev. 1984, S. 537, 555.

Schiedsspruch durch ein gesondertes Auslegungs- und Berichtigungsverfahren innerhalb von 30 Tagen berichtigt oder erläutert werden; außerdem kann von Amts wegen eine Ergänzungsentscheidung ergehen (Art. 33). Eine Frist, bis wann der Schiedsspruch ergangen sein muß, enthält das Modellgesetz nicht.

Im Gegensatz zur UNCITRAL-Schiedsordnung enthält das Modellgesetz Vorschriften zu einem möglichen Rechtsbehelf gegen den Schiedspruch sowie zur Anerkennung und Vollstreckbarkeit. Das siebte Kapitel besteht allein aus Art. 34, der sich mit einem Rechtsbehelf gegen den Schiedsspruch befasst. Danach kann gegen den Schiedsspruch nur aus den Gründen des Art. 34 Abs. 2 eine Aufhebungsklage erhoben werden. Die Aufhebungsgründe entsprechen den Gründen der Versagungsanerkennung des Art. V Abs. 1 a bis d sowie des Art. V Abs. 2 a und b des UN-Übereinkommens. Auffällig ist, daß der Versagungsgrund aus Art. V Abs. 1 e des UN-Übereinkommens nicht übernommen wurde, dessen Auslegung, wie bereits dargestellt, Schwierigkeiten bedeutet hat[299]. Kapitel acht (Art. 35 und 36) regelt die Anerkennung und Vollstreckung von Schiedssprüchen. Dabei entspricht das in den Artikeln 35 und 36 enthaltene Anerkennungs- und Vollstreckbarerklärungsverfahren inhaltlich weitgehend den Artikeln IV und V des UN-Übereinkommens von 1958[300]. Art. 35 enthält dabei die formalen Voraussetzungen zur Anerkennung und Vollstreckung; in Art. 36 sind Gründe für die Versagung der Anerkennung geregelt. Die Versagungsgründe des Art. 36 Abs. 1 entsprechen wiederum den Versagungsgründen des Art. V Abs. 1 a bis d sowie des Art. V Abs. 2 a und b des UN-Übereinkommens; auch hier wurde Art. V Abs. 1 e nicht übernommen.

Regelungen zur Mehrparteienschiedsgerichtsbarkeit sieht auch das UNCITRAL-Modellgesetz nicht vor. Integrierte Schlichtungs- oder Vermittlungsregelungen sind ebenfalls nicht enthalten. Auch Kostenregelungen sind nicht vorgesehen.

c) Bewertung

Während von einigen Seiten nach Erlaß des Modellgesetzes eine weite Rezeption „für mehr als wahrscheinlich" gehalten bzw. mit einer weltweiten Übernahme

---

299 Dargestellt in Kap. C. II. 2. c.

300 Broches, *Recourse against the Award; Recognition and Enforcement of the Award*, in Sanders (Hrsg.), *UNCITRAL'S Project for a Model Law on International Commercial Arbitration*, S. 201, 207 f.

gerechnet wurde[301], wurde von anderer Seite immer wieder befürchtet, daß das Modellgesetz Akzeptanzprobleme erfahren würde. So wurde gerade von Ländern mit einer langen Schiedsgerichtsbarkeitstradition behauptet, daß das Modellgesetz eher einen interessanten Kompromiß bei Konfliktannäherungen als „kleinster gemeinsamer Nenner" darstellt als eine moderne ideale Gesetzgebung und eher Bedeutung im politischen Bereich als einen ihm innewohnenden Wert hat.[302]. Besonders europäische Staaten, die bereits seit langem eine tief in ihren Verfahrensregeln verwurzelte Schiedsordnung hätten und auf diesem Gebiet schon einen langen durch Rechtstraditionen beeinflußten Weg gegangen seien, hätten Schwierigkeiten mit der Akzeptanz[303]. Die praktische Entwicklung hat gezeigt, daß diese Befürchtungen sich nicht bewahrheitet haben, sondern das Modellgesetz in der Tat von diversen Staaten auf sämtlichen Kontinenten eine Übernahme erfahren hat. Bei manchen Reformen der nationalen Schiedsregelungen wurden darüberhinaus auch Teilregelungen übernommen.

Begrüßt wurde und wird auch heute noch beispielsweise immer wieder der liberale Charakter des Modellgesetzes. So zieht sich der Grundsatz der Parteiautonomie durch das Modellgesetz[304]. Dies kommt dadurch zum Ausdruck, daß vieles durch Parteivereinbarung bestimmt werden soll, wie die Frage der Schiedsrichterbenennung, der Schiedsort sowie die Bestimmung der Verfahrensregeln. Damit können die Parteien die Spielregeln ihres Verfahrens im großen und ganzen selbst bestimmen. Um dennoch den flüssigen Ablauf des Schiedsverfahrens ohne Verfahrensverzögerungen oder -unterbrechungen zu gewährleisten, enthält das Modellgesetz entsprechende Ergänzungsregeln, die bei fehlender Parteivereinbarung eingreifen.

Interessanterweise hat die Einschränkung des Modellgesetzes auf die Handelsschiedsgerichtsbarkeit nicht mehr die gleiche Kritik erfahren, wie beispielsweise der Handelssachenvorbehalt des Art. I Abs. 3 Satz 2 des UN-Übereinkommens von 1958. Die Befürchtung, daß Qualifikationsprobleme durch die unterschiedliche Auslegung des Begriffes Handel entstehen, scheint bei der Entwicklung des Modellgesetzes nicht mehr aktuell gewesen zu sein. Dies kann einerseits so ausgelegt werden, daß besonders im internationalen Handelswesen ein Bedürfnis nach einer Vereinheitlichung der Schiedsgerichtsbarkeit besteht. Außerdem kann

---

301 So z. B. Lionnet, ICC-Schiedsgerichtsbarkeit aus der Sicht einer Partei, in Böckstiegel (Hrsg.), Recht und Praxis der Schiedsgerichtbarkeit der Internationalen Handelskammer, S. 65; Hußlein-Stich, Das UNCITRAL-Modellgesetz, S. 201.

302 Lalive, *The New Swiss Law on International Arbitration,* Arb. Int. 1988, S. 2, 6.

303 Mustill, *Arbitration: History and Background,* J.Int.Arb. 1989, No. 2, S. 43, 54.

304 So etwa von Böckstiegel, Das UNCITRAL-Modell-Gesetz für die internationale Wirtschafts-Schiedsgerichtsbarkeit, RIW 1984, S. 670, 675; Fleischhauer, *UNCITRAL Model Law on International Commercial Arbitration,* Arb.J. 1986, Vol. 41, S. 17, 19.

dies als Tendenz zu Spezialgesetzen für Teilbereiche des internationalen Rechtes bewertet werden, woraus wiederum ein Bedarf nach solcher Spezialisierung der Gesetze abgeleitet werden kann. Außerdem enthält das Modellgesetz zwar keine einheitliche Definition des Begriffes Handels, aber immerhin einen Hinweis auf seine weite Auslegung sowie eine beispielhafte Aufzählung betroffener Wirtschaftsbereiche.

Regelungen wie Art. 5 oder Art. 16 zeigen darüberhinaus, daß durch das Modellgesetz die Position internationaler Schiedsgerichte gegenüber den jeweiligen staatlichen Gerichten gestärkt wurde. Von Vertretern des anglo-amerikanischen Rechtskreises wurde die Beschränkung der Interventionsmöglichkeit staatlicher Gerichte in Art. 5 kritisiert[305], bedeutete sie schließlich eine Abwendung vom anglo-amerikanischen System. Außerdem überträgt Art. 16 dem Schiedsgericht ausdrücklich die sogenannten Kompetenz-Kompetenz, also die Befugnis des Schiedsgerichtes, über seine eigene Zuständigkeit entscheiden zu können. Der BGH[306] hat die Kompetenz-Kompetenz des Schiedsgerichtes vor der Reform des deutschen Schiedsrechtes von 1998 bejaht, wenn die Parteien eine entsprechende Vereinbarung über eine solche getroffen haben. Dagegen war man in der Literatur[307] überwiegend der Ansicht, daß einem Schiedsgericht solch weitgehende Befugnisse nicht eingeräumt werden dürften. Inzwischen ist auch im deutschen Schiedsrecht mit der Neuregelung des § 1040 ZPO eine solche Kompetenz-Kompetenz übernommen worden, was auf eine grundsätzliche Akzeptanz der Einschränkung des Einflusses staatlicher Gerichte zumindest bei den Gesetzgebern hindeutet.

Als mißverständlich wird das Verhältnis der Zuständigkeit von staatlichen Gerichten und Schiedsgerichten in Bezug auf den Erlaß einstweiliger Maßnahmen nach Art. 9 oder nach Art. 17 eingestuft[308]. Bei der Abfassung des Modellgesetzes wurde bewußt eine klare Abgrenzung der Zuständigkeit nicht aufgenom-

---

305 UN-Doc. A/CN.9/263 Add. 2, paras. 17, 19 f.; para. 17 abgedruckt bei Holtzmann/Neuhaus, *A Guide to the UNCITRAL Model Law on International Commercial Arbitration*, S. 507; para. 19 abgedruckt bei Holtzmann/Neuhaus, *A Guide to the UNCITRAL Model Law on International Commercial Arbitration*, S. 962 f.; aber auch Kerr, *Arbitration and the Courts: The UNCITRAL-Model Law*, I.C.L.Q. 1985, S. 9, 15 ff.; Paulsson, *Report on the UNCITRAL-Model Law on International Commercial Arbitration as adopted in Vienna on 21 June 1985*, Arbitration 1986, S. 98, 99 f.

306 BGHZ 68, S. 356 ff.; BGH NJW 1991, S. 2215.

307 So beispielsweise Schwab, Schiedsgerichtsbarkeit, S. 56 f.; Bärmann, Schiedsfähigkeit, FS für Weber, S. 1, 7 f.; Henn, Gibt es eine Kompetenz-Kompetenz der Schiedsgerichte?, NJW 1954, S. 1835.

308 Hußlein-Stich, Das UNCITRAL-Modellgesetz über die Internationale Handelsschiedsgerichtsbarkeit, S. 99 f.

men[309]. Klarzustellen ist hierbei zunächst, daß Art. 17 dem Schiedsgericht eine begrenzte Befugnis einräumt, vorläufige oder sichernde Maßnahmen zu erlassen. Art. 9 dagegen überträgt eine solche Befugnis nicht auf staatliche Gerichte. Vielmehr ist darin vorgesehen, daß, sollte ein staatliches Gericht solch eine Befugnis nach seinem eigenen Prozeßrecht haben, es durch eine Schiedsvereinbarung der Parteien nicht daran gehindert wird, diese Befugnis auszuüben[310]. Aus dieser Auslegung des Wortlautes wird auch klar, daß von einer konkurrierenden Zuständigkeit zwischen staatlicher Gerichtsbarkeit und Schiedsgerichtsbarkeit bezüglich des Erlasses einstweiliger Maßnahmen auszugehen ist. So wird das Bestehen einer solchen konkurrierenden Zuständigkeit teilweise angenommen, da nach Art. 9 die Parteien vor staatlichen Gerichten auch während eines Schiedsverfahrens um Maßnahmen des einstweiligen Rechtsschutzes nachsuchen können, und somit ein Nebeneinander der Maßnahmen möglich ist[311]. Daher ist auch die auf anderer Seite vertretene Ansicht abzulehnen, daß als Grundsatz das Prinzip der Subsidiarität des staatlichen einstweiligen Rechtsschutzes gegenüber dem schiedsgerichtlichen gelten müsse[312]; nur soweit die Schiedsgerichte nicht in der Lage seien, raschen und effektiven einstweiligen Rechtsschutz zu gewährleisten, lebe die Zuständigkeit der staatlichen Gerichte wieder auf.
Als bedauerlich wird es bezüglich der Möglichkeit der einstweiligen Maßnahmen nach Art. 17 bezeichnet, daß diese nicht vollstreckt werden können. Daß man bei Abfassung des Modellgesetzes wohl davon ausging, daß die Parteien die einstweiligen Anordnungen freiwillig befolgen würden, da bei Nichtbefolgung die weiteren Entscheidungen sowie der Schiedsspruch negativ beeinflußt werden könnten, wird als nicht ausreichend besonders für den Fall betrachtet, daß eine Partei das Schiedsverfahren völlig boykottiert[313].
Die Unklarheit über die Zuständigkeitsfragen des einstweiligen Rechtsschutzes, die bewußt offen gelassen wurde, zeigt, daß es dem UNCITRAL-Modellgesetz teilweise doch an Klarheit mangelt, was sicherlich auch auf seinen Ursprung aus den verschieden Rechtskreisen zurückzuführen ist. Darüberhinaus wurde festgestellt, daß das Gesetz trotz seiner ausführlichen Regelungen nicht schlechthin

---

309 UN Doc. A/CN.9/264 Art. 9, para. 5; abgedruckt bei Holtzmann/Neuhaus, *A Guide to the UNCITRAL Model Law on International Commercial Arbitration*, S. 343 f.

310 Broches, *Commentary on the UNCITRAL Model Law on International and Commercial Arbitration*, S. 90.

311 Hußlein-Stich, Das UNCITRAL-Modellgesetz über die internationale Handelsschiedsgerichtsbarkeit, S. 100.

312 Schlosser, Das Recht der internationalen privaten Schiedsgerichtsbarkeit, S. 306 f.; Calavaros, Das UNCITRAL-Modellgesetz über die internationale Handelsschiedsgerichtsbarkeit, S. 56 f.

313 Hußlein-Stich, Das UNCITRAL-Modellgesetz über die internationale Handelsschiedsgerichtsbarkeit, S. 103.

vollständig ist, da beispielsweise Regelungen zur objektiven Schiedsfähigkeit des Streitgegenstandes fehlten[314]. Bei einigen Regeln sei darüberhinaus nicht klar, ob sie dispositiver oder zwingender Natur seien.
Vorteilhaft ist, daß Vollstreckungs- und Anerkennungsvorschriften im UNCITRAL-Modellgesetz vorgesehen sind und diese auch etwa den doch weltweit anerkannten Regelungen des UN-Übereinkommens von 1958 entsprechen, da damit die betreffenden Regelungen des UNCITRAL-Modellgesetzes auf Anerkennung stoßen werden.
Die Kostenregelungen der UNCITRAL-Schiedsordnung wurden zwar teilweise beanstandet, jedoch ist die Frage, wie es zu beurteilen ist, daß das Modellgesetz keine Kostenregelung vorsieht, offengeblieben. So ist die Frage der Kostenregelung natürlich wesentlich flexibler zu handhaben, da sie nun reine Verhandlungssache der Parteien ist. Jedoch ist hier noch wesentlich weniger abwägbar, was auf die Parteien für Kosten zukommen, so daß dies die Einleitung eines Schiedsverfahrens mit unbekanntem Kostenfaktor auf den ersten Blick nicht gerade einladend erscheinen läßt. Andererseits können Kosten auch dadurch niedriger gehalten werden, da die Parteien sich beispielsweise nicht an vorgeschriebene Sätze für das Schiedsrichterhonorar halten müssen, sondern diese durch Verhandlung günstig gestalten können. Die *Working Group* unterlag bei der Entwicklung des Modellgesetzes dem Eindruck, eine Kostenregelung nicht vorzusehen[315]. Ein Argument gegen eine solche Regelung war, daß den Staaten, die das Modellgesetz übernehmen würden, die Möglichkeit offengelassen werden sollte, gerichtlich kontrollierbare Regelungen bezüglich der Verfahrenskosten und Honorare vorzusehen und damit auch die Neuregelung von völlig unvernünftigen Honorarvereinbarungen zu erlauben[316]. Damit ist der mögliche Parteieneinfluß auf die Kosten wiederum als insgesamt eher vorteilhaft einzustufen.
Als positiver Aspekt des UNCITRAL-Modellgesetzes ist es weiterhin anzusehen, daß es mehr Möglichkeiten als andere Schiedsordnungen bietet, die wenig wünschenswerten aber doch immer wieder auftretenden Verzögerungen während eines Schiedsverfahrens einzudämmen[317]. So werden die ansonsten durch die Einmischung staatlicher Gerichte hervorgerufenen Verzögerungen durch Art. 5 gering gehalten; die Regelungen des Art. 25 schränken dagegen die Verzögerungsmöglichkeiten der Parteien ein, da auch ohne ihre Anwesenheit endgültige

---

314 Schlosser, Das Recht der internationalen privaten Schiedsgerichtsbarkeit, S. 104.

315 UN Doc. A/CN.9/207 para. 94; abgedruckt bei Holtzmann/Neuhaus, *A Guide to the UNCITRAL Model Law on International Commercial Arbitration*, S. 1146.

316 UN Doc. A/CN.9/216 para. 99; abgedruckt bei Holtzmann/Neuhaus, *A Guide to the UNCITRAL Model Law on International Commercial Arbitration*, S. 1147.

317 Okekeifere, *The UNCITRAL Model Law and the Problem of Delay in International Commercial Arbitration*, J.Int.Arb. 1997, No. 1, S. 125, 139.

Entscheidungen gefällt werden können. Nur einen Zeitrahmen für die Fällung des Schiedsspruches, womit auf Seiten der Schiedsrichter eine Verzögerungseinschränkung hervorgerufen werden könnte, sieht das Modellgesetz leider nicht vor[318].

Insgesamt ist das Modellgesetz als überwiegend gelungenes Werk zu bezeichnen, das seinen wohl nicht bestreitbaren herausragenden Beitrag zur Vereinheitlichung der internationalen Handelsschiedsgerichtsbarkeit geleistet hat. Gleichwohl haben sich im Laufe der Zeit auch Mängel herauskristallisiert, die es bei dem Entwurf einer neuen internationalen Schiedsordnung zu berücksichtigen und zu beheben gelte.

d) Bedeutung für Schiedsverfahren bei Streitigkeiten aus internationalen Bau- und Anlagenverträgen

Gleich der UNCITRAL-Schiedsordnung beinhaltet auch das UNCITRAL-Modellgesetz über die internationale Handelsschiedsgerichtsbarkeit Regelungen, die sich gerade bei einem Schiedsverfahren im Bereich des internationalen Bauwesens und Anlagenbaus vorteilhaft auswirken können. Wie bereits mehrfach erwähnt, besteht hier häufiger als bei Streitigkeiten in anderen Bereichen das Bedürfnis nach vorläufigen oder sichernden Maßnahmen, da bei beispielsweise durchgezogenen Baumaßnahmen irreversible Situationen entstehen können, deren anschließende Klärung damit überflüssig geworden sein kann. Auch die Möglichkeiten, Verfahrensverzögerungen zu umgehen, kommen internationalen Bauschiedsverfahren sehr entgegen. Gerade bei Rechtsstreitigkeiten, die beispielsweise einen internationalen Anlagenvertrag betreffen, geht es häufig um Streitwerte in Höhe von mehreren Millionen. In solchen Fällen bedarf es einer schnellen Klärung, da ansonsten die Betroffenen zu lange auf ausstehende einzuklagende Beträge warten müssen, was sie unter Umständen in schwierige finanzielle und wirtschaftliche Situationen bringen kann.

Auch die Bestimmungen zur Beweissicherung, insbesondere die Möglichkeit des Schiedsgerichtes nach Art. 26, soweit die Parteien nichts anderes vereinbart haben, Sachverständige zu bestellen und den Parteien aufzugeben, den Sachverständigen mit Informationen zu unterstützen, sind Regelungen, die sich besonders bei einem Bauschiedsverfahren anbieten, in dem auch komplizierte technische Vorgänge umstritten und damit klärungsbedürftig sein können.

Daß das UNCITRAL-Modellgesetz denn auch auf Bauschiedsverfahren zugeschnitten sein soll, ergibt sich aus der erläuternden Fußnote zum Begriff der

---

318 Okekeifere, *The UNCITRAL Model Law and the Problem of Delay in International Commercial Arbitration*, J.Int.Arb. 1997, No.1, S. 125, 135.

Handelsschiedsgerichtsbarkeit, wo unter anderem die Errichtung von Anlagen sowie das *Consulting* und das *Engineering* Erwähnung finden.
Durch die Konzeption als Modellgesetz finden die Bestimmungen des Modellgesetzes nicht häufig direkte Anwendung. Ihr Sinn liegt auch eher in ihrer Übernahme in nationales Recht als in ihrer Anwendung. Daher lassen sich auch kaum Schiedsverfahren finden, in denen tatsächlich das UNCITRAL-Modellgesetz zur Anwendung kam. Staatliche Gerichtsentscheidungen, die Regelungen des Modellgesetzes angewandt haben und die auch international zugänglich gemacht wurden, stammen hauptsächlich aus Kanada oder Hongkong[319].
Der folgende Beispielsfall zeigt zum einen eine gerichtliche Auseinandersetzung mit Vorschriften des UNCITRAL-Modellgesetzes. Zum anderen behandelt er eine Streitigkeit bezüglich eines Schiedsverfahrens aus dem Bereich des Bauwesen. In *Astel-Peiniger Joint Venture v. Argos Engineering & Heavy Industries Co. Ltd.*[320] wurde über die Formgültigkeit einer Schiedsvereinbarung entschieden. Der Kläger, ein Subunterauftragsnehmer, der in einem gesammelten Untervertrag zwischen der Hauptvertragspartei und dem Unterauftragsnehmer, dem Beklagten, die Malerarbeiten übernehmen sollte, erhob Klage vor einem staatlichen Gericht. Streitig war, welche der Parteien für die Bereitstellung und den Bau mobiler Farbenlagerschuppen verantwortlich sein sollte. Dabei war unklar, inwieweit eine Schiedsvereinbarung, die im Untervertrag vorgesehen war, auch in einem Unter-Untervertrag, der proportionale Geltung mit dem Untervertrag haben sollte, Geltung erfahren sollte. Der Beklagte wollte aufgrund der Schiedsvereinbarung im Untervertrag die Streitigkeit an ein Schiedsgericht verwiesen wissen. Das Gericht nahm Bezug auf die *travaux préparatoires* zur Abfassung des Modellgesetzes[321] und entschied, daß nach Art. 7 Abs. 2 des UNCITRAL-Modellgesetzes das Dokument, was die Schiedsvereinbarung beinhaltet, nicht notwendigerweise zwischen denselben Parteien verabschiedet sein muß, die auch den Vertrag abgeschlossen haben. Die Parteivereinbarung, daß die Bestimmungen des Untervertrages proportional für den Unter-Untervertrag gelten sollten, demonstriere genügend die Absicht der Parteien, daß die Schiedsvereinbarung mit den entsprechenden Abänderungen auch für den Unter-Untervertrag gelten solle. So sei auch der Formvorschrift nach Art. 7 Abs. 2 genüge getan.
Als weiteres Beispiel sei hier noch *Gay Constructions Pty. Ltd. and Spaceframe Buildings (North Asia) Ltd. v. Caledonian Techmore (Building) Limited and*

---

319 Gerichtsentscheidungen, die auch Regelungen des UNCITRAL-Modellgesetzes betreffen werden seit 1992 unter dem Stichwort *Abstracts of Cases* im *Yearbook Commercial Arbitration* in kurzen Zusammenfassungen dargestellt.

320 Entscheidung des *High Court of HongKong* vom 18.08.1994; Kurzdarstellung in *Yearbook Commercial Arbitration XX (1995)*, S. 288 f.

321 UN Doc. A/CN.9/264.

Hanison Construction Co. Ltd. (als dritte Partei)[322] genannt. Hier wurde sich ebenfalls mit der Auslegung von Art. 7 Abs. 2 des UNCITRAL-Modellgesetz befasst. Auch diese Entscheidung spielt sich im Bereich des Bauwesens ab. Allerdings läßt sich aus diesen zwei Beispielsfällen noch nicht der Schluß ziehen, daß über die Auslegung von Bestimmungen des UNCITRAL-Modellgesetzes besonders im Rahmen des internationalen Bauwesen und Anlagenbau diskutiert wurde. Eine spezielle Relevanz gegenüber anderen Wirtschaftsbereichen ist nicht zu erkennen.

Jedoch wurde die generelle Eignung des UNCITRAL-Modellgesetzes mit seinen für Bauschiedsverfahren geeigneten Regelungen für Schiedsverfahren bei Streitigkeiten aus internationalen Bau- und Anlagenverträgen anerkannt. Es wurde bereits bei Entstehung des UNCITRAL-Modellgesetzes angeregt, daß die verfahrensrechtlichen Rechtsvereinheitlichungsvorhaben auch in der Baufachwelt diskutiert und beeinflußt werden sollten, da nicht nur ein schlechter Vertrag sondern auch ein nicht durchsetzbarer sich stets als schlechtes Geschäft erweisen[323]. Demzufolge kommt dem UNCITRAL-Modellgesetz insbesondere eine indirekte Bedeutung für internationale Bauschiedsverfahren zu, da auf seiner Grundlage tatsächlich internationale und nationale Schiedsordnungen reformiert wurden und damit auch die für Schiedsverfahren im Bereich des Bauwesens und Anlagenbaus vorteilhaften Regelungen adaptiert wurden. Jedoch wurden seit seiner Schaffung weitere regelungsbedürftige Aspekte entdeckt, die im Modellgesetz noch nicht enthalten sind, aber gerade bei internationalen Bau- und Anlagenverträgen immer wieder problematisch waren, wie beispielsweise die Mehrparteienschiedsgerichtsbarkeit, die frühzeitige Beweissicherung und fehlende Schlichtungselemente. So erscheint auch das Modellgesetz trotz seiner Flexibilität überarbeitungs- und verbesserungswürdig, zumindest in Bezug auf internationale Bau- und Anlagenverträge.

IV. Schiedsordnungen und -regelungen internationaler Schiedsinstitutionen

Eine wichtige Rolle im Bereich der internationalen Schiedsgerichtsbarkeit spielen die Schiedsinstitutionen. Die in Europa bekannteren sind der Schiedsgerichtshof der Internationalen Handelskammer in Paris (im englischen *International Chamber of Commerce*; daher auch weltweit bekannt unter der Abkürzung

---

322 Kurzdarstellung der Entscheidung des *High Court of HongKong* vom 17.11.1994 in *Yearbook Commercial Arbitration XXI (1996)*, S. 202 f.

323 Wiegand, Internationales Bauschiedswesen: UNCITRAL als Schrittmacher der Rechtsvereinheitlichung, ZfBR 1985, S. 5, 10.

ICC) sowie der *London Court of International Arbitration* (LCIA). Darüberhinaus gibt es noch weitere europäische Schiedsinstitutionen, die jedoch in ihrer Bedeutung nicht an diese beiden heranreichen. Ausführlich soll hier die neue Schiedsordnung der Internationalen Handelskammer dargestellt werden, da diese erst zum 01.01.1998 in Kraft trat und einige auch für Bauschiedsverfahren interessante Neuregelungen enthält. Die Darstellung wird hier auf europäische Schiedsinstitutionen beschränkt, da hier insbesondere die Eignung der europäischen institutionellen Schiedsordnungen für Schiedsverfahren im internationalen Bauwesen und Anlagenbau untersucht werden sollen beziehungsweise ob diese den Anforderungen solcher Verfahren gerecht werden.

1. Die Schiedsordnung der Internationalen Handelskammer von Paris (ICC)

a) Entstehungsgeschichte

Die ICC hat besondere Verdienste um die internationale Schiedsgerichtsbarkeit erworben. Gegründet nach dem ersten Weltkrieg im Jahre 1919 ist sie die Weltorganisation der Wirtschaft. Zu ihren Mitgliedern zählen ca. 10.000 Firmen und Wirtschaftsorganisationen in der gesamten Welt, wobei sie die Liberalisierung des Handels auf der Basis des freien Wettbewerbs und des freien Unternehmertums fördert[324]. So umfaßt ihre Tätigkeit Fragen der Währungs-, Handels- und Energiepolitik bis hin zu Fragen des Umwelt- und Konsumentenschutzes[325]. Außerdem ist sie beratende Organisation der UN und deren zahlreichen Unterorganisationen wie beispielsweise der UNCITRAL[326].
Bald nach Gründung der ICC entstand 1923 ein ihr eigener Schiedsgerichtshof. Dieser machte es sich zur Aufgabe, die internationale Wirtschaftsschiedsgerichtsbarkeit zu fördern und die Schiedsgerichtsbarkeit zu administrieren, was eine Neuerung im internationalen Schiedswesen darstellte und zum Vorbild für alle folgenden Schiedsinstitutionen wurde[327]. Zweck dieses Schiedsgerichtshofes ist es, Vorsorge für die schiedsgerichtliche Beilegung wirtschaftlicher Streitigkeiten internationalen Charakters zu treffen. Er ist kein ständiges Schiedsgericht oder gar ein zwischenstaatlich organisierter Gerichtshof; daher werden durch ihn

---

324 ICC-Publ. Ausgabe Nr. 447 - 3, ICC Vergleichs- und Schiedsgerichtsordnung, S. 39.

325 Reiner, Handbuch der ICC-Schiedsgerichtsbarkeit, S.25.

326 Glossner, Aus der Praxis der ICC-Kommission Internationale Schiedsgerichtsbarkeit, in Böckstiegel (Hrsg.), Recht und Praxis der Internationalen Handelskammer, S. 89, 90.

327 Lionnet, Handbuch der internationalen und nationalen Schiedsgerichtsbarkeit, S. 251.

auch keine Streitfälle entschieden[328]. Er stellt vielmehr ein Verwaltungsorgan dar, das für jeden Streitfall, der der Schiedsordnung der ICC unterworfen ist, ein nach dieser Schiedsgerichtsordnung gebildetes Schiedsgericht einsetzt und ab Beginn bis zum Ende des Schiedsverfahrens die Anwendung der von den Parteien vereinbarten ICC-Schiedsordnung überwacht. Dagegen obliegt die rechtlich verbindliche Entscheidung des Streitfalles ausschließlich dem Schiedsgericht. Der Schiedsgerichtshof selbst wird einmal im Monat einberufen. Neben seinen derzeit 48 Mitgliedern, die auf Vorschlag der *National Committees* vom *ICC Council* für eine Periode von drei Jahren ernannt werden, hat der Schiedsgerichtshof noch den *Chairman of Court* und seine bis zu acht *Vice-Chairman* sowie das Sekretariat, bestehend aus einem *Secretary General*, einem *General Counsel* sowie mehreren *Counseln*, als Organe[329].

Die Schiedsgerichtsbarkeitsmaschinerie der ICC ist speziell auf Streitigkeiten, die aus internationalen Verträgen entstehen können, zugeschnitten. So ist die ICC in Paris auch als ein bedeutendes Institut für die Beilegung von Streitigkeiten in bezug auf internationale Bau- und Anlagenverträge anzusehen[330]. Nach der bisherigen Schiedsordnung der ICC wurden denn auch weltweit die meisten Schiedsverfahren durchgeführt[331]. Da die ICC-Schiedsordnung solche Anerkennung erfahren hat, wird ihre Heranziehung gerade bei internationalen Schiedsvereinbarungen besonders häufig beschlossen.

Im unmittelbaren Anschluß an die Gründung der ICC beschloß der *ICC-Council* 1920 die Bildung eines *International Committee on Arbitration* und beauftragte dieses, einen Plan zur Organisierung einer internationalen Schieds- und Schlichtungsordnung zu entwerfen. Das erste Reglement diesbezüglich wurde vom *ICC-Council* am 10.07.1922 gutgeheißen und 1923 in Kraft gesetzt. Dieses wurde in den Jahren 1927, 1931, 1933, 1939 und 1947 abgeändert; die erste umfassende Überarbeitung fand 1955 statt. Eine weitere Revision stammt von 1975, was auf die Zunahme der Fälle zurückgeführt wird. Die folgende Überarbeitung von 1988 wird als kleinere Revision bezeichnet. Bereits 1994 begann der ICC-Schiedsgerichtshof mit der Beratung über eine weitere Revision[332]. Es wurde beschlossen, die Schiedsordnung komplett zu überarbeiten sowie neue Regelungen aufzunehmen, was dazu führte, daß die einzelnen Regelungen eine neue Nummerierung sowie teilweise neue Überschriften erhielten. Ziel der Überarbei-

---

328 Bühler, Die Schiedsgerichtsbarkeit der Internationalen Handelskammer, FS für Glossner, S. 57, 58.

329 Lionnet, Handbuch der internationalen und nationalen Schiedsgerichtsbarkeit, S. 252.

330 Markowsky, Der Bauvertrag im internationalen Rechtsverkehr, S. 107.

331 Geimer, Internationales Zivilprozeßrecht, S. 895.

332 Briner, Die neue ICC-Schiedsgerichtsordnung - Die Antwort der ICC auf die neuen Herausforderungen der internationalen Handelsschiedsgerichtsbarkeit, DIS-Mat. II (1998) S. 9, 13 f.

tung war, die Möglichkeiten der Verzögerungen zu reduzieren, Unvorhersehbarkeiten zu minimieren, die Kosten zu rationalisieren und mangelhafte Regelungen zu verbessern[333]. Mit dem 01.01.1998 trat sodann die neuste Fassung der ICC-Schiedsordnung in Kraft.
Die Schiedsordnung der ICC wurde immer wieder als Instrument der westlichen Industrienationen angesehen; der Osten akzeptierte diese nur, wenn östliche Schiedsinstanzen nicht durchzusetzen waren[334]; diese Tendenz hat sich jedoch geändert. Seit 1996 kommen die Parteien nicht mehr überwiegend aus Westeuropa, vielmehr spielt die ICC-Schiedsgerichtsbarkeit nun eine substantielle Rolle in Asien, Lateinamerika und Zentral- und Osteuropa[335].

b) Regelungsinhalt

Die neue Version der ICC-Schiedsordnung besteht nun aus insgesamt 35 Artikeln, die neuerdings in sieben Kapiteln mit Zwischenüberschriften unterteilt sind. Dieses bietet einen besseren Überblick und läßt eine klarere Struktur erkennen. Jeder Artikel befaßt sich mit einem bestimmten Sachgebiet, das durch einen entsprechenden Titel konkretisiert wird. Das erleichtert auch das Auffinden einer Sachregel. Die einzelnen Artikel sind großteils noch immer sehr ausführlich gestaltet. Im Anhang I findet sich die Satzung, im Anhang II die Geschäftsordnung des internationalen Schiedsgerichtshofes der ICC und im Anhang III die Kosten und Honorare für Schiedsverfahren. Durch die ICC-Schiedsordnung wird das Schiedsverfahren in vollem Umfang administriert.

Das erste Kapitel (Art. 1 bis 3) enthält „Einführende Bestimmungen". In Art. 1 Abs. 1 und 5 sowie Art. 2 finden sich Definitionen, die durchgängig in der Schiedsordnung auftauchen. So bestimmt Art. 1 Abs. 1 Satz 1 den Begriff des Internationalen Schiedsgerichtshofes der ICC sowie seine Zusammensetzung und seine Aufgaben. Danach sorgt der Gerichtshof für die schiedsgerichtliche Beilegung wirtschaftlicher Streitigkeiten internationalen Charakters aufgrund der ICC-Schiedsordnung. Neu ist, daß nach Art. 1 Abs. 1 Satz 2 der Schiedsgerichtshof der ICC ausdrücklich auch für schiedsgerichtliche Beilegung wirtschaftlicher Streitigkeiten sorgt, die keinen internationalen Charakter haben, wenn dies aus der Schiedsvereinbarung hervorgeht. Nach der Fassung von 1988 war dies zwar

---

333 Derains, *The Revision of the ICC Rules of Arbitration - Methods and Objectives*, ICC-Bulletin *December* 1997, S. 10, 11.

334 Glossner, Die UNCITRAL-Schiedsordnung in der Praxis, RIW 1978, S. 141.

335 Derains, *The Revision of the ICC Rules of Arbitration - Methods and Objectives*, ICC-Bulletin *December* 1997, S. 10.

auch nach Ermessenserwägungen möglich, jedoch gab dies Anlaß zu Unsicherheiten[336]. In Art. 1 Abs. 2 wird die Aufgabe des Schiedsgerichtshofes klargestellt; demzufolge entscheidet der Gerichtshof die Streitfälle nicht selbst, sondern sorgt für die Anwendung der ICC-Schiedsordnung. Damit geht die neue Fassung der ICC-Schiedsordnung weiter; nach der Fassung von 1988 bestimmte Art. 1 Abs. 1 Satz 3 es als Aufgabe, Vorsorge für die schiedsgerichtliche Streitbeilegung aufgrund der folgenden Bestimmungen zu tragen. Art. 3 der neuen Fassung enthält sodann Regelungen über schriftliche Zustellungen, Mitteilungen und Fristen.

Das zweite Kapitel (Art. 4 bis 6) trägt die Überschrift „Einleitung des Schiedsverfahrens". Gemäß Art. 4 Abs. 1 muß eine Partei, die ein Schiedsverfahren einleiten will, ihre Schiedsklage beim Sekretariat des ICC-Schiedsgerichtshofes einreichen. Für die Schiedsklage wird nun nach Art. 4 Abs. 3 b) eine Darstellung der Tatsachen und Umstände, auf die Klageansprüche gestützt werden, verlangt, was zur Beseitigung von Unklarheiten führen soll, da jede Partei weiß, was von ihr verlangt wird, ohne sich auf die technischen Bestimmungen einer staatlichen Zivilprozeßordnung abzustützen, welche häufig nur einer der Parteien geläufig sein mag[337]. Gleichzeitig hat der Kläger nach Art. 4 Abs. 4 mit Einreichung der Klage einen Vorschuß auf die Verwaltungskosten zu zahlen. Dem Beklagten wird sodann vom Sekretariat ein Exemplar der Klage zugesandt (Art. 4 Abs. 5). Ab Zustellung dieser Klage hat der Beklagte innerhalb einer Frist von 30 Tagen eine Klageantwort einzureichen (Art. 5 Abs. 1), wobei diese Frist auf Antrag verlängert werden kann (Art. 5 Abs. 2). Auch kann der Beklagte zusammen mit der Antwort Widerklage erheben (Art. 5 Abs. 5), welche der Kläger innerhalb einer Frist von 30 Tagen ab Zustellung zu beantworten hat (Art. 5 Abs. 6). Wirkungen der Schiedsvereinbarung finden sich in Art. 6. Reicht der Beklagte keine Antwort ein oder bestehen Einwendungen bezüglich der Gültigkeit der Schiedsvereinbarung, so kann gemäß Art. 6 Abs. 2 der ICC-Schiedsgerichtshof ohne über die Zulässigkeit oder Begründetheit der Einwände zu entscheiden, den Fortgang des Verfahrens anzuordnen. Es obliegt dann dem Schiedsgericht, über seine eigene Zuständigkeit zu entscheiden. Weigert sich eine Partei, am Schiedsverfahren teilzunehmen, wird es trotz Weigerung durchgeführt (Art. 6 Abs. 3). Durch diese Bestimmung werden Verzögerungen durch Parteiverhalten vermieden und damit eine Grundidee der Revision verwirklicht.

---

336 Derains/Schwartz, *A Guide to the New ICC Rules of Arbitration*, S. 10.

337 Briner, Die neue ICC-Schiedsgerichtsordnung - Die Antwort der ICC auf die neuen Herausforderungen der internationalen Handelsschiedsgerichtsbarkeit, DIS-Mat. II (1998) S. 9, 17 f.

Im dritten Kapitel (Art. 7 bis 12) finden sich Bestimmungen über „Das Schiedsgericht". Diese sind aus Art. 2 der alten Fassung von 1988 entstanden. So enthält Art. 7 Abs. 1 den hehren Grundsatz, daß jeder Schiedsrichter unabhängig sein und bleiben soll. Ähnlich Art. 12 des UNCITRAL-Modellgesetzes muß eine als Schiedsrichter vorgeschlagene Person vor ihrer Ernennung eine Erklärung betreffend ihrer Unabhängigkeit unterzeichnen und dem Sekretariat schriftlich alle Tatsachen und Umstände offenlegen, die geeignet seien könnten, bei den Parteien Zweifel an ihrer Unabhängigkeit entstehen zu lassen (Art. 7 Abs. 2). Gemäß Art. 8 Abs. 1 werden die Streitigkeiten je nach Parteivereinbarung durch einen Einzelschiedsrichter oder durch drei Schiedsrichter entschieden. Bei fehlender Einigung der Parteien ernennt der ICC-Schiedsgerichtshof einen Einzelschiedsrichter, sofern er nicht angesichts der Bedeutung der Streitigkeit die Ernennung von drei Schiedsrichtern für gerechtfertigt hält. Sind drei Schiedsrichter vorgesehen, benennt jede Partei einen Schiedsrichter zur Bestätigung durch den ICC-Schiedsgerichtshof; der dritte Schiedsrichter, der den Vorsitz führen wird, wird durch den ICC-Schiedsgerichtshof bestimmt, es sei denn die Parteien haben ein anderes Verfahren vorgesehen (Art. 8 Abs. 4). Art. 9 enthält Bestimmungen zur Ernennung und Bestätigung von Schiedsrichtern. Ernannt werden die Schiedsrichter letztendlich vom ICC-Schiedsgerichtshof. Die Möglichkeit nach Art. 10, ein Mehrparteienschiedsgericht zu bilden, ist eine neue Sachregel, die zwecks Modernisierung der ICC-Schiedsgerichtsbarkeit eingeführt wurde. Nach Art. 10 Abs. 1 ist nun ausdrücklich geregelt, daß im Falle mehrerer beteiligter Parteien, bei Bildung eines Dreierschiedsgerichtes mehrere Parteien, sei es als Kläger oder als Beklagte, jeweils gemeinsam einen Schiedsrichter zu benennen haben. Kann sich die Mehrheit von Klägern oder die Mehrheit von Beklagten nicht auf die gemeinsame Ernennung eines Schiedsrichters einigen und können die Parteien sich nicht sonstwie auf ein Verfahren zur Schiedsrichterbenennung einigen, so kann der ICC-Schiedsgerichtshof nunmehr alle Schiedsrichter selbst benennen (Art. 10 Abs. 2). Mit dieser Regelung wurde ein Bedürfnis nach Regelungen im Bereich der Mehrparteienschiedsgerichtsbarkeit befriedigt, das, wie bereits ausgeführt[338], sich gerade im Rahmen von Streitigkeiten bei internationalen Bau- und Anlagenverträgen herauskristallisiert hatte. Die Regelung des Art. 10 wird als zwar nicht übermäßig originell, jedoch sehr praxisnah bezeichnet, außerdem gibt sie Spielraum, um sich den Sonderregeln der Parteien anzupassen[339]. Damit wur-

---

338 Siehe dazu Kap. B. II. 2. b. (1).

339 Bühler, Die ICC-Schiedsgerichtsordnung aus der Sicht der Parteien, DIS-Mat. II (1998), S. 23, 27.

de die Problematik des Mehrparteienschiedsverfahrens entschärft und zur Lösung der Parteien überlassen, womit sich auch die Parteiautonomie durchgesetzt hat[340]. Gemäß Art. 11 ist die Ablehnung von Schiedsrichtern auf Antrag einer Partei binnen einer 30 Tage-Frist möglich. Der ICC-Schiedsgerichtshof entscheidet sodann über die Zulässigkeit und Begründetheit des Antrags (Art. 11 Abs. 3). Art. 12 enthält darüberhinaus Regelungen zur Ersetzung von Schiedsrichtern. Art. 12 Abs. 2 beinhaltet dabei die ungewöhnliche Bestimmung, daß, sollte der ICC-Schiedsgerichtshof zu der Ansicht gelangen, daß der Schiedsrichter de jure oder de facto nicht in der Lage ist, seinen Pflichten nachzukommen, der Gerichtshof den Schiedsrichter ersetzen kann. Die Neubesetzung steht dann im Ermessen des Gerichtshof (Art. 12 Abs. 4). Diese Regelung wurde aus der Fassung von 1988 (Art. 2 a. F.) übernommen.
Eine Schiedsrichterliste wird beim ICC-Schiedsgerichtshof auch nach seiner neusten Reform nicht geführt. Sie wird auch als nicht erforderlich betrachtet, da der ICC-Schiedsgerichtshofes für die Auswahl von Schiedsgerichtsvorsitzenden oder Einzelschiedsrichtern Vorschläge von den *National Committees* einholt, weshalb Schiedsrichterlisten bei diesen *National Committees* als sinnvoll angesehen werden[341]. In der deutschen Gruppe der ICC ist eine solche Liste nicht vorhanden. Auch enthält die ICC-Schiedsordnung keinerlei Anforderung und Hinweis auf die Qualifikation in technischer oder rechtlicher Hinsicht.

Das vierte Kapitel (Art. 13 bis 23) nennt sich „Das Verfahren vor dem Schiedsgericht" und befasst sich mit dem Ablauf des eigentlichen Schiedsverfahrens. Das Verfahren wird dabei in den Grenzen des zwingenden nationalen Rechts von den Parteien bestimmt; treffen diese keine Vereinbarungen, so entscheidet das Schiedsgericht über das Vorgehen. Der Parteiwille wird in diesem Fall so ausgelegt, daß er hier auf die ICC-Schiedsordnung und damit auf Art. 13 ff. verweist. Demzufolge ist auch dem Grundsatz der Parteiautonomie genüge getan worden.
Nach Übermittlung der Akten durch das Sekretariat an das Schiedsgericht (Art. 13) hat das Schiedsgericht nach Art. 18 die *Terms of Reference*, in der deutschen Fassung mit Schiedsauftrag übersetzt, zu entwerfen. Dieser Schiedsauftrag beinhaltet ein Prozeßprogramm, das den Streitgegenstand absteckt und von den Parteien zu unterzeichnen ist. Diese Bestimmung fand sich auch unter dem Titel „Aufgabe des Schiedsrichters" in Art. 13 der Fassung der ICC-Schiedsordnung von 1988. Eine solche Regelung hat keines der bisher dargestellten internationalen Modelle vorgesehen. Nach der alten Fassung konnten Ansprüche nach Unterzeichnung ohne Einverständnis der Gegenseite in einem anhängigen Schiedsver-

340 Lionnet, *ICC-Rules of Arbitration 1998*, BB 1997, Beil. zu Heft 13, S. 15, 17.
341 Lionnet, Handbuch der internationalen und nationalen Schiedsgerichtsbarkeit, S. 255.

fahren nicht mehr geltend gemacht werden, soweit sie vom Schiedsauftrag nicht gedeckt waren. Diese „Guillotinewirkung" des Schiedsauftrages wurde besonders bei Streitigkeiten, die im Zuge von Bau- und Anlagenverträgen entstanden waren, als eher mißlich angesehen[342]. Gerade in komplexen Baustreitigkeiten stellen sich Streitfragen oft erst im Laufe des Verfahrens heraus. Verweigerte dann die Gegenseite die Unterzeichnung eines Nachtrags zum Schiedsauftrag, so blieb dem Anspruchsteller nichts anderes übrig, als ein neues Verfahren einzuleiten. Art. 19 der neuen Fassung regelt dagegen, daß es Sache des Schiedsgerichtes ist, neue Ansprüche nach Unterzeichnung des Schiedsgerichtes zuzulassen, wobei das Schiedsgericht die Art der Ansprüche und andere maßgebliche Umstände berücksichtigt.

In Art. 18 Abs. 4 d) findet sich die Bestimmung, daß der Schiedsauftrag eine Liste der zu entscheidenden Streitfragen zu enthalten hat, aber im Gegensatz zur alten Fassung enthält die neue Regelung die Kompromißlösung, daß dies nur erforderlich ist, wenn das Schiedsgericht es nicht für unangemessen hält. Das Schiedsgericht wird von dieser Möglichkeit wohl Gebrauch machen, wenn Schiedsklage und Klageantwort keinen Sachvortrag zum Anspruchsgrund und zur Anspruchshöhe enthalten. Außerdem kann im Falle, daß eine Partei sich weigert, den Schiedsauftrag zu unterzeichnen, das Schiedsverfahren mit Genehmigung des ICC-Schiedsgerichtshofes fortgesetzt werden. Hier wurde dem Reformziel der Zeitersparnis Rechnung getragen, da die Abfassung der zu behandelnde Streitpunkte in Einigung mit den Parteien zuvor viel Zeit in Anspruch genommen hatte, wobei häufig die Positionen zwischen den Parteien verhärtet wurden[343].

Eine Neuerung stellt auch dar, daß nach Art. 18 Abs. 4 vom Schiedsgericht ein vorläufiger Zeitplan zu erstellen ist, nach dem es das Schiedsverfahren zu führen gedenkt, was den Ablauf für die Parteien vorhersehbarer macht. Auch kann dieser Zeitplan für die Beschleunigung und Kooperation des Verfahrens nützlich sein[344].

Neben dem Schiedsauftrag enthält das vierte Kapitel auch allgemeinere Verfahrensregeln. So unterliegt nach Art. 14 der Schiedsort der Parteivereinbarung, bei deren Fehlen der Bestimmung des ICC-Schiedsgerichtshofes; in Art. 14 Abs. 2 wird dabei neuerdings klargestellt, daß das Schiedsgericht an jedem angemessenen Ort nach Anhörung der Parteien tagen, sowie nach Art. 14 Abs. 3 an jedem angemessenen Ort beraten kann. Bei der Frage nach dem anwendbaren Recht

---

342 Bühler, Die ICC-Schiedsgerichtsordnung aus der Sicht der Parteien, DIS-Mat. II (1998), S. 23, 35.

343 Bühler, Die ICC-Schiedsgerichtsordnung aus der Sicht der Parteien, DIS-Mat. II (1998), S. 23, 36.

344 Habscheid, Die sogenannte Schiedsgerichtsbarkeit der Internationalen Handelskammer, RIW 1998, S. 421, 423.

beinhaltet Art. 17 wiederum die Rechtswahlmöglichkeit der Parteien, bei ihrem Fehlen wendet das Schiedsgericht das ihr angemessen erscheinende Recht an. Art. 16 bestimmt, daß das Schiedsgericht die Verfahrenssprache wählt, sollten die Parteien nichts anderes vereinbart haben.
Weitere Verfahrensregeln betreffen die Ermittlung des Sachverhaltes (Art. 20), eventuell stattfindende mündliche Verhandlungen (Art. 21) sowie das Schließen des Verfahrens (Art. 22). So kann das Schiedsgericht nach Art. 20 Abs. 6 den Fall allein aufgrund der Aktenlage entscheiden, falls nicht eine Partei die mündliche Verhandlung beantragt.
Daß das Schiedsgericht die Befugnis zum Erlaß ihm angemessen erscheinender vorläufiger oder sichernder Maßnahmen hat, wenn die Parteien nichts anderes vereinbart haben, ist eine wichtige Neuregelung in Art. 23, die mit Art. 17 des UNCITRAL-Modellgesetzes in Einklang steht[345]. Diese Regelung liegt eindeutig im Trend der neueren Gesetzgebung und kommt den Streitigkeiten in Bau- und Anlagensachen entgegen. Darüberhinaus stellt Art. 23 Abs. 2 klar, daß die Parteien zu jedem Zeitpunkt bei einem staatlichen Gericht bzw. einem zuständigen Justizorgan einstweilige Maßnahmen beantragen können. Ein solcher Antrag ist dem Sekretäriat des ICC-Schiedsgerichtshofes mitzuteilen, das das Schiedsgericht davon in Kenntnis setzt.

Das fünfte Kapitel (Art. 24 bis 29) betrifft „Schiedssprüche". Art. 24 enthält dabei, daß der Schiedsspruch innerhalb von sechs Monaten nach Unterzeichnung des Schiedsauftrages zu erlassen ist. Der ICC-Schiedsgerichtshof kann auch diese Frist bei begründetem Antrag des Schiedsgerichtes oder ex officio verlängern (Art. 24 Abs. 2). Damit ist die ICC-Schiedsordnung die erste hier dargestellte Rechtsquelle, die eine solche Erlaßfrist vorsieht. In Art. 27 ist weiterhin vorgesehen, daß das Schiedsgericht vor Unterzeichnung eines Schiedsspruches seinen Entwurf dem ICC-Schiedsgerichtshof vorlegen muß. Der ICC-Schiedsgerichtshof kann im Rahmen dieses Genehmigungsverfahrens Änderungen in der Form verlangen; außerdem kann er unter Wahrung der Entscheidungsfreiheit des Schiedsgerichtes auf Punkte hinweisen, die den sachlichen Inhalt des Schiedsspruches betreffen. Ohne die Genehmigung des Gerichtshofes kann kein Schiedsspruch ergehen. Auch eine solche Regelung ließ sich in den bisher dargelegten internationalen Rechtsquellen nicht finden.
Nachdem der Schiedsspruch gemäß Art. 25 gefällt wurde, bei einem Dreierschiedsgericht im Zweifel durch Stimmenmehrheit, und gemäß Art. 27 genehmigt wurde, stellt das Sekretariat ihn dann den Parteien zu (Art. 28 Abs. 1). Gemäß Art. 28 Abs. 6 ist er für die Parteien verbindlich; die Parteien sind damit ver-

---

345 Lionnet, *ICC-Rules of Arbitration 1998*, BB 1997, Beil. zu Heft 13, S. 15, 17 f.

pflichtet ihn unverzüglich zu erfüllen. Jede Partei, die die Schiedsgerichtsbarkeit gemäß der Schiedsgerichtsordnung der ICC in Anspruch nimmt, verpflichtet sich damit, den Schiedsspruch unverzüglich zu erfüllen und von allen Rechtsmitteln, auf die sie verzichten kann, Abstand zu nehmen.
Die Vollstreckung richtet sich dann nach staatsvertraglichen Regelungen wie dem UN-Übereinkommen von 1958 oder nach nationalem Recht.
Der neue Art. 29 sieht nunmehr die Möglichkeit des Schiedsgerichtes vor, innerhalb einer bestimmten Frist den Schiedsspruch auf Schreib-, Rechen- oder ähnliche Fehler zu berichtigen oder auszulegen, womit die Regelung von Art. 33 des UNCITRAL-Modellgesetzes aufgegriffen wurde. Diese Regelung wird als notwendig bezeichnet, da es in der Schiedsgerichtbarkeit kein Rechtsmittel gibt, das solche Fehler oder Auslegungszweifel heilen kann[346].
Art. 26 sieht daneben einen Schiedsspruch aufgrund Einvernehmens der Parteien vor, der im Falle eines Vergleiches erlassen wird. Dieser Vergleich wird in der Form eines Schiedsspruches festgestellt, wenn die Parteien und das Schiedsgericht einverstanden sind.

Im sechsten Kapitel (Art. 30 und 31) sind die „Kosten" geregelt. Art. 30 enthält Bestimmungen zum Kostenvorschuß. Danach kann der Generalsekretär den Kläger auffordern, einen vorläufigen Vorschuß zu bezahlen, der die voraussichtlichen Kosten des Schiedsverfahrens bis zur Erstellung des Schiedsauftrages deckt. Dann setzt der ICC-Schiedsgerichtshof einen Kostenvorschuß fest, wobei die voraussichtlichen Honorare und Auslagen der Schiedsrichter sowie die ICC-Verwaltungskosten berücksichtigt werden. Dieser wird von Kläger und Beklagten zu gleichen Teilen getragen. In Art. 31 wird dann die Entscheidung über die Kosten des Verfahrens sowie deren Verteilung endgültig geregelt; dies wird im Endschiedsspruch festgehalten.

Am Ende bestimmt das siebte Kapitel (Art. 32 bis 35) „Verschiedenes". Art. 32 enthält dabei abgeänderte Fristen. Danach können die Parteien die in der Schiedsordnung vorgesehenen Fristen verkürzen. Darin findet die Idee des sogenannten *fast track arbitration* Ausdruck, die ursprünglich ausdrücklich von der ICC *Working Group* in der ICC-Schiedsordnung vorgesehen war, aber dann als unnütz für erfahrene Praktiker und gefährlich für Anfänger der ICC-Schiedsgerichtsbarkeit angesehen wurde[347].

---

346 Lionnet, *ICC-Rules of Arbitration 1998*, BB 1997, Beil. zu Heft 13, S. 15, 18.

347 Bühler, Die ICC-Schiedsgerichtsordnung aus der Sicht der Parteien, DIS-Mat. II (1998), S. 23, 34.

Art. 33 sieht ähnlich dem Art. 4 des UNCITRAL-Modellgesetzes vor, daß eine Partei, die mit dem Schiedsverfahren fortfährt, ohne einen Verstoß gegen die Schiedsordnung zu rügen, ihr Rügerecht verliert. In Art. 34 findet sich darüberhinaus zum ersten Mal ein Haftungsausschluß zugunsten des Schiedsrichters, der ICC sowie der *National Committees*. Mit der allgemeinen Bestimmung in Art. 35, daß in allen nicht ausdrücklich in der ICC-Schiedsordnung vorgesehenen Fällen der ICC-Schiedsgerichtshof oder das Schiedsgericht nach Sinn und Zweck dieser Schiedsordnung entscheiden sollen, endet die Schiedsordnung.

c) Bewertung

Die neuen Schiedsregeln der ICC wurden ganz überwiegend begrüßt. Als gelungen wurde unter anderem betrachtet, daß sie keinen vollständigen Bruch mit der bisherigen Regelung darstellen. In den Grundentscheidungen wurde vielmehr Kontinuität gewahrt[348]. So bleibt unter anderem die starke administrative Rolle des Schiedsgerichtshofes erhalten, sowie die Abfassung eines Schiedsauftrages (Art. 18) und die Überprüfung von Schiedsgerichtsurteilen (Art. 27).
Die ICC-Schiedsordnung wird in ihrer Handhabung nun als leichter beurteilt; außerdem führte sie zur größeren Klarheit und notwendigen Verfahrensvereinfachung. Darüberhinaus wurde die Parteiautonomie deutlicher als bisher in den ICC-Schiedsregeln verankert[349].
Gleichwohl haben auch die neuen Schiedsregeln bereits Kritik erfahren, wenn auch bisher im geringen Maße. So wird beispielsweise kritisiert, daß durch Regelungen wie Art. 12 Abs. 2, wonach der ICC-Schiedsgerichtshof nach eigenem Ermessen ex officio einen Schiedsrichter ersetzen kann, wenn er zu dem Ergebnis gelangt, daß dieser seinen Pflichten nicht nachkommt, die richterliche Unabhängigkeit des Schiedsrichters zu sehr eingeschränkt würde[350]. Außerdem wird kritisiert, daß das Auswahlverfahren bei Schiedsrichterbenennungen durch den ICC-Schiedsgerichtshof verbessert werden muß[351]. Vorgeschlagen wird hierzu ein Schiedsrichterlistensystem, wonach den Parteien vom Sekretariat des ICC-Schiedsgerichtshofes eine Liste mit Namen potentieller Schiedsrichter zur Auswahl zugesandt wird. Die Parteien sollten sodann die Namen der nicht erwünschten Schiedsrichter durchstreichen, die übrigen mit Präferenznummern

---

348 Böckstiegel, Vorwort und Einführung zur Vortragsveranstaltung „Die ICC-Schiedsgerichtsordnung 1998“, DIS-Mat. II (1998), S. 1, 5.

349 Lionnet, *ICC-Rules of Arbitration 1998*, BB 1997, Beil. zu Heft 13, S. 15, 18.

350 Habscheid, Die sogenannte Schiedsgerichtsbarkeit der Internationalen Handelskammer, RIW 1998, S. 421, 423.

351 Bühler, Die ICC-Schiedsgerichtsordnung aus der Sicht der Parteien, DIS-Mat. II (1998), S. 23, 41.

versehen und die Liste an das Sekretariat zurückschicken. Das Sekretariat könnte dann die Listen vergleichen und den Schiedsrichter auswählen, der am ehesten die Präferenz der Parteien hat.
Außerdem sollten die Schiedsrichter über gewisse Mindestqualifikationen verfügen, wie beispielsweise die Voraussetzung an mindestens zwei Lehrgängen zur internationalen Schiedsgerichtsbarkeit teilgenommen zu haben, wie sie auch von der ICC aus angeboten werden.
Weiterhin wird die Neuregelung des Art. 17 Abs. 1 gerügt. Demzufolge kann das Schiedsgericht bei fehlender Rechtswahl das Recht anwenden, das es für angemessen hält. In dieser Bestimmung wird eine Geringschätzung des in den Kulturnationen entwickelten Kollisionsrechtes gesehen; auch sah die alte Schiedsordnung noch einen Verweis auf das nationale Kollisionsrecht vor. Allerdings wird dabei gutgeheißen, daß die neue Regelung wenigsten durch den Parteiwillen gedeckt ist[352].
Wenn zwar als etwas realitätsfern aber als durchaus positiv ist die Regelung des Art. 24 zu bewerten, innerhalb von 6 Monaten einen Schiedsspruch zu fällen. Zwar dauern praktisch alle größeren Schiedsverfahren erheblich länger, wobei die in Art. 27 vorgesehene Bestimmung der Genehmigungsbedürftigkeit noch ein übriges zur Verlängerung tut[353]. Immerhin stellt sie jedoch einen vorformulierten Anreiz zur zügigen Fällung von Schiedssprüchen dar. So wurde auch bei der Abfassung der neuen ICC-Schiedsordnung, der Gedanke verworfen, diese Frist möglicherweise auf neun oder zwölf Monate auszudehnen, da gehofft wurde, daß Art. 24 als „Wachposten" beim Aufstellen eines Zeitplanes im Sinne des Art. 18 Abs. 4 fungierte[354].
Immer wieder wurde auch an der Pflicht des Schiedsgerichtes, nach dem neuen Art. 27 seinen Schiedsspruch dem ICC-Schiedsgerichtshof vorzulegen, Kritik geübt. Augrund der Vorlage muß der ICC-Schiedsgerichtshof den Schiedsspruch auf die Formrichtigkeit und nach Ermessen des Gerichtshofes auch auf seine inhaltliche Richtigkeit überprüfen und genehmigen. Hierbei erscheint besonders fragwürdig, daß sich dabei aus der ICC-Schiedsordnung keine zu beachtenden Formerfordernisse ergeben, was teilweise als Überdehnung des Prüfungsrechts des ICC-Schiedsgerichtshofes bezeichnet wird[355]. Außerdem ist zu berücksichtigen, daß das Genehmigungsverfahren auf jeden Fall einen zusätzlichen Zeitauf-

352 Habscheid, Die sogenannte Schiedsgerichtsbarkeit der Internationalen Handelskammer, RIW 1998, S. 421, 423.

353 Habscheid, Die sogenannte Schiedsgerichtsbarkeit der Internationalen Handelskammer, RIW 1998, S. 421, 423.

354 Derains/Schwartz, *A Guide to the New ICC Rules of Arbitration*, S. 283.

355 Habscheid, Die sogenannte Schiedsgerichtsbarkeit der Internationalen Handelskammer, RIW 1998, S. 421, 424.

wand bedeutet, was auch immer wieder Anlaß zu Unmutsäußerungen war. Verteidigt wird dieses Genehmigungsverfahren mit der Begründung, daß es dem Schiedsgerichtshof ein wichtiges Instrument zur Optimierung der Qualität von Schiedssprüchen gebe[356]. Dies geschieht jedoch eindeutig auf Kosten der Zeit und der Flexibilität des Schiedsverfahrens an sich. So wird auch von den Parteien immer wieder die zu lange Bearbeitungsdauer des ICC-Schiedsgerichtshof bemängelt. Als Überlegungsansatz wird daher auch ein 24-Stunden Service des ICC-Schiedsgerichtshofes für bestimmte Leistungen, wie z. B. die Zustellung von Schiedsklagen vorgeschlagen[357].
Die Schiedsverfahren der ICC sind nicht der Öffentlichkeit zugänglich, sondern werden vielmehr vertraulich behandelt. Dies ist für die Parteien des Verfahrens von Interesse, da keine Details des Verfahrens beispielsweise an Konkurrenzunternehmen geraten können; andererseits besteht bei den Praktikern der internationalen Schiedsgerichtsbarkeit ein großes Interesse und Bedürfnis an der Kenntnis von Schiedssprüchen. Daher ist der ICC-Schiedsgerichtshof dazu übergegangen, die Schiedssprüche in anonymer Form zur Auswertung diversen Stellen zu überlassen[358]. Trotzdem wird gefordert, die Öffentlichkeitsarbeit des ICC-Schiedsgerichtshofes noch zu verstärken, um eine Breitenwirkung auf weltweiter Basis zu erreichen und damit die Dominanz der ICC-Schiedsgerichtsbarkeit zu garantieren[359].
Bewußt wurde bei Abfassung der neuen ICC-Schiedsregeln auf die Einführung von Regelungen zur alternativen Streitbeilegung[360] wie beispielsweise *Mediation* oder *Conciliation* trotz ihrer momentanen Beliebtheit verzichtet[361]. Dies geschah unter anderem unter dem Gesichtspunkt, da zum einen auch eine eigene Schlichtungsordnung der ICC existiert (obwohl diese nur selten zur Anwendung herangezogen wird). Die Existenz einer eigenen Schlichtungsordnung soll ausdrücken, daß Schieds- und Schlichtungsverfahren völlig voneinander getrennt sein sollen, da ein Schlichtungsverfahren sinnvoller sei, wenn sich die Parteien frei dem

---

356 Lionnet, ICC-Schiedsgerichtsbarkeit aus der Sicht einer Partei, in Böckstiegel (Hrsg.), Recht und Praxis der Schiedsgerichtsbarkeit der Internationalen Handelskammer, S. 65, 70.

357 Bühler, Die ICC-Schiedsgerichtsordnung aus der Sicht der Parteien, DIS-Mat. II (1998), S. 23, 43.

358 So beispielsweise dem Clunet (*Journal du droit international*) und dem *Yearbook Commercial Arbitration*; außerdem gibt der ICC-Schiedsgerichtshof seit 1990 sein eigenes Bulletin heraus.

359 Bühler, Die ICC-Schiedsgerichtsordnung aus der Sicht der Parteien, DIS-Mat. II (1998), S. 23, 42 f.

360 Siehe dazu Kap. C. V. 2.

361 Derains/Schwartz, *A Guide to the New ICC Rules of Arbitration*, S. 14.

Schlichter anvertrauen können, ohne befürchten zu müssen, daß Informationen in einem anschließenden Schiedsverfahren gegen sie verwandt werden könnten. Inwieweit sich die neue Schiedsordnung bewähren wird und ob sie tatsächlich ein vergleichsweise kurzes, flexibles Schiedsverfahren gewährleisten wird, wird sich nun in der Praxis zeigen. Sie wird zumindest als eine solide Grundlage für die internationale Schiedsgerichtsbarkeit im Übergang in das nächste Jahrhundert beurteilt[362]. Gleichwohl wird darauf hingewiesen, daß die Schaffung neuer Instrumentarien im Bereich der internationalen Streiterledigung eine weitere Herausforderung für den ICC-Schiedsgerichtshof sein wird[363].

d) Bedeutung für Schiedsverfahren bei Streitigkeiten aus internationalen Bau- und Anlagenverträgen

Während Mitte der achtziger bis Beginn der neunziger Jahre die Durchschnittsanzahl der jährlich begonnenen ICC-Schiedsverfahren auf inzwischen über 300 geschätzt wurde[364], wurde im Jahre 1995 die Anzahl von 400 Verfahrenseinleitungen überschritten; im Jahre 1997 belief sich die Zahl bereits auf 452, was als bisheriger Rekord zu werten ist[365]. Einen sehr großen Anteil nimmt der Anlagenbau sowie das Bauwesen ein. So wuchs der Anteil von Schiedsverfahren bei Bauverträgen von allen Schiedsverfahren insgesamt bereits im Jahre 1983 auf ca. 25 % an und stieg bis 1988 auf 26,4 %. In den letzten zehn Jahren zeichnete sich dann ein leichter Rückgang des bauspezifischen Anteils ab. 1993 betrug der Anteil der Bauschiedsverfahren 20,3 %, im Jahre 1997 14,1 %[366]. Bei diesem Rückgang ist zu berücksichtigen, daß ein Anstieg von ICC-Schiedsverfahren in anderen Wirtschaftsbereichen stattgefunden hat, da sich die internationale Schiedsgerichtsbarkeit auch in anderen Wirtschaftsbereichen immer größerer Beliebtheit erfreut und die Gesamtzahl der ICC-Schiedsverfahren erheblich zugenommen hat. Trotzdem kann der Rückgang des Bauschiedsverfahrensanteils nicht allein in der generellen Verbeitung der ICC-Schiedsverfahren zurückgeführt werden. Vielmehr ist in ihm auch eine Kritik an der mangelnden Flexibilität und Schnelligkeit von ICC-Schiedsverfahren im internationalen Bau- und Anlagenbereich zu sehen ist. Dennoch ist die ICC-Schiedsgerichtsbarkeit bei der Streitbei-

---

362 Böckstiegel, Vorwort und Einführung zur Vortragsveranstaltung „Die ICC-Schiedsgerichtsordnung 1998“, DIS-Mat. II (1998), S. 1, 7.

363 Bühler, Die ICC-Schiedsgerichtsordnung aus der Sicht der Parteien, DIS-Mat. II (1998), S. 23, 44.

364 So beispielsweise bei Bühler, Die Schiedsgerichtsbarkeit der Internationalen Handelskammer, FS für Glossner, S. 57, 59.

365 Statistik in ICC-Bulletin *May* 1998, S. 4.

366 Statistische Auskunft des Sekretariats des ICC-Schiedsgerichtshofes vom 15.01.1999.

legung im internationalen Bauwesen und Anlagenbau noch immer als vergleichsweise herausragend zu bewerten. So zeigt die Statistik beispielsweise immer wieder, daß deutsche Unternehmen eine der größten Gruppen darstellen, die die ICC-Schiedsgerichtsbarkeit regelmäßig in Anspruch nehmen[367]. Ob die Neuregelung der ICC-Schiedsordnung dazu führen wird, daß der prozentuale Anteil von Schiedsverfahren bei Streitigkeiten aus internationalen Bau- und Anlagenverträgen sich erhöhen wird, bleibt abzuwarten.
Eine besonders häufige Anwendung der ICC-Schiedsordnung im Bereich des internationalen Bau- und Anlagenwesens beruht auch mit Sicherheit darauf, daß in der Klausel 67 in der ehemaligen Fassung und der Klausel 20 der neuen Fassung der FIDIC-Musterbauvertragsbedingungen bei Einleitung eines Schiedsverfahrens auf die Geltung der ICC-Schiedsordnung verwiesen wird. Da die FIDIC-Bedingungen die am häufigsten vereinbarten Standardbedingungen bei internationalen Bau- und Anlagenverträgen sind, wird sich damit auch häufig auf die ICC-Schiedsgerichtsbarkeit geeinigt.
Innerhalb der ICC kam es immer wieder zu dem Vorschlag, besondere Schiedsorgane zu errichten, die sich ausschließlich mit dem Bauwesen beschäftigen, ohne daß dieser jedoch allgemeine Zustimmung gefunden hätte. Es wurde vielmehr angenommen, daß es für die Parteien schwieriger sein dürfte, eine gute Wahl zwischen den verschiedenen Schiedsorganen zu treffen. Außerdem könnte die Abfassung einer Schiedsklausel, die für einen bestimmten Fall am besten wäre, ebenfalls problematisch werden[368]. Ausreichend wäre es, eine Zusammenarbeit zwischen den Organen, die die Schiedsrichter ernennen, und den Fachorganen in der Bauindustrie einzuleiten, welche es erleichtern könnte, qualifizierte Schiedsrichter in Baustreitigkeiten zu finden und damit eine Beschleunigung des Bauverfahrens herbeizuführen.
Diese Argumente gegen die Einführung eines speziellen Bauschiedsorganes überzeugen jedoch nicht. Diese Ansätze widersprechen vielmehr der Idee der Parteiautonomie, die ansonsten doch im Rahmen der Schiedsgerichtsbarkeit immer wieder betont wird. Man sollte den Parteien, die sicherlich auch zum größten Teil anwaltlich beraten sind, wenn sie ein ICC Schiedsverfahren einleiten, die Fähigkeit zur Wahl des geeigneten Schiedsorganes zutrauen; schließlich wird diesen auch zugetraut, ihre Schiedsrichter oder das anwendbare Recht zu bestimmen. So sollten die Parteien auch in der Lage sein, das für ihren Streitfall geeignetste Organ zu finden. Sicherlich ist es auch ein geeigneter Ansatz, über

---

367 Böckstiegel, Vorwort und Einführung zur Vortragsveranstaltung „Die ICC-Schiedsgerichtsordnung 1998“, DIS-Mat. II (1998), S. 1, 4.

368 Jarvin, Aus der Praxis des ICC Schiedsgerichtshofes, in Böckstiegel (Hrsg.), Recht und Praxis der Schiedsgerichtsbarkeit der Internationalen Handelskammer, S. 7, 23.

die Benennung von qualifizierten Schiedsrichtern ein Bauschiedsverfahren zu beschleunigen und vorteilhaft darauf einzuwirken. Allerdings würde ein spezielles Bauschiedsorgan der ICC wahrscheinlich doch eine größere Sachkompetenz und einen bestimmten Erfahrungsschatz aufgrund des hohen Prozentanteils von Bau- oder Anlagenschiedsverfahren an den Tag legen und wäre damit auch eine durchaus angemessene Maßnahme.

Als vorteilhaft für Streitigkeiten aus internationalen Bau- und Anlagenverträgen wird der institutionalisierte Charakter der ICC bewertet. Dies verhindert das Auftreten von Problemen, wie die Frage, wer bei Nichteinigung der Parteien die Schiedsrichter benennen soll, oder Verfahrensverzögerungen durch die fehlende Überwachung und damit fehlende Eingriffsmöglichkeiten durch einen verwaltenden Schiedsgerichtshof. Daher wird die institutionalisierte Schiedsgerichtsbarkeit gerade von Parteien des Anlagenbaus bisher unangefochten bevorzugt, wobei die ICC-Schiedsordnung am häufigsten vereinbart wird[369]. Auch die Neufassung der ICC-Schiedsordnung von 1998 kommt der Bauindustrie und dem Anlagenbau sehr entgegen, zum einen durch die Neuaufnahme von Regelungen zur Mehrparteienschiedsgerichtsbarkeit und zur Anordnung von einstweiligen Maßnahmen, zum anderen durch die Versuche, mit der Neufassung den Verfahrensablauf zu straffen und zu verkürzen. Als Beispielsfall für den Ablauf eines ICC-Schiedsverfahrens im Bereich des internationalen Bauwesens sei auf das bereits dargestellte Beispiel des Bauprojekts in Russland verwiesen[370]. Dieser Beispielsfall zeigt gleichzeitig, wie sich ICC-Schiedsverfahren gerade bei solchen komplexen internationalen Bauverträgen in die Länge ziehen können, nämlich in diesem Fall von Einreichung der Klageschrift bei der ICC bis hin zur Fällung des Schiedsspruches über drei Jahre. Ein Fall aus der Praxis im Bereich des internationalen Bau- und Anlagenwesens nach der neuen ICC-Schiedsordnung kann hier noch nicht dargestellt werden, da keiner dieser Fälle bisher einen Abschluß gefunden hat. Im Regelfall wird die durchschnittliche Dauer eines ICC-Schiedsverfahrens bis zur Fällung des Schiedsspruches mit durchschnittlich zweieinhalb Jahren angegeben; diese Angabe betrifft allerdings alle Wirtschaftsbereiche[371]. Im bauspezifischen Bereich haben Untersuchungen der ICC ergeben, daß 30% ihrer internationalen Bauverfahren bis zu 21 Monaten dauerten, 40%

---

369 Lionnet, Erfahrungen mit der internationalen Schiedsgerichtsbarkeit im Anlagenbau aus der Sicht der Partei, in Böckstiegel (Hrsg.), Vertragsgestaltung und Streiterledigung in der Bauindustrie und im Anlagenbau, S. 291, 295.

370 Siehe Kap. B. II. 3.

371 Statistische Auskunft des Sekretariats des ICC-Schiedsgerichtshofes vom 15.01.1999.

bis 3 Jahren und 20% bis zu 5 Jahren[372]. Die durchschnittliche Dauer eines ICC-Bauschiedsverfahrens wird mit 2 ½ Jahren angegeben[373].
An der neuen ICC-Schiedsordnung bleibt also noch immer zu kritisieren, daß das ICC-Schiedsverfahren durch die Einrichtung des Schiedsauftrages nach Art. 18 der ICC-Schiedsordnung, auch wenn man seinen sicherlich hilfreichen Klarstellungscharakter berücksichtigt, sowie der Vorlagepflicht vor den ICC-Schiedsgerichtshof nach Art. 27, immer noch als sehr zeitaufwendiges und eher schwerfälliges Instrument zu betrachten ist. Dazu trägt auch die Administrierung des Verfahrens durch den ICC-Schiedsgerichtshof bei, die zwar zu Rechtssicherheit und Vorhersehbarkeit auf Seiten der Parteien führt, dies aber auf Kosten eines schnellen und flexiblen Verfahrens, wie es die Schiedsgerichtsbarkeit eigentlich garantieren sollte.

2. *Arbitration Rules* des *London Court of International Arbitration* (LCIA)

a) Entstehungsgeschichte

Als weiteres Beispiel für eine anerkannte Schiedsinstitution mit einer eigenen Schiedsordnung soll hier der LCIA angeführt werden. Er ist eine nationale Schiedsgerichtsinstitution, die ebenfalls eine administrierte Schiedsgerichtbarkeit anbietet, die nur für internationale Streitigkeiten vorgesehen ist[374]. Gleich der ICC ist mit Geltung vom 01.01.1998 eine neue eigene Schiedsordnung des LCIA in Kraft getreten.
Der LCIA wurde 1892 unter dem ursprünglichen Namen *The London Chamber of Arbitration* gegründet, der 1903 in *The London Court of Arbitration* geändert wurde und erst 1981 wurde der Begriff *International* in den Namen mit aufgenommen[375]. Damit ist diese Institution älter als die ICC und wahrscheinlich die älteste noch bestehende Schiedsinstitution ihrer Größe. Der LCIA wird von der Stadtverwaltung der *City of London* der *London Chamber of Commerce*, und dem *Chartered Institute of Arbitrators* getragen[376]. Seinen Sitz hat er in London, außerdem verfügt er über *Councils* in Europa, Amerika, Asien und Afrika. Ähn-

372 Diese Statistik aus dem Jahre 1981 ist abgedruckt bei Wiegand, Rechtsprobleme einer speziellen internationalen Bauschiedsgerichtsbarkeit, in Nicklisch (Hrsg.), Bau- und Anlagenverträge -Risiken, Haftung, Streitbeilegung-, S. 289, 300.

373 Auskunft des Sekretariats des ICC-Schiedsgerichtshofes vom 15.01.1999, was zeigt, daß sich die Situation betreffend der Dauer von Bauschiedsverfahren noch nicht gebessert hat.

374 Lionnet, Handbuch der internationalen und nationalen Schiedsgerichtsbarkeit, S. 266.

375 Lionnet, Handbuch der internationalen und nationalen Schiedsgerichtsbarkeit, S. 267.

376 Kilgus, Zur Anerkennung und Vollstreckbarerklärung englischer Schiedssprüche in Deutschland, S. 28.

lich dem ICC-Schiedsgerichtshof ist der LCIA nur für die Organisation sowie begleitende Maßnahmen des Schiedsverfahrens verantwortlich. Gleichzeitig kontrolliert er die Unparteilichkeit und Geeignetheit bei Ernennung der Schiedsrichter.
Der Schiedsgerichtshof des LCIA verfügt über einen Präsidenten, einem Vizepräsidenten und 23 weitere Mitglieder[377]. Er ist im Gegensatz zum ICC-Schiedsgerichtshof nicht im vollem Umfang international besetzt, weil von diesen 25 Mitgliedern sechs immer aus dem *United Kingdom* stammen müssen. Auch sind die Aufgaben des LCIA zwar denen des ICC-Schiedsgerichtshofes ähnlich, jedoch kaum identisch, wie sich sowohl aus der eigenen Verfassung, über die der LCIA verfügt[378], ergibt als auch aus der Schiedsordnung.

b) Regelungsinhalt

Bereits die vorherige LCIA-Schiedsordnung von 1985 basierte auf den Erfahrungen im internationalen Bereich der Schiedsgerichtsbarkeit wie die UNCITRAL-Schiedsordnung oder das UNCITRAL-Modellgesetz bzw. dessen Arbeitspapiere zum Entwurf[379]. Die Neufassung der LCIA-Schiedsregeln vom 01.01.1998 ist mit 32 Artikeln und einer Kostenregelung im Anhang nun nach seiner Reform um 12 Artikel länger als seine vorherige Fassung. Im Gegensatz zum UNCITRAL-Modellgesetz oder anderer internationaler Rechtsquellen ist es nicht in Unterabschnitte untergliedert. Es soll hier nur in Kürze auf den Regelungsinhalt eingegangen werden und insbesondere nur auf dessen Besonderheiten und relevanten Regelungen für das internationale Bauschiedswesen, da viele der Regelungen des LCIA mit den Bestimmungen des UNCITRAL-Modellgesetzes oder der ICC-Schiedsordnung große Ähnlichkeiten aufweisen und Wiederholungen vermieden werden sollen.

Die *Arbitration Rules*[380] selbst beginnen mit der Regelung des Antrages auf die Durchführung eines Schiedsverfahrens (Art. 1) und der darauffolgenden Klagebeantwortung (Art. 2). In Art. 5 ist sodann die Bildung des Schiedsgerichtes geregelt. Nach Art. 5.1 umfaßt der Begriff Schiedsgericht dabei sowohl einen Einzelschiedsrichter als auch das mit mehr als einem Schiedsrichter besetzte

---

377 LCIA (Hrsg.), *An introduction to the London Court of International Arbitration*, S. 5.

378 LCIA (Hrsg.), *An introduction to the London Court of International Arbitration*, S. 6.

379 Lebedev, *The LCIA Rules for International Commercial Arbitration*, Arb.Int. 1992, S. 321, 325.

380 Deutsche Übersetzung der *Arbitration Rules* dem Internetangebot des LCIA entnommen, http://www.lcia-arbitration.com/lcia/; dabei handelt es sich nicht um die offizielle Übersetzung.

Schiedsgericht. Die Anzahl von drei Schiedsrichtern wird nicht explizit vorgeschrieben, interessanterweise wird aber in den weiteren Regelungen von einem Dreierschiedsgericht ausgegangen, so z. B. in Art. 12.1: „Wenn das Schiedsgericht aus drei Schiedsrichtern besteht...". Als Regelfall wird jedoch eher der Einzelschiedsrichter angesehen, wie aus den weiteren Regelungen hervorgeht. Als Argument wird dafür angegeben, daß die Erfahrung gezeigt habe, daß bei internationalen Fällen die Wahrscheinlichkeit bestünde, es würde mehr Verzögerung und Kosten bedeuten, wenn drei Schiedsrichter kooperieren müßten[381].

Das Schiedsgericht selbst wird vom LCIA Schiedsgerichtshof bestellt, nachdem jeder in Bertracht kommende Schiedsrichter seinen schriftlichen Lebenslauf mit einer Darstellung seiner bisherigen und derzeitigen beruflichen Tätigkeit beim LCIA einzureichen hat (Art. 5.3). Auschließlich der LCIA Schiedsgerichtshof ist befugt, Schiedsrichter zu bestellen, wobei er bei der Bestellung angemessen Rücksicht auf besondere schriftliche Vereinbarungen der Parteien über Auswahlmethoden nimmt. Außerdem sind bei der Bestellung die Art des Vertrages, die Tatsachen und Umstände des Streitfalles sowie die Staatsangehörigkeit, der Sitz und die Sprache der Parteien zu berücksichtigen (Art. 5.5).

Nach Art. 7 steht den Parteien immerhin das Recht der Benennung zu, wenn sie dies vereinbart haben. Eine auf diese Weise benannte Person muß den Voraussetzungen des Art. 5.3 genügen. Allerdings kann der LCIA Schiedsgerichtshof die Bestellung der benannten Person ablehnen, wenn er Zweifel an der Unabhängigkeit oder Unparteilichkeit hat (Art. 7.1). Erfolgt die Benennung nicht rechtzeitig, kann der LCIA Schiedsgerichtshof den Schiedsrichter benennen, auch ohne Rücksicht auf eine verspätet erfolgte Benennung. Sollte es zum Widerruf einer Bestellung eines Schiedsrichters aus den in Art. 10.1 bis 10.3 genannten Gründen kommen oder sollte sich ein Schiedsrichter als parteilich oder abhängig erwiesen haben, so kann der LCIA-Schiedsgerichtshof nach freiem Ermessen entscheiden, ob das ursprüngliche Benennungsverfahren angewendet werden soll (Art. 11.1). Darüberhinaus kann eine Partei einen Schiedsrichter ablehnen, wenn Umstände den Zweifel an seiner Unabhängigkeit oder Unparteilichkeit erwecken; allerdings darf sie einen selbst benannten Schiedsrichter nur aus Gründen ablehnen, die ihr erst nach der Bestellung bekannt geworden sind.

Im Gegensatz zu den LCIA-*Arbitration Rules* in der Fassung von 1976 weisen die Schiedsregeln von 1998 nicht auf eine Schiedsrichterliste hin, die damals vom LCIA eingerichtet und geführt wurde und von der üblicher-, aber nicht not-

---

381 Paulsson, *International Commercial Arbitration*, in Bernstein/Tackaberry/ Marriott/Wood, *Handbook of Arbitration Practice*, S. 533, 542.

wendigerweise Ernennungen für bestimmte Fälle gemacht wurden[382]. Bereits in den *Arbitration Rules* in der Fassung von 1985 wurde auf den Hinweis auf eine solche Liste verzichtet.
Was als eine der neuen Schiedsregeln, die auch für internationale Bauschiedsverfahren von großem Interesse ist, der Fassung von 1998 hinzukam, ist eine Regelung zur Schiedsrichterbestellung bei einem Mehrparteienschiedsverfahren. Art. 8 sieht hierzu vor, daß in einem solchen Fall der LCIA-Schiedsgerichtshof die Mitglieder des Schiedsgerichtes ohne Rücksicht auf Benennungen der Parteien bestellt, wenn nicht alle Parteien schriftlich vereinbart haben, daß für den Zweck der Bildung des Schiedsgerichtes die Parteien im Rechtsstreit zwei unterschiedliche Seiten, die Kläger- und Beklagtenseite, darstellen.

Eine weitere interessante Regelung findet sich in Art. 22, der in Art. 22.1 (a) bis (h) zusätzliche Befugnisse des Schiedsgerichtes regelt. Generell läßt sich zum einen sagen, daß sich daraus entnehmen läßt, daß dem Schiedsgericht nach den LCIA-*Arbitration Rules* sehr weitreichende Befugnisse zugestanden werden. Speziell Art. 22.1 (h) erweist sich hierbei dem Bauschiedsverfahren als entgegenkommend, da das Schiedsgericht hiernach befugt ist, nur auf Antrag einer Partei, zu gestatten, daß eine oder mehrere Personen sich als Partei am Schiedsgerichtsverfahren beteiligen, vorausgesetzt, daß ein solcher Dritter und die antragsstellende Partei dem schriftlich zugestimmt haben; das Schiedsgericht ist sodann befugt, einen einzigen endgültigen Schiedsspruch oder getrennte endgültige Schiedssprüche in bezug auf alle am Verfahren beteiligte Parteien zu erlassen. Bei der Schaffung dieser Regelung wurde dem Gedanken Rechnung getragen, daß gerade bei großen internationalen Schiedsverfahren doch immer wieder der Fall eintreten kann, daß sich im Laufe des Verfahrens herausstellt, daß auch Dritte bei einem Rechtsstreit eine nicht unwichtige Rolle gespielt haben können und diese entweder selbst Ansprüche geltend machen könnten oder zumindest in Form der Streithilfe einer der Parteien unter die Arme greifen könnten. Eine solche Regelung, die die Teilnahme weiterer Parteien auch während des Schiedsverfahrens berücksichtigt, haben die bisher vorgestellten internationalen Rechtsquellen und -modelle nicht vorgesehen.

In Art. 25 wurde in der Neuregelung von 1998 mit der Befugnis des Schiedsgerichtes, vorläufige oder sichernde Maßnahmen zu erlassen, eine Bestimmung aufgenommen, die der Problematik von Bauschiedsverfahren sehr entgegenkommt. Gerade in Baustreitigkeiten besteht häufig das Bedürfnis, kurzfristige

382 Lebedev, *The LCIA Rules for International Commercial Arbitration*, Arb.Int. 1992, S. 321, 325.

Entscheidungen oder Anordnungen zu treffen, da mit einem ununterbrochenen Weiterbau beispielsweise Situationen oder Bedingungen geschaffen werden können, die nicht mehr rückgängig gemacht werden können. Das wurde bereits im UNCITRAL-Modellgesetz und in der UNCITRAL-Schiedsordnung berücksichtigt, sowie inzwischen in die ICC-Schiedsordnung übernommen. Auch kann bei Baustreitigkeiten das Interesse entstehen, daß eine Sicherheitsleistung für den Streitwert hinterlegt wird. Nach Art. 25.1 kann das Schiedsgericht, haben die Parteien nichts anderes vereinbart, auf Antrag einer Partei (a) jedem Beklagten oder Widerbeklagten eine Sicherheitsleistung für den Streitwert oder für einen Teil davon auferlegen; (b) die Erhaltung, Aufbewahrung, den Verkauf oder eine anderweitige Verfügung über Güter oder Gegenstände, über die eine Partei die Kontrolle hat und die in Zusammenhang mit dem Gegenstand des Schiedsgerichtsverfahrens stehen, anordnen; und (c) vorläufig, ohne Vorwegnahme einer endgültigen Entscheidung durch einen Schiedsspruch, jede Maßnahme anordnen, die das Schiedsgericht in einem Schiedsspruch zwischen den Parteien anordnen könnte, einschließlich einer vorläufigen Anordnung zur Zahlung oder zur Verfügung über Güter. Art. 25.3 berechtigt die Parteien aber auch, vor Bildung eines Schiedsgerichtes oder in Ausnahmefällen bei einem Gericht oder einer anderen zu einer Entscheidung befugten Behörde vorläufige oder sichernde Maßnahmen zu beantragen.

Art. 26 enthält Bestimmungen über den Erlaß des Schiedsspruches. Allein in Art. 26.8 findet sich dabei in den LCIA-*Arbitration Rules* eine Regelung zum Vergleich. Danach kann das Schiedsgericht für den Fall, daß die Parteien sich vergleichen, auf schriftlichen Antrag der Parteien einen Schiedsspruch erlassen, in dem der Inhalt des Vegleiches als „einvernehmlicher Schiedsspruch" festgehalten wird. Darüberhinaus ist die Regelung in Art. 26.9 interessant, die einen ähnlichem Wortlaut dem Art. 28 Abs. 6 der ICC-Schiedsordnung enthält. Nach Art. 26.9 sind Schiedssprüche für die Parteien endgültig und bindend; mit der Vereinbarung eines Schiedsverfahrens nach den LCIA-*Arbitration Rules* verpflichten sich die Parteien, die Verpflichtungen aus dem Schiedsspruch umgehend und unverzüglich zu erfüllen. Die Parteien verzichten dabei auch unwiderruflich, Rechtsmittel gegen den Schiedsspruch bei einem staatlichen Gericht oder einer anderen zur Entscheidung befugten Behörde einzulegen, sofern ein solcher Verzicht wirksam ist.

Art. 30 der LCIA-*Arbitration Rules* enthält darüberhinaus besonders strenge Vertraulichkeitsbedingungen; die Bestimmung des Art. 31 beinhaltet daneben einen Haftungsausschluß des LCIA, des LCIA-Schiedsgerichtshofes sowie des Registrars, des stellvertretenden Registrars, eines Schiedsrichters oder des Sachverständigen eines Schiedsgerichtes, es sei denn, es liegt ein vorsätzliches oder bewußtes Fehlverhalten einer Person oder eines Organs vor.

Im übrigen sehen die LCIA-*Arbitration Rules* unter anderem Regelungen zur Durchführung des Verfahrens (Art. 14), zum Sitz des Schiedsgerichtsverfahrens und zum Ort der Verhandlung (Art. 16) sowie zur Sprache des Schiedsgerichtsverfahrens (Art. 17), zur mündlichen Verhandlung (Art. 19), zu den Beweismitteln (Art. 20 und 21), zu Berichtigungsmöglichkeiten der Schiedssprüche (Art. 27), zu den Schiedsgerichts- und Vertretungskosten (Art. 28) sowie zu allgemeinen Bestimmungen (Art. 32).

Im übrigen enthalten die LCIA-*Arbitration Rules* keine Regelungen zu einem gesonderten Beweissicherungsverfahren, keine Regelungen für den Fall der Säumnis einer der Parteien, keine Anerkennungs- und Vollstreckungsregelungen und keine Bestimmungen zu einem Vergleich (mit Ausnahme der Regelung in Art. 26.8).

c) Bewertung

Die Schiedsgerichtsparteien stammten nach der Statistik des LCIA bis zum Jahre 1996 aus 29 Ländern, was beweist, daß der LCIA international große Anerkennung gefunden hat, wenn auch sicherlich nicht eine der ICC-Schiedsgerichtsbarkeit entsprechende[383].
Zwar sind die Schiedsregeln des LCIA grundsätzlich international gedacht. So wird auch die Universalität der LCIA-Schiedsordnung betont. Ein Schiedsverfahren nach der LCIA-Schiedsordnung kann gleich einem ICC-Schiedsverfahren überall in der Welt durchgeführt werden[384]. Im Zweifel finden jedoch alle Schiedsverfahren in London statt[385]. Außerdem kann die Administrierung des LCIA nicht ohne Einschränkung als international und damit neutral bezeichnet werden, da beispielsweise Ernennende Stelle nur der Präsident des LCIA sein darf. Zwar können nach der Schiedsordnung des LCIA nur Schiedsrichter ernannt werden, die nicht der Nationalität einer Partei angehören, dennoch hat der LCIA den Charakter einer nationalen Organisation beibehalten, die nur dann als völlig neutral bewertet werden kann, wenn beide Parteien nicht ihren Sitz im Vereinigten Königreich haben[386].
Insgesamt ist die Ausgestaltung der einzelnen Regelungen als sehr ausführlich zu beurteilen, bei der versucht wird, möglichst die in Betracht kommenden Einzel-

---

383 Lionnet, Handbuch der internationalen und nationalen Schiedsgerichtsbarkeit, S. 267.

384 Kerr, *The London Court of International Arbitration 1892 - 1992*, Arb.Int. 1992, S. 317, 319.

385 Kilgus, Zur Anerkennung und Vollstreckbarerklärung englischer Schiedssprüche in Deutschland, S. 28.

386 Lionnet, Handbuch der internationalen und nationalen Schiedsgerichtsbarkeit, S. 267.

fälle zu regeln. Dies widerspricht der dem deutschen Recht eher näheren abstrakten Regelungsweise.
Die Schiedsrichterbenennungs- und -bestellungsvoraussetzungen der LCIA-*Arbitration Rules* erscheinen sehr streng. Zwar tragen sie grundsätzlich dem Gedanken der Parteiautonomie Rechnung, indem die Parteien bei entsprechender Vereinbarung immerhin die Möglichkeit haben, bei der Benennung des Schiedsgerichtes mitzuwirken; andererseits hat der LCIA-Schiedsgerichtshof hier sehr weitreichende Befugnisse, diese Benennung zu umgehen, wenn er die Unparteilichkeit und Unabhängigkeit der Schiedsrichter für zweifelhaft hält. Diese rigorosen Bestimmungen werden damit begründet, daß Praktiker die Erfahrung gemacht hätten, daß Beklagte in diversen Fällen die Möglichkeit der Schiedsrichterbenennung als Verzögerungsmittel angewandt hätten oder, was noch schlimmer sei, jemanden als Schiedsrichter zu benennen, der bereit sei, seinem „Kunden" alle Absichten und Vorgehensweisen des Schiedsgerichtes zu verraten[387].
Diese Ansicht überzeugt. Die Bestimmungen zur Schiedsrichterbenennung und -bestellung der LCIA-*Arbitration Rules* gewährleisten eine zügige und faire Vorgehensweise in diesem Punkt; die Parteien haben, wenn sie sich umsichtig verhalten, durchaus die Möglichkeit, bei der Benennung des Schiedsrichters mitzuwirken, jedoch werden sie davon abgehalten, diese Möglichkeit zu ihrem Vorteil unsachgemäß auszunutzen. So hofft der LCIA-Schiedsgerichtshof auch, daß die Bestimmungen nur selten in ihrer vollen Strenge zur Anwendung kommen werden und daß allein ihre Existenz die Parteien dazu anhält, sich vernünftig zu verhalten[388].
Als positiver Aspekt gerade im Hinblick auf internationale Bauschiedsverfahren ist es zu beurteilen, daß der LCIA, obwohl eine weltweit anerkannte Schiedsinstitution, in seiner Administrierung des Schiedsverfahrens nicht so weit geht wie die ICC. So verfügen die LCIA-*Arbitration Rules* nicht über die Voraussetzung, vor Beginn der eigentlichen Verhandlung einen Schiedsauftrag, wie beispielsweise in Art. 18 der ICC-Schiedsordnung vorgesehen, auszuarbeiten. Auch stellt der LCIA-Schiedsgerichtshof nicht den Anspruch, daß ein Schiedsspruch vor seiner Unterzeichnung vom Schiedsgericht dem LCIA-Schiedsgerichtshof vorgelegt wird (so aber die ICC-Schiedsordnung in ihrem Art. 27). Damit haben die LCIA-*Arbitration Rules* auf zeitaufwendige Instrumente verzichtet, die zwar eine gewisse Rechtssicherheit zugunsten der Parteien gewährleisten, aber im Gegenzug zur Unflexibilität und Verlängerung des Schiedsverfahrens führen.

---

387 Hunter/Paulsson, *A Commentary on the 1985 Rules of the London Court of International Arbitration, Yearbook Commercial Arbitration X (1985)*, S. 167, 169.

388 Hunter/Paulsson, *A Commentary on the 1985 Rules of the London Court of International Arbitration, Yearbook Commercial Arbitration X (1985)*, S. 167, 169.

Positiv ist ebenfalls, daß bei der Neuregelung der LCIA-*Arbitration Rules* auf die aktuellen Diskussionen in der internationalen Schiedsfachwelt reagiert wurde und gleich der Neuordnung der ICC-Schiedsordnung die Befugnis für das Schiedsgericht geregelt wurde, vorläufige und sichernde Maßnahmen zu erlassen und bei der Schiedsrichterbenennung auch die Möglichkeit des Mehrparteienschiedsverfahrens berücksichtigt wurde. Bei der Ausgestaltung der Mehrparteienregelung wäre es allerdings wünschenswert gewesen, hier der Parteiautonomie etwas mehr Rücksicht zu gewähren und den Parteien die Möglichkeit zu geben, unter wenigen strengen Voraussetzungen zu versuchen, sich auf die Schiedsrichterbenennung selbst zu einigen - wenn sie zuvor überhaupt vereinbart haben, die Schiedsrichter selbst zu benennen.
Zu fehlenden Vergleichsregelungen ist noch anzumerken, daß der LCIA *Alternative Dispute Resolutions* fördert und eine Zusammenarbeitsvereinbarung mit dem *Centre of Dispute Resolution* in London über ADR-Verfahren geschlossen hat[389].

Insgesamt versuchen die neuen Schiedsregeln von 1998, eine Kombination aus den besten Ansätzen des *Common Law* Systems und des kontinentalen Zivilsystems zu bieten. Dabei sollte unter anderem Geschwindigkeit und Effizienz bei der Ernennung der Schiedsrichter, maximale Flexibilität des Schiedsgerichtes bei der Durchführung des Schiedsverfahrens, keine Einmischung des LCIA bei den Schiedsgerichten oder ihren Schiedssprüchen, Gegenmittel bezüglich eventueller Verzögerungen oder Verzögerungstaktiken durch die Parteien erreicht werden[390].
Im Vergleich zur Version der LCIA-*Arbitration Rules* von 1985 stellt die Neuregelung von 1998 eine Schiedsordnung dar, die den Problemen des aktuellen internationalen Wirtschaftsverkehrs heutzutage eher gerecht werden kann.

d) Bedeutung für Schiedsverfahren bei Streitigkeiten aus internationalen Bau- und Anlagenverträgen

Zur Bedeutung für Schiedsverfahren bei Streitigkeiten aus internationalen Bau- und Anlagenverträgen ist zu sagen, daß die Neuregelungen der LCIA-Schiedsordnung wie die Regelung zur Mehrparteienschiedsgerichtsbarkeit internationalen Bau- und Anlagenstreitigkeiten entgegenkommt. Aus der Literatur läßt sich keine besondere Erwähnung der LCIA-Schiedsordnung in Zusammenhang mit solchen Streitigkeiten entnehmen. Auch ist es schwierig, überhaupt einen Überblick zu gewinnen, in welchen Fachgebieten sich der LCIA besonders her-

---

389 Lionnet, Handbuch der internationalen und nationalen Schiedsgerichtsbarkeit, S. 271.

390 Auskunft des Internetangebotes des LCIA http://www.lcia-arbitration.com/lcia/ vom 18.11.1998.

vorgetan hat, da auch die Schiedssprüche der LCIA kaum in veröffentlichter Form zu finden sind. Diese Vertraulichkeit von LCIA-Schiedssprüchen ist außerdem ausdrücklich in Art. 30 der LCIA-Schiedsordnung geregelt und kann daher nur durch Parteivereinbarung aufgehoben werden.

Zur allgemeinen Statistik des LCIA ist zu sagen, daß sich zu Beginn der Neunziger die an den LCIA geleiteten und dort auch direkt abgehaltenen internationalen Verfahren auf 60 bis 70 pro Jahr beliefen, wobei eine steigende Tendenz prognostiziert wurde[391]. Die Streitsummen liegen zwischen 40.000,- und 100.000.000,- US $ im Jahr, wobei die Streitsumme zwischen 1.000.000,- und 10.000.000,- US $ etwa 40 % ausmacht; die regelmäßige Verfahrensdauer liegt zwischen 8 und 24 Monaten[392].
Eine offizielle Statistik, wie sich die Bauschiedsverfahren prozentual dazu verhalten, gibt es nicht. Eine Anfrage beim LCIA ergab allerdings, daß 1996 sieben neue Bauschiedsverfahren, 1997 elf neue Bauschiedsverfahren und 1998 vierzehn neue Bauschiedsverfahren beim LCIA eingeleitet wurden[393]. Die Angabe über die durchschnittliche Dauer von Bauschiedsverfahren wurde dabei abgelehnt, da diese nicht möglich sei, weil ein Teil dieser Schiedsverfahren nach einigen Wochen gelöst seien; in anderen beschlössen die Parteien, für einige Zeit (sogar Monate) mit dem Verfahren auszusetzen, um die Möglichkeit einer Einigung auszuloten. In einigen Verfahren fänden zwei, drei oder vier Anhörungen statt, während in anderen bereits nach einer Anhörung ein Schiedsspruch gefällt werde. Damit nehmen die Bauschiedsverfahren immerhin einen Stellenwert zwischen 10 und 20 % aller Schiedsverfahren ein. Gleichwohl ist die Anzahl der einzelnen Bauschiedsverfahren im Vergleich zu den Bauschiedsverfahren, die jährlich bei der ICC eingeleitet werden, als gering zu bezeichnen. Als internationale Schiedsinstitution im Bereich des internationalen Bauwesens und Anlagenbaus kommt dem ICC-Schiedsgerichtshof eindeutig die höhere Anerkennung zu.

Ungeachtet dessen stellen die LCIA-*Arbitration Rules* eine flexible und gelungene Schiedsordnung dar, die auch den speziellen Problemen von internationalen Bauschiedsverfahren entgegenkommen dürfte, da sie immerhin Regelungen zum einstweiligen Rechtsschutz und zur Mehrparteienschiedsgerichtsbarkeit enthält. Auch ist der LCIA-Schiedsgerichtshof in seinem Administrierungsanspruch nicht so aufwendig, was in jedem Fall Zeitersparnis beim Verfahrensablauf bedeutet.

---

391 Lebedev, *The LCIA Rules for International Commercial Arbitration*, Arb.Int. 1992, S. 321, 327.

392 Lionnet, Handbuch der internationalen und nationalen Schiedsgerichtsbarkeit, S. 271.

393 Auskunft von Madeleine May, *Executive Director* des LCIA vom 22.01.1999.

Die strenge Schiedsrichterbenennung und -bestellung führt ebenfalls zu einem zügigen Verfahren; Zeitersparnis ist genau der Faktor, der den Interessen der an Bauschiedsverfahren Beteiligten sehr entgegenkommt. Leider sieht aber auch die Neuregelung der LCIA-*Arbitration Rules* keine besonderen Bestimmungen für ein gesondertes Beweisverfahren oder Regelungen für den Fall der Säumnis einer Partei vor. Damit besteht zum einen die Möglichkeit, Verzögerungstaktiken durch die Säumnis für die Parteien anzuwenden. Außerdem können Beweise, da sie eventuell nicht in einem frühzeitig durchgeführten Beweissicherungsverfahren beispielsweise gesichert wurden, bei Durchführung des eigentlichen Schiedsverfahrens nicht mehr zur Verfügung stehen. Gerade bei großen Bauprojekten können Beweise über z. B. eine mangelhafte Bauausführung allein durch den Weiterbau verloren gehen, da Beweisstücke schlicht zugebaut werden und nicht mehr zugänglich sind. Damit weisen auch die LCIA-*Arbitration Rules* von 1998 Schwachstellen in punkto Eignung für internationale Bauschiedsverfahren auf.

3. Weitere europäische Schiedsinstitutionen

Neben der ICC-Schiedsgerichtsbarkeit und dem LCIA gibt es in Europa noch weitere Schiedsinstitutionen. Beispielsweise existiert das Internationale Schiedsgericht der Wirtschaftskammer Österreich in Wien. Auch dieses hat seine eigene Schiedsordnung, die sogenannten „Wiener Regeln“ vom 01.09.1991. Weiterhin gibt es in Schweden das Schiedsgerichtsinstitut der Handelskammer Stockholm, ebenfalls mit eigener Schiedsordnung vom 01.01.1988. In der Schweiz befindet sich die Züricher Handelskammer mit Internationaler Schiedsordnung vom 01.01.1989. In Russland besteht das Schiedsgericht bei der Industrie- und Handelskammer Moskau; die Ordnung des Internationalen Wirtschaftsarbitragegerichts bei der Industrie und Handelskammer der Russischen Föderation stammt vom 01.05.1995. Die Schiedsordnung der Deutschen Institution für Schiedsgerichtsbarkeit e. V. (DIS) aus Bonn ist ebenfalls neugefaßt am 01.07.1998 in Kraft getreten. Auf die nähere Darstellung dieser Institutionen so wie ihrer Ordnungen wird hier jedoch verzichtet, da sie in ihrer Bedeutung für die internationale Schiedsgerichtsbarkeit in Europa gerade auch im Bereich des Bauwesens und Anlagenbaus nicht annähernd der Bedeutung der ICC-Schiedsgerichtsbarkeit gleichkommt. Außerdem würde damit die Darstellung und Erläuterung der verschiedenen internationalen Schiedsordnungen in Europa zu weit führen und den Rahmen dieser Arbeit sprengen. Es erscheint vorzugswürdiger, einen Blick auf andere Wege der Streitbeilegung zu werfen.

V. Andere Rechtsquellen oder Verfahren der Streitbeilegung bei internationalen Bau- und Anlagenverträgen

Neben den hier vorgestellten Rechtsquellen der internationalen Schiedsgerichtsbarkeit ist der Trend zu beobachten, neue Wege der Streitbeilegung zu suchen. Dies liegt vor allem an der Kritik, die zwischenzeitlich an der Schiedsgerichtsbarkeit laut geworden ist. Wie bereits dargestellt wurde, werden inzwischen insbesondere die Dauer und die möglichen Kosten von Schiedsverfahren gerügt, die teilweise kaum noch hinter den staatlicher Gerichtsverfahren zurückbleiben. So gibt es zum einen den Versuch, bereits innerhalb existierender Mustervertragsbedingungen den Weg in die Schiedsgerichtsbarkeit durch Vorschaltung eines Einigungsverfahrens zu verhindern (FIDIC Klausel 67 in der ehemaligen Fassung und Klausel 20 in der neuen Fassung). Hierbei ist die Idee aufgegriffen worden, neue Instrumentarien zu schaffen oder vereinfachte Verfahren zu entwickeln. Weitere Ansätze sind, den Weg in die Schiedsgerichtsbarkeit durch alternative Streitbeilegungsformen gänzlich zu vermeiden.

1. Streitbeilegung nach den FIDIC-Musterbauvertragsbedingungen

Nach der früheren Kritik an der ursprünglichen Form der Klausel 67 der FIDIC-Musterbauvertragsbedingungen wurde diese immer wieder überarbeitet. Seit 1996 hat die Möglichkeit bestanden, statt der üblichen Version der ehemaligen Klausel 67, die bei Streitigkeiten die Hinzuziehung eines Ingenieurs vorsieht, eine alternative Klausel 67 zu vereinbaren, die stattdessen von der Streitbeilegung durch ein *Dispute Adjudication Board* (DAB) ausgeht. Zwischenzeitlich ist in der neuen Version der FIDIC-Bestimmung nur noch der Einsatz des DAB vorgesehen. Beide Alternativen sollen hier gleichwohl erläutert werden. Die Diskussion um die Einschaltung des Ingenieur hat trotz Abschaffung seiner Stellung als Quasi-Schiedsrichter nicht an Bedeutung verloren, da internationale Bauverträge, die vor der Neufassung der FIDIC-Bestimmung abgeschlossen wurden, sich noch einige Jahre in der Abwicklung befinden werden.

a) Klausel 67 in der ursprünglichen Form - Einschaltung des beratenden Ingenieurs (*Consulting Engineer*)

In der ursprünglichen Form der Klausel 67.1 der FIDIC-Musterbauvertragsbedingungen wurde versucht, ein langwieriges Schiedsverfahren durch ein vorgeschaltetes "Quasi-Schiedsverfahren" zu vermeiden.
So waren gemäß Klausel 67.1 Meinungsverschiedenheiten vor Einleitung eines Schiedsverfahrens zunächst dem Ingenieur schriftlich vorzulegen, der innerhalb

von 84 Tagen, nachdem er über die Meinungsverschiedenheit in Kenntnis gesetzt worden war, über diese entscheiden sollte. Nur wenn der Ingenieur innerhalb der 84 Tage keine Entscheidung traf oder eine der Vertragsparteien mit einer getroffenen Entscheidung nicht einverstanden war, könnte innerhalb von weiteren 70 Tagen ein Schiedsverfahren eingeleitet werden. Ansonsten war bei Verstreichen der Frist die Entscheidung des Ingenieurs für die Vertragsparteien bindend.
Gemäß Klausel 67.2 sollte dann im Falle der Absicht, ein Schiedsverfahren zu beginnen, zuerst noch der Versuch zwischen den Vertragsparteien unternommen werden, sich gütlich zu einigen (*amicable settlement of dispute*). Für diese gütliche Einigung standen 56 Tage ab Mitteilung der Absicht, ein Schiedsverfahren einleiten zu wollen, zur Verfügung. Das Schiedsverfahren durfte dann frühestens nach Ablauf der Frist eingeleitet werden, ohne Rücksicht darauf, ob überhaupt ein Versuch der gütlichen Einigung unternommen worden war. Diese Klausel war ein erster Versuch, andere Wege der Streitbelegung als die Schiedsgerichtsbarkeit zu suchen. Da der Begriff *amicable settlement* hierbei undefiniert blieb, konnte er alternative Streitbeilegungsformen wie *mediation* oder *conciliation*, die im nächsten Abschnitt näher erläutert werden, betreffen[394]. Allerdings sind in der Praxis noch keine internationalen Bau- und Anlagenbauverträge bekannt geworden, bei denen bereits in den Ausschreibungsunterlagen ein *Amicable Dispute Resolution*-Verfahren für die Phase der gütlichen Einigung gemäß Klausel 67.2 vorgeschrieben wurde[395].
Die Befolgung der Bestimmungen der Klauseln 67.1 und 67.2 waren Voraussetzung, um ein Schiedsverfahren nach Klausel 67.3 einleiten zu können. Hierbei war nach der FIDIC-Bestimmung die Regelungen der ICC als zwischen den Parteien geltende Schiedsgerichtsordnung vereinbart. Dies ist in der neuen Klausel 20 ebenfalls vorgesehen. Im Gegensatz zur früheren Regelung konnte das Schiedsverfahren bereits eingeleitet werden, bevor die Bauleistungen und -arbeiten abgeschlossen sind.
Die ursprüngliche Form der Regelungen der Klausel 67 der FIDIC-Vertragsbestimmungen erscheint auf den ersten Blick als ausgezeichnetes Mittel, um Konflikte frühzeitig ohne großen Aufwand vertragsintern zu regeln. Das Prinzip der Streitbeilegung, zunächst eine Vorentscheidung des Ingenieurs und dann erst der Schritt zur Schiedsgerichtsbarkeit, stammte aus dem englischen Standardvertragsrecht und wurde in die FIDIC-Bedingungen übernommen.

---

394 Bunni, *The FIDIC Form of Contract*, S. 390.

395 Goedel, Vertragliche Regelungen zur Streitbeilegung in internationalen Bau- und Anlagenbauverträgen, in Böckstiegel (Hrsg.), Vertragsgestaltung und Streiterledigung in der Bauindustrie und im Anlagenbau (II), S. 81.

Die Vorentscheidung des Ingenieurs in den FIDIC-Bedingungen hatte eine eigenständige Bedeutung erlangt, da die gerichtliche Streitbeilegung im internationalen Bereich mit erheblich höheren Risiken verbunden ist als im innerstaatlichen Rahmen. So war es an für sich als Vorteil anzusehen, daß gerade die Person, die mit den Umständen und den Besonderheiten der Bauausführung im großen Maße vertraut war, in Konfliktfragen entscheiden sollte. Jedoch fand diese Idee des Ingenieurs als „Quasi-Schiedsrichter" nicht überall Zustimmung. Es wurde zum einen problematisiert, ob die gleiche Person bei Ausübung unterschiedlicher Funktionen überhaupt in der Lage sei, eventuell voneinander abweichende Entscheidungen zu treffen, außerdem wurde die Tatsache, daß der Ingenieur in der Regel vom Bauherrn bestellt und bezahlt werde, in Frage gestellt[396]. Zwar wurde durch die Klausel 2.6 der insoweit neugefaßten FIDIC-Bedingungen ausdrücklich klargestellt, daß der Ingenieur seine Entscheidungen unparteiisch nach den Bestimmungen des Vertrages zu fällen hatte. Inwieweit dies jedoch zu bewerkstelligen war, wenn der Ingenieur in einen Interessenskonflikt mit dem Bauherrn geriet, ist fraglich. Auch der Ingenieur konnte ein unmittelbares Interesse am Ergebnis der Entscheidung haben, so z. B., wenn er bei einem aufgetretenen Mangel darüber zu befinden hatte, ob dieser auf fehlerhafter Planung oder unzureichendem Material beruhte[397]. So konnte das Verfahren nach der ehemaligen Klausel 67.1 ein reiner Zeitverlust sein, da der Ingenieur in der Regel nicht in der Lage war, unparteiisch zu entscheiden und somit selten alle Vertragsparteien mit der Entscheidung einverstanden waren. Eine solche Entscheidung hatte demnach nur vorläufig bindenden Charakter bis zum endgültigen Schiedsspruch.
Auch wurde vertreten, daß das Verfahren nach Klausel 67.1 der FIDIC-Vertragsbedingungen nicht vertrags- sondern verfahrensrechtlich als Vorverfahren des eigentlichen Schiedsverfahrens eingestuft hätte werden müssen, bei dem die Einhaltung verfahrensrechtlicher Grundsätze bedenklich gewesen sei, was unter anderem die einseitige Bestellung des Ingenieurs durch den Bauherrn und die Nichtgewährleistung von rechtlichem Gehör betroffen hätte[398]. So wurde auch erwogen, neben den FIDIC-Bedingungen alternativ internationale Mustervertragsbedingungen ohne die Einrichtung des beratenden Ingenieurs zu erarbei-

---

396 Goedel, Die Neufassung der FIDIC-Bauvertragsbedingungen im März 1977, ZfBR 1978, S. 10, 11.

397 v. Hoffmann,Wege zur Beilegung von Streitigkeiten in internationalen Bauverträgen, in Simons (Hrsg.), Der Streit bei internationalen Bauverträgen, S. 22, 24,25.

398 Goedel, Aspekte der Streiterledigung bei internationalen Bauverträgen und das Arbitral Referee Verfahren, in Böckstiegel (Hrsg.), Vertragsgestaltung und Streiterledigung in der Bauindustrie und im Anlagenbau, S. 39.

ten[399]. Jedoch haben bis heute keine anderen Mustervertragsbedingungen eine den FIDIC-Bedingungen entsprechende Anerkennung erfahren.

Andere wiederum sahen in einer Vorentscheidung durch den Ingenieur den Nutzen, daß diese wie ein Filter vor der Entscheidung der Stufe zur Schiedsgerichtsbarkeit hätte wirken können[400]. Die Filterfunktion sollte bewirken, daß nur solche Auseinandersetzungen zu einem Schiedsverfahren führten, bei denen es um grundlegende Differenzen, zum Beispiel um die Bauausführung ging. Es wurde dabei berücksichtigt, daß es gerade im Bereich des internationalen Bauvertrags nach dem Erfahrungssatz „*Never get into a dispute in the first place*" über alle Maßen vermieden werden sollte, in gerichtliche, seien es auch „nur" schiedsgerichtliche Auseinandersetzungen zu geraten, so daß sich mit der Entscheidung des Ingenieurs zufrieden gegeben werden sollte. Auch sollte diese Entscheidung als Vorlage für das anschließende Schiedsverfahren dienen und dabei sicherlich eine gewisse Indizwirkung ausstrahlen.
Jedoch wurde auch von dieser Seite die Unselbständigkeit der Entscheidung des Ingenieurs als bloße Vorentscheidung erkannt. Das Urteil des Ingenieurs bei Meinungsverschiedenheit wurde weder als Sachverständigengutachten noch als sonstiger verbindlicher Beitrag zum nachfolgenden Schiedsverfahren zugelassen, sondern konnte sich immer nur durchsetzen, wenn es durch die Parteien oder durch ein Schiedsgericht zugelassen wurde[401].

b) Einsatz des *Dispute Adjudication Boards* (DAB)

Aufgrund der Kritik an der Vorschaltung des Ingenieurs kam es zunächst zur Ergänzung der FIDIC-Mustervertragsbedingungen von 1996 und schließlich zum Wegfall seiner Vorschaltung in der neuen Klausel 20. Die Rolle des Ingenieurs wurde im Rahmen einer optionalen Klausel 67 und dann in der neuen Klausel 20 durch den Einsatz eines DAB ersetzt.

Gemäß der optionalen Klausel 67 sollte eine Streitigkeit schriftlich einem DAB vorgelegt werden. Dabei handelt sich um eine Streitentscheidungskommission, die von den Parteien völlig unabhängig ist. Die Idee einer solchen Kommission ist bereits unter dem Begriff *Dispute Review Board* als für das internationale

---

399 Heiermann, Überarbeitung der FIDIC-Bauvertragsbedingungen, BW 1979, S. 1687.

400 Denzer, Stellung und Bedeutung des Engineers in den FIDIC-Bauvertragsbedingungen, S. 188 mit weiteren Nachweisen.

401 Denzer, Stellung und Bedeutung des Engineers in den FIDIC-Bauvertragsbedingungen, S. 189.

Bauwesen in Betracht kommend diskutiert worden[402] und hat mit ihre Übernahme in diese alternative FIDIC-Klausel endgültig Eingang in die Streiterledigung der internationalen Streitbeilegung auch in Europa gefunden.
Im Sinne der optionalen Klausel 67 sollten die Parteien, falls sie sich nicht bereits zuvor darauf im Vertrag geeinigt hatten, 28 Tage nach Vertragsbeginn die Ernennung der Mitglieder des DAB gemeinsam sichern. Dabei sollten die Mitglieder entsprechend qualifizierte Personen sein; ihre Anzahl sollte sich entweder auf eine oder drei Personen belaufen. Ein Drei-Personen-DAB wurde vorgeschlagen, sollte der geschätzte Vertragswert 25.000.000,- US $ übersteigen, wobei auch der Vertragstyp und die Komplexität berücksichtigt werden sollten[403]. Als generelle Regel sollten die Mitglieder des DAB Ingenieure oder andere Baufachleute sein; ausnahmsweise sollte sich auch ein Anwalt darunter befinden[404]. Dabei sollte jedes Mitglied während seiner Ernennung und in der Zeit danach von den Parteien unabhängig sein sowie unparteiisch und in Übereinstimmung mit dem zugrundeliegenden Vertrag handeln. Ihre Benennung erfolgte im gegenseitigen Einverständnis der Parteien. Außerdem sollten die Parteien versprechen, daß die Mitglieder des DAB unter keinen Umständen für ein Tun oder Unterlassen, welches bei Erfüllung ihrer Aufgabe stattfand, haftbar gemacht werden sollen, es sei denn, dieses Tun oder Unterlassen geschah in Bösgläubigkeit[405].
Das DAB sollte regelmäßig über den Fortschritt der Bauarbeiten informiert werden und sollte die Baustelle auch hin und wieder aufsuchen, besonders in kritischen Bauphasen[406]. Erwartet wird, daß die Mitglieder des DAB die Baustelle zumindest dreimal in einem Jahr aufsuchen, so daß eine stetige aktuelle Kenntnis des DAB der Bausituation gewährleistet sein sollte. Nach der Überzeugung von FIDIC war es wichtig, daß die Mitglieder frühzeitig während des Vertrages ernannt werden sollten, bevor ein Disput zwischen den Parteien entstanden war, da dann das DAB im Falle einer Streitigkeit bereits gute Kenntnisse vom Hintergrund des Disputes sowie den Umständen hätte, die zu ihm geführt hatten[407].
In groben Zügen sah eine Streitbeilegung des DAB nach der alternativen Klausel 67 folgendermaßen aus: nachdem der Disput zwischen den Parteien entstanden und nach der alternativen Klausel 67.1 schriftlich von einer Partei dem DAB

---

402 Vgl. beispielsweise Pike, *Dispute Review Boards and Adjudicators*, ICLR 1993, S. 157 ff.; Jaynes, *Dispute Review Boards - Yes!*, ICLR 1993, S. 452 ff.

403 Bowcock, *The New Supplement of the FIDIC Red Book*, ICLR 1997, S. 49, 52.

404 Seppala, *The New FIDIC Provision for a Dispute Adjudication Board*, ICLR 1997, S. 443, 444.

405 Bunni, *The FIDIC Form of Contract*, S. 393.

406 Seppala, *The New FIDIC Provision for a Dispute Adjudication Board*, ICLR 1997, S. 443, 446.

407 Bowcock, *The New Supplement of the FIDIC Red Book*, ICLR 1997, S. 49, 53.

vorgelegt wurde, mußte das DAB nach Klausel 67.2 den Parteien sowie dem Ingenieur seine begründete Entscheidung innerhalb von 84 Tagen mitteilen. Sollte eine der Parteien sodann unzufrieden mit dieser Entscheidung sein, mußte sie dies innerhalb von 28 Tagen dem DAB mitteilen. Fehlte es an einer solchen Mitteilung, wurde die Entscheidung des DAB „endgültig und bindend" für die Parteien, wie es hier bezeichnet wurde. In der Praxis bedeutete dies, daß die Parteien die Entscheidung zu befolgen hatten, da sie ansonsten einen Vertragsbruch begingen[408].
Hatte eine Partei fristgemäß bekannt gegeben, daß sie nicht mit der Entscheidung des DAB einverstanden war, so hatten beide Parteien nach Klausel 67.3 innerhalb von 56 Tagen danach den Versuch zu unternehmen sich gütlich zu einigen. Sollte auch dies nicht gelingen, so war nach Klausel 67.4 zur endgültigen Streitbeilegung der Weg in die Schiedsgerichtsbarkeit gegeben. Auch hier wurde auf die Schiedsordnung der ICC verwiesen. Klausel 67.3 und 67.4 entsprachen dabei auch der Klausel 67 in seiner ursprünglichen Form. Sollte eine der Parteien nicht in der Lage sein, die Entscheidung des DAB zu befolgen, so konnte gemäß Klausel 67.5 die andere Partei diese Nichtbefolgung an die Schiedsgerichtsbarkeit nach Klausel 67.4 verweisen. Klausel 67.2 und 67.3 sollten dabei dann keine Anwendung finden. Endete die Ernennung der Mitglieder des DAB, sollten die Streitigkeiten, die nach Klausel 67.2 dem Board vorgelegt wurden, nach Klausel 67.6 von einem Schiedsgericht im Sinne von Klausel 67.4 entschieden werden. Auch dann sollten Klauseln 67.2 und 67.3 keine Anwendung finden.
Die Entlohnung der Mitglieder des DAB war in den Ernennungsbedingungen geregelt. Jedes DAB-Mitglied hatte gemäß Klausel 67.1 eine eigene Vereinbarung mit den Parteien des Hauptvertrages. Dabei war beabsichtigt, daß die Mitglieder im gegenseitigen Einverständnis ein akzeptables Honorar aushandelten. Fehlte es an einer solchen Honorarvereinbarung, so sollte die Entlohnung sich nach den Honorarregelungen des ICSID für Schiedsrichter richten. Danach bekommt ein Schiedsrichter zur Zeit 900,- US $ täglich; außerdem werden diese Honorar teilweise monatlich berechnet oder teilweise tageweise nach dem tatsächlichen Einsatz[409].

Die Idee des DAB wurde auch schon in anderer Form als Bedingung eingesetzt. So hat die Weltbank in Washington in ihren *Standard Bidding Documents for Procurements of Works of Civil Engineering Construction* von Januar 1995 die FIDIC-Musterbauvertragsbedingungen, das „Rote Buch", in seinen Grundzügen

---

408 Seppala, *The New FIDIC Provision for a Dispute Adjudication Board*, ICLR 1997, S. 443, 449.

409 Bowcock, *The New Supplement of the FIDIC Red Book*, ICLR 1997, S. 49, 53.55.

übernommen. In der modifizierten Klausel dieser Standardbedingungen wird verlangt, daß, sollte ein geschätzter Vertragswert 50.000.000,- US $ übersteigen, ein Drei-Personen *Dispute Review Board* (was einem DAB entspricht) zu benennen ist. Für darunterliegende Vertragswerte ist ein einzelner *Dispute Review Expert* oder Ingenieur, der aber vom Unternehmer unabhängig sein muß, heranzuziehen[410].

In der neuen Klausel 20 des *Red Book* wird nunmehr nur noch der Einsatz eines DAB vorgesehen. Dieses Verfahren vor dem DAB sieht in groben Zügen wie folgt aus: Gemäß Klausel 20.2 soll das DAB gemeinsam von den Parteien zu dem Datum ernannt werden, daß im Appendix zum Angebot festgesetzt ist[411]. Hier soll auch festgelegt werde, ob das DAB aus einer oder drei Personen bestehen soll. Ist dies nicht geregelt, besteht es aus drei Personen. Hierbei kann der Vertrag eine Liste mit Personen vorsehen, die ernannt werden können.
Dem Vertrag kann eine Liste mit möglichen Mitgliedern des DAB beigeüfgt werde. Die Vereinbarungen mit den Mitgliedern de DAB und den Parteien sollen sich an den *General Conditions of Dispute Adjucication,* die im Appendix der *General Conditions* vorgesehen sind, orientieren. Wenn die Parteien sich geeinigt haben, können sie eine Angelegenheit an das DAB verweisen, keine Partei soll das DAB ohne Zustimmung der anderen konsultieren.
Unter Klausel 20.3 sind Regelungen für den Fall vorgesehen, daß die Parteien sich nicht auf die Mitglieder des DAB einigen können.
Nach Klausel 20.4 soll das DAB schriftlich angerufen werden, wenn eine Streitigkeit aufkommt. Hierbei wird ausdrücklich daraufhingewiesen, daß das DAB nicht als Schiedsrichter handelnd angesehen werden soll. Danach soll das DAB innerhalb von 84 Tagen eine Entscheidung fällen und eine Begründung hierzu angeben. Innerhalb von 28 Tagen können die Parteien dann ihre Unzufriedenheit der Entscheidung anzeigen. Tun sie dies nicht, wird der Schiedsspruch „endgültig und bindend" für beide Parteien. Um einer unanfechtbar gewordenen Entscheidung Vollstreckbarkeit zu verleihen, kann das Schiedsgericht angerufen werden, wenn die unterlegene Partei der Entscheidung des DAB nicht nachkommt (Klausel 20.7)[412].

---

410 Bunni, *The FIDIC Form of Contract*, S. 472; ein Überblick über die *Standard Bidding Documents for the Procurements of Works of Civil Engineering Construction* ist bei Bunni auf den S. 466 ff. gegeben.

411 Im Rahmen des *Plant* oder des *EPC/Turnky Contract* ist dagegen ein ad hoc einzusetztendes DAB vorgesehen, Mallmann, Neue FIDIC-Standardbedingungen für Bau- und Anlagenverträge, RIW 2000, S. 533, 539.

412 Mallmann, Neue FIDIC-Standardbedingungen für Bau- und Anlagenverträge, RIW 2000, S. 533, 539.

Wird dagegen die Unzufriedenheit innerhalb der Frist angezeigt, sollen die Parteien versuchen, sich gütlich zu einigen (Klausel 20.5, *amicable settlement of dispute*). Hierzu stehen wiederum 56 Tage zur Verfügung.
Können sich die Parteien nicht gütlich einigen, steht gemäß Klausel 20.6 der Weg in die ICC-Schiedsgerichtsbarkeit offen. In dem Schiedsverfahren kann der Ingenieur als Zeuge gehört werden.

Da das Verfahren der neuen Klausel 20 des *Red Book* in großen Teilen über Gemeinsamkeiten mit der bisherigen optionalen Klausel 67 verfügt, soll ihre Bewertung gemeinsam erfolgen.

c) Bewertung

Eine Entscheidung des DAB wird als effektiveres System im Vergleich zur Entscheidung des Ingenieurs bezeichnet, da es sich hierbei um einen komplett neutralen Körper handelt, der von beiden Parteien ernannt und bezahlt wird[413]. Bei der Besetzung des DAB wird im Regelfall von der Ernennung von Ingenieuren und Baufachleuten ausgegangen, wobei in Ausnahmefällen auch Juristen in Betracht kommen[414]. Außerdem kann die Entscheidung des DAB in einer späteren Verhandlung noch überzeugender als die Ingenieurentscheidung zu Beweiszwekken herangezogen werden, da das DAB aus mehreren unabhängigen Fachleuten bestehen wird.
Die Tatsache, daß die Mitglieder des DAB von beiden Parteien bezahlt werden, ist ebenfalls ein wichtiger Aspekt, da im Gegensatz zum beratenden Ingenieur nach der ursprünglichen Form hierdurch die Unparteilichkeit aufgrund der fehlenden Abhängigkeit von einer Partei gefördert wird.
Gleichzeitig wird aber auch betont, daß man die Verdienste eines DAB nicht überbewerten darf. Daß das DAB innerhalb von nur 84 Tagen eine Entscheidung fällen muß, kann natürlich dazu führen, daß keine Zeit für die Möglichkeit der Parteien, Vorlagen einzureichen, für eine Anhörung oder für Präsentation eines Sachverständigengutachten bleibt[415]. So kann das DAB ohne Frage nicht mit der gleichen Gründlichkeit und Reflexion eines Schiedsgerichtes eine Entscheidung fällen. Als unfair erscheint es hierbei auch, daß die Partei, welche das Verfahren

---

413 Seppala, *The New FIDIC Provision for a Dispute Adjudication Board*, ICLR 1997, S. 443, 452.

414 Wiegand, „*Adjudication*" – beschleunigte außergerichtliche Streiterledigungsverfahren im englischen Baurecht und im internationalen FIDIC-Standardvertragsrecht, RIW 2000, S. 197, 201.

415 Seppala, *The New FIDIC Provision for a Dispute Adjudication Board*, ICLR 1997, S. 443, 452 f.

vor dem DAB einleitet, unbefristet Zeit zur Vorbereitung seiner Einleitung hat, während mit Einleitung des Verfahrens sich die andere Partei für ihre Gegenreaktion schon in der Entscheidungsfrist von 84 Tagen findet.
An der Idee des DAB ist darüberhinaus zu kritisieren, daß durch die Entlohnung seiner Mitglieder auch erhebliche Mehrkosten entstehen. Natürlich erscheint dies wieder relativ in Anbetracht eines mehrmillionigen Vertragsvolumens. Außerdem soll durch den Einsatz eines DAB die Einleitung eines kostenintensiveren Schiedsverfahrens oder gar eines staatlichen Gerichtsverfahrens verhindert werden. Zugleich erfordert das DAB-System für die Parteien einen zeitlichen Mehraufwand, da sie die Mitglieder des DAB auch ohne Vorliegen einer Streitigkeit über den aktuellen Fortgang der Bauarbeiten oder über neueste Entwicklungen informieren müssen. Auch dies ist aber in dem Lichte zu sehen, daß damit ein zeit- und verwaltungsaufwendigeres streitiges Verfahren verhindert werden soll. Trotzdem bleibt am Ende der Weg in die Schiedsgerichtsbarkeit offen, den beide Parteien jederzeit wählen können. Sollte dieser tatsächlich gewählt werden, so war die Inanspruchnahme des DAB ein Aufwand, der letztendlich nur Finanzen und Zeit verschwendet hat. Damit geht auch der Sinn des DAB-Verfahrens verloren, möglichst in kurzer Zeit ein endgültige Lösung des Disputes herbeizuführen.

Es ist jedoch zu früh, um eine repräsentative Statistik darüber zu erstellen, wieviele internationale Baustreitigkeiten in der Tat durch die Entscheidung eines DAB endgültig beigelegt wurden. Man kann nur annehmen, daß die Entscheidung eines unabhängigen, mit fachkundigen Mitgliedern besetzten DAB nach der früheren alternativen Klausel 67 und der heutigen Klausel 20 eventuell mehr Gewicht haben wird als die Entscheidung eines abhängigen Ingenieurs nach der ursprünglichen Form der Klausel 67.

Die frühere Klausel 67 in ihrer ursprünglichen Form, die frühere optionale Klausel 67 und die heutige Klausel 20 der FIDIC-Musterbauvertrags-bedingungen erscheinen demnach nur auf den ersten Blick ein gelungener Ansatz, um Streitigkeiten bei internationalen Bauprojekten möglichst frühzeitig beizulegen und den Weg vor ein Schiedsgericht oder ein staatliches Gericht zu vermeiden. Auch diese Regelungen reichen nicht aus, um Streitigkeiten im internationalen Bauwesen endgültig zu vermeiden. Zwar erscheinen die Ansätze, eine Art „Vorinstanz“ vor dem Schiedsgericht entwickeln zu wollen, als lobenswert. Jedoch bleibt eine solche Vorentscheidung häufig nur vorläufig, bis sie letztlich doch vor ein Schiedsgericht gebracht wird.
Akzeptieren dagegen die Parteien diese Vorentscheidung, so handelt es sich dabei öfters um einen „faulen Kompromiß“, entweder weil der Ingenieur keine unbeeinflußte Entscheidung gefällt hat oder weil das DAB aufgrund der 84-Tage-

Frist von einer Partei einen umfangreicheren Vortrag erhalten hat als von der anderen, zu dem eine Seite sich gezwungen sieht, auch weil sie einen größeren Kosten- und Zeitaufwand vermeiden will.
Hatte die Entscheidung sowohl eines Ingenieurs als auch eines DAB keinen Bestand, ist sie tatsächlich ein reiner Zeitverlust und damit auch unnötiger Kostenaufwand, der durch eine sofortige schiedsgerichtliche Klärung hätte vermieden werden können. Damit erscheinen die Bedingungen der ehemaligen Klausel 67, der früheren optionalen Klausel 67 und der heutigen Klausel 20 der FIDIC-Musterbauvertragsbedingungen weder in der einen noch in der anderen Form in der Frage der Streitbeilegung als ultima ratio, so daß es bleibt, nach anderen Lösungen zu suchen.

2. Alternative Streitbeilegung

Im Verlaufe der letzten Jahre wurde immer wieder über andere alternative Wege der außergerichtlichen und außerschiedsgerichtlichen Streitbeilegung diskutiert. Als aktuelles Thema der Diskussion ist hierbei vor allem die *Alternative Dispute Resolution* (im folgenden ADR) zu nennen[416]. Daneben gibt es aber auch immer wieder neue Ideen. Von diesen soll die Entwicklung einer Schiedsordnung mit integriertem Schlichtungs- und Vergleichsverfahren herangezogen werden.

a) *Alternative Dispute Resolution* (ADR)

Beim ADR handelt es sich um eine in den Vereinigten Staaten entwickelte Form der außergerichtlichen Streiterledigung, die eine Reihe verschiedener Streitbeilegungsmechanismen zur Verfügung stellt, durch die eine gütliche Einigung zwischen den Parteien erreicht werden soll. Zwischenzeitlich hat eine gewisse Begriffsverschiebung stattgefunden. Während früher die Schiedsgerichtsbarkeit als Unterfall der ADR betrachtet wurde, wird heute dagegen ADR ebenfalls als Alternative zur Schiedsgerichtsbarkeit angesprochen. Es wird nun zwischen Juris-

---

416 So fand beispielsweise am 11.11.1998 eine Vortragsveranstaltung der DIS zu diesem Thema in Düsseldorf statt; zu dem Thema der außergerichtlichen Streitschlichtung wie Mediation und andere vgl. auch Böckstiegel, Alternative Dispute Resolution (ADR) - Relevanz und Kriterien, DIS-Mat. V (1999), S. 1 ff., Duve, Mediation - Alternative zur Schiedsgerichtsbarkeit?, DIS-Mat. V (1999), S. 25 ff.; Günther, Mediation - Ein Vorverfahren zur Streitbeilegung?, DIS-Mat. V (1999), S. 9 ff.; Breidenbach/Henssler (Hrsg.), Mediation für Juristen; Breidenbach, Mediation; Gottwald/Strempel (Hrsg.), Streitschlichtung, mit rechtvergleichenden Beiträgen auch zur Mediation; von Hoyningen-Hüne, Mediation - Eine Alternative zum gerichtlichen Verfahren, JuS 1997, S. 352 ff.; Mähler/Mähler, Streitschlichtung – Anwaltssache, hier: Mediation, NJW 1997, S. 1262 ff. Mit der Bauschlichtung in der Deutschland setzt sich mit empirischen Untersuchungen Boysen/Plett, Bauschlichtung in der Praxis, auseinander.

diktion, also staatlicher Gerichtsbarkeit und Schiedsgerichtsbarkeit, und ADR getrennt[417]. Dabei werden die einzelnen Schlichtungsformen auch häufig in ihrer Begrifflichkeit vermengt und ungenau dargestellt. Unter ADR sind heute vielmehr Schlichtungsverfahren in den verschiedenen Varianten zu verstehen. Als Beispiel sollen hier Mediation und *Conciliation* genannt werden.

In den Vereinigten Staaten und inzwischen auch in Großbritannien werden von einer Reihe zum Teil kommerziell organisierter Institutionen sowohl Modelle für die Ausgestaltung von ADR-Verfahren als auch für die Vermittlung von Schlichtern angeboten[418]. Gerade auch im Bereich des internationalen Bauwesens und Anlagenbaus, insbesondere in den Vereinigten Staaten, erfreuen sich solche ADR-Verfahren immer größerer Beliebtheit.

Besonderheit dieser Streitbeilegungsverfahren ist, daß sie eine freiwillige Form der gütlichen Streitbeilegung darstellen, bei der eine neutrale Partei ernannt wird, die Verhandlungen zwischen den Parteien ermöglichen und als Katalysator zwischen diesen fungieren soll, um eine Lösung des Disputes zu erreichen[419]. Bei Mediation handelt es sich um eine Verhandlung zwischen Parteien, die einen neutralen Dritten zu ihrer Unterstützung heranziehen, wobei diesem keine Entscheidungsbefugnis zukommt[420]. Im Rahmen der Mediation hat die neutrale Partei einfach die Aufgabe, die Parteien zu überzeugen, ihre gegensätzlichen Positionen zu verändern in der Hoffnung, einen Punkt zu erreichen, in dem beide übereinstimmen. Hierbei soll der Mediator sich diplomatisch vermittelnd verhalten, ohne dabei aktiv Vorschläge zu machen, wie man den Konflikt lösen könnte (sogenannte *shuttle diplomacy*). Der Conciliator dagegen hat eine aktivere Rolle; er macht Vorschläge, gibt Ratschläge und Argumente für und gegen die Positionen der einzelnen Parteien[421]. Die Dauer eines solchen Schlichtungsverfahrens kann von zwei Stunden bis zu mehreren Tagen gehen, ist also in jedem Fall kürzer als ein mögliches (Schieds-)Gerichtsverfahren. Die Ergebnisse solcher Schlichtungsverfahren sind allerdings nicht durchsetzbar, da es an der Verpflichtung zur Anerkennung und Vollstreckung mangels völkerrechtlicher Verträge oder internationaler Abkommen fehlt. Damit ist unbedingte Voraussetzung für ein solches Schlichtungsverfahren der Wille der Parteien, ein ausgehandeltes Ergebnis freiwillig zu akzeptieren.

---

417 Lionnet, Schiedsgerichtsbarkeit und „Mediation"-Alternativen oder Gegensätze, in Nicklisch (Hrsg.), Der komplexe Langzeitvertrag, S. 543, 546.

418 Böckstiegel, Schlichten statt Richten, DRiZ 1996, S. 267, 272.

419 Bunni, *The FIDIC Form of Contract*, S. 425.

420 Duve, Mediation - Alternative zur Schiedsgerichtsbarkeit?, DIS-Mat. V (1999), S. 25, 28; Breidenbach, Komplementäre Konfliktbehandlung durch Mediation, in Breidenbach/Henssler (Hrsg.), Mediation für Juristen, S. 1.

421 Bunni, *The FIDIC Form of Contract*, S. 425 f.

Weitere Begriffe, die in der Praxis immer wieder im Zusammenhang mit ADR auftauchen, sind *Mini-Trial, Settlement Conference, Evaluation, Early Neutral Evaluation, Case Evaluation, Fast-Track Arbitration, Court-Annexed Arbitration, High-Low-Arbitration, Baseball Arbitration, Final Offer Arbitration, Mediation-Arbitration (Med-Arb), Arbitration-Mediation (Arb-Med)* und *Rent-A-Judge*[422].

In Europa sowie insbesondere im deutschen Recht ist die Bedeutung solcher Schlichtungsverfahren bisher noch gering, wobei jedoch eine verstärkte Diskussion in diesem Bereich zu beobachten ist. So findet sich nicht nur im Bereich des Zivilrechts die außergerichtliche Streitschlichtung; beispielsweise ist in § 4 b des Baugesetzbuches ein Mittlungsverfahren vorgesehen, wobei die Gemeinde zur Beschleunigung eines Bauleitplanverfahrens die Vorbereitung und Durchführung der Verfahrensschritten betreffend der Beteiligung der Träger öffentlicher Belange und grenzüberschreitender Unterrichtung der Gemeinden und Träger der öffentlichen Belange einem Dritten übertragen können[423]. Die Besonderheiten des gesellschaftlichen oder rechtlichen Umfeldes haben in Europa zu einem erhöhtem Interesse an ADR geführt, z. B. in England aufgrund der Höhe der Anwaltskosten für die normalerweise erforderliche Einschaltung sowohl eines *Solicitors* als auch eines *Barristers*[424]. So gibt es in England auch seit 1990 das *Centre for Dispute Resolution*, eine Gründung der englichen Industrie, dessen Hauptarbeitsfelder im Bereich von Bau- und EDV-Sachen liegen[425].

Inzwischen bieten auch einige Institutionen der internationalen Wirtschaftsschiedsgerichtsbarkeit Schlichtungsverfahren mit entsprechenden Verfahrensordnungen an, so zum Beispiel die UNCITRAL-Schlichtungsordnung oder das Schlichtungsverfahren der *World Intellectual Property Organisation* (WIPO).

Vorteil solcher Verfahren ist sicherlich, daß sie auf der Freiwilligkeit der Parteien beruhen und diese einen großen Einfluß auf den Ablauf des Verfahrens und damit auch auf die Entscheidung haben. Gleichzeitig können sie zu jeder Zeit das Verfahren abbrechen oder beenden. Es wird auch vermutet, daß die Durchführung eines ADR-Verfahrens zukünftige Verhandlungen der Parteien weniger belastet, als die Entscheidung eines staatlichen Gerichtes oder eines Schiedsgerichtes.

---

422 Böckstiegel, Alternative Dispute Resolution (ADR) - Relevanz und Kriterien, DIS-Mat. V (1999), S. 1, 3.

423 Zur Mediation im Verwaltungsverfahren vgl. Battis/Krautzberger/Löhr-Battis, BauGB, § 4 b Rn. 2 ff. mit weiteren Nachweisen.

424 Böckstiegel, Alternative Dispute Resolution (ADR) - Relevanz und Kriterien, DIS-Mat. V (1999), S. 1, 6.

425 Günther, Mediation - Ein Vorverfahren zur Streitbeilegung?, DIS-Mat. V (1999), S. 9, 17 f.

Allerdings ist auch an Schlichtungsverfahren Kritik zu üben. So erscheint es zwar als wünschenswertes Modell, daß die Parteien eines Rechtsstreits freiwillig versuchen, im Wege eines Schlichtungsverfahrens eine gütliche Einigung zu finden, die darauf basiert, daß beide Teile ein wenig nachgeben, ihre eigenen Fehler einsehen und dem Standpunkt der anderen Partei Verständnis entgegen bringen; jedoch wirkt dies in der Praxis eher unwahrscheinlich. Ginge man von einem solchen verständigen Verhalten der Parteien aus, die gleichzeitig darauf bedacht sind, möglichst ohne viele Verluste einen Rechtsstreit beizulegen, so wären generell viele Prozesse zu vermeiden. Eine solche eigene Klärung reicht jedoch aus, um eine eigene Lösung zu finden; dafür bedarf es keines Vermittlers[426]. In der Regel ist es jedoch so, daß beide Parteien der Ansicht sind, im Recht zu sein und daher auch nicht nachgeben wollen. Vieles liegt hier am Geschick des Vermittlers, der sogenannten neutralen Partei. Auch scheint manchmal die Einleitung eines ADR-Verfahrens durch eine Partei oder ihre Anwälte nur der Versuch eines Probelaufes zu sein, um die Argumentation und Stärke der gegnerischen Partei kennenzulernen und sie zu testen, bevor dann erst in einem Schiedsverfahren eine verbindliche Entscheidung getroffen wird[427]. Weiterer Kritikpunkt an den ADR-Verfahren ist im übrigen, daß ihre Ergebnisse nicht vollstreckbar sind.
So ist vor allem bei Verfahren mit geringem Streitwert oder vergleichsweisen bedeutungslosen Ansprüchen in einem frühem Stadium der Weg in ein ADR-Verfahren empfehlenswert, da hier noch davon ausgegangen werden kann, daß sich die Fronten nicht verhärtet haben und eine gütliche Einigung gefunden werden kann. Außerdem dürften gerade bei internationalen Bauprojekten und beim internationalen Anlagenbau kaum Streitigkeiten mit bedeutungslosen Ansprüchen oder so geringem Streitwert entstehen, bei denen dann nicht die Parteien zuvor in Verhandlungen versuchen, diese gütlich beizulegen, da Rechtsstreitigkeiten gerade unter Wirtschaftspartnern niemals von Interesse sind. Darüberhinaus ist zu berücksichtigen, daß bereits bestehende separate Schlichtungsverfahren, wie sie bisher beispielsweise die *ICC Rules of Optional Conciliation* oder das Schlichtungsverfahren der UNCITRAL, die seit langem angeboten werden, im Vergleich zum Schiedsverfahren nicht nennenswert genutzt werden. Auch Expertenverfahren und Schiedsgutachten sind zwar in verschiedenen Bereichen des Verbraucherschutzes verbreitet, aber für eine Streitbeilegung bei großen Bau- oder Anlagenprojekten ist in Europa keine nennenswerte Nutzung festzustellen[428].

426 Lionnet, Schiedsgerichtsbarkeit und „Mediation"-Alternativen oder Gegensätze, in Nicklisch (Hrsg.), Der komplexe Langzeitvertrag, S. 543, 547.

427 Böckstiegel, Schlichten statt Richten, DRiZ 1996, S. 267, 273.

428 Nicklisch, Schiedsgerichtsverfahren mit integrierter Schlichtung, RIW 1998, S. 169, 170; ders., Schiedsgerichtsverfahren mit integrierter Schlichtung, DIS-Mat. V (1999), S. 81, 85 f.

Andererseits ist auch zu beobachten, daß die Bereitschaft, ein Schiedsverfahren mit einem Vergleich zu beenden in Europa recht hoch ist. So bedeutet die Nutzung der vertraglich vereinbarten Schiedsgerichtsbarkeit im Verständnis der Parteien regelmäßig, daß parallel dazu die ebenfalls integrierten Schlichtungsmöglichkeiten als Vergleichsbestrebungen genutzt werden. ICC-Schiedsverfahren zum Beispiel enden zu mehr als 50 % mit einem Vergleich[429].
Der Ausgangspunkt von ADR liegt eben doch in der Besonderheit des Zivilprozesses vor amerikanischen Gerichten, da dort die Dauer und die Kosten diejenigen deutscher Zivilprozesse um ein Vielfaches übersteigen. Damit ist der Druck, sich außergerichtlich zu einigen, ungleich größer. Außerdem entspricht die Vorstellung, sich innerhalb eines Schiedsgerichtsverfahrens im Wege des Vergleichs zu einigen, wohl eher der zumindest kontinentaleuropäischen Rechtstradition. Daher ist auch zu bezweifeln, ob es in Europa eine ähnliche Anerkennung erfahren wird wie in den Vereinigten Staaten. Auch sind Kostengünstigkeit und Schnelligkeit nicht die einzigen Kriterien einer Streitbeilegung; vielmehr sollte vor allem die Qualität der Entscheidung im Vordergrund stehen. Das wichtigste Argument zugunsten der Schiedsgerichtsbarkeit ist jedoch noch immer, daß sie außerhalb der staatlichen Gerichtsbarkeit auch dann zur einer verbindlichen und international anerkannten Streitbeilegung führen kann, wenn sich die Parteien nicht einigen können[430].

b) Schiedsverfahren mit integrierter Schlichtung oder Vermittlung

Im Rahmen der Streitbeilegung erscheint es allerdings als gelungener Ansatz, eine Schiedsordnung oder Schiedsklausel zu vereinbaren, die ein Schlichtungs- oder Vergleichselement enthält. Bei einem solchen Verfahren könnte der Schiedsrichter in einer Doppelfunktion zugleich als Schlichter fungieren. Dabei bestehen aus kontinentaleuropäischer Sicht keine rechtlichen Probleme aus der Verbindung der schlichtenden und der entscheidenden Rolle des Schiedsrichters. Allein im anglo-amerikanischen Rechtskreis wird darüber diskutiert, inwieweit eine solche Verbindung als unzulässig anzusehen sei, da der Richter, der an Vergleichsgesprächen beteiligt sei, auch als befangen angesehen werden könne[431]. Hierbei ist aber von besonderem Interesse, daß sogar im anglo-amerikanischen

---

429 Raeschke-Kessler, Stellungnahme zu: Schiedsverfahren: Der Schiedsrichter als Vermittler, ASA-Bulletin 3/1995, S. 568, 590.

430 Böckstiegel, Schlichten statt Richten DRiZ 1996, S. 267, 273.

431 Vgl. Braun, Die Rolle des *Federal District Court Judge* im Verhältnis zu den Parteien, S. 64 ff. mit weiteren Nachweisen.

Rechtskreis eine Neubewertung dieser Frage einsetzt[432]. Wie bereits erwähnt, existieren gesonderte Schlichtungsordnungen wie beispielsweise die UNCITRAL-Schlichtungsordnung von 1980 sowie die ICC *Rules of Conciliation* von 1988. Diese werden jedoch kaum in Anspruch genommen. So waren im September 1995 bei der ICC nur fünf Schlichtungsverfahren anhängig[433]. Andere Schiedsrechtsquellen sehen innerhalb ihres Gesetzestextes ein Vergleichs- oder ein Schiedsverfahren vor. So beinhalten beispielsweise die Art. 28 ff. des ICSID-Übereinkommens von 1965 die Voraussetzungen für ein Vergleichsverfahren.
Interessant ist, daß auch im nationalen Bereich die vorgerichtliche Streitbeilegung durch Schlichtung thematisiert wird. Der deutsche Bundesrat hat beispielsweise bereits 1996 einen Gesetzesentwurf zur Einführung eines obligatorischen Schlichtungsverfahren als Prozeßvoraussetzung eingebracht, wonach die Bundesländer die Möglichkeit erhalten sollen, bei vermögensrechtlichen Streitigkeiten bis zu 1.500,- DM, bei nachbarrechtlichen Auseinandersetzungen ein obligatorisches Schlichtungsverfahren sowie bei Streitigkeiten über Ansprüche wegen Verletzung der perönlichen Ehre, die nicht in in Presse oder Rundfunk begangen worden sind, einzuführen[434]. Ein solches Verfahren soll ein Schiedsverfahren gemäß der §§ 1025 ff ZPO nicht ersetzen, sondern soll ihm höchstens vorgelagert sein[435]. Die Begründung des Gesetzesentwurf selbst beinhaltet im übrigen den Hinweis, daß sich ein solches obligatorisches Schlichtungsverfahren für Bauprozesse eignet[436]. Eingeführt wurde dieses als Gesetz zur Förderung der außergerichtlichen Streitbeilegung vom 15.12.1999 als § 15 a EGZPO[437].
Andere Schiedsrechtsquellen sehen zumindest die Möglichkeit des Vergleiches und bestimmen die Festhaltung des Vergleiches in Form eines Schiedsspruches, so z.B. Art. 30 des UNCITRAL-Modellgesetzes oder Art. 26 der ICC-Schiedsordnung. So ist auch die Verpflichtung des Schiedsrichters zum Versuch der Streitbeilegung in staatlichen Regelungen der Schiedsgerichtsbarkeit nicht ausdrücklich ausgesprochen, da sie ohnehin als selbstverständlich empfunden wird[438]. Ausdrücklich läßt sie sich doch beispielsweise in § 32.1 der DIS-

---

432 Vgl. Nicklisch, Schiedsverfahren mit intergrierter Schlichtung, RIW 1998, S. 168, 172 mit weiteren Nachweisen.

433 Raeschke-Kessler, Stellungnahme zu: Schiedsverfahren: Der Schiedsrichter als Vermittler, ASA-Bulletin 1995, S. 568, 590.

434 Entwurf eines Gesetzes zur Vereinfachung des zivilgerichtlichen Verfahrens und des Verfahrens der freiwilligen Gerichtsbarkeit, BR-Drucks. 605/96=BT-Drucks. 13/6398.

435 In der Fachliteratur ist der Gesetzesentwurf des Bundesrates kritisch aufgenommen worden, vgl. zum Meinungsstand Schmidt-Gayk/Jamin, Zwangsschlichtung am Bau?, BauR 1999, S. 811, 812, so. z. B. auch Boysen/Plett, Bauschlichtung in der Praxis, S. 102.

436 BT-Drucks. 13/6398, Begründung S. 19.

437 BGBl. I S. 2400.

438 Nicklisch, Schiedsgerichtsverfahren mit integrierter Schlichtung, RIW 1998, S. 169, 172.

Schiedsordnung von 1998 finden: „§ 32.1 Das Schiedsgericht soll in jeder Lage des Verfahrens auf eine einvernehmliche Beilegung des Streits oder einzelner Streitpunkte bedacht sein." Vergleichbare Regelungen finden sich beispielsweise in den Schiedsordnungen der tschechischen Handelskammer, der slowakischen Handels- und Industriekammer, der ungarischen Handelskammer sowie der Basler Handelskammer[439]. Als vorteilhaft wird denn auch der Schiedsrichter in einer Art Doppelfunktion als Schlichter und Schiedsrichter betrachtet, da die Verbindung von Schlichten und Richten eine hohe Erfolgsquote garantiere, da Schiedsrichter/Schlichter leicht auf Ergebnisse aus dem bisherigen Schiedsverfahren zurückgreifen und die Chancen der Parteien aufgreifen könnten, außerdem könne bei Fehlschlagen der Schlichtung das Schiedsverfahren ohne weitere Verzögerung fortgesetzt werden. Darüberhinaus sei sowohl der Vergleich als auch der Schiedsspruch eine endgültige vollstreckungsfähige Entscheidung[440]. Dieser Ansicht kann nur zugestimmt werden. Ein integriertes Vergleichs- oder Schlichtungsverfahren löst dieses Problem. Außerdem erscheint es bei einem integrierten Schlichtungsverfahren nicht als Umweg, dieses durchzuführen, da dies nicht bedeutet, daß sich hier an verschiedene Schiedsgerichte oder Schlichtungskommissionen gewandt werden muß und es auch nicht den erheblich größeren Zeitaufwand bedeutet. So werden Schiedsvereinbarungen auch teilweise deswegen abgeschlossen, weil es im Schiedsverfahren eine ernsthafte Chance zum Vergleich gibt und weil dieses Verfahren nahtlos zu einem vollstreckungsfähigen Schiedsspruch führt, selbst wenn Vergleichsversuche fehlschlagen[441].

Wollen sich die Parteien nach Beginn des Schiedsverfahrens im Wege der Schlichtung oder des Vergleiches einigen, so ist davon auszugehen, daß sie inzwischen einsichtiger und vergleichsbereiter sein dürften, da sie im Laufe des bereits begonnenen Schiedsverfahrens ihre Stellung und Chancen in diesem Rechtsstreit besser einschätzen können. Insofern ist der Vorschlag einer Schiedsordnung mit einem integriertem Vergleichs- oder Schlichtungsverfahren eine geeignete Lösung. Eine der hier dargestellten internationalen Schiedsregelungen oder -modelle sieht eine solches integriertes Vergleichs- oder Schlichtungsverfahren mit einer Doppelfunktion des Schiedsrichters als gleichzeitigem Schlichter jedoch nicht vor.

---

439 Nicklisch, Schiedsgerichtsverfahren mit integrierter Schlichtung, DIS-Mat. V (1999), S. 81, 90 f.

440 Nicklisch, Schiedsgerichtsverfahren mit integrierter Schlichtung, RIW 1998, S. 169, 173.

441 Raeschke-Kessler, Stellungnahme zu: Schiedsverfahren: Der Schiedsrichter als Vermittler, ASA-Bulletin 1995, S. 568, 591.

3. *Pre-Arbitral-Referee*-Verfahren der ICC

Erwähnung soll hier auch das *Pre-Arbitral-Referee*-Verfahren der ICC finden, da es ein besonderes Verfahren zur Gewährung einstweiligen Rechtsschutzes bietet. Dieser ist, wie bereits angesprochen, gerade bei Bau- und Anlagenverträgen von besonderer Bedeutung.

Da noch vor zehn Jahren ein Instrumentarium für den einstweiligen Rechtsschutz im internationalen Schiedsgerichtswesen kaum vorgesehen war (Ausnahmen bildeten hier die UNCITRAL-Schiedsordnung und das UNCITRAL-Modellgesetz, die jeweils einstweiligen Rechtsschutz durch das Schiedsgericht vorsehen), wurde das *Pre-Arbitral-Referee*-Verfahren der ICC entwickelt. Es wird als „Kind des internationalen Bau-Booms" im Nahen Osten der siebziger und Anfang der achtziger Jahre bezeichnet, da damals Bau- und Anlagenverträge zum Hauptanwendungsfeld der internationalen Schiedsgerichtsbarkeit geworden waren[442].

Das ICC-Eilverfahren ist als Vorverfahren für eventuelle spätere Schiedsverfahren oder staatsgerichtliche Verfahren ausgestaltet. Sein Hauptvorteil liegt darin, daß es im Vergleich zu der dauerhaften Einrichtung eines DABs oder *Dispute Review Boards* oder der Bestellung eines *Adjudicators* nur bei Auftreten einer Streitigkeit zur Anwendung kommt[443]. Außerdem stellt es auch die kostengünstigere Alternative dar, da es keiner Zahlung einer Bereitschaftsgebühr für eine oder mehrere Personen während der gesamten Projektlaufzeit bedarf, wie dies teilweise bei den DABs oder den *Dispute Review Boards* der Fall ist, da diese das Projekt während seiner Laufzeit überwachen. Sein Zweck liegt unter anderem in der Möglichkeit, daß Parteien eines Vertrages in kürzester Zeit Zuflucht zu einer dritten Person, dem *Arbitral Referee*[444], nehmen, welche die Kompetenz hat, aufgrund von Dringlichkeit über eine vorläufige Maßnahme zu entscheiden[445]. Mit 7 Artikeln und einer anschließenden Kostenregelung handelt es hier um ein eher kurzes, gestrafftes Verfahren, wobei die einzelnen Regelungen wiederum ausführlich gestaltet sind.

---

442 Wiegand, Das Pre-Arbitral-Référée-Verfahren der ICC, JbPraxSch Bd. 4 (1990), S. 146, 149.

443 Goedel, Vertragliche Regelungen zur Streitbeilegung in internationalen Bau- und Anlagenverträgen, in Böckstiegel (Hrsg.) Vertragsgestaltung und Streiterledigung in der Bauindustrie und im Anlagenbau (II), Bd. 4/II, S. 67, 79.

444 Der Begriff des *Arbitral Referee* läßt sich nach Wiegand, Das Pre-Arbitral-Référée-Verfahren der ICC, JbPraxSch Bd. 4 (1990), S. 146, 151, am ehesten mit der Bezeichnung „Eilschiedsgutachter" übersetzen; jedoch ist auch diese Übersetzung mit Ungenauigkeiten behaftet, so daß im weiteren der Originalbegriff verwandt wird.

445 Davis, *The ICC-Pre-Arbitral Referee Procedure in context with Technical Expertise, Conciliation and Arbitration*, ICLR 1992, S. 218, 222.

Der Rückgriff auf die vorläufige Entscheidung eines *Arbitral Referees* beruht auf einer vorhergegangenen schriftlichen Vereinbarung der Parteien, ein *Pre-Arbitral-Referee*-Verfahren zu beginnen (Art. 3.1 der *ICC Pre-Arbitral Referee Procedure*). Damit zeichnet sich das Verfahren durch ein formelles Antragsprinzip aus. Es gibt hier, anders als beim Schiedsverfahren, keine kontradiktorische Verhandlung, wobei dem Grundsatz des rechtlichen Gehörs durch die Anhörungspflicht des Antragsgegners Rechnung getragen wird[446].
In Art. 4 der *ICC Pre-Arbitral Referee Procedure* ist die Ernennung des *Arbitral Referee* geregelt. Er wird von den Parteien ernannt. Sollten sich die Parteien nicht einigen können, wird er auf Antrag einer Partei vom Präsidenten des ICC-Schiedsgerichtshofes nach Art. 4.2, 3.2.2 (e) bestimmt, wobei die technischen und beruflichen Qualifikationen, der Wohnort, die Nationalität und andere Beziehungen des zu Ernennenden zu den Ländern, in denen die Parteien ihren Wohnsitz haben, zu beachten sind. Die Parteien können den bestimmten *Arbitral Referee* nach Art. 4.4 ablehnen.
Der *Arbitral Referee* hat einen weiten Spielraum, eine Entscheidung im Rahmen der Vereinbarung der Parteien und seiner Kompetenz innerhalb von 30 Tagen von dem Tag an zu treffen, an dem er den Antrag erhalten hat (Art. 6.2). Dabei hat der *Arbitral Referee* unter anderem nach Art. 2.1 (a) die Befugnis, Sicherungs- oder Wiederherstellungsmaßnahmen anzuordnen, die dringend erforderlich sind, um weiteren sofortigen Schaden oder unwiederbringlichen Verlust zu verhindern und damit die Rechte der Parteien an ihrem Eigentum zu schützen.
Die Entscheidung des *Pre-Arbitral-Referee*-Verfahrens ist sowohl für staatliche Gerichte als auch für Schiedsgerichte nicht bindend, wie sich aus Art. 6.3 Satz 1 ergibt. Damit ist die Revisibilität einer solchen Eilentscheidung gesichert. Nach Art. 6.3 Satz 2 der *ICC Pre-Arbitral Referee Procedure* bleibt sie jedoch rechtswirksam, solange nicht der *Arbitral Referee* selbst, ein staatliches Gericht oder ein Schiedsgericht bezüglich des Streitgegenstandes anders entschieden hat. Konsequenterweise sind die Entscheidungen des *Arbitral Referees* demnach nicht vollstreckbar. Die Entscheidung spricht keine abschließende Rechtsfolge aus, sondern beurteilt die rechtlichen und tatsächlichen Zusammenhänge im Sinne einer Teilfeststellung, die die Parteien lediglich mit vertraglicher Wirkung bindet[447].

---

446 Wiegand, Das Pre-Arbitral-Référée-Verfahren der ICC, JbPraxSch Bd. 4 (1990), S. 146, 153.

447 Wiegand, Das Pre-Arbitral-Référée-Verfahren der ICC, JbPraxSch Bd. 4 (1990), S. 146, 162.

Der Nachteil der fehlenden Vollstreckbarkeit wird jedoch durch die eingeschränkten Sanktionsmöglichkeiten bei Nichtbefolgung der Anordnung des *Arbitral Referees* aufgefangen, wie beispielsweise Schadensersatzansprüche[448].
Die Eilentscheidung selbst wird als deutlich unterhalb eines Schiedsspruches liegend angesehen; sie wird eher als ähnlich einem prozessualisierten vorläufigen Schiedsgutachten betrachtet, jedoch kaum als vorläufig vollstreckbarer Teil-Schiedsspruch[449].
Regelungen zum Mehrparteienverfahren enthalten die Vorschriften nicht konkret; jedoch wird die Möglichkeit solcher Verfahren unterstellt[450], z. B. in Art. 3.4, wo geregelt ist, daß eine Abschrift der Antragserwiderung sowohl an die Antragspartei wie auch an alle übrigen Parteien zu senden ist.

Auch beim *Pre-Arbitral-Referee*-Verfahren wurden von Anfang an seine Stärken hervorgehoben sowie seine Schwächen diskutiert. Als positiv ist z. B. der Hinweis bei der Bestimmung des *Arbitral Referees* zu bewerten, daß hierbei die technischen und beruflichen Qualifikationen sowie die Nationalität usw. zu beachten sind, da damit die Unparteilichkeit und Sachkompetenz des *Arbitral Referees* gewährleistet werden sollen.
Es wird weiterhin als Vorteil des *Pre-Arbitral-Referee*-Verfahrens angesehen, daß bei diesem die Vertraulichkeit des Verfahrens bewahrt wird, die auch Anlaß für die Parteien war, sich auf eine spätere schiedsgerichtliche Lösung von Streitigkeiten zu einigen. Die sonstige Möglichkeit, nämlich um einstweiligen Rechtsschutz bei staatlichen Gerichten zu ersuchen, würde eine Aufhebung dieser Vertraulichkeit bedeuten. Daran haben Parteien eines Bau- oder Anlagenvertrages kein Interesse, da damit Informationen über das Bauprojekt an eventuelle Konkurrenten geraten könnten. So vervollständigt das *Pre-Arbitral-Referee*-Verfahren den vertraulichen Verfahrensablauf vom ADR-Verfahren bis zum Schiedsverfahren, während es gleichzeitig die Möglichkeit vorsieht, dringende Maßnahmen vorzunehmen. Es ist damit ein weiteres Werkzeug, Parteien von internationalen Bau- und Anlagenverträgen zu helfen, Streitigkeiten, die während der Vertragsdurchführung entstehen, vertraulich beizulegen[451].
Ein Blick auf die Bewährung des *Pre-Arbitral-Referee*-Verfahrens der ICC in der Praxis gestaltet sich als schwierig, da die Entscheidungen des *Arbitral Referees*

---

448 Goedel, Vertragliche Regelungen zur Streitbeilegung in internationalen Bau- und Anlagenverträgen, in Böckstiegel (Hrsg.) Vertragsgestaltung und Streiterledigung in der Bauindustrie und im Anlagenbau (II), S. 67, 79.

449 Wiegand, Das Pre-Arbitral-Référée-Verfahren der ICC, JbPraxSch Bd. 4 (1990), S. 146, 162.

450 Wiegand, Das Pre-Arbitral-Référée-Verfahren der ICC, JbPraxSch Bd. 4 (1990), S. 146, 154.

451 Davis, *The ICC-Pre-Arbitral Referee Procedure in Context with Technical Expertise, Conciliation and Arbitration*, ICLR 1992, S. 218, 230.

beabsichtigterweise nicht veröffentlicht werden und somit der Versuch eines Vergleiches oder der Erstellung einer Statistik kaum möglich ist. Zu erwähnen bleibt jedoch, daß, da jetzt immer mehr internationale Schiedsordnungen Regelungen zum einstweiligen Rechtsschutz vorsehen, der Bedarf nach diesem Verfahren nicht mehr in dem Maße gegeben ist. Nach der bisher allerdings geringen Zahl der Anträge zu urteilen, ist außerdem zu sagen, daß dieser neue Mechanismus der ICC keinen guten Start hatte[452]. So wird am *Pre-Arbitral-Referee*-Verfahren die fehlende Vollstreckbarkeit der Eilentscheidung bemängelt[453]. Auch wurde bereits unmittelbar nach der Schaffung des *Pre-Arbitral-Referee*-Verfahren davon ausgegangen, daß sich in der Praxis Akzeptanzprobleme durch die fehlende Vorhersehbarkeit der Kostenauswirkungen dieses Verfahrens ergeben würden; auch wurde bezweifelt, ob es weise gewesen sei, auf eine Eingrenzung der Anfechtungsgründe nach Art. 4.4 zu verzichten, zumindest ein zeitliche Begrenzung der Anfechtungsmöglichkeiten bezüglich der Ernennung des *Arbitral Referee* wäre zur Gewährung eines zügigen Ablaufes des Verfahrens angebracht gewesen[454].
Insgesamt ist das *Pre-Arbitral-Referee*-Verfahren als Versuch zu werten, die Schiedsgerichtsbarkeit und insbesondere die Bausschiedsgerichtsbarkeit zu beschleunigen. Dieser Versuch scheint sich jedoch nicht bewährt zu haben, da die Nutzung in der Praxis nicht übermäßig ist. Gleichwohl kann sich das *Pre-Arbitral-Referee*-Verfahren im Einzelfall noch immer als schnellere Alternative zur Einleitung eines Bauschiedsverfahrens herausstellen.

VI. Zusammenfassung

Nun sollen in einer Gesamtschau die teilweise sehr unterschiedlichen Bedeutungen der hier vorgestellten Regelungen, Rechtsquellen und Modelle für Schiedsverfahren bei Streitigkeiten aus internationalen Bau- und Anlagenverträgen zusammenfassend dargestellt werden.

Im Bereich der staatsvertraglichen Regelungen zur internationalen Schiedsgerichtsbarkeit ist insbesondere das UN-Übereinkommen von 1958 über die Anerkennung und Vollstreckung ausländischer Schiedssprüche hervorzuheben. Seine

452 Paulsson, *International Commercial Arbitration*, in Bernstein/Tackaberry/Marriott/Wood, *Handbook of Arbitration Practice*, S. 533, 541.

453 Goedel, Vertragliche Regelungen zur Streitbeilegung in internationalen Bau- und Anlagenverträgen, in Böckstiegel (Hrsg.) Vertragsgestaltung und Streiterledigung in der Bauindustrie und im Anlagenbau (II), S. 67, 79.

454 Wiegand, Das Pre-Arbitral-Référée-Verfahren der ICC, JbPraxSch Bd. 4 (1990), S. 146, 167.

Bedeutung liegt dabei nicht so sehr speziell im bauspezifischen Rahmen sondern viel eher in der sowohl europa- als auch weltweiten Anerkennung, die es erfahren hat, da damit ein weltweites System für die Anerkennung und Vollstreckbarkeit von Schiedssprüchen zur Verfügung gestellt wurde. Ausreichend wäre es damit eigentlich, bei Regelungen zur Vollstreckbarkeit im Rahmen der internationalen Schiedsgerichtsbarkeit auf dieses Übereinkommen zu verweisen. Eine weniger bedeutsame Rolle sowohl allgemein als auch im bauspezifischen Bereich spielt dagegen, das Europäische Übereinkommen von 1961. Von mehr Interesse für die Frage nach internationalen Bau- und Anlagenschiedsverfahren waren dagegen die Bestimmungen des ICSID-Übereinkommens von 1965, da die meisten Schiedsverfahren des ICSID den Bau von Projekten und Großanlagen betrafen. Dies ergab sich unter anderem aus der Beschränkung des Anwendungsbereiches des ICSID-Übereinkommens auf Investitionsstreitigkeiten, da es hierbei häufig um Investitionen in Bauprojekte geht. Dabei wurde erkannt, daß das ICSID demnach einen institutionellen Rahmen bietet, in dem praktisch alle Streitigkeiten aus dem internationalen Bauwesen und Anlagenbau vor einem Schiedsgericht entschieden werden können. Aufgrund der Tatsache, daß das ICISD-Übereinkommen in Art. 28 ff. Regelungen für ein Vergleichsverfahren vor einer gesonderten Vergleichskommission, in Art. 47 die Möglichkeit der Anordnung von vorläufigen Maßnahmen durch das Schiedsgericht vorsieht, sowie die Sachlage, daß bei der ICSID-umfangreiche Schiedsrichterlisten geführt werden, wurde das ICSID-Übereinkommen als besonders geeignet für die Anwendung bei internationalen Baustreitigkeiten beurteilt.
Allerdings handelt es sich bei den ICSID-Verfahren zumeist um Investitionen in Entwicklungsländer. Innerhalb Europas ist die Zahl von Entwicklungsländern jedoch relativ gering[455]; ihr Entstehen ist insbesondere durch die Kriege auf dem Balkan im letzten Jahrzehnt geprägt. War die Anwendung des ICSID-Übereinkommens zwischen Parteien aus europäischen Staaten vor den Balkankriegen gering, so bleibt nun abzuwarten inwieweit es zur Verwendung kommen wird, wenn es zum Wiederaufbau der durch die Kriege zerstörten Länder kommt. Hier wird es sicherlich zu Investitionen auch von europäischen Staaten kommen, wobei internationale Bau- oder Anlagenverträge abgeschlossen werden und aus diesen auch Streitigkeiten entstehen könnnen.
Insgesamt fällt bei den staatsvertraglichen Regelungen auf, daß keine Regelungen zur Mehrparteienschiedsgerichtsbarkeit vorgesehen wurden; das Bedürfnis nach

---

455 Das *Development Assistance Committee* der *Organization for Economic Co-operation and Development* (OECD) ordnete im Oktober 1998 die Staaten Albanien, Bosnien und Herzegowina, Kroatien, Gibraltar, Mazedonien, Malta, Slowenien, die Türkei und die Republik Jugoslawien als europäische Entwicklungsländer ein; dem Internetangebot der OECD am 23.08.1999 entnommen, http://www.oecd.fr/dac/htm/regped.htm.

der Regelung dieser Problematik wurde auch erst in den letzten Jahrzehnten erkannt und umgesetzt. Wie bereits mehrfach herausgearbeitet, ist gerade die Mehrparteienschiedsgerichtsbarkeit bei Streitigkeiten aus internationalen Bau- und Anlagenverträgen ein wichtiger Faktor. Zum einen stellt ein Mehrparteienverfahren Schwierigkeiten bei der Schiedsrichterbenennung dar, darüberhinaus kann auch im Verlauf eines Bauschiedsverfahrens der Wunsch entstehen, weitere Parteien mit in das Verfahren einzubeziehen, sei es beispielsweise durch Streithilfe oder Streitverkündung. Auch dazu enthalten die staatsvertraglichen Regelungen keine Bestimmungen. Außerdem entwickelte sich die internationale Schiedsgerichtsbarkeit, obwohl über Staatsverträge der Einstieg in ihre Verbreitung gefunden wurde, doch eher durch die Einrichtung von internationalen Schiedsinstitutionen und die Entwicklung internationaler Schiedsordnungen, insbesondere durch die hier dargestellten. Damit haben diese auch gleichzeitig eine größere Bedeutung für Schiedsverfahren bei Streitigkeiten aus internationalen Bau- und Anlagenverträgen in Europa.

Bei den Ausführungen zu den alternative Rechtsquellen und Verfahren der Beilegung internationaler Baustreitigkeiten hat eindeutig die ehemalige Klausel 67 und heutige Klausel 20 der FIDIC-Musterbauvertragsbedingungen die größte Verbreitung in Europa erfahren. Insgesamt wurde aber die Streitbeilegung sowohl durch den Ingenieur als auch durch ein DAB zwar als in der Theorie gelungener Ansatz betrachtet, der jedoch in der Praxis in vielen Fällen entweder einen überflüssigen Zeit- und Kostenaufwand bedeutet, weil es hinterher doch zu einem Schiedsverfahren kommt oder zu einem Kompromiß, zu dem eine Partei sich aufgrund der Umstände gezwungen sieht, was demzufolge auf Kosten der fairen Rechtsfindung geht. Ähnliches läßt sich auch zu den ADR-Verfahren sagen. Zwar sind diese zur Zeit auch in Europa eine immer wieder angesprochene und diskutierte Alternative zur Schiedsgerichtsbarkeit. Auch ihre Eignung für internationale Baustreitigkeiten wurde beleuchtet[456]; vorliegend wurde der Schluß gezogen, daß das Gebilde ADR letztlich ein amerikanisches Modell ist, dessen es in Europa in dieser ausdrücklichen Form nicht bedarf. Noch immer ist im europäischen Raum die Schiedsgerichtsbarkeit im Verhältnis zur ihrer Endgültigkeit und Vollstreckbarkeit die zumeist kostengünstigste und kürzeste, aber in jedem Fall die gründlichste Alternative, wie bereits herausgearbeitet wurde.
Die Schaffung des *Pre Arbitral Referee*-Verfahrens der ICC war der Versuch, nach langen Diskussionen um die Bauschiedsgerichtsbarkeit derem speziellen

456 Lionnet, Schiedsgerichtsbarkeit und „Mediation"-Alternativen oder Gegensätze, in Nicklisch (Hrsg.), Der komplexe Langzeitvertrag, S. 543 ff.; Nicklisch, Schiedsgerichtsverfahren mit integrierter Schlichtung, RIW 1998, S. 169 ff.

Bedürfnis nach kurzfristigen Entscheidungen entgegenzukommen[457]. Die erwartete Entlastung der ICC betreffend internationale Bauschiedsverfahren blieb aufgrund seiner geringen Nutzung aus, so daß die heutige Bedeutung des *Pre Arbitral Referee*-Verfahrens der ICC für die Beilegung von Streitigkeiten aus internationalen Bau- und Anlagenverträgen gering ist.

Im internationalen Wirtschaftsverkehr fällt die Wahl bei Schiedsordnungen am häufigsten auf die hier vorgestellten, nämlich auf die der ICC, der UNCITRAL und des LCIA aber auch auf die Schiedsordnungen nationaler Institutionen in der Schweiz, Österreich und Schweden[458].
Die Bedeutung der UNCITRAL für das internationale Bauschiedsverfahren wurde bereits als „Schrittmacher der Rechtsvereinheitlichung" bezeichnet[459]. Tatsächlich hat die UNCITRAL-Schiedsordnung neben ihrer Anwendung durch das *Iran-U.S. Claims Tribunal* in Den Haag eine gewisse Verwendung bei Streitigkeiten im Bereich des internationalen Bauwesens erfahren. Wie bereits dargestellt, ist diese Verwendung aber nicht häufiger zu beobachten als in anderen Wirtschaftszweigen auch. Eine größere Bedeutung hat dagegen das Modellgesetz der UNCITRAL über die internationale Handelsschiedsgerichtsbarkeit erfahren. Zum einen hat es tatsächlich zu Reformen im internationalen und nationalen Schiedsrecht geführt und sich hier in der Tat als Schrittmacher der Rechtsvereinheitlichung erwiesen. Zum anderen wird durch eine Fußnote in Art. 1 des Modellgesetzes direkt auf seine Anwendbarkeit auf Bauschiedsverfahren hingewiesen. Gleich der UNCITRAL-Schiedsordnung beinhaltet es Regelungen, die einem Bauschiedsverfahren entgegenkommen, wie beispielsweise die Ermächtigung des Schiedsgerichtes zur Anordnung vorläufiger Maßnahmen sowie Bestimmungen zur Beweissicherung und Säumnis. Dadurch wird ein zügiges Verfahren garantiert. Gleichwohl fehlen Regelungen zur Mehrparteienschiedsgerichtsbarkeit und zur Anforderung der Qualifikation von Schiedsrichtern im internationalen Bau und Anlagenwesen.

Die neueren Schiedsordnungen wie die der ICC oder der LCIA sehen nun Regelungen zur Mehrparteienschiedsgerichtsbarkeit vor, allerdings nur zur Frage, wie in diesem Fall die Benennung der Schiedsrichter bzw. des Schiedsgerichtes von

---

457 Siehe dazu Kap. C. V. 3.

458 Böckstiegel, Schiedsgerichtsbarkeit im wiedervereinigten Deutschland, BB 1992, Beil. zu Heft 15, S. 4, 5.

459 Wiegand, Internationales Bauschiedswesen: UNCITRAL als Schrittmacher der Rechtsvereinheitlichung, ZfBR 1985, S. 5 ff.

statten gehen soll. Die ICC-Schiedsordnung hält weder Bestimmungen zur Streitzusammenlegung noch zur Streitverkündung oder -hilfe bereit.

Im Gegensatz dazu sehen die LCIA-*Arbitration Rules* immerhin vor, daß sich Dritte auch nach Beginn des Schiedsverfahrens auf Antrag einer Partei hin am Verfahren beteiligen können, sei es in Form der Streithilfe oder der Geltendmachung eigener Ansprüche[460]. Insgesamt wurde die Neuregelung der LCIA-*Arbitration Rules* von 1998 als gelungene Regelung beurteilt, die neben einigen Schwachstellen doch viele Bestimmungen enthält, die den Interessen der an internalen Bauschiedsverfahren Beteiligten sehr entgegenkommen[461]. Gleichwohl hat sich gezeigt, daß die LCIA-*Arbitration Rules* in der tatsächlichen internationalen Bauschiedspraxis im Vergleich zur Schiedsordnung der ICC beispielsweise nur relativ gering in Anspruch genommen wird.

Die größte Bedeutung für das internationale Bauschiedswesen hat in Europa ohne Frage die Schiedsgerichtsbarkeit der ICC eingenommen, wie sich aus den Ausführungen zu den einzelnen internationalen Schiedsquellen schließen läßt. Dies ist nicht zuletzt auch auf die ehemalige Klausel 67 und heutige Klausel 20 der FIDIC-Musterbauvertragsbedingungen zurückzuführen, die auf die Schiedsordnung der ICC verweist. Gleichwohl ist beispielsweise innerhalb der ICC der Wunsch nie verstummt, die ICC möge ihre Schiedsordnung auf spezifische Gegebenheiten ausrichten und ein eigenes Bauschiedsverfahren einrichten bzw. im internen Vorgehen des Schiedsgerichtshofes der Bauschiedsgerichtsbarkeit einen besonderen Rang oder eine besondere Form einräumen[462]. Bisher wurde die Einführung eines speziellen Bauschiedsorganes oder der Schaffung eines bauspezifischen Verfahrensrechtes zur Ergänzung der ICC-Regeln immer wieder abgelehnt[463]. Zwar sucht die ICC ständig nach neuen Lösungen für das Problem, qualifizierte Schiedsrichter für Baustreitigkeiten finden. So war es eine Idee, beispielsweise zusammen mit der FIDIC, der internationalen Baugruppe und der Europäischen Gesellschaft für Baurecht Listen von Schiedsrichtern zusammenzustellen, die auf dem Gebiet des Bauwesens besonders qualifiziert sind[464]. Diese

---

460 Siehe dazu Kap. C. IV. 2. a).

461 Siehe dazu Kap. C. IV. 2. c).

462 Glossner, Bauschiedsgerichtsbarkeit bei der Internationalen Handelskammer (ICC), in Böckstiegel (Hrsg.), Vertragsgestaltung und Streiterledigung in der Bauindustrie und im Anlagenbau, S. 277, 283.

463 Wiegand, Rechtsprobleme einer speziellen internationalen Bauschiedsgerichtsbarkeit, in Nicklisch (Hrsg.), Bau- und Anlagenverträge -Risiken, Haftung, Streitbeilegung-, S. 289, 293.

464 Jarvin, Aus der Praxis des ICC-Schiedsgerichtshofes, in Böckstiegel (Hrsg.), Recht und Praxis der Schiedsgerichtsbarkeit der Internationalen Handelskammer, S. 7, 23 f.

Listen könnten dann den streitenden Parteien bei der Frage der Schiedsrichterernennung zur Verfügung gestellt werden, anstatt wie bisher üblich die Frage der Schiedsrichterlisten den *National Committees* der Länder zu überlassen. Bis auf die Schaffung des *Pre-Arbitral-Referee*-Verfahren, das von geringem Nutzen war, wurden allerdings keine dieser Reformideen umgesetzt. Immerhin haben aber in der Novellierung der ICC-Schiedsordnung, wie oben bereits dargestellt[465], Bedürfnisse der Bauschiedsgerichtsbarkeit Eingang gefunden, beispielsweise mit der Vorsehung des einstweiligen Rechtsschutzes durch das Schiedsgericht.
Insgesamt bleibt zu sagen, daß der Hauptkritikpunkt an einem ICC-Schiedsverfahren im Bereich des internationalen Bauwesens und Anlagenbaus der Zeitfaktor sowie seine geringe Flexibilität ist. Hier dauern, gerade bei komplexen Streitigkeiten trotz der in Art. 24 der ICC-Schiedsordnung vorgesehenen Sechs-Monatsfrist, Schiedssprüche einfach zu lange, da diese sehr häufig überschritten wird. Jedoch wird die Reform der ICC-Schiedsgerichtsbarkeit kaum zu einer elementaren Verkürzung von Bau- oder Anlagenschiedsverfahren führen, da die Dauer der Schiedsverfahren auch im administrativen Charakter der ICC-Schiedsgerichtsbarkeit begründet liegt, an dem auch festgehalten werden soll, wie die jüngste Novellierung von 1998 gezeigt hat.
Damit bleibt neben der Reformbedürftigkeit der ICC-Schiedsgerichtsbarkeit betreffend das Bauschiedswesen noch immer die Frage nach einem Schiedsverfahren offen, das sich besonders für Streitigkeiten bei internationalen Bau- und Anlagenverträgen im europäischen Bereich eignet.

---

465 Siehe Kap. C. IV. 1.

D. Bedeutung des europäischen Rechts für internationale und nationale Schiedsverfahren

I. Einführung

Auffällig war bei der Untersuchung des letzten Kapitels, daß neben dem Europäischen Übereinkommen von 1961 unter den dargestellten internationalen Schiedsabkommen oder -ordnungen keine eine spezielle Geltung für den europäischen Bereich hatte. Die Frage nach der Schiedsgerichtsbarkeit soll hier im Zusammenhang mit dem Europarecht untersucht werden, gilt es doch, eine europäische Schiedsordnung für das internationale Bauwesen und den Anlagenbau zu entwerfen. Außerdem wird die wachsende Präsenz und der Einfluß der Europäischen Union sowohl in das praktische Leben als auch in den gesetzlichen Rahmen Europas auch eine fortgesetzte Einwirkung auf das Recht und die Praxis der Schiedsgerichtsbarkeit in Europa haben[466].

Nach Maßgabe des Europäischen Parlamentes ist in Schiedsverfahren eine Möglichkeit zu sehen, einer übermäßigen Belastung der ordentlichen Gerichte entgegenzuwirken, die gar einer Rechtsverweigerung gleichkommen könne. So weist das Europäische Parlament in einer Entschließung vom 06.05.1994 darauf hin, daß in einem Großteil der Rechtsvorschriften der Mitgliedsstaaten der EU Schiedsverfahren auf privatrechtliche Streitigkeiten beschränkt seien und in ihnen die Ungültigkeit von schiedsrichterlichen Urteilen vorsehen, die im Widerspruch zu Bestimmungen der öffentlichen Ordnung oder den guten Sitten stünden[467]. Da die meisten Vorschriften des primären und des abgeleiteten Gemeinschaftsrechts aus Regelungen der öffentlichen Ordnung bestünden, könnten Schiedsverfahren die Anwendung des EU-Rechts nicht beeinträchtigen, da in Fällen, in denen die gemeinschaftliche Rechtsordnung die ausschließliche Zuständigkeit der Institutionen der EU zur Beilegung von Streitigkeiten vorsehe, diese Zuständigkeit durch eine Schiedsvereinbarung ohnehin nicht ausgeschlossen werden könne. Außerdem könne bei der Harmonisierung des Privatrechts die Wahl des anwendbaren Rechts im Schiedsverfahren eingeschränkt werden, was die Anwendung des UN-Übereinkommens von 1958 und des Europäischen Übereinkommens von 1961 erleichtern würde[468]. Aus dieser Äußerung kann man die Absicht des Europäischen Parlamentes entnehmen, Schiedsverfahren zu fördern. Allerdings wird der momentane Status der EU-Harmonisierung zur Frage des Zivilprozeßrechtes und insbesondere der Schiedsgerichtsbarkeit als unentwickelt, schwierig und

466 Böckstiegel, *The Problems Facing Arbitration in the European Union*, S. 191, 192.

467 EP-Dok. A3-318/94, Philipp, Schiedsverfahren fördern, EuZW 94, S. 612.

468 EP-Dok. A3-318/94, Philipp, Schiedsverfahren fördern, EuZW 94, S. 612 f.

extrem langwierig bezeichnet[469]. Insbesondere gibt es auf dem Gebiet der internationalen Schiedsgerichtsbarkeit keine EU-Gesetzgebung; auch besteht auf Gemeinschaftsebene keine Schiedsinstitution der EU[470]. Daher sollen vor allem die im Zusammenhang mit dem Vertrag zur Gründung der Europäischen Gemeinschaft (im folgenden EG-Vertrag) relevanten schiedsrechtlichen Regelungen dargestellt und ihre Problematik erläutert werden. Darüberhinaus sollen die Versuche einer europäischen Vereinheitlichung der Schiedsgerichtsbarkeit bis zum heutigen Stand dargelegt werden, da dies zumindest Indizwirkung für die Akzeptanz einer europäischen Schiedsordnung entfalten könnte.

II. Regelungen des EG-Vertrages und die Schiedsgerichtsbarkeit

Im wesentlichen sind mit dem EG-Vertrag die folgenden Fragen im Bereich der Schiedsgerichtsbarkeit relevant. Zunächst ist fraglich, inwieweit dem Europäischen Gerichtshof (im folgenden EuGH) nach den Art. 238, 239 EG (Art. 181, 182 EG-Vertrag) eine schiedsgerichtliche Funktion zukommt. Weiterhin haben die wettbewerbsrechtlichen und kartellrechtlichen Art. 81, 82 EG (Art. 85, 86 EG-Vertrag) im Zusammenhang mit der Schiedsgerichtsbarkeit klärungsbedürftige Fragen aufgeworfen. Außerdem wird die Zulässigkeit der Vorlage nach Art. 234 EG (Art. 177 EG-Vertrag) durch ein Schiedsgericht diskutiert. Daneben soll kurz auf Art. 293 EG (Art. 220 EG-Vertrag) hingewiesen werden, da in diesem ausdrücklich Schiedsprüche erwähnt sind.

1. Zuständigkeit des EuGH nach Art. 238, 239 EG (Art. 181, 182 EG-Vertrag)

Gemäß Art. 238 EG (Art. 181 EG-Vertrag) wird die Möglichkeit eröffnet, durch Vereinbarung einer Schiedsklausel die Zuständigkeit des EuGH auch für Streitigkeiten aus vertraglichen Rechtsbeziehungen der Gemeinschaft zu begründen, die im Regelfall der innerstaatlichen Gerichtsbarkeit unterstehen. Der Begriff Schiedsklausel darf hier nicht zur Annahme verleiten, daß der EuGH als privates Schiedsgericht tätig würde, da Aufgabe, Besetzung und Verfahren des EuGH nicht, wie dies bei den privaten Schiedsgerichten sonst üblich ist, von den Vertragsparteien frei bestimmt werden[471]. Der EuGH übt seine Gerichtsbarkeit auch im Falle des Art. 238 EG (Art. 181 EG-Vertrag) als Organ der Gemeinschaft und

---

469 Wiegand, *„Brussels" and Arbitration*, J.Int.Arb. 1995, No. 4, S. 5, 28.

470 Wiegand, *„Brussels" and Arbitration*, J.Int.Arb. 1995, No. 4, S. 5.

471 Von der Groeben/Thiesing/Ehlermann-Krück, Kommentar zum EU-/EG-Vertrag, Art. 181 Rn. 2.

damit als supranationales Gericht aus, dessen Rechtsnatur von der Schiedsklausel nicht berührt wird. In dieser Funktion stellt die Schiedsklausel demzufolge lediglich eine bereits vom EWGV ausdrücklich zugelassene Zuständigkeitsvereinbarung dar, da durch sie der an sich unzuständige EuGH zuständig gemacht wird. Sie entspricht damit wesensmäßig der Prorogation an sich unzuständiger staatlicher Zivilgerichte z.B. im Sinne des § 38 ZPO[472].
Zu Art. 239 EG (Art. 182 EG-Vertrag) ist in diesem Punkt ähnliches zu sagen. Er eröffnet eine weitere Möglichkeit der Prorogation der Zuständigkeit des EuGH, da nach ihm die Mitgliedsstaaten aufgrund eines zwischenstaatlichen Schiedsvertrages den EuGH mit jeder Streitigkeit befassen können, die mit dem Gegenstand des EG-Vertrags im Zusammenhang stehen. Auch hier wird der EuGH ungeachtet des Ausdruckes Schiedsvertrages nicht als Schiedsgericht tätig, sondern nimmt seine rechtsprechende Tätigkeit vielmehr als Organ der Gemeinschaft wahr[473].
Diese beiden Bestimmungen des EG-Vertrags enthalten demzufolge keine inhaltlichen Regelungen zur Schiedsgerichtsbarkeit und sollen daher auch nicht vertieft werden.

2. Die Anerkennung und Vollstreckung von Schiedssprüchen in Mitgliedsstaaten nach Art. 293 EG (Art. 220 EG-Vertrag)

Gemäß Art. 293 EG (Art. 220 EG-Vertrag) leiten die Mitgliedsstaaten untereinander Verhandlungen ein, um unter anderem die Förmlichkeiten für die gegenseitige Anerkennung und Vollstreckung von Schiedssprüchen zugunsten ihrer Staatsangehörigen zu sichern. Diese Regelung sollte lediglich dazu dienen, einen Rahmen für ein einfaches Vollstreckbarkeitssystem von Schiedssprüchen neben den staatlichen Urteilen zu gewähren. Aufgrund dieser Vorschrift wurde bisher jedoch kein entsprechendes Übereinkommen zur Anerkennung und Vollstreckung von Schiedssprüchen ausgearbeitet[474]. Ein Übereinkommen, das aufgrund des Art. 293 EG (Art. 220 EG-Vertrag) zustande kam, ist das Brüsseler Übereinkommen über die gerichtliche Zuständigkeit und Vollstreckung gerichtlicher Entscheidungen in Zivil- und Handelssachen vom 27.09.1968 (im folgenden

---

472 Grabitz/Hilf-Grabitz, Kommentar zur Europäischen Union, Bd. II, Art. 181 Rn. 3.

473 Von der Groeben/Thiesing/Ehlermann-Krück, Kommentar zum EU-/EG-Vertrag, Art. 182 Rn. 2.

474 Bösch, *Provisional Remedies in the International Commercial Arbitration*, S. 773; das einzige Schiedsabkommen der EU ist das am 23.07.1990 beschlossene und erst am 01.01.1995 in Kraft getretene EG-Schiedsabkommen über die Beseitigung der Doppelbesteuerung im Falle von Gewinnberichtigungen von verbundenen Unternehmen, vgl. Bleckmann, Europarecht, S. 739. Dieses ist aber für die vorliegende Arbeit nicht von Relevanz.

EuGVÜ). In diesem heißt es allerdings in Art. 1 Abs. 2 Nr. 4 EuGVÜ, daß das Übereinkommen nicht auf die Schiedsgerichtsbarkeit anwendbar ist. Daher kann das EuGVÜ auch niemals als Grundlage für die Anerkennung und Vollstreckung eines Schiedsspruches dienen[475].
Weiter soll auch die Bestimmung des Art. 293 EG (Art. 220 EG-Vertrag) demzufolge nicht analysiert werden. Andere Vorschriften, die Begriffe der Schiedsgerichtsbarkeit enthalten, sieht der EG-Vertrag nicht vor.

3. Die wettbewerbsrechtlichen Bestimmungen nach Art. 81 f. EG (Art. 85 f. EG-Vertrag) im Zusammenhang mit der Schiedsgerichtsbarkeit

Dagegen führten andere Bestimmungen des EG-Vertrags immer wieder zu Diskussionen im Zusammenhang mit der Schiedsgerichtsbarkeit. Die Frage der Anwendbarkeit der wettbewerbsrechtlichen Regelungen der Art. 81 f. EG (Art. 85 f. EG-Vertrag) in Schiedsverfahren, Verstösse gegen solche oder Umgehungsversuche in Schiedsverfahren waren Anlaß, sich mit der Schiedsgerichtsbarkeit in diesem Bereich auseinanderzusetzen.

a) Die Schiedsfähigkeit wettbewerbsrechtlicher Fragen

Problematisch ist bereits, inwieweit wettbewerbsrechtliche bzw. kartellrechtliche Fragen von Schiedsrichtern entschieden werden dürfen, d. h. ob sie überhaupt schiedsfähig sind. So wurde früher im Rahmen der internationalen Schiedsgerichtsbarkeit eine solche Schiedsfähigkeit in den Fällen abgelehnt, die entscheidende kartellrechtliche Streitfragen beinhalteten[476]. Über einen gegen einen vertraglichen Anspruch vorgebrachten Einwand, der die EG-kartellrechtliche Unwirksamkeit des Vertrages betraf, sollte durch Schiedsrichter nicht befunden werden, wenn sie diesen Einwand für zutreffend hielten[477]. Dem wurde aber damals bereits mit dem Argument widersprochen, daß der EG-Vertrag selbst keine Beschränkung der Schiedsfähigkeit verfügt habe und daher der Aufsichtsan-

475 Schlosser, Das Recht der internationalen privaten Schiedsgerichtsbarkeit, S. 93, bei der Ausarbeitung des EuGVÜ stellten die Verhandlungsführer fest, daß alle Vertragsstaaten entweder bereits Mitglieder des UN-Übereinkommens von 1958 waren oder in naher Zukunft sein würden, was die wechselseitige Anerkennung von ausländischen Schiedssprüchen über den Bereich der damaligen EG hinaus gewährleisten würde.

476 Weigand, *Evading EC Competion Law*, Arb.Int. 1993, S. 249, 250.

477 Robert, *Domaine ouvert à l'arbitrage dans le cadre du droit communautaire, Travaux du 2e congrès international de l'arbitrage*, Rev.Arb. 1966, S. 23, 32 f.

spruch des staatlichen Rechts in eine nachträgliche *ordre public*-Kontrolle verwiesen sei[478].
Wie ein Blick auf die Mitgliedsstaaten Deutschland und Frankreich bestätigt, hat sich diese Ansicht jedoch aufgelockert; die Tendenz geht hier dahin, die Rechtsprechung des Schiedsrichter nicht abzulehnen[479].
In Frankreich hat sich in diesem Bereich ein liberaler Trend abgezeichnet, selbst wenn man nicht von der Garantie einer vollen Schiedsfähigkeit von kartellrechtlichen Streitfragen in der internationalen Schiedsgerichtsbarkeit ausgehen kann. Man spricht hier von einer relativen Schiedsfähigkeit kartellrechtlicher Fragen[480]. Muß ein Schiedsrichter die Rechtsprechung ablehnen, wenn die EG-wettbewerbsrechtliche Frage der Hauptstreitpunkt des Falles ist, so kann er in der Sache selbst entscheiden, wenn die wettbewerbsrechtliche Streitfrage nur inzident zu prüfen ist[481], z. B. wenn ein Beklagter EG-Wettbewerbsrecht heranzieht, um zu begründen, daß ein Vertrag nach Art. 81 Abs. 2 EG (Art. 85 Abs. 2 EG-Vertrag) nichtig sei.
In der Bundesrepublik Deutschland dürfen Streitfragen EG-wettbewerbsrechtlicher Art immer von Schiedsrichtern entschieden werden[482]. Dies entspricht der generellen Tendenz, daß Schiedsrichter nicht ihr Verfahren unterbrechen mögen, sondern selbst über EG-wettbewerbs- oder kartellrechtliche Streitfragen entscheiden sollen[483]. Dies erscheint durchaus angebracht: müßte ein Schiedsrichter das Verfahren aussetzen, um eine solche Streitfrage von einem staatlichen Gericht klären zu lassen, so stände dies im völligen Widerspruch zur Effiktivität des Schiedsverfahrens. Die fehlende Schiedsfähigkeit würde sich bestens als Mittel zur Verfahrensverzögerung eignen, brauchte sich doch nur eine der Partei-

---

478 Von Hülsen, Die Zulässigkeit von Schiedsverfahren in Kartellsachen in den Vereinigten Staaten und Europa,RabelsZ 1971, S. 132, 154.

479 Es ist eine Frage des nationalen Rechts zu bestimmen, inwieweit ein Schiedsrichter berufen ist, über die Anwendung und Auslegung von EG-Kartellrecht zu entscheiden, Schlosser, Das Recht der internationalen privaten Schiedsgerichtsbarkeit, S. 324.

480 Moitry, *Arbitrage international et droit de la concurrence: vers un ordre public de la lex mercatoria?*, Rev.Arb. 1989, S. 3, 5.

481 Robert, *Domaine ouvert à l'arbitrage dans le cadre du droit communautaire, Travaux du 2e congrès international de l'arbitrage*, Rev.Arb. 1966, S. 23, 32.

482 Kühn, *Arbitrability of Antitrust Disputes in the Federal Republic of Germany*, Arb.Int. 1987, S. 226, 227; nicht ganz so eindeutig läßt sich dies auch für die Bestimmungen des nationalen Gesetzes gegen Wettbewerbsbeschränkungen bejahen, siehe hierzu ebenfalls die Ausführungen von Kühn.

483 Siehe hierzu Verbist, *The Application of European Community Law in ICC Arbitrations, Special Suppl.* zum ICC-Bulletin *November* 1994, S.33, 42 f., der hier zwei ICC-Schiedssprüche als Beispiel zitiert, in denen Schiedsrichter die Art. 85 f. EGV a. F. (Art. 81 f. EG) eigenmächtig anwenden.

en auf einen Verstoß von Art. 81 oder Art. 82 EG (Art. 85 oder 86 EG-Vertrag) berufen[484].

b) Die Anwendung von EG-Recht durch den Schiedsrichter

Fraglich bleibt aber dann, inwieweit ein Schiedsrichter oder ein Schiedsgericht verpflichtet ist, EG-Recht[485] und damit auch die wettbewerbsrechtlichen Bestimmungen der Art. 81 f. EG (Art. 85 f. EG-Vertrag) im Schiedsverfahren anzuwenden. Grundsätzlich ist der Schiedsrichter dazu verpflichtet, sollte ein Streitpunkt zum EG-Recht bestehen. Dies hat der EuGH eindeutig in dem Urteil Nordsee[486] bestätigt. Er entschied hier, daß EG-Recht als Teil des anwendbaren materiellen Rechts auch in Rahmen von Schiedsverfahren Geltung zu erfahren habe. So formt das EG-Recht einen wesentlichen Teil des jeweiligen nationalen Rechts der einzelnen Mitgliedsstaaten[487]. Selbst für den Fall, daß die Parteien vereinbart haben, daß der Schiedsrichter als *amiable compositeur* nach seinem Ermessen zu entscheiden hat und keine gesetzlich bestimmten Regelungen anwenden muß, so ist er nicht berechtigt, zwingende Vorschriften zu mißachten, die einen *ordre public*-Charakter haben[488]. Dazu dürften beispielsweise eindeutig die Wettbewerbsregelungen des EG-Vertrage gehören.
Allerdings ist immer noch fraglich, ob ein Schiedsrichter auch selbst einen Verstoß rügen oder sonstige Fragen des EG-Reches ansprechen muß, ohne daß diese von den Parteien vorgebracht wurden oder ob er nur über die Fragen entscheiden darf, die die Parteien hervorbringen. Bei der Erörterung dieser Frage stoßen verschiedene Rechtstraditionen aufeinander. Nach der kontinentaleuropäischen Tradition kennen die Gerichte das Gesetz und erheben selbst alle relevanten Streitfragen, während in der angelsächsischen Tradition der Richter lediglich über die erhobenen Argumente und behaupteten Rechte entscheiden muß[489]. Zu diesem Problem läßt sich am besten die Auffassung[490] vertreten, die eine Unter-

---

484 So auch Jarvin, *The sources and limits of the arbitrator's powers*, in Lew, *Contemporary Problems in International Arbitration*, S. 50, 68.

485 Mit EG-Recht sind hier bestimmte Vorschriften des EG-Vertrages und diejenigen EG-Regulierungen gemeint, denen in den nationalen Gerichten der Mitgliedsstaaten eine unmittelbare Geltung zukommt, ohne daß sie weiterer Transformierung in nationales Recht bedürfen.

486 EuGH - Nordsee Deutsche Hochseefischerei/Reederei Mond, 102/81 Slg. 1982, S.1095, 1111.

487 Schmitthof, *Arbitration and EEC Law*, CMLRev. 1987, S. 143, 144.

488 Jarvin, *The sources and limits of the arbitrator's powers*, in Lew, *Contemporary Problems in International Arbitration*, S. 50, 71; Hetsch, *Arbitration and Community Law*, ICC-Bulletin *November* 1995, S. 47, 54.

489 Bösch, *Provisional Remedies in the International Commercial Arbitration*, S. 775.

490 So Schmitthof, *Arbitration and EEC Law*, CMLRev. 1987, S. 143, 146.

scheidung in einem wesentlichen Punkt trifft: überträgt das EG-Recht ein Recht auf eine der Parteien des Schiedsverfahrens und beruft sich diese Partei nicht darauf, so braucht der Schiedsrichter diesen Punkt nicht von Amts wegen ansprechen und sollte seinen Schiedsspruch auch nicht auf EG-Recht begründen, wenn er zugunsten dieser Partei entscheidet. Wird allerdings eine Vereinbarung oder ein Vertrag durch den EG-Vertrag für nichtig erklärt, aber diese Nichtigkeit von den Parteien im Schiedsverfahren ignoriert, soll er von Amts wegen diesen Punkt berücksichtigen und nicht aufgrund eines Vertrags entscheiden, der nach dem EG-Recht null und nichtig ist. In diese letztere Gruppe fallen beispielsweise eindeutig wettbewerbsrechtliche Fälle.

c) Umgehung der wettbewerbsrechtlichen Bestimmungen nach Art. 81 f. EG (Art. 85 f. EG-Vertrag) durch die Schiedsgerichtsbarkeit?

Fraglich bleibt aber weiterhin, inwieweit tatsächlich gerade in wettbewerbsrechtlichen Fällen im Rahmen von Schiedsverfahren immer wieder versucht wird, die Bestimmungen der Art. 81 f. EG (Art. 85 f. EG-Vertrag) zu umgehen. Im Zusammenhang mit dem Wettbewerbsrecht überträgt Art. 81 EG (Art. 85 EG-Vertrag), in Verbindung mit der EG-Verordnung 17/62, der Kommission der EU die Befugnis, unter anderem darüber zu entscheiden, ob Vereinbarungen zwischen Unternehmen Art. 81 EG (Art. 85 EG-Vertrag) verletzen und nach einem positiven Befund, die Unternehmen aufzufordern, diese Verletzung einzustellen[491]. Diese Funktion der Kommission ergibt sich aus Art. 211 EG (Art. 155 EG-Vertrag), wonach es eine der Aufgaben der Kommission ist, für die Anwendung des EG-Vertrags sowie der von den Organen auf Grund dieses Vertrages getroffenen Bestimmungen Sorge zu tragen.

Die Annäherung der Kommission an Schiedsverfahren im Zusammenhang mit Wettbewerbsrecht war allerdings von Mißtrauen gezeichnet[492].

Zunächst hatte die Kommission in einigen frühen Fällen Schiedsvereinbarungen festgestellt, die als privates Mittel benutzt wurden, um unzulässige Kartellabsprachen durchzusetzen. In dem Fall *Centraal Bureau voor de Rijwiehandel*[493] (im folgenden CBR) zensierte die Kommission beispielsweise eine Schiedsklausel. Die Schiedsklausel war Bestandteil einer holländischen Vereinbarung, die die Vermarktung von Fahrrädern und Fahrradzubehör betraf. Diese Vereinbarung

---

491 Brown, *Commercial Arbitration and the European Economic Community*, J.Int.Arb. 1985, No. 1, S. 21, 27.

492 Bösch, *Provisional Remedies in the International Commercial Arbitration*, S. 778.

493 Entscheidung der Kommission vom 02.12.1977, *Centraal Bureau voor de Rijwiehandel*, Veröffentlichung vom 25.01.1978 im Amtsblatt der Europäischen Gemeinschaften L20/18 ff.

enthielt anti-wettbewerbsrechtliche Regelungen, wie eine kollektive Bindung der Wiederverkaufspreise und Ausschließlichkeitsverträge im Sinne einer Bezugsbindung von Käufern. Sie wurde von einem zentralen Büro aus verwaltet. Das CBR hatte nach dieser Vereinbarung das Recht, Geldstrafen aufzuerlegen und den einzelnen Mitgliedern die Mitgliedschaft des CBR zu entziehen. Nach einer Schiedsklausel konnte gegen die Entscheidungen des CBR nicht vor einem staatlichen Gericht vorgegangen werden, sondern vielmehr mußten spezielle Berufungsstellen angerufen werden. Die Kommission entschied hier, daß diese Klausel für die Mitglieder des CBR die Gefahr enthalte, daß die Entscheidungen der speziellen Berufungsstellen des CBR das Risiko beinhalteten, im Interesse seiner Mitglieder wünschenswerte Wettbewerbspraktiken zu verhindern, Wettbewerbsstörungen im Gemeinsamen Markt zu erhalten und damit die Anwendung des EG-Vertrage zu umgehen. Die Entziehung der Rechtsprechung der nationalen Gerichte stehe damit im Zusammenhang mit der Frage der Anwendung der Wettbewerbsrechte des EG-Vertrags, falle in den Geltungsbereich von Art. 81 Abs. 1 EG (Art. 85 Abs. 1 EG-Vertrag) und verhindere damit wettbewerbsrechtliche Maßnahmen, was nach der Regelungen der CBR-Vereinbarung zulässig sei[494].
Diesen Ausführungen zufolge lag hier tatsächlich in einer Schiedsklausel ein Umgehungsversuch der EG-Wettbewerbsbestimmungen vor, wobei hier zu berücksichtigen ist, daß auch die Vereinbarung, in die die Schiedsklausel eingebettet war, darauf abzielte, den Wettbewerb zu beschränken, wie sich herausstellte[495].
Als weiteres Beispiel sei der Fall *Haarden- en Kachelhandel*[496] angeführt. Hier nahm die Kommission eine anti-wettbewerbsrechtliche Vereinbarung zwischen mehreren Firmen an, die die Herstellung und Vertreibung von Gas-, Kohle- und Ölheizungsgeräten in den Niederlanden betraf. Diese Vereinbarung enthielt Marktschutzbestimmungen und wurde von einem speziellen Büro verwaltet, das denjenigen Firmen Geldstrafen auferlegen konnte, die gegen diese Bestimmungen verstießen. Ein Schiedskomitee überwachte die Anwendung der Vereinbarung. Hier entschied die Kommission, daß die Verhinderung, Einschränkung und Verfälschung des Wettbewerbes innerhalb des Gemeinsamen Marktes Zweck der Schiedsbestimmungen sei. Sie stellten ein Mittel dar, um Unternehmen, die ihre

494 Entscheidung der Kommission vom 02.12.1977, *Centraal Bureau voor de Rijwiehandel*, Veröffentlichung vom 25.01.1978 im Amtsblatt der Europäischen Gemeinschaften L20/18 ff., insbesondere para. 28.

495 Bourque, *The Legal Framework of Arbitration in the European Union*, in *International Commercial Arbitration in Europe, Special Suppl.* zum ICC-Bulletin *November* 1994, S. 8, 24.

496 Entscheidung der Kommission vom 03.06.1975, *Haarden- en Kachelhandel*, Veröffentlichung vom 21.06.1975 im Amtsblatt der Europäischen Gemeinschaften L159/22 ff.

Marktstellung durch den Wettbewerb festigen wollten, hiervon abzuhalten, und trügen damit zur Umgehung der EG-Wettbewerbsbestimmungen bei[497].
So wird hier deutlich, daß in den Augen der Kommission Schiedsklauseln in Vereinbarungen, die Verstöße gegen das EG-Wettbewerbsrecht beinhalten, als ein Aspekt angesehen werden, der die mögliche Verletzung des Wettbewerbsrechtes noch erschwert[498]. So hat sich zumindest hier das Mißtrauen der Kommission bestätigt.

Neben der Umgehung der Art. 81 f. EG (Art. 85 f. EG-Vertrag) in Schiedsvereinbarungen befürchtet die Kommission, daß einige Schiedsrichter kein EG-Recht anwenden, wenn der betreffende Schiedsspruch außerhalb des Gebietes der EU gefällt wird. In solchen Fällen könnte beispielsweise der Ort der Vertragsausführung für die Anwendung des EG-Rechtes eine Rolle spielen[499]. Außerdem hat die Kommission Bedenken, daß Schiedsrichter Entscheidungen fällen konnten, die nicht strikt mit dem EG-Recht vereinbar sind, um eine Billigkeitsentscheidung oder eine gütliche Einigung zu fördern[500].
Auch ist problematisch, wie ein Schiedsrichter in einem Verfahren vorgehen soll, wenn er eine Vereinbarung als Verstoß gegen Art. 81 Abs. 1 EG (Art. 85 f. EG-Vertrag), aber für ausnahmefähig nach Art. 81 Abs. 3 EG (Art. 85 Abs. 3 EG-Vertrag) hält[501]. Zur Ausnahmefähigkeit ist darüberhinaus zu erwähnen, daß die Kommission in einigen Fällen eine Ausnahme nach Art. 81 Abs. 3 EG (Art. 85 Abs. 3 EG-Vertrag) abhängig von der Verpflichtung der Parteien gemacht hat, der Kommission alle Schiedssprüche mitzuteilen, die diese Ausnahme betreffen[502]. Außerdem hat die Kommission in einigen Fällen der EG-Gesetzgebung spezielle, Schiedssprüche betreffende Regelungen eingefügt, insbesondere im

---

497 Entscheidung der Kommission vom 03.06.1975, *Haarden- en Kachelhandel*, Veröffentlichung vom 21.06.1975 im Amtsblatt der Europäischen Gemeinschaften L159/22 auf S. 26 f.

498 Bösch, *Provisional Remedies in the International Commercial Arbitration*, S. 778.

499 Siehe hierzu Verbist, *The Application of European Community Law in ICC Arbitrations, Special Suppl.* zum ICC-Bulletin *November* 1994, S.33, 43 f.

500 Bösch, *Provisional Remedies in the International Commercial Arbitration*, S. 778.

501 ICC-Schiedssprüche, die eine mögliche Verletzung von Art. 85 Abs. 1 EGV a. F. (Art. 81 Abs. 1 EG) darstellen, aber ausnahmefähig sind nach Art. 85 Abs. 3 hat Verbis in *The Application of European Community Law in ICC Arbitrations, Special Suppl.* zum ICC-Bulletin *November* 1994, S.33, 46 ff. dargestellt; Auszüge weiterer ICC-Schiedssprüche, in denen EG-Recht herangezogen wurde sind abgedruckt in ICC-Bulletin *November* 1994, S. 44 ff. und in ICC-Bulletin *May* 1995, S. 52 ff.

502 So beispielsweise in EuGH - *Transocean Marine Point*/Kommission, 17/74, Slg. 1974, S. 1063, 1081; hier hat der EuGH eine solche Auflage der Kommission für zulässig erachtet; siehe zu dieser Problematik insgesamt Brown, *Commercial Arbitration and the European Economic Community*, J.Int.Arb. 1985, No. 1, S. 21, 27 ff.

Bereich der *know how*-Gruppenfreistellungen und neuerdings in der EG-Luft- und Seetransportmittelgesetzgebung[503]. Diese weiteren Aspekte der Art. 81 f. EG (Art. 85 f. EG-Vertrag) im Zusammenhang mit der Schiedsgerichtsbarkeit sollen hier jedoch nicht näher erläutert werden, da dies den Exkurs in schiedsrechtliche Gesichtspunkte des Europarechts zu sehr vertiefen würde und damit den Rahmen dieser Arbeit überschreiten würde.

Es bleibt jedoch anzumerken, daß, sollte ein Fehler in der Anwendung von EG-Wettbewerbsrecht in einem internationalen Schiedsverfahren geschehen sein, dieser spätestens sanktioniert werden sollte, wenn der Schiedsspruch in einem anderen Staat vollstreckt werden soll, als in dem, in dem das Schiedsverfahren stattfand. Die Bestimmungen der Art. 81 f. EG (Art. 85 f. EG-Vertrag) sind nämlich Teil des *ordre public* im Sinne des UN-Übereinkommens von 1958[504]. Es sollte dann zumindest an der Vollstreckung eines solchen Schiedsspruches scheitern.

4. Vorlage nach Art. 234 EG (Art. 177 EG-Vertrag) durch ein Schiedsgericht?

Neben den wettbewerbsrechtlichen Problemen warf eine andere Regelung des EG-Vertrages Diskussionen im Zusammenhang mit der Schiedsgerichtsbarkeit auf. So war schon früh und ist bis heute in der Literatur umstritten[505], ob Schiedsgerichte den EuGH um Vorabentscheidungen im Wege einer Vorlage gemäß Art. 234 EG (Art. 177 EG-Vertrag) anrufen können, also ob auch Schiedsgerichte Gerichte eines Mitgliedsstaates im Sinne des Art. 234 Satz 2 EG (Art. 177 Satz 2 EG-Vertrag) sind.

Im Verfahren *Vaassen-Goebbels*[506] äußerte sich erstmalig der EuGH im Jahre 1966 zu dieser Frage. Bei dem Organ, das den EuGH anrufen wollte, um eine

503 Zu näheren Ausführungen siehe hierzu Bösch, *Provisional Remedies in the International Commercial Arbitration*, S. 782 ff.

504 Weigand, *Evading EC Competition Law*, Arb.Int. 1993, S. 249, 254.

505 Ablehnend im Ergebnis dazu beispielsweise Cohn, Schiedsgerichtsbarkeit und EWG-Vertrag, AWD des BB 1965, S. 267 ff.; Mustill & Boyd, *Commercial Arbitration*, S. 74; von der Groeben/Thiesing/Ehlermann-Krück, Kommentar zum EU-/EG-Vertrag, Art. 177 Rn. 49; Bleckmann, Europarecht, S. 323; Bourque, *The Legal Framework of Arbitration in the European Union*, in *International Commercial Arbitration in Europe, Special Suppl.* zum ICC-Bulletin *November* 1994, S. 8, 20; Schwab/Walter, Schiedsgerichtsbarkeit, S. 181; dafür sprechen Mok/Johannes, Schiedsgerichtsbarkeit und EWG-Vertrag, AWD des BB 1966, S. 125 ff.; Hepting, Art. 177 EWGV und die private Schiedsgerichtsbarkeit, EuR 1982, S. 315 ff.; Kornblum, Private Schiedsgerichte und Art. 177 EWGV, JPraxSch Bd. 2 (1988), S. 102 ff.; Schmitthof, *Arbitration and EEC Law*, CMLRev. 1987, S. 143, 153 ff.

506 EuGH - *Vassen-Goebbels/Beamtenfonds*, 61/65, Slg. 1966, S. 583 ff.

Vorabentscheidung zu erlangen, handelte es sich um das Schiedsgericht einer niederländischen Bergbauangestellten-Krankenkasse. Es war eine ständige Einrichtung, die eine besondere Zusammensetzung und spezifische Kompetenzen hatte (unter anderem die Ernennung der Mitglieder des Schiedsgerichtes durch den für den Bergbau zuständigen Minister) und mit einem eigentlichen Schiedsgericht nicht mehr viel gemein hatte als den Namen[507]. Der EuGH erklärte hier die Vorlage für zulässig und stellte gleichzeitig fünf allgemeine, aus dem Recht der Mitgliedsstaaten hergeleitete Kriterien auf, die ein privates Schiedsgericht für die Vorlageberechtigung nach Art. 234 EG (Art. 177 EG-Vertrag) zu erfüllen hat: die gesetzlich vorgesehene Bildung des Schiedsverfahrens durch einen Mitgliedsstaat, die Dauerhaftigkeit des Schiedsgerichtes, der obligatorische Rückgriff auf das Schiedsverfahren, die Beachtung der Grundsätze des rechtlichen Gehörs und die Verpflichtung des Schiedsgerichtes, Rechtsnormen anzuwenden[508].

In dem Verfahren Nordsee[509] hat der EuGH erstmalig in bezug auf handelsrechtliche private Schiedsgerichte seine Interpretation ergänzt. In diesem Fall sah die Schiedsklausel vor, daß bei Uneinigkeit der Parteien über Fragen aus dem Vertrag eine rechtskräftige Entscheidung durch einen Schiedsrichter getroffen werden sollte, der bei Nichteinigung der Parteien von der Industrie- und Handelskammer Bremen bestimmt werden sollte[510]. Hier wurde die Frage vorgelegt, ob ein Schiedsgericht, das nach Gesetz und nicht nach Billigkeit zu entscheiden hat und dessen Entscheidung unter den Parteien die Wirkung eines gerichtlichen Urteils hat, zur Vorlage befugt ist[511]. Der EuGH stellte hier fest, daß einige Merkmale mit der Schiedsinstanz in dem Verfahren *Vaassen-Goebbels* gemeinsam waren, so vor allem die Tatsache, daß das Schiedsgericht gehalten war, nach Gesetz und nicht nach Billigkeit zu entscheiden sowie daß seine Entscheidung die gleiche Wirkung wie ein rechtskräftiges Gerichtsurteil entfalten sollte. Nach Ansicht des EuGH[512] fehlte es aber an gewissen Merkmalen, die das Verfahren *Vaassen-Goebbels* enthalten hatte und die vom EuGH für wichtig befunden wur-

507 Bourque, *The Legal Framework of Arbitration in the European Union*, in *International Commercial Arbitration in Europe, Special Suppl.* zum ICC-Bulletin *November* 1994, S. 8, 19.

508 EuGH - *Vassen-Goebbels/Beamtenfonds*, 61/65, Slg. 1966, S. 583, 602.

509 EuGH - Nordsee Deutsche Hochseefischerei/Reederei Mond Hochseefischerei, Rs. 102/81, Slg. 1982, S. 1095 ff.

510 Verkürzte Falldarstellung übernommen von Funck-Bretano, Schiedsgerichtsbarkeit und Europarecht, EuZW 1995, S. 65.

511 EuGH - Nordsee Deutsche Hochseefischerei/Reederei Mond Hochseefischerei, Rs. 102/81, Slg. 1982, S. 1095, 1099.

512 EuGH - Nordsee Deutsche Hochseefischerei/Reederei Mond Hochseefischerei, Rs. 102/81, Slg. 1982, S. 1095, 1110 f.

den. So waren die Parteien hier nicht verpflichtet, ihre Meinungsverschiedenheiten der Schiedsgerichtsbarkeit zu unterwerfen, sondern sie akzeptierten diese freiwillig. Darüberhinaus bestand für die deutsche öffentliche Gewalt keine Möglichkeit, von Amts wegen in den Ablauf des Verfahrens vor dem Schiedsrichter einzugreifen. Außerdem war die Verbindung zwischen dem schiedsgerichtlichen Verfahren und den gesetzlichen Rechtsmittel des fraglichen Mitgliedsstaates nicht eng genug, um das Schiedsgericht als Gericht eines Mitgliedsstaates im Sinne des Art. 234 Satz 2 EG (Art. 177 Satz 2 EG-Vertrag) zu qualifizieren.

Immerhin wurden im Nordsee-Urteil zwei wichtige Prinzipien bekräftigt. Zum einen wurde die uneingeschränkte Beachtung des Gemeinschaftsrechts in allen Mitgliedsstaaten betont. Des weiteren wurde das für die Parteien bestehende Verbot, Gemeinschaftsrecht abzubedingen, ausgesprochen.

Die Nordsee-Entscheidung hat in der Literatur viel Kritik erfahren[513]. So wurde bedauert, wie wenig Sorge der EuGH in seinen Erwägungen um eine einheitliche Auslegung und Anwendung von Gemeinschaftsrecht durch Schiedsgerichte zeigte. Außerdem wurde es als paradox bezeichnet, auf der einen Seite die Verpflichtung der Schiedsgerichte, Gemeinschaftsrecht zu beachten zu versichern, und sie auf der anderen Seite von der Möglichkeit auszuschließen, durch eine Vorlage eine Vorabentscheidung des EuGH zu erlangen[514]. Es läge im Interesse einer einheitlichen Auslegung des Gemeinschaftsrechts, wenn alle Schiedsgerichte vorlageberechtigt wären, da Parteien und Schiedsgerichte ansonsten Gemeinschaftsrecht umgehen könnten, und Mitgliedsstaaten, die gemeinschaftswidrige Schiedssprüche tolerierten, sich völkerrechts- und vertragswidrig verhielten[515]. Es hätte eher einem modernen Rechtsdenken entsprochen, wenn der EuGH die Schiedsgerichtsbarkeit als Bestandteil der modernen Gerichtsbarkeit angesehen und dem Schiedsrichter das Vorlagerecht nach Art. 234 EG (Art. 177 EG-Vertrag) eingeräumt hätte[516].

Andererseits wurde argumentiert, daß man sich am Sinn und Zweck der Vorabentscheidung nach Art. 234 EG (Art. 177 EG-Vertrag) zu orientieren habe. Das vorherrschende Ziel dieser Regelung liege in der Wahrung der Einheitlichkeit der Auslegung des Gemeinschaftsrechtes; diese Wahrung verlange es aber

---

513 Unter anderem von Hepting, Art. 177 EWGV und die private Schiedsgerichtsbarkeit, EuR 1982, S. 315, 329 ff.; Bebr, *Arbitration Tribunals and Article 177 of the EEC Treaty*, CMLRev. 1985, S. 489, 496 ff.; Kornblum, Private Schiedsgerichte und Art. 177 EWGV, JPraxSch Bd. 2 (1988), S. 102, 105.

514 Bebr, *Arbitration Tribunals and Article 177 of the EEC Treaty*, CMLRev. 1985, S. 489, 497 f.

515 Kornblum, Private Schiedsgerichte und Art. 177 EWGV, JPraxSch Bd. II (1988), S. 102, 105.

516 Schmitthof, *Arbitration and EEC Law*, CMLRev. 1987, S. 143, 153.

nicht, daß jede gemeinschaftsrechtlich relevante Frage vorgelegt würde.[517] So solle der EuGH nicht etwa unbedeutende Streitfragen, die nur einen sehr eng begrenzten Kreis von Personen angehe, entscheiden müssen, sonst bestünde die Gefahr der Überlastung des EuGH. Auch ergebe sich dies aus der Tatsache, daß eine Vorlagepflicht nur unter den einschränkenden Voraussetzungen des Art. 234 Satz 3 EG (Art. 177 Satz 3 EG-Vertrag) bestehe. Nach dieser Ansicht soll es außerdem zur Wahrung der Einheitlichkeit der Rechtsprechung genügen, daß die letztinstanzlichen Gerichte der Mitgliedsstaaten vorlagepflichtig seien, die zu diesem Zweck und für deren Gebiet berufen seien[518].
Zwischenzeitlich hat der EuGH seine Rechtsprechung in dem *Almelo*-Urteil[519] etwas ausgeglichen. Hier hat er klargestellt, daß Vorlagen staatlicher Gerichte, die im Zusammenhang mit Schiedsverfahren stehen, von der Entscheidung über die Unzulässigkeit des Vorabentscheidungsersuchen unberührt bleiben. Vor einem staatlichen Gericht war Berufung gegen einen Schiedsspruch (in einem Rechtsstreit zwischen kommunalen Elektrizitätswerken auf der einen Seite und einem regionalen Elektrizitätswerk auf der anderen) eingelegt worden[520]. Es ging in diesem Verfahren um die Auslegung der Wettbewerbsregeln des EG-Vertrages. Die Besonderheit dieses Verfahrens war, daß das zur Überprüfung des Schiedsspruches angerufene Berufungsgericht als gütlicher Vermittler zu entscheiden hatte. Fraglich war, ob darunter ein Gericht im Sinne des Art. 234 EG (Art. 177 EG-Vertrag) zu verstehen sei. Der EuGH entschied, daß selbst ein Vorabentscheidungsgesuch eines staatlichen Gerichtes, welches über die Berufung gegen einen Schiedsspruch nach Billigkeit zu entscheiden hat, als zulässig zu erachten ist, da dieses kraft der Grundsätze des Vorrangs und der einheitlichen Anwendung des Gemeinschaftsrechts gehalten sei, das Gemeinschaftsrecht zu achten[521].
Mit diesem Urteil beseitigte der EuGH zumindest das Hindernis der Billigkeitserwägungen, um einen Zugang zu ihm zu gewähren. Er hat damit eine indirekte gerichtliche Überwachung geschaffen, die mit der Möglichkeit der direkten Kontrolle durch die nationalen Gerichte gekoppelt ist, nicht mehr und nicht weniger[522]. Gleichwohl ist es nach Rechtsprechung des EuGH für ad hoc gebildete

517 Cohn, Schiedsgerichtsbarkeit und EWG-Vertrag, AWD des BB 1965, S. 267, 268.
518 Cohn, Schiedsgerichtsbarkeit und EWG-Vertrag, AWD des BB 1965, S. 267, 268.
519 EuGH - *Gemeente Almelo/Energiebedrijf Ijsselmij*, 392/92, Slg. 1994, I-1477 ff.
520 Verkürzte Falldarstellung übernommen von Funck-Bretano, Schiedsgerichtsbarkeit und Europarecht, EuZW 1995, S. 65.
521 EuGH - *Gemeente Almelo/Energiebedrijf Ijsselmij*, 392/92, Slg. 1994, I-1477, 1515.
522 Hetsch, *Arbitration and Community Law*, ICC-Bulletin *November* 1995, S. 47, 52 f.

Handelsschiedsgerichte noch nicht möglich, den EuGH anzurufen. Diese Möglichkeit würde die handelsrechtlichen Schiedsverfahren effektiver gestalten[523].

Zusammenfassend bleibt festzustellen, daß die EG-Gesetzgebung im weiteren Sinne der Handelsschiedsgerichtsbarkeit keine besondere Beachtung geschenkt hat, als daß sie spezielle und ausdrückliche Regelungen für diesen Bereich erlassen hat[524], obwohl diese doch gerade im modernen internationalen Wirtschaftsbereich eine immer weiter wachsende Anerkennung erfahren hat und durchaus, wie anhand der Probleme dargetan, noch regelungsbedürftige Aspekte hat.
Daß es an einem europäischen Schiedsabkommen oder Schiedsordnung speziell für den europäischen Raum fehlt, läßt sich mit der Tatsache erklären, daß eine speziell europäische Auseinandersetzung mit dem Bereich der internationalen Schiedsgerichtsbarkeit nach einer Anlaufwelle in den sechziger Jahren erst einmal wieder zum Stillstand gekommen war.

III. Versuche einer europäischen Vereinheitlichung der Schiedsgerichtsbarkeit

Ein erster Schritt zur einer europäischen Vereinheitlichung im Bereich der Schiedsgerichtbarkeit wurde 1961 mit dem bereits erwähnten Europäischen Übereinkommen über die internationale Handelsschiedsgerichtsbarkeit in Genf getan. Hierbei wurden wichtige Eingriffe in innerstaatliches Recht der Vertragsstaaten im Bereich der Schiedsgerichtsbarkeit getätigt. Die Bestimmung des Art. IX Abs. 1 des Europäischen Übereinkommen von 1961 war ein erstes Anzeichen, daß die Bewegung der Schiedsgerichtsbarkeit sich vergrößerte in Richtung der europäischen Vereinheitlichung, so daß England und die Schweiz, zwei der europäischen Hauptzentren der Schiedsgerichtsbarkeit sich weigerten, das Übereinkommen zu ratifizieren[525].
Der nächste Schritt zur Vereinheitlichung war sodann die Einführung eines einheitlichen Gesetzes über die Schiedsgerichtsbarkeit; das Europäische Übereinkommen vom 20.01.1966 zur Einführung eines einheitlichen Gesetzes über die Schiedsgerichtsbarkeit in Straßburg. In diesem Übereinkommen verpflichteten

523 Funck-Bretano, Schiedsgerichtsbarkeit und Europarecht, EuZW 1995, S. 65.

524 So findet die Schiedsgerichtsbarkeit nur nebensächlich Erwähnung, beispielsweise in einigen EG-Richtlinien; verschiedene Beispiele hierzu sind dargestellt bei Bourque, *The Legal Framework of Arbitration in the European Union*, in *International Commercial Arbitration in Europe, Special Suppl.* zum ICC-Bulletin *November* 1994, S. 8, 28 ff.; auch bei Hetsch, *Arbitration and Community Law*, ICC-Bulletin *November* 1995, S. 47, 56 ff. finden sich die wenigen ausdrücklichen Überschneidungen von EG-Recht und Schiedsgerichtsbarkeit geschildert.

525 Samuel, *Arbitration in Western-Europe - A Generation of Reform*, Int. Arb. 1991, S.319, 322.

sich die Vertragsstaaten, ihr internes Recht der Schiedsgerichtsbarkeit nach Anweisung der dem Übereinkommen beigegebenen gesetzlichen Bestimmungen zu vereinheitlichen[526]. Mit ihm sollte die Verschiedenheit der nationalen Gesetzgebungen im Schiedsverfahren beseitigt werden, die im internationalen Handelsverkehr die Schiedsgerichtsbarkeit erschwerte[527]. So enthielt das Übereinkommen auch eine beträchtliche Zahl von zulässigen Vorbehalten bei Übernahme in das staatliche Recht. Man ging bei seinem Entwurf davon aus, daß das Übereinkommen eine weite Verbreitung erfahren würde und auch die Bundesrepublik Deutschland zu den Mitgliedsstaaten gehören würde; außerdem glaubte man, daß es in den Erörterungen zur internationalen Schiedsgerichtsbarkeit eine große Rolle spielen würde[528]. Allerdings wurde berichtet, daß die ICC unmittelbar Kritik an diesem Gesetz übte; sie hielt es allenfalls dazu geeignet, daß es den Staaten, die ihr Schiedsverfahrensrecht ändern wollen, als Mustergesetz dienen solle; darüberhinaus wurden vor allem Zweifel laut, ob das Einheitsgesetz gegenüber dem bereits bewährten deutschen Schiedsrecht eine Verbesserung darstelle[529]. Im übrigen ging man davon aus, daß sich eine Übernahme nur lohne, wenn sich ein größerer Kreis von europäischen Staaten zur Ratifizierung entschlösse. So war denn auch dem Übereinkommen kein großer Erfolg vergönnt. Das Gesetz wurde allein von Belgien eingeführt. Österreich unterzeichnete es zwar, ratifizierte es jedoch nie[530].

Ein weiteres Projekt eines europäischen Vereinheitlichungsversuches aus dieser Zeit mißlang ebenfalls. Die im Jahre 1966 von der UN-Wirtschaftskommission für Europa veröffentlichte ECE-Schiedsordnung[531] hat in der Praxis kaum Verbreitung erfahren. Dies wird darauf zurückgeführt, daß weder Wirtschaftsverbände noch andere Organisationen der Schiedsgerichtsbarkeit ihre Anwendung empfohlen haben[532].

Nach dem Scheitern des Straßburger Übereinkommens von 1966 brachen die Vereinheitlichungsbewegungen in Europa vorerst zusammen. Der Versuch der gesetzlichen Vereinigung des europäischen Rechts der Schiedsgerichtsbarkeit

---

526 Schlosser, Das Recht der internationalen privaten Schiedsgerichtsbarkeit, S. 98.

527 Schwab/Walter, Schiedsgerichtsbarkeit, S. 417.

528 Arnold, Das Europäische Übereinkommen vom 20. Januar 1966 zur Einführung eines einheitlichen Gesetzes über die Schiedsgerichtsbarkeit, NJW 1967, S. 142, 143.

529 Arnold, Das Europäische Übereinkommen vom 20. Januar 1966 zur Einführung eines einheitlichen Gesetzes über die Schiedsgerichtsbarkeit, NJW 1967, S. 142, 145 f.

530 Schlosser, Das Recht der internationalen privaten Schiedsgerichtsbarkeit, S. 98; wegen seiner mangelnden Anerkenntnis wurde daher auch davon abgesehen, daß Straßburger Übereinkommen im Rahmen des Kap. C. II. darzustellen.

531 Siehe hierzu Kap. C. III. 2.

532 Schütze/Tscherning/Wais, Handbuch des Schiedsverfahrens, S. 424.

fand hier zunächst ein Ende. Jedoch führten unter anderem auch diese Bestrebungen zu einem innerstaatlichen Reformdenken in Europa. Die Reformbewegungen der Staaten, die in den nächsten Jahrzehnten begannen und bis heute andauern, haben diesen internationalen Kontakten und den rechtsvergleichenden Methoden sowie dem Versuch, verschiedene europäische Schiedsregeln zusammenzustellen, viel zu verdanken[533].

Betrachtet man die heutige Entwicklung, so ist festzustellen, daß in den letzten Jahre wieder verstärkt die Vereinheitlichung des europäischen Zivilprozeßrechts insgesamt diskutiert wird. Dabei wird beleuchtet, wie der tatsächliche Stand einer solchen Vereinheitlichung durch Staatsverträge ist und wie ein einheitliches europäisches Zivilprozeßrecht aussehen könnte[534]. Von einer solchen Vereinheitlichung könnten auch nationale allgemeine Schiedsgerichtsgesetze in Europa betroffen sein, da diese sich in einigen europäischen Staaten im der Zivilprozeßrecht finden, so beispielsweise in Deutschland in den §§ 1025 ff. ZPO, in Frankreich im IV. Buch des *Nouveau Code de Procédure Civile* (in Kraft seit dem 12.05.1981) sowie in den §§ 577 ff. der österreichischen ZPO vom 01.08.1895 in der Fassung des Annahmegesetzes vom 02.02.1983.
Einer der ersten konkreten Schritt zur Harmonisierung des Zivilprozeßrechts kann in einer Empfehlung des Europäischen Rates[535] in Straßburg im Jahre 1984 gesehen werden[536]. Die empfohlenen Prinzipien beabsichtigten, die Verwaltung der Zivilgerichtsbarkeit zu verbessern und sahen Vorschläge zur Beschleunigung des Verfahrens vor. Beispielsweise sollten die Verfahren auf zwei Anhörungen beschränkt werden und Parteien, Zeugen und Sachverständigen, die die Verfahren verzögerten, Sanktionen auferlegt werden.
Seit 1987 wurden Versuche unternommen, ein Modellgesetz für das europäische Zivilprozeßrecht auszuarbeiten. Ein Komitee, bestehend aus zwölf Mitgliedern,

---

533 Samuel, *Arbitration in Western Europe - A Generation of Reform*, Arb.Int. 1991, S. 319, 322.

534 Siehe hierzu Stürner, Das Europäische Zivilprozeßrecht - Einheit oder Vielfalt?, in Grunsky/Stürner/Walter/Wolf (Hrsg.), Wege zu einem europäischen Zivilprozeßrecht, S. 1, 5 ff.

535 Gemeint ist hier der Europäische Rat im Sinne des Art. 4 des EU-Vertrages n. F. (Art. D des Eu-Vertrages a. F.); in ihm kommen die Staats- und Regierungschef der Mitgliedsstaaten sowie der Präsident der Kommission zusammen. Gemäß Art. 4 des EU-Vertrages gibt der Europäische Rat der Union neue Impulse für ihre Fortenwicklung und legt die allgemeinen politischen Zielsetzungen fest. Im Jahre 1984 war die Einrichtung des Europäischen Rates noch nicht gesetzlich geregelt; es wurde aber auf der Pariser Gipfelkonferenz der Staats- und Regierungschefs der Mitgliedsstaaten der EG im Dezember 1974 beschlossen, solche Gipfelkonferenzen in die vorhandene institutionelle Struktur einzufügen, daß sie als Europäischer Rat mindestens dreimal pro Jahr stattfinden, Schweitzer/Hummer, Europarecht in der 2. Auflage von 1985, S. 67.

536 Wiegand, *„Brussels" and Arbitration*, J.Int.Arb. 1995, No. 4, S. 5, 8.

startete auf eigene Initiative hin, erhielt jedoch bald offizielle Unterstützung von der Europäischen Kommission. Da die Zeit knapp war, arbeitete das Komitee statt eines einheitlichen Gesetzesentwurfes eine Reihe bestimmter Vorschläge aus, die in Form von Richtlinien dazu dienen sollten, Regelungen in speziellen Bereichen des Prozeßrechtes aneinander anzunähern[537]. Im Dezember 1993 wurde der endgültige Bericht[538] der Kommission vorgelegt. Ob die Kommission diesen Bericht als Grundlage für eine mögliche zukünftige Gesetzgebung heranziehen wird, ist ungewiß. In jedem Fall wurde in ihm die Schiedsgerichtsbarkeit selbst nicht behandelt. Es kann hier höchstens ein indirekter Einfluß des Berichtes auf die Verfahrensweise bei Schiedsverfahren angenommen werden, da Schiedsverfahren, wie bereits erwähnt, teilweise in dem einen oder anderen nationalen Zivilprozeßrecht verwurzelt sind oder sich in ihnen zumindest auf allgemeine Prinzipien des Prozeßrechts berufen wird, die den nationalen Zivilprozeßrechten entstammen.
Da die europäische Schiedsgerichtsbarkeit demzufolge von den Vereinheitlichungsgedanken ebenfalls umfaßt ist, haben die Vereinheitlichungsideen um sie nicht wirklich ihren endgültigen Abbruch gefunden.

Die Vereinheitlichungsgedanken haben sich in den Reformgedanken der einzelnen Ländern ausgedrückt. In diesem Punkt wird sich beispielsweise auf das UNCITRAL-Modellgesetz über die internationale Handelsschiedsgerichtsbarkeit berufen, mit welchem von seiner Schaffung an hohe Erwartungen für eine baldige Vereinheitlichung der nationalen Rechte über die internationale Handelsschiedsgerichtsbarkeit verbunden waren. Da das Modellgesetz heute als Ausdruck dessen, was international als Standard für ein aufgeschlossenes Recht der Schiedsgerichtsbarkeit gilt, angesehen wird, würde bei Rezeption des Modellgesetzes durch die für die Schiedsgerichtsbarkeit wichtigsten europäischen Ländern in der Tat ein einheitliches europäisches Recht in Bereich der internationalen Handelsschiedsgerichtsbarkeit bestehen[539].
Andere Harmonsierungsmöglichkeiten des europäischen Zivilprozeßrechts wurden darin gesehen, z. B. eine einheitliche Kodifizierung zu entwerfen, die zu einem einzigen Prozeßschema in allen Mitgliedsstaaten der Europäischen Union

---

537 Wiegand, *„Brussels" and Arbitration*, J.Int.Arb. 1995, No. 4, S. 5, 9.

538 Herausgegeben von Storme, *Rapprochement du Droit Judiciare de l'Union Européenne - Approximation of Judiciary Law in the European Union*; der zweisprachige Bericht enthält in seinen vierzehn Artikeln unter anderem Vereinheitlichungsvorschläge zur Schlichtung vor Gericht, zum Beginn des Verfahrens, zur *Discovery*, zur Beweisaufnahme, zur Klageeinstellung oder -unterbrechung etc. nebst Kommentierung.

539 Walter, Neuere Probleme der privaten Schiedsgerichtsbarkeit in Europa, in Grunsky/Stürner/Walter/Wolf (Hrsg.), Wege zu einem europäischen Zivilprozeßrecht, S. 111, 115.

führen sollen, oder die Harmonisierung bestimmter Teilgebiete wie der Anerkennung und Vollstreckung von Rechtssprechung oder des Rechtshilfeverkehrs zu erreichen. Auch eine parallele Geltung eines Europäischen Zivilprozeßrechtes neben den nationalen Prozeßrechten der Mitgliedsstaaten wurde angedacht sowie die Schaffung eines dem UNCITRAL-Modellgesetz ähnlichen Mustergesetzes für das europäische Zivilprozeßrecht[540].

Letztlich ist der Vereinheitlichungsstatus des europäischen Zivilprozeßrechtes und damit auch der europäischen Schiedsgerichtsbarkeit als noch unentwickelt und andauernd zu bezeichnen. Allerdings macht die Diskussion darum Hoffnung, daß in dieser Richtung weiterverfahren wird, insbesondere wenn man bedenkt, daß man aus den negativen Erfahrungen der sechziger Jahre gelernt haben dürfte und einen sinnvolleren Weg der Vereinheitlichung wählt. Daß ein Bedürfnis zu einer Vereinheitlichung besteht, zeigt sich darin, daß selbst nach dem Scheitern des Straßburger Übereinkommens von 1966 die Harmonisierungsidee fortgeführt wurde.

Als eine der geeignetsten Lösungen für eine potentielle EU-Gesetzgebung in diesem Bereich wurde dabei eine Initiative beurteilt, den Mitgliedsstaaten der Europäischen Union die Übernahme des UNCITRAL-Modellgesetzes aufzuerlegen. Aber selbst dies wird als langwieriger Prozeß beurteilt[541].

Da sich die Harmonisierung aus den Reihen der EU-Gesetzgebung zur Zeit also wenig ergiebig zeigt, ist momentan noch auf die eigentliche Schiedsverfahrenspraxis zurückzugreifen. In der aktuellen internationalen Schiedsgerichtsbarkeit dürfte eine wachsende Harmonisierung zu beobachten sein, da mehr und mehr Parteien, Anwälte und Schiedsrichter gemeinsame Erfahrungen in schiedsrechtlichen Veröffentlichungen, Treffen und praktischen Fällen teilen[542]. Die Methoden der Praxis sind nicht immer stringent logisch und beruhen häufig auf Handelsbräuchen oder anderen ungeschriebenen Rechtstraditionen, aber sie gewähren doch einen einigermaßen funktionierenden Schiedsverfahrensablauf.

Gleichwohl sollte aber nicht aus den Augen verloren werden, daß auch die Möglichkeit besteht, eine Vereinheitlichung der europäischen Schiedsgerichtsbarkeit in speziellen Wirtschaftsbereiche zu bewirken. Dies scheint aussichtsreicher, da nicht ein Modell gefunden werden muß, das abstrakt auf alle Schiedsverfahren passen muß, sondern man kann den Sonderbedürfnissen der einzelnen Wirtschaftsbereichen wie beispielsweise dem internationalen Bauwesen und Anla-

---

540 Wiegand, *„Brussels" and Arbitration*, J.Int.Arb. 1995, No. 4, S. 5, 22.

541 Wiegand, *„Brussels" and Arbitration*, J.Int.Arb. 1995, No. 4, S. 5, 28.

542 Böckstiegel, *The Problems Facing Arbitration in the European Union*, Arbitration 1995, 191, 193.

genbau gerecht werden. Die Ausarbeitung eines solchen spezielleren Modells würde sich als weniger schwierig gestalten, da nicht eine generelle Regelung für eine Vielzahl von Einzelfällen aus allen Wirtschaftsbereichen gefunden werden müßte, sondern nur die Besonderheiten des einzelnen Bereiches berücksichtigt werden müssen. Außerdem ist es einfacher, innerhalb eines Wirtschaftsbereiches die Akzeptanz eines Vereinheitlichungsvorschlages zu erfahren, als einen generellen Vorschlag zu unterbreiten, der die Zustimmung der gesamten juristischen Fachwelt des europäischen Zivilprozesses erfahren soll.

E. Überblick über nationale Schiedsregelungen für das Bauwesen einschließlich des Anlagenbaus in Europa

I. Einführung

Nachdem bisher allgemeine internationale Quellen der Schiedsgerichtsbarkeit auf ihre Eignung für die Anwendung auf Streitigkeiten aus internationalen Bau- und Anlagenverträgen hin untersucht wurden sowie auf spezielle europäische Bezüge zum Schiedsrecht eingegangen wurde, scheint es an dieser Stelle angebracht, einen Blick auf nationale Regelungen im Bauschiedswesen zu werfen.
In diesem Kapitel sollen nicht die nationalen Schiedsordnungen der einzelnen Länder in Europa vorgestellt und verglichen werden. Vielmehr soll untersucht werden, inwiefern es auf nationaler Ebene Schiedsordnungen oder -regelungen speziell im Bereich des Bauwesens oder Anlagenbaus gibt. Im Gegensatz zum internationalen Bereich gibt es nämlich auf nationaler Ebene eine ausgeprägte Tendenz zur branchenmäßigen Spezifizierung; in Deutschland gibt es beispielsweise eine eigene Schiedsgerichtsordnung Bau, die vom deutschen Betonverein e. V. zusammen mit der Deutschen Gesellschaft für Baurecht e.V. herausgegeben wird.
Hier sollen die gesonderten bauspezifischen Regelungen herausgestellt werden. Soweit es keine solchen nationalen Regelungen gibt, soll dargestellt werden, welche Schiedsregeln ansonsten auf Streitigkeiten im Bau- und Anlagenwesen angewandt werden.
Die hier zur Untersuchung ausgewählten Länder Deutschland, England, Schweiz, Frankreich, Dänemark, die Niederlande und die Tschechische Republik sollen dabei die unterschiedlichen Rechtskreise Europas abdecken. Außerdem verfügen die meisten dieser Länder über bauspezifische Schiedsregelungen.
Bei der Schweiz und der Tschechischen Republik handelt es sich um Länder, die nicht Mitgliedsstaaten der Europäischen Union sind, gleichwohl sollte nicht auf sie verzichtet werden. Die Schweiz stellt einen traditionellen Schauplatz der internationalen Schiedsgerichtsbarkeit dar und verfügt darüber hinaus über eine Reihe von Schiedsinstitutionen. Häufig wird die Schweiz als „neutraler“ Sitz des Schiedsgerichtes von Parteien gewählt, die selbst nicht aus der Schweiz stammen. Dies war besonders im Ost/Westhandel der Fall, wird aber selbst in anderen Vertragsstaaten praktiziert. Als Grund wird unter anderem die Neutralität und die traditionelle „Schiedsgerichtsfreundlichkeit“ angegeben[543].

543 Bucher, Allgemeine Einführung in die Schiedsgerichtsbarkeit der Schweiz, in Böckstiegel (Hrsg.), Die Internationale Schiedsgerichtsbarkeit in der Schweiz, S. 1, 2 f.

Die Tschechische Republik wurde bewußt als Beispiel eines osteuropäischen Staates gewählt, dessen Gesetzgebung nach der Ablösung seines sozialistischen Regimes und der Teilung der ehemaligen Tschechoslowakei in die Tschechische Republik und die Slowakische Republik noch immer im Umbruch ist.

II. Deutschland

Zwar gibt es kaum Statistiken mangels unzureichendem Zahlenmaterials, jedoch wird davon ausgegangen, daß in der Bauindustrie und dem Anlagenbau bei etwa der Hälfte der abgeschlossenen Verträge die schiedsgerichtliche Streitentscheidung vereinbart wird[544]. Dies sind zwar prozentual weniger als beim internationalen Bauvertrag (dieser enthält fast ausschließlich Schiedsklauseln) aber es ist immer noch eine bedeutende Anzahl. Insgesamt ist das Thema Schiedsgerichtsbarkeit in Deutschland sehr aktuell. Hat doch gerade sowohl eine Reform der Schiedsregeln der §§ 1025 ff. ZPO mit Geltung zum 01.01.1998 sowie eine Neuregelung der Schiedsgerichtsordnung der Deutschen Institution für Schiedsgerichtsbarkeit, die ab 01.07.1998 gültig ist, stattgefunden. Die DIS-Schiedsgerichtsordnung steht auf nationaler Ebene im innerdeutschen Wirtschaftsverkehr bei den Industrie- und Handelskammern sowie bei den großen nationalen Wirtschaftsverbänden im Vordergrund. Gleichwohl gibt es im nationalen Bereich mehr oder minder aktuelle Regelungen der Streitbeilegung, die speziell auf das Bauwesen zugeschnitten sind und auch tatsächlich im aktuellen Fall herangezogen werden.

1. Regelungen in Standardvertragsbedingungen

Die deutschen Standardvertragsbestimmungen der VOB sehen Regelungen für die Streitschlichtung vor. Für Meinungsverschiedenheiten aus Bauverträgen mit öffentlichen Auftraggebern enthält § 18 Nr. 2 VOB/B eine Soll-Vorschrift. Danach soll der Auftragnehmer zunächst die der auftraggebenden Stelle unmittelbar vorgesetzte Stelle anrufen, woraufhin diese dem Auftragnehmer Gelegenheit zur mündlichen Stellungnahme geben soll. Innerhalb von zwei Monaten soll die auftraggebende Stelle diesem dann schriftlich bescheiden. Die Entscheidung gilt als anerkannt, wenn der Auftragnehmer nicht binnen zwei Monaten Einspruch beim Auftraggeber einlegt. Diese Vorgehensweise ist eine einem Gerichtsverfah-

[544] Heiermann, Der Schiedsvertrag im Bauwesen und Anlagenbau, JbPraxSch Bd. 2 (1988), S. 66, 79.

ren vorgeschaltete Schlichtungsmöglichkeit, die jedoch nicht zwingend ist, sondern im Ermessen der Parteien liegt.
In Streitigkeiten bei Bauverträgen, die nicht nur solche mit öffentlichen Auftraggebern betreffen, bietet § 18 Nr. 3 VOB/B eine Möglichkeit der Streitbeilegung. Danach kann jede Vertragspartei nach vorheriger Benachrichtigung der anderen Vertragspartei bei Meinungsverschiedenheiten über die Eigenschaft von Stoffen und Bauteilen und über die Zulässigkeit oder die Zuverlässigkeit der bei der Prüfung verwendeten Maschinen oder angewendeten Prüfungsverfahren die materialtechnische Untersuchung durch eine staatliche oder staatlich anerkannte Materialprüfungsstelle vornehmen lassen, deren Feststellungen verbindlich sind. Hierbei handelt es sich um eine Schiedsgutachtervereinbarung[545]. Die getroffenen verbindlichen Feststellungen sind damit ein Schiedsgutachten. Im Gegensatz zum Schiedsgericht ist der Schiedsgutachter nicht mit der Entscheidung des Rechtsstreites, sondern mit den Feststellungen von Tatsachen befaßt, die für die Entscheidung des Rechtsstreites erheblich sind. Ein eventuell später angerufenes staatliches Gericht oder Schiedsgericht ist an diese Feststellungen gebunden, es sei denn, daß der Nachweis erbracht wird, daß die Feststellungen dieser Materialprüfungsstelle offensichtlich falsch oder unrichtig sind[546]. Ein Schiedsgutachten bedeutet, daß die Parteien durch einen Vertrag nicht generell den Ausschluß der staatlichen Gerichte vereinbaren, sondern nur die verbindliche Feststellung von Tatsachen. Im Unterschied zur Schiedsklausel oder Schiedsvereinbarung wird bei der Schiedsgutachtenabrede kein Prozeß vor dem staatlichen Gericht verhindert[547]. Das Schiedsgutachten käme grundsätzlich für technische Fragen in Betracht, jedoch hat es keinen besonderen Beschleunigungseffekt, da in der Regel auch ein selbständiges Beweisverfahren im Sinne des §§ 485 ff. ZPO innerhalb absehbarer Zeit hätte durchgeführt werden können; außerdem kann durch die Feststellungen des Schiedsgutachtens kein Dritter durch Streitverkündung gebunden werden[548]. In Bausachen haben Schiedsgutachten in der Praxis daher kaum Bedeutung.
Eine Schiedsklausel im eigentlichen Sinne, die die staatliche Gerichtsbarkeit ausschließt und die auch noch auf eine bestimmte Schiedsordnung verweist, sieht die VOB jedoch nicht vor.

---

545 Heiermann/Riedl/Rusam, VOB, B § 18 Rn. 22.

546 Ingenstau/Korbion, VOB, B § 18 Nr. 3 Rn. 60.

547 Knacke, Auseinandersetzungen im privaten Baurecht, S. 155.

548 Büchner, Privates Baurecht, in Büchner/Groner/Hausler/Lörcher/Lörcher/Rabe v. Pappenheim/Schröder-Frerkes/Völtz/Wagner/Winkler/Winograd, Außergerichtliche Streitbeilegung, S. 369, 397 f.

2. Schiedsordnungen

Trotz fehlender Schiedsklausel in der VOB sind in Deutschland zwei Schiedsordnungen entwickelt worden, die speziell für Baustreitigkeiten anwendbar sein sollten, die eine darüberhinaus auch für Streitigkeiten beim Anlagenbau. Zum einen gibt es die bereits seit langem existierende Schiedsgerichtsordnung für das Bauwesen einschließlich Anlagenbau (im folgenden SGO Bau) in der Fassung vom November 1990, die von der Deutschen Gesellschaft für Baurecht e. V. und dem Deutschen Beton-Verein e. V. gemeinsam herausgegeben wird. Zum anderen hat die Arbeitsgemeinschaft für privates Bau- und Architektenrecht im Deutschen Anwaltsverein, die sogenannte ARGE Baurecht im Februar 1998 eine Schlichtungs- und Schiedsordnung für Baustreitigkeiten (im folgenden SOBau) veröffentlicht, die auch die Reform der § 1025 ff. ZPO berücksichtigt. Aus der Tatsache, daß in Deutschland inzwischen immerhin zwei Schiedsordnungen zu diesem Thema veröffentlicht wurden, kann man einmal mehr schließen, daß gerade im Bereich des Bauwesens die Schiedsgerichtsbarkeit große Anerkennung erfahren hat.

a) Die Schiedsgerichtsordnung für das Bauwesen (einschließlich Anlagenbau) des Deutschen Beton-Vereins e. V. und der Deutschen Gesellschaft für Baurecht e. V.

Die SGO Bau ist die älteste Musterschiedsordnung der im folgenden vorgestellten nationalen Schiedsordnungen. Sie entstand, indem im Jahre 1907 bei der Hauptversammlung des Deutschen Beton-Vereins vorgeschlagen wurde, ständige Schiedsgerichte zu bilden. Zunächst wurde eine Liste erarbeitet, die Sachverständige enthalten sollte, die sowohl in Gerichtsverfahren als Gutachter als auch bei Schiedsverfahren als Schiedsrichter eingesetzt werden konnten. 1908 wurde in der Hauptversammlung dann entschieden, daß eine eigene Schiedsgerichtsordnung herausgegeben werden sollte, die insbesondere die Belange der Bauwirtschaft berücksichtigen sollte. Diese entstand letztendlich 1909 mit Beteiligung der Baubehörden der einzelnen Bundesstaaten; 1910 folgte eine Sachverständigenliste[549]. Damit besteht die Schiedsgerichtsordnung nunmehr seit 90 Jahren. Die heutige Fassung von 1990 bedeutet eine überarbeitete Version der SGO Bau von 1980. Zur Zeit beschäftigt sich eine Kommission mit der Novellierung der SGOBau, deren Veröffentlichung bald zu erwarten ist.

---

549 Deutscher Beton-Verein (e.V.) (Hrsg.), 50 Jahre Deutscher Beton-Verein, 5. Dezember 1898-1948, S. 33; für die SGO Bau in der Fassung von 1973 existiert sogar eine eigene Kommentierung, hrsg. von Heiermann/Kroppen, Kommentar zur Schiedsgerichtsordnung für das Bauwesen.

Die SGO Bau trägt der Tatsache Rechnung, daß der nationale Bauvertrag ausnahmslos sogenannte Einzelschiedsvereinbarungen enthält, also die Zuständigkeit eines ad hoc Schiedsgerichtes statt eines institutionellen Schiedsgerichtes vorsieht[550]. Besondere ausdrückliche bauspezifische Regelungen enthält sie jedoch kaum. Zu erwähnen ist hier die Ersatzernennung der Schiedsrichter. Die SGO Bau sieht in § 5 bei fehlender anderslautender Parteivereinbarung ein Dreierschiedsgericht vor; bei einem Streitwert unter 100.000,- DM einen Einzelschiedsrichter. Benennen die Parteien die Schiedsrichter nicht rechtzeitig, so wird gemäß § 7 Abs. 3 Satz 2 und § 8 Abs. 2 Satz 2 der SGO Bau die Ersatzernennung durch den Deutschen Beton-Verein e.V. vorgenommen. Dies gewährleistet, daß zumindest bei der Ersatzernennung davon ausgegangen werden kann, daß dann vermutlich in Bauproblemen kompetente Leute ernannt werden. So sind in der Praxis keine Entscheidungen bekannt, bei denen die Ersatzbenennung durch den Deutschen Betonverein zur Aufhebung eines Schiedsspruches geführt hätte[551]. Aber auch bei der Benennung durch die Parteien wird dafür Sorge getragen, daß die Schiedsrichter Kenntnisse in Baustreitigkeiten haben. Für das Bauwesen, den Anlagenbau sowie verwandte Gebiete wird eine Sachverständigenliste bereitgehalten, die die Auswahl geeigneter und besonders qualifizierter Schiedsrichter ermöglicht.

Die bauspezifische Regelung des ehemaligen § 6 Abs. 2 Nr. 3[552], daß der Klageschrift die Bauverträge, Auftragsschreiben, die Leistungsverzeichnisse mit Vorbemerkungen, die Schlußrechnungen sowie sonstige Urkunden, Pläne, Arbeitsgemeinschaften oder Lizenzverträge beizufügen sind, entfiel nach der Überarbeitung der SGO Bau, was die Klageerhebung nun erleichtert.

Weitere Regelungen, die den Anforderungen des Bauschiedsverfahrens entgegenkommen, sind die ausdrückliche Nichtöffentlichkeit des Schiedsverfahrens nach § 13 Abs. 1 und die explizite Geheimhaltungspflicht nach § 17, wonach die Schiedsrichter und Sachverständigen zur Geheimhaltung der ihnen durch ihre Tätigkeit bekannt gewordene Tatsachen verpflichtet sind. Gerade im Bereich des Bauwesens und Anlagenbaus ist es im Interesse der Parteien, die Geheimhaltung interner Vorgänge zu wahren, wie beispielsweise technische Details, Kalkulationen etc.

Grundsätzlich ist nach § 15 eine mündliche Verhandlung vorgesehen. Was dabei unter anderem den schnellen Ablauf eines Bauschiedsverfahrens gewährleistet,

---

550 Heiermann, Die Schiedsgerichtsvereinbarung im nationalen und internationalen Bauvertrag, JbPraxSch Bd. 1 (1987), S. 23, 25.

551 Heiermann, Die Schiedsgerichtsvereinbarung im nationalen und internationalen Bauvertrag, JbPraxSch Bd. 1 (1987), S. 23, 26.

552 In der Fassung von 1973 so geregelt.

ist, daß gemäß § 15 Abs. 3 bei Säumnis einer Partei das Schiedsgericht dieses Verhalten nach freiem Ermessen würdigen kann, insbesondere kann es die tatsächlichen Behauptungen als zugestanden bewerten. Demnach kann es auch in Abwesenheit der Partei verhandeln, so daß den Parteien hier die Möglichkeit genommen ist, durch ihre Säumnis den Verfahrensfortgang zu verzögern. Insgesamt ist es dem Schiedsgericht nach § 13 Abs. 9 zugebilligt, das Schiedsverfahren nach freiem Ermessen zu regeln.

Bei Neufassung der SGO Bau von 1990 wurden darüberhinaus die Bestimmungen der UNCITRAL-Schiedsordnung berücksichtigt. Damit ist auch ihre Verwendung bei internationalen Schiedsverfahren problemlos[553].

Ungünstig ist, daß die SGO Bau die Rechtsinstitute der Streitverkündung, der Streithilfe und der Streitgenossenschaft auch in seiner überarbeiteten Version von 1990 nicht kennt. Hierzu ist jedoch grundsätzlich zu sagen, daß in der Verfahrenspraxis im deutschen Baurecht die Streitverkündung immer wieder für zulässig gehalten wird, wenn das Schiedsgericht und die Parteien sich damit einverstanden erklärt haben. Die Wirkung der Streithilfe wird in der Form herbeigeführt, daß sich der Streitverkündete dem Schiedsverfahren unterwirft und auf entsprechende Einwendungen schriftlich verzichtet[554]. Gleichwohl würde eine ausdrückliche Regelung dieser Institutionen für mehr Klarheit sorgen.

Bei den Bestimmungen zur Ernennung des Schiedsgerichtes wird ebenfalls lediglich von einem Zweiparteienschiedsverfahren ausgegangen; Regelungen zur Mehrparteienschiedsgerichtsbarkeit sind nicht vorgesehen. Außerdem ist weder der einstweilige Rechtsschutz noch ein spezielles Beweissicherungsverfahren ausdrücklich normiert. Tatsächlich wurde dies bisher so gehandhabt, daß dem Schiedsverfahren ein gerichtliches selbständiges Beweisverfahren vorgeschaltet wird, wenn besondere Eilbedürftigkeit gegeben ist[555]. Zum einstweiligen Rechtsschutz ist zu sagen, daß in § 1 Abs. 2 grundsätzlich auf die Bestimmungen der ZPO verwiesen wird. Die Neuregelung der ZPO sieht in § 1041 ZPO die Möglichkeiten des einstweiligen Rechtsschutzes vor. Dabei ist diese Verweisung so zu verstehen, daß bei Anwendung der SGO Bau auf die ZPO in ihrer jeweils aktuell geltenden Fassung verwiesen werden soll. Nach Art. 4 § 1 Abs. 1 des Schiedsverfahrens-Neuregelungsgesetzes gilt für Schiedsvereinbarungen, die vor

---

553 Heiermann, Der Schiedsvertrag im Bauwesen und Anlagenbau, JbPraxSch Bd. 2 (1988), S. 66, 78.

554 Heiermann stellte dies bereits 1987 zur SGO Bau von 1980 fest in Die Schiedsgerichtsvereinbarung im nationalen und internationalen Bauvertrag, JbPraxSch Bd. 1 (1987), S. 23, 26; da jedoch auch die Fassung von 1990 keine Regelungen für diese Fälle enthält, können diese Ausführungen auch für aktuelle Fassung gelten.

555 Heiermann, Die Schiedsgerichtsbarkeit im nationalen und internationalen Bauvertrag, JbPraxSch Bd. 1 (1987), S. 23, 28.

dem Inkrafttreten der neuen Schiedsregeln §§ 1025 ff. ZPO geschlossen wurden, die bisherige Rechtslage. Auf Schiedsvereinbarungen, die nach dem 01.01.1998 abgeschlossen wurden, finden die neuen Regelungen Anwendung. Damit muß auf eine Schiedsvereinbarung, die nach dem 01.01.1998 geschlossen wurde und die auf die SGO Bau verweist, daneben auch die Neuregelung der ZPO Anwendung finden. Demnach ist auch bei Vereinbarung der SGO Bau die Möglichkeit des einstweiligen Rechtsschutzes nach § 1041 ZPO gegeben. § 1041 ZPO enthält die Bestimmung, daß das Schiedsgericht auf Antrag einer Partei einstweilige oder sichernde Maßnahmen anordnen kann, die es in bezug auf den Streitgegenstand für erforderlich hält.

Insgesamt enthält die SGO Bau kaum bauspezifische Besonderheiten; durch ihren allgemein gehaltenen Anwendungsbereich, der nicht allein auf Streitigkeiten aus Bau- und Anlagenverträgen beschränkt ist, könnten die Regelungen dieser Schiedsordnung daher auch in anderen Bereichen Anwendung finden. Es bleibt abzuwarten, was ihre Novellierung mit sich bringt.

b) Die Schlichtungs- und Schiedsordnung der ARGE Baurecht

Der Arbeitskreis Bauprozeß- und Verfahrensrecht der ARGE Baurecht hat die Herausgabe einer neuen Schlichtungs- und Schiedsordnung im Februar 1998 damit begründet, daß er die Notwendigkeit erkannt habe, über den Inhalt der bisherigen Schiedsgerichtsordnungen hinaus eine solche speziell für Baustreitigkeiten zu schaffen, in der die Neuregelungen des Schiedsverfahrensrechts zum 01.01.1998 berücksichtigt seien[556]. An bisher bekannten Schiedsverfahrensordnungen bemängelte die ARGE Baurecht, daß die Durchführung des Schiedsverfahrens zu lange Zeit in Anspruch nehme, wenn der Schiedsbeklagte seine Mitwirkung bei der Konstituierung des Schiedsgerichtes versage; außerdem wurde die oftmals hohe Kostenlast der Beteiligten kritisiert[557]. Ziel der SOBau soll sein, den an Bauvorhaben Beteiligten zur möglichst gütlichen und zügigen Beilegung von Konflikten aus Bauverträgen ohne Einschaltung der überlasteten staatlichen Gerichte eine moderne Verfahrensregelung an die Hand zu geben, wobei die ARGE Baurecht die im Vordringen befindlichen Gedanken der außergerichtlichen und der schlichtenden Streitbeilegung in Betracht zieht. Besonderheit der SOBau ist das vorgeschaltete Schlichtungsverfahren sowie das isolierte Beweisverfahren.

---

556 ARGE Baurecht (Hrsg.), Vorwort zur Schlichtungs- und Schiedsordnung für Baustreitigkeiten (SOBau) der ARGE Baurecht, S. 3.

557 Zerhusen, Schlichtungs- und Schiedsordnung für Baustreitigkeiten (SOBau) der ARGE-Baurecht im Deutschen AnwaltVerein, BauR 1998, S. 849, 850.

In ihrer Präambel empfiehlt die ARGE Baurecht die Beilegung von Streitigkeiten mit bau- und architektenrechtlichen Bezügen auf der Grundlage der SOBau. Ihr Anwendungsbereich ergibt sich sodann aus § 1; nach § 1 Abs. 3 ist sie ebenfalls anwendbar, wenn der Ort des Bauvorhabens nicht in Deutschland liegt. Damit findet die SOBau auch bei internationalen Streitigkeiten Geltung. Ergänzend wird auf die Vorschriften der ZPO, insbesondere auf die §§ 1025 ff. ZPO verwiesen.
Die SOBau sieht hier ähnlich der SGO Bau statt eines institutionellen Schiedsgerichtes ein ad hoc-Schiedsgericht vor, das für den einzelnen Streitfall gebildet wird, da dieses als schneller und flexibler als institutionelle Schiedsgerichte beurteilt wird[558].
Allgemeine Regelungen, die zwar nicht unbedingt bauspezifisch sind, aber einem Bauschieds- oder Bauschlichtungsverfahren entgegenkommen, sind zum einen die ausdrückliche Nichtöffentlichkeit des Verfahrens sowie die Schweigepflicht der am Verfahren Beteiligten nach § 3 der SOBau. Ähnliche Regelungen finden sich in der SGO Bau; bei den Erläuterungen hierzu wurde bereits die Wichtigkeit dieser Bestimmungen herausgestellt. Gelungen sind auch die Weisungen an den Schlichter und das Schiedsgericht in den § 4 und § 5. Nach § 4 sollen diese auf eine zügige Durchführung des Verfahrens hinwirken, nach § 5 aber auch die Einigungsbereitschaft der Parteien fördern, jederzeit auf eine gütliche Beilegung des Streits oder einzelner Streitpunkte bedacht sein oder Einigungsvorschläge unterbreiten. Auch die Einbeziehung Dritter als Haupt- oder Nebenintervenienten oder als Streitverkündete mit Zustimmung aller Parteien ist in § 6 vorgesehen, wenn diese sich der Schiedsvereinbarung unterworfen haben. Mit diesen Regelungen wird zum einen dem Ziel Rechnung getragen, das Schiedsverfahren mit möglichst wenig Zeitaufwand zu einem Ende zu bringen. Außerdem wird berücksichtigt, daß gerade bei Baustreitigkeiten viele Parteien beteiligt sein können und daß auch erst im Verlaufe eines Verfahrens erkannt wird, daß noch weitere Parteien in den Streit miteinzubeziehen sind.

Wie bereits erwähnt, ist eine Besonderheiten der SOBau das vorgeschaltete Schlichtungsverfahren. Nach § 8 ist der Schlichter eine in der Schiedsvereinbarung benannte Person. Dabei soll er die Befähigung zum Richteramt haben, sollten die Parteien nichts anderes vereinbart haben. Hierbei besteht die Möglichkeit, daß nach Parteivereinbarung der Schlichter in einem nachfolgenden Schiedsverfahren als Schiedsrichter tätig wird. Nach § 8 Abs. 3 können auch mehrere Per-

558 Zerhusen, Schlichtungs- und Schiedsordnung für Baustreitigkeiten (SOBau) der ARGE-Baurecht im Deutschen AnwaltVerein, BauR 1998, S. 849, 850.

sonen als Schlichter bestellt werden. Der Schlichter ist gemäß § 8 Abs. 4 den Parteien gegenüber zu Unparteilichkeit und umfassender Verschwiegenheit verpflichtet; demzufolge kann er in einem sich möglicherweise anschließenden Schiedsverfahrens nicht als Zeuge für Tatsachen herangezogen werden, die ihm während des Schlichtungsverfahren offenbart wurden. Ziel der Schlichtung ist nach § 9 die außerhalb eines Schiedsverfahrens stattfindende gütliche Einigung. Bauspezifische Bestimmung ist hier, daß nach § 9 Abs. 2 Satz 2 der SOBau der Schlichter befugt ist, das Schlichtungsverfahren am Ort des Bauvorhabens anzuberaumen, das Bauvorhaben in Augenschein zu nehmen sowie sachkundige Personen oder Sachverständige hinzuziehen. Außerdem kann er nach § 9 Abs. 3 zur Förderung des Baufortschritts unter freier Würdigung aller Umstände vorläufige Feststellungen zur Vergütungsfähigkeit und -höhe der Werkleistung treffen und Vorschläge zur Absicherung der streitigen Vergütungshöhe unterbreiten, so daß bereits baubegleitend Vorkehrungen getroffen werden können, um spätere Schäden gering zu halten[559]. Der Schlichter gemäß § 10 unterbreitet als Ergebnis einen Schlichtungsvorschlag; wird dieser abgelehnt, kann das Schiedsgerichtsverfahren eingeleitet werden. Ein solches vorgeschaltetes Schlichtungsverfahren scheint insbesondere sinnvoll, wenn der Schlichter oder die Schlichter in einem nachfolgenden Schiedsverfahren das Schiedsgericht stellen. Ein Schlichtungsverfahren wird wahrscheinlich noch immer weniger zu einer Verhärtung der Fronten zwischen den Parteien führen. Gleichzeitig bedeutet es nicht den Zeitverlust, den sonstige ADR-Verfahren beinhalten, wenn es im Anschluß doch noch zu einem Schiedsverfahren kommt, da hier Schlichter und Schiedsrichter dann eine Person sind und der Schiedsrichter mit dem Sachverhalt und den besonderen Umständen des Schiedsverfahrens vertraut ist. Auch fehlen hier Formalzwänge, wie sie beispielsweise bei der Mediation bestehen. Dem Schlichter wird viel Entscheidungsraum gelassen. Außerdem werden es sich die Parteien eher zweimal überlegen, ob sie einen Schlichtungsvorschlag ablehnen, wenn sie mit derselben Person als Schiedsrichter in einem Schiedsverfahren rechnen müssen, so daß dies auch zur schnelleren Einigung bei Disputen führt.

Eine weitere Besonderheit der SOBau ist das isolierte Beweisverfahren nach §§ 11 ff. Dies soll bei Störungen im Bauablauf die Möglichkeit bieten, kurzfristige Tatsachenfeststellungen zu treffen, die für ein späteres Schiedsgerichtsverfahren bindend sind[560]. Nach § 11 ordnet der Schlichter oder im Schiedsverfahren

559 Zerhusen, Schlichtungs- und Schiedsordnung für Baustreitigkeiten (SOBau) der ARGE-Baurecht im Deutschen AnwaltVerein, BauR 1998, S. 849, 851.

560 ARGE Baurecht (Hrsg.), Vorwort zur Schlichtungs- und Schiedsordnung für Baustreitigkeiten (SOBau) der ARGE Baurecht, S. 3.

das Schiedsgericht auf schriftlichen Antrag der Partei die Begutachtung eines Sachverständigen an, wobei die Begutachtung insbesondere der Feststellung des Zustandes eines Bauwerkes einschließlich der Ermittlung des Bautenstandes dient sowie der Ursache eines Schadens, eines Baumangels, einer Behinderung, einer Bauverzögerung, des Aufwandes für die Beseitigung des Schadens oder des Baumangels oder der Kosten, die durch die Behinderung entstanden sind. Wenn bereits vor einem ordentlichen Gericht ein selbständiges Beweisverfahren zu diesen Fragen beantragt oder in einem Schiedsverfahren eine Begutachtung durchgeführt wurde, dann ist ein isoliertes Beweisverfahren unzulässig. Die Feststellungen des isolierten Beweisverfahrens sind gemäß § 13 Abs. 2 für ein Schiedsgerichtsverfahren bindend im Sinne der §§ 412, 493 ZPO. Vorteil der Regelung des isolierten Beweisverfahrens ist, daß damit frühzeitig eine Beweissicherung möglich ist. Außerdem muß grundsätzlich nicht zweimal über eine Sache Beweis erhoben werden, einmal im Schlichtungs- und einmal im Schiedsverfahren, so daß es in einem dem Schlichtungsverfahren nachfolgendem Schiedsverfahren zu einer Zeitersparnis kommt. In diesem kann nämlich auf die im isolierten Beweisverfahren erbrachten Ergebnisse zurückgegriffen werden.

Die Bestimmungen über die Durchführungen des Schiedsgerichtsverfahren befinden sich dann in §§ 14 ff. der SOBau. Vorgesehen ist eine mündliche Verhandlung. Einzige bauspezifische Regelung ist hier, daß bei fehlender Parteivereinbarung über den Ort des Schiedsverfahrens das Schiedsgericht bei Bestimmung dieses Ortes gemäß § 16 Abs. 1 Satz 2 den Ort des Bauvorhabens und die Umstände des Falles einschließlich der Eignung des Ortes für die Parteien zu berücksichtigen hat.
Gleich der SGO Bau ist das Schiedsgericht nach § 15 Abs. 1 der SOBau bei einem Streitwert unter 100.000,- DM mit einem Einzelschiedsrichter zu besetzen, im übrigen ist ein Dreipersonenschiedsgericht vorgesehen. Die Parteien können aber auch etwas anderes vereinbaren. Die zu benennenden Schiedsrichter sind von den Parteien vorzuschlagen. Ein besonderes Anliegen der SOBau ist es, den Verzögerungen des Schiedsbeklagten bei der Benennung des Schiedsgerichtes Einhalt zu gebieten. Daher ist in § 15 Abs. 3 der SOBau für das Einzelschiedsgericht vorgesehen, daß der vom Schiedskläger vorgeschlagene Schiedsrichter allein entscheiden kann, wenn der Schiedsbeklagte innerhalb von zwei Wochen nach Zustellung des das Verfahren einleitenden Schriftsatzes nicht zustimmt oder innerhalb dieser Frist keinen anderen Vorschlag unterbreitet und dies auch nicht innerhalb einer Nachfrist nachholt. Demzufolge kann der Schiedskläger bei feh-

lendem Reagieren des Schiedsbeklagten einseitig den von ihm vorgeschlagenen Einzelschiedsrichter vorschlagen[561].

Diese Vorgehensweise ist neu; war es doch bisher die Regel, daß eine dritte Stelle, also beispielsweise eine Schiedsinstitution, bei fehlender Einigung der Parteien die Schiedsrichterbenennung übernimmt. Diese neue Vorgehensweise wird im Gegensatz dazu als erheblich weniger zeitaufwendig bezeichnet. Vom BGH wurde entschieden[562], daß ein Schiedsspruch auch dann als für vollstreckbar zu erklären ist, wenn er von einem Einzelschiedsrichter gefällt wurde, der nur von einer Partei ernannt wurde, nachdem die andere Partei von ihrem Ernennungsrecht keinen Gebrauch gemacht hat. Hierbei handelte es sich zwar um einen Auslandsfall, jedoch besteht kaum ein Grund, dies für einen Inlandsfall anders zu beurteilen. In einem solchen Fall liegt kein von vorneherein gegebenes Übergewicht einer Partei bei Ernennung des Schiedsrichters vor, wonach gemäß § 1034 Abs. 2 ZPO auf Antrag einer Partei das staatliche Gericht abweichend von der erfolgten Benennung einen Schiedsrichter ernennen kann; ein Übergewicht entsteht hier erst nachträglich durch das Säumnis des Gegners[563]. In der angelsächsischen Rechtstradition ist in solchen Fällen die Entscheidung durch einen Schiedsrichter durchaus nicht unüblich, wohingegen sie in Deutschland eher unbekannt ist[564].

Ob diese Idee der einseitigen Schiedsrichterbenennung wirklich so gelungen ist, erscheint allerdings fraglich. Die in anderen Schiedsordnungen vorgenommene Ersatzbenennung durch eine dritte unabhängige Stelle wie eine Schiedsinstitution mag zwar etwas zeitaufwendiger sein. Allerdings ist doch gerade die Schiedsrichterbenennung eine der größten Möglichkeiten der Einflußnahme auf das kommende Schiedsverfahren. Hierbei sollte die Unparteilichkeit des Schiedsrichters in jedem Fall gesichert sein, was sie in den Augen der Verfasserin eben nicht ist, wenn der Schiedsrichter nur von der Klägerseite benannt wurde. Dem steht auch nicht entgegen, daß der Schiedsbeklagte sich hier selbst der Möglichkeit der Einflußnahme begeben hat. Die Ersatzbenennung durch eine dritte Stelle bietet in einem solchen Fall eine ausgeglichene Lösung, die den Interessen aller Parteien gerecht wird. Selbst wenn diese Vorgehensweise etwas mehr Zeit in

---

561 Zerhusen, Schlichtungs- und Schiedsordnung für Baustreitigkeiten (SOBau) der ARGE-Baurecht im Deutschen AnwaltVerein, BauR 1998, S. 849, 853.

562 BGHZ 98, S. 70 ff.

563 Schwab/Walter, Schiedsgerichtsbarkeit, S. 89; Zerhusen, Schlichtungs- und Schiedsordnung für Baustreitigkeiten (SOBau) der ARGE-Baurecht im Deutschen AnwaltVerein, BauR 1998, S. 849, 854; anderer Ansicht dagegen Lachmann, Handbuch der Praxis für die Schiedsgerichtspraxis, S. 35.

564 Schwab/Walter, Schiedsgerichtsbarkeit, S. 89; zur Üblichkeit der Ernennung von Einzelschiedsrichtern nach englischen Schiedsverfahrensordnungen siehe auch unten Kap. E. III. 2.

Anspruch nehmen wird, so können doch nicht auf grundlegende Aspekte der Schiedsgerichtsbarkeit allein zur Zeitersparnis verzichtet werden.
Nicht ersichtlich ist, ob der Deutsche AnwaltVerein Schiedsrichterlisten mit sachverständigen Schiedsrichtern ähnlich der Herausgeber der SGO Bau führt, auf die die Parteien bei Benennung der Schiedsrichter zurückgreifen können. Nachteilig ist außerdem, daß es für den Fall der Mehrparteienschiedsgerichtsbarkeit keine Regelung in der SOBau gibt, wie die Benennung dann zu erfolgen hat. Die Neuregelung der ZPO, auf die ersatzweise verwiesen wird, sieht für dieses Problem ebenfalls keine Regelung vor. Sollte eine Partei allerdings ihrer Vorschlagspflicht nicht nachkommen, ist immerhin eine Ersatzbenennung durch den Präsidenten des Deutschen AnwaltVereines vorgesehen.
Außerdem ist zu kritisieren, daß die SOBau keine Maßnahmen des einstweiligen Rechtsschutzes vorsieht. Hier ist auf die ZPO-Verweisung aus § 1 zurückzugreifen, so daß für das Schiedsgericht gemäß § 1041 ZPO die Möglichkeit besteht, vorläufige oder sichernde Maßnahmen anzuordnen. Die Anrufung eines Schiedsgerichtes zum Erlaß vorläufiger oder sichernder Maßnahmen wird jedoch regelmäßig scheitern, sofern sich das Schiedsgericht noch nicht konstituiert hat[565]. Die SOBau sieht einzig in den §§ 11 ff. zum isolierten Beweisverfahren vor, daß in diesem Verfahren die Einholung eines Sachverständigengutachten auch ohne Konstituierung eines Schiedsgerichtes durch den benannten Schlichter möglich ist. Für alle anderen Eilverfahren wäre zunächst ein Schiedsgericht zu bilden.
Ebenfalls ist in der SOBau nicht ausdrücklich geregelt, wie das Schiedsgericht bei Säumnis der Parteien vorgehen soll. Auch in diesem Fall ist die ZPO heranzuziehen, in der gemäß § 1048 ZPO vorgesehen ist, daß im Falle der Säumnis des Beklagten, die Klage zu beantworten, das Verfahren fortzusetzen ist, ohne die behaupteten Tatsachen als zugestanden zu bewerten. Im Falle der Säumnis der Parteien in der mündlichen Verhandlung kann das Schiedsgericht das Verfahren fortsetzen und den Schiedsspruch nach den vorliegenden Erkenntnissen erlassen.

Mit Ausnahme dieser kleineren Mängel ist die SOBau insgesamt als zeitgemäße und gelungene Schiedsordnung mit integriertem Schlichtungsverfahren zu beurteilen, die die meisten aktuell diskutierten Aspekte der Bauschiedsgerichtsbarkeit berücksichtigt und eine Lösung für sie anbietet. Ob sich die Regelungen zur Konstituierung des Schiedsgerichtes durchsetzen und die erhoffte Zeitersparnis bringen werden, bleibt abzuwarten. Warum bei dieser neuen Ausarbeitung einer speziellen Bauschiedsordnung keine Regelung zur Mehrparteienschiedsgerichtsbarkeit bei der Schiedsrichterbenennung aufgenommen wurde, ist allerdings

[565] Zerhusen, Schlichtungs- und Schiedsordnung für Baustreitigkeiten (SOBau) der ARGE-Baurecht im Deutschen Anwaltverein, BauR 1998, S. 849, 855.

fraglich; insbesondere da dieses Thema in den letzten Jahren gerade im Bereich des Bauwesens und des Anlagenbaus verstärkt diskutiert wurde. Auch erscheint gerade beim Mehrparteienschiedsverfahren der Vorschlag, auf den vom Schiedskläger benannten Schiedsrichter zurückzugreifen, sollte sich die gegnerischen Parteien dazu nicht äußern, bedenklicher, da in diesem Fall mehr als eine Partei übergangen wird und die Schiedsrichterauswahl doch zu einseitig bestimmt wird. Sollte es aufgrund dieser Regelung zu einer Ungleichbehandlung der Parteien kommen, könnte dies zu einer fehlenden Vollstreckungsmöglichkeit bei einem internationalen Schiedsverfahren führen, da dies ein Verstoß gegen den *ordre public* anderer Staaten bedeuten könnte.
Zur Anwendung der SOBau auf internationale Streitigkeiten ist zu sagen, daß bei den eventuell nicht deutschen Parteien die Kenntnis der deutschen ZPO erwartet wird, da die SOBau auf deren Regelungen ersatzweise verweist. Daher ist es in internationalen Streitigkeiten vorteilhafter, sich auf eine Schiedsordnung mit internationalem Charakter zu einigen, da gerade bei internationalen Schiedsverfahren zumeist die nationalen Bestimmungen der staatlichen Gerichtsbarkeit nicht gewollt sind.
Lobenswert ist dagegen, daß gerade bei dem isolierten Beweisverfahren wesentliche bauspezifische Probleme bedacht wurden. Gleichzeitig ist die Verweisung der SOBau auf die aktuelle Neuregelung zur Schiedsgerichtsbarkeit der ZPO eindeutig und vereinfacht damit ihre Anwendung. Abzuwarten bleibt, ob die SOBau in der nationalen Baufachwelt eine ähnliche Anerkennung und Nutzung erfahren wird wie die SGO Bau, die immerhin schon seit Beginn des Jahrhunderts existiert und damit über eine gewisse Tradition verfügt.

III. England

Die Schiedsgerichtsbarkeit hat in England[566] die längste Tradition und breiteste Erfahrung sowohl in nationalen wie in internationalen wirtschaftlichen Streitigkeiten. Von dort breitete sich die Wirtschaftsschiedsgerichtsbarkeit als bevorzugte Methode der Streitbeilegung in die Welt aus[567]. So ist auch intern die Schiedsgerichtsbarkeit in vielen Wirtschaftszweigen eine angesehen Alternative zur staatlichen Gerichtsbarkeit. National ist das Schiedsrecht unter dem neuen

---

566 Um Unstimmigkeiten zu vermeiden, soll hier nur die Rechtslage von England und nicht von Großbritannien dargestellt werden, da die Gesetzgebung auch insbesondere im Zusammenhang mit Schottland nicht einheitlich ist. So gilt beispielsweise der *Arbitration Act 1996* nur für England, Wales und Nordirland, Bernstein/Tackaberry/Marriott/Wood, *Handbook of Arbitration Practice*, S. X.

567 Böckstiegel, Vorwort des Herausgebers, in Böckstiegel (Hrsg.), Handelsschiedsgerichtsbarkeit in England und der Bundesrepublik Deutschland, S. 1.

Arbitration Act 1996 geregelt. Aber diverse Branchen haben neben ihren eigenen Standardvertragsbedingungen, die zumeist auch Schiedsklauseln vorsehen, eigene Schiedsordnungen entworfen, die auf ihre branchenspezifischen Belange zugeschnitten sind. Neben Schiedsregeln für beispielsweise den Rohstoffhandel, die Schiffahrt und die Landwirtschaft hat auch die Baubranche in England eigene Regelungen entworfen.

1. Schiedsklauseln in Standardvertragsbedingungen

Zunächst sei ein Blick darauf geworfen, inwieweit überhaupt und in welcher Form auf die Schiedsgerichtsbarkeit in den Standardvertragsbedingungen der Baubranche verwiesen wird.

a) *Standard Form of Building Contract* des *Joint Contracts Tribunals*

Das *Joint Contracts Tribunal* (im folgenden JCT) gibt unter der Führung des *Royal Institute of British Architects* (im folgenden RIBA) die vereinbarten Bedingungen für Hochbauverträge heraus, die sogenannte *Standard Form of Building Contract*. Diese Standardbedingungen sind Vertragsbasis von einem grundlegenden Anteil der Bauarbeiten in Großbritannien. Die Artikel dieser Standardverträge werden als pro forma Vereinbarung mit Leerstellen veröffentlicht, die von den Parteien ausgefüllt werden[568]. Dabei enthält Art. 5 eine Schiedsklausel[569]. Art. 5 verweist wiederum auf Klausel 41 im vierten Teil der Standardbedingungen. Klausel 41 enthält ausführliche und substantielle Regelungen für die Streitbeilegung durch Schiedsgerichtsbarkeit.
So stellt Klausel 41.1 dar, welche Streitigkeiten und Differenzen umfaßt sein sollen, und sieht vor, in welcher Weise der Beginn des Schiedsverfahrens und die Ernennung des Schiedsrichters vor sich gehen soll. Danach sind Streitigkeiten einer Person vorzulegen, auf die sich die Parteien als Schiedsrichter einigen. Sollten sich die Parteien nicht einigen können, wird eine Person als Schiedsrichter entweder auf Anfrage vom Bauherrn oder vom Unternehmer ernannt, die im Anhang genannt ist. Der Anhang wird zusammen mit den Standardbedingungen veröffentlicht und ist mit Leerstellen versehen, die von den Parteien bei Vertragsabschluß mit Namen ausgefüllt werden sollen. Der Anhang beinhaltet, daß die Person, die bei Nichteinigung der Parteien als Schiedsrichter ernannt werden soll, entweder dem RIBA oder dem *Chartered Institute of Arbitration* oder dem

568 Capper/Bunch, *Construction Industry Arbitration*, in Bernstein/Tackaberry/Marriott/ Wood (Hrsg.), *Handbook of Arbitration Practice*, S. 333, 336; 349.

569 Abgedruckt bei Capper/Bunch, *Construction Industry Arbitration*, in Bernstein/ Tackaberry/Marriott/Wood (Hrsg.), *Handbook of Arbitration Practice*, S. 333, 349.

Royal Institute of Chartered Surveyors entstammen soll. Damit wird in den Standardbedingungen auf einen Quasi-Schiedsrichter oder eines DAB, wie es beispielsweise die FIDIC-Musterbauvertragsbedingungen vorsieht, verzichtet. Vielmehr wird der direkte Weg in die Schiedsgerichtsbarkeit gesucht.
Die Form der mehrstufigen Entscheidungsfindung wird aber wohl wahrscheinlich auch den Eingang in die Standardbedingungen des JCT finden[570]. Immerhin sieht auch der *Housing Grants, Construction and Regeneration Act 1996* in seinem zweiten Teil in Art. 108 vor, daß eine Partei eines Bauvertrages das Recht hat, bei Streitigkeiten, die aus dem Vertrag entstehen, auf *Adjudication* zu verweisen. *Adjudication* bedeutet eine Streitentscheidung, die nicht durch ein gerichtliches Verfahren, Schiedsverfahren oder Parteivereinbarung gefunden wird und von einer dritten unparteiischen Person, dem *Adjudicator*, gefällt wird. Nach Art. 108 Abs. 3 soll dabei der Vertrag vorsehen, daß die Entscheidung des *Adjudicators* bindend ist, bis die Streitigkeit endgültig durch ein Gerichtsverfahren, ein Schiedsverfahren oder Parteivereinbarung entschieden ist. Der *Housing Grants, Construction and Regeneration Act 1996* gilt für alle Verträge, die nach seinem Inkrafttreten eingegangen wurden und bei denen es sich um Haupt- oder Subunternehmerverträge handelt, die die Ausführung von Bauarbeiten betreffen. Mit Art. 108 hält der *Act* für diese Verträge ein System bereit, das die Zahl der teuren und schädlichen Streitigkeiten in der Bauindustrie verringern will.

b) *Standard Forms of Conditions of Contracts* der *Institution of Civil Engineers*

Auch die *Institution of Civil Engineers* (im folgenden ICE) hat mit den *standard forms of conditions of contracts*, auch bekannt als *ICE-Conditions of Contracts*, Standardbedingungen für Ingenieur- und Tiefbauverträge herausgegeben, die in Klausel 66 eine sehr detaillierte Schiedsklausel vorsehen[571]. Diese Schiedsklausel verweist auf die *ICE Arbitration Procedure*, die der ICE eigenen Schiedsordnung, auf die noch eingegangen werden wird. Klausel 66 betrifft alle Streitigkeiten, die zwischen Bauherr und Unternehmer in Zusammenhang mit dem Vertrag sowie bei der Arbeitsausführung entstehen. Eine Besonderheit der ICE-Schiedsklausel ist das zwingende Vorverfahren durch einen Ingenieur. Nach dieser Bestimmung kann das Schiedsgericht erst angerufen werden, wenn der

---

570 Capper/Bunch, *Construction Industry Arbitration*, in Bernstein/Tackaberry/Marriott/ Wood (Hrsg.), *Handbook of Arbitration Practice*, S. 333, 358.

571 Schneider, Schiedsverfahren in Streitigkeiten aus Bau- und Anlagenverträgen, in Böckstiegel (Hrsg.), Vertragsgestaltung und Streitigkeiten in der Bauindustrie und im Anlagenbau, S. 159, 167.

Disput zuvor dem die Bauausführung überwachenden Ingenieur zur Entscheidung vorgelegt wurde. Nach dieser Entscheidung kann dann innerhalb von drei Monaten das Schiedsgericht angerufen werden. Diese Art des zwingenden Vorverfahrens ist Vorbild für die spätere ehemalige Klausel 67 der FIDIC-Musterbauvertragsbedingungen in ihrer ursprünglichen Form. Gleich der JCT-Klausel kann auch nach der ICE-Schiedsklausel darüberhinaus das Schiedsgericht erst nach Baufertigstellung angerufen werden. Ausnahmen, die zu einer vorherigen Verfahrenseinleitung berechtigen, sind die Vergütung von Mehrkosten bei unvorhergesehenen Schwierigkeiten, die Nichtausstellung eines *Certificates*, ungerechtfertigte Zurückbehaltung des Sicherungseinbehalts sowie der Rücktritt eines Unternehmers bei Vertragsverletzung[572].

2. Schiedsordnungen

Bisher existierten in England zwei Schiedsordnungen, die im Zusammenhang mit Baustreitigkeiten erwähnenswert waren, die *JCT Arbitration Rules* und die *ICE Arbitration Procedure*. Darüber hinaus wurden nach dem Inkrafttreten des *Arbitration Acts 1996* im März 1997 als Modellschiedsordnung auch die *Construction Industry Model Arbitration Rules* entworfen, die Anwendung auf Schiedsvereinbarungen unter dem *Arbitration Act 1996* finden sollten. Auch die Existenz dieser Vielzahl von Regelungen zeigt die Tradition des Schiedswesens in der englischen Bauindustrie.

a) Die *JCT Arbitration Rules*

Das JCT hat nicht nur eigene Standardbedingungen herausgegeben, die eine Schiedsklausel vorsehen. Vielmehr hat es auch eine eigene Schiedsordnung entwickelt, die auf den 18.07.1988 zurückgeht. Diese Schiedsregeln sind in einer allgemeinen Form entworfen; auf sie wird in 11 verschiedenen veröffentlichten Versionen von Standardverträgen des JCT verwiesen. Sie gehen über die *Standard Form of Building Contract* hinaus und gelten unter anderem auch für die *Intermediate and Minor Works Forms*, die *Form for Management Contracting* etc.[573].

---

572 Schneider, Schiedsverfahren in Streitigkeiten aus Bau- und Anlagenverträgen, in Böckstiegel (Hrsg.), Vertragsgestaltung und Streitigkeiten in der Bauindustrie und im Anlagenbau, S. 159, 167 f.

573 Capper/Bunch, *Construction Industry Arbitration*, in Bernstein/Tackaberry/Marriott/ Wood (Hrsg.), *Handbook of Arbitration Practice*, S. 333, 351 f.

Die Schiedsregeln des JCT sehen einen relativ engen Zeitplan vor. So soll das erste Treffen innerhalb von 21 Tagen abgehalten werden, nachdem der Schiedsrichter von seiner Ernennung erfahren hat. Die Parteien können darüber entscheiden, ob sie Verfahren ohne Anhörung (*Rule 5*), ein volles Verfahren mit Anhörung (*Rule 6*) oder ein kurzes Verfahren mit Anhörung (*Rule 7*) wollen. Im übrigen hat der Schiedsrichter eine recht weitgehende Einflußmöglichkeit auf das Schiedsverfahren. So sehen die Schiedsregeln Inspektionen des Schiedsrichters von Gütern, Arbeit oder Material vor. Außerdem kann er vorläufige Maßnahmen erlassen. Darüber hinaus kann er unter anderem rechtlichen oder technischen Rat in Anspruch nehmen, Anordnungen erteilen, um das Eigentum der Parteien zu schützen sowie in Abwesenheit der Parteien das Verfahren weiter betreiben. Die Schiedsregeln enden mit der Ermächtigung des Schiedsrichters, daß, sollte er es für ein schnelles und gerechtes Ende der Streitigkeit erforderlich halten, eine Verfahrensregel, die nicht in den Schiedsregeln des JCT vorgesehen ist, Anwendung finden soll, so kann der Schiedsrichter nach Rücksprache mit den Parteien dies anweisen und weitere Anweisungen in diese Richtung erteilen, wenn er es für angemessen hält[574].

Demzufolge haben die Schiedsregeln des JCT zwar ebenfalls keine ausdrücklichen Bestimmungen betreffend Streitigkeiten im Bau und Anlagenbau betreffen, was darauf zurückzuführen ist, daß sie auch für andere Vertragsformen gelten sollen. Viele der Ermächtigungen des Schiedsrichters eignen sich jedoch besonders für Bauschiedsverfahren, wie seine Inspektionsverpflichtung oder einstweilige Maßnahmen anzuordnen sowie trotz säumiger Parteien das Verfahren weiter zu betreiben. Auch der enge Zeitrahmen, den diese Schiedsordnung vorsieht, verspricht einen schnellen Abschluß eines Bauschiedsverfahrens, so daß diese sich trotz ihres allgemeineren Charakters als gelungen erweist. Eine Regelung zur Mehrparteienschiedsgerichtsbarkeit ist allerdings nicht vorgesehen.

b) Die *ICE Arbitration Procedure*

Das ICE hat 1973 eine Schiedsordnung vorgelegt, deren neuste Überarbeitung von 1997[575] stammt. Während die erste Verfahrensordnung von 1973 nur über zaghafte Ansätze in bezug auf bauspezifische Regelungen verfügte, die sich auf ein mit Technikern besetztes Schiedsgericht mit einem juristischen Beisitzer

---

574 Capper/Bunch, *Construction Industry Arbitration*, in Bernstein/Tackaberry/Marriott/ Wood (Hrsg.), *Handbook of Arbitration Practice*, S. 333, 352; die letzte Bestimmung ist auf S. 353 abgedruckt.

575 Abgedruckt in Appendix 22 in Bernstein/Tackaberry/Marriott/ Wood (Hrsg.), *Handbook of Arbitration Practice*, S. 937 ff.

sowie die Bedingung des Vorverfahrens vor dem Ingenieur beliefen, wurde bei deren ersten Überarbeitung von 1983 ein deutliches Bemühen erkennbar, auf neuen Wegen den besonderen Problemen von Baustreitigkeiten Herr zu werden[576]. Zum einen wird dies dadurch deutlich, daß dem Schiedsrichter die Möglichkeit eingeräumt wurde, das Schiedsverfahren im erheblichen Maße zu steuern, damit die wichtigsten Streitpunkte zügig in einem zweckmäßigen Ablauf entschieden werden. Außerdem wurden dem Schiedsrichter auch unterschiedliche Verfahrensarten bereitgestellt, die er je nach Beschaffenheit des Einzelfalles wählen kann. Dieser Charakter der Schiedsordnung wurde auch bei der Überarbeitung von 1997 beibehalten. Diese erfolgte unter anderem, um in den *ICE-Conditions of Contracts*, die in Verträgen unter dem *Arbitration Act 1996* vereinbart werden, Anwendung zu finden. Als Ziel ist in *Rule 1.1* der ICE-Schiedsregeln angegeben, daß Objekt der Schiedsgerichtsbarkeit sein soll, faire Lösungen von Streitigkeiten ohne unnötige und teure Verzögerungen zu erhalten. Die Regelungen von *Part A* betreffen unter anderem die Ernennung des Schiedsrichters. Hierbei wird nur von einem einzigen Schiedsrichter ausgegangen. Dieser soll entweder von den Parteien (*Rule 3*) oder, falls diese sich nicht einigen können, vom Präsidenten des ICE (*Rule 4*) ernannt werden. Hierbei ist erwähnenswert, daß das ICE eine Schiedsrichterliste führt. Diese hat einen eher informativen Charakter, da weder die Parteien noch der Präsident bei der Auswahl des Schiedsrichters ausdrücklich an sie gebunden sind. Diese informative Aufgabe erfüllt die ICE aber in mustergültiger Weise, da sie für jeden Schiedsrichter über umfassende Angaben über dessen Ausbildung und Qualifikation verfügt[577].
In *Rule 6* wird ähnlich der JCT-Schiedsregeln zunächst ein erstes Treffen zwischen den Parteien und dem Schiedsrichter so bald als möglich stattfinden. Dabei sollen die Parteien erwägen, ob die besonderen Verfahren im Sinne von *Part F* oder *Part G* in Betracht kommen.
Part F sieht in den *Rules 15* und *16* das *Short Procedure* vor, bei dem es sich um ein verkürztes Verfahren handelt. Es eignet sich besonders für einfachere Streitigkeiten mit geringem Streitwert, bei dem besonderen Wert auf die Vorbereitung der mündlichen Verhandlung durch je einen Schriftsatz gelegt wird. *Part G* beinhaltet in *Rule 17* und *18* daneben das *Special Procedure for Experts*. Dies betrifft Tatsachenfeststellungen, bei denen Expertenkenntnisse erforderlich sind. Nach

---

576 Schneider, Schiedsverfahren in Streitigkeiten aus Bau- und Anlagenverträgen, in Böckstiegel (Hrsg.), Vertragsgestaltung und Streitbeilegung in der Bauindustrie und im Anlagenbau, S. 159, 168.

577 Schneider, Schiedsverfahren in Streitigkeiten aus Bau- und Anlagenverträgen, in Böckstiegel (Hrsg.), Vertragsgestaltung und Streitbeilegung in der Bauindustrie und im Anlagenbau, S. 159, 168; auf S. 237 f. im Anhang I der englischen Zusammenfassung von Schneider findet sich ein Beispiel einer solchen ausführlichen Schiedsrichterliste.

den Voraussetzungen von *Rule 17* sind in der mündlichen Verhandlung, die durch schriftliche Stellungnahmen und Gutachten der Sachverständigen vorzubereiten ist, nur die Parteien, die Sachverständigen und der Gutachter zugegen. Daraus ergibt sich, daß Anwälte grundsätzlich nicht in die Debatte eingreifen dürfen.

In der Verfahrensordnung von 1983 existierte darüber hinaus noch in *Part H* die *Interim Arbitration* als spezielle Vorgehensweise, wonach eine Einleitung des Schiedsverfahrens vor Abschluß der Bauarbeiten unter bestimmten Voraussetzungen möglich war und der Schiedsrichter hierbei summarische Entscheidungen und Zwischenentscheidungen fällen konnte, die bis zur Fertigstellung des Baus und der Einleitung eines neuen Schiedsverfahrens bindend waren. Dies ist vergleichbar mit dem *Pre-Arbitral-Referee*-Verfahren der ICC. Bei der Überarbeitung von 1997 wurde allerdings auf die *Interim Arbitration* verzichtet, was wohl in der Form gedeutet werden kann, daß sich seine Einrichtung nicht bewährt hat. Im *Part H* der neuen Regeln, der die Schiedssprüche regelt, ist in *Rule 19.3* jedoch vorgesehen, daß der Schiedsrichter Maßnahmen des vorläufigen Rechtsschutzes anordnen kann. Wie die allgemeinen Erfahrungen im Bauwesen gezeigt haben, ist eine solche Anordnungsbefugnis äußerst nützlich.

Als weitere Besonderheit der ICE-Schiedsregeln ist es zu bewerten, daß der Schiedsrichter gemäß *Rule 7.6* umfangreiche Befugnisse für *Protective Measures* hat. Dabei sind auch Maßnahmen zur frühzeitigen Beweissicherung vorgesehen, was gerade in Baustreitigkeiten von besonderer Bedeutung ist, da sich hier gerade bei Weiterführung von Bauarbeiten die Beweisführung als äußerst schwierig oder kostspielig gestalten kann. Auch kann der Schiedsrichter anordnen, Sicherheit für die Kosten zugunsten einer oder beider der Parteien sowie seiner eigenen zu leisten. Dies scheint sinnvoll, da verhindert werden soll, daß eine Partei ein kostenaufwendiges Schiedsverfahrens startet und damit der anderen Partei Kosten verursacht, die sie in ihrer finanziellen Beweglichkeit stark einschränken und damit auch lahm legen können. Im übrigen sind die Befugnisse des Schiedsrichters nach der ICE-Schiedsordnung generell als sehr weitgehend zu beurteilen. Während er zum einen neben der Schiedsspruchfällung über alle prozessualen und Beweisfragen entscheiden kann, kann er darüberhinaus bestimmen, wo und wann der Prozeß oder Teile des Prozesses abgehalten werden können, sollte die Parteivereinbarung in diesen Punkten versagen[578]. Bei diesen weitgehenden Befugnissen ist zu kritisieren, daß sie zu Lasten der Parteiautonomie geht, die doch eigentlich Grundidee der Schiedsgerichtsbarkeit ist. Andererseits ist zu berücksichtigen, daß die Rückdrängung der Parteiautonomie und die Einräumung der

---

578 Capper/Bunch, *Construction Industry Arbitration*, in Bernstein/Tackaberry/Marriott/ Wood (Hrsg.), *Handbook of Arbitration Practice*, S. 333, 356.

weiten Befugnisse geschieht, um einen schnellen und effektiven Schiedsverfahrensablauf zu gewährleisten, wie er nicht nur bei Baustreitigkeiten wünschenswert wäre.
In jedem Fall ist die ICE-Schiedsordnung in ihrer Neufassung von 1997 ein Modell, das im Vergleich zu anderen, hier bereits dargestellten nationalen Bauschiedsordnungen im erheblichen Maße Regelungen enthält, die gerade die speziellen Probleme bei Baustreitigkeiten berücksichtigen. Leider wird auch bei ihr von einem Zweiparteienschiedsverfahren ausgegangen und so das Problem der Mehrparteienschiedsgerichtsbarkeit umgangen.

c) Die *Construction Industry Model Arbitration Rules*

Ziel der *Construction Industry Model Arbitration Rules*[579] (im folgenden CIMAR), die im März 1997 veröffentlicht wurden, war es, eine Modellregelung zu schaffen, die von den relevanten Bauinstitutionen herangezogen und übernommen werden sollten. So wird prognostiziert, daß die CIMAR die JCT- und ICE-Schiedsregeln in naher Zukunft ersetzen werden[580].
Aus der Einleitung der CIMAR ergibt sich, daß der Erlaß des *Arbitration Act 1996* eine einmalige Gelegenheit bietet, eine einheitliche prozessuale Basis für die Schiedsgerichtsbarkeit in der Bauindustrie einzuführen. Die CIMAR sollen daher auch nach *Rule 1.1* im Zusammenhang mit dem *Arbitration Act 1996* gelesen werden.
Vorgesehen ist in den CIMAR wiederum ein einzelner Schiedsrichter, der ebenfalls mit weitreichenden Befugnissen ausgestattet ist. So kann er unter anderem nach *Rule 4* über seine eigene Zuständigkeit entscheiden, Sachverständige und Rechtsberater ernennen, er kann Weisungen über Vermögenswerte, welche Streitgegenstand des Verfahrens sind, erteilen, sowie die Vereidigung oder Versicherung an Eides statt der Aussage einer Partei oder eines Zeugen anordnen und diese auch abnehmen. Außerdem darf er jeder Partei zum Zwecke des Verfahrens Weisungen für die Sicherung von Beweismitteln erteilen, welche sich in deren Verwahrung befinden. Des weiteren kann er die Sicherung jeder Arbeit, Güter oder Material sogar dann anordnen, wenn sie Bestandteil der fortzusetzenden Arbeit bedeuten.
Darüber hinaus hat der Schiedsrichter die Befugnis darüber zu entscheiden, ob statt einer *Full Procedure* nach *Rule 9* nur ein *Short Hearing* im Sinne von *Rule*

---

579 Abgedruckt in Appendix 13 in Bernstein/Tackaberry/Marriott/ Wood (Hrsg.), *Handbook of Arbitration Practice*, S. 859 ff.

580 Capper/Bunch, *Construction Industry Arbitration*, in Bernstein/Tackaberry/Marriott/ Wood (Hrsg.), *Handbook of Arbitration Practice*, S. 333, 365.

7 oder im Sinne von *Rule 8* nur ein schriftliches Verfahren ohne Anhörung durchgeführt werden soll. Nach *Rule 10* kann der Schiedsrichter auch Maßnahmen des einstweiligen Rechtsschutzes anordnen. Nach Fällung eines Schiedsspruches, der eine Tätigkeit einer Partei vorsieht, beispielsweise die Ausführung von bestimmten Arbeiten, hat der Schiedsrichter gemäß *Rule 12.7* die Befugnis, die Ausführung dieser Tätigkeit zu überwachen oder eine Person zur Überwachung zu bestimmen, wenn er dieses für angemessen hält.
Als weitere interessante Möglichkeit ist es zu bewerten, daß nach *Rule 3* die Möglichkeit besteht, daß die Einleitung eines Schiedsverfahrens auch mehrere Streitigkeiten enthalten kann, solange diese unter dieselbe Schiedsvereinbarung fallen. Ist ein Schiedsrichter in zwei oder mehr Schiedsverfahren ernannt, welche in einigen Punkten gemeinsame Streitfragen betreffen, unabhängig davon, ob die selben Parteien betroffen sind, kann er, wenn er es für angemessen hält, die gleichzeitige Anhörung beider oder mehr Verfahren anordnen (*Rule 3.7*). Im gleichen Fall kann der Schiedsrichter auch die Zusammenlegung der verschiedenen Verfahren anordnen, wenn die Parteien zustimmen (*Rule 3.9*). Da bei komplexen Bauprojekten häufig verschiedene Parteien in verschiedenen Verfahren über teilweise übereinstimmende Streitpunkte prozessieren, kommt diese Regelung dem Bauschiedsverfahren sehr entgegen, da es sich wesentlich verfahrensökonomischer darstellt.
Damit sehen auch die CIMAR mit ihren Querverweisungen auf den *Arbitration Act 1996* relevante bauspezifische Regelungen vor; allerdings enthalten sie ebenfalls keine Bestimmungen zur Mehrparteienschiedsgerichtsbarkeit.

Der *Arbitration Act 1996* sieht gleichfalls keine Regelung zu dieser Problematik vor. Die Tatsache, daß damit weder der *Arbitration Act 1996* noch die CIMAR, die *ICE Arbitration Procedure* oder die *JCT Arbitration Rules* eine Regelung zu diesem Punkt vorsehen bleibt ein Wehmutstropfen bei den ansonsten so gelungenen diversen Bauschiedsregeln, was dazu führen wird, daß dieser wichtige Bereich auch in England zu prozessualen Schwierigkeiten führen wird. Zu bedauern ist auch, daß keine der hier vorgestellten englischen Schiedsordnungen eine Vergleichsregelung oder eine Möglichkeit der integrierten Schlichtung oder Vermittlung vorsieht. Einzig in der Schiedsklausel der ICE-Standardvertragsbedingungen ist ein Vorverfahren durch den beratenden Ingenieur vorgesehen; an dem Sinn eines solchen Vorverfahrens wurde jedoch bereits im Rahmen der Ausführungen zu Klausel 67 der FIDIC-Musterbauvertragsbedingungen gezweifelt.

IV. Schweiz

In der Schweiz ist das Zivilprozeßrecht, worunter das Schiedsverfahrensrecht fällt, nach der Bundesverfassung Regelungssache der Kantone. Damit verfügen alle 26 Kantone der Schweiz über eine eigene ZPO, die jeweils im einzelnen die Schiedsverfahrensbestimmungen regelt. Immerhin haben die Kantone - inzwischen nur noch mit der Ausnahme von Luzern - am 27.03.1969 ein Konkordat über die Schiedsgerichtsbarkeit abgeschlossen. Darin wurde das Schiedsverfahrensrecht weitgehendst vereinheitlicht[581]. Das Konkordat verlor jedoch an Bedeutung, als am 01.01.1989 das Schweizer Bundesgesetz über das Internationale Privatgesetz in Kraft trat, das in seinem 12. Kapitel die internationale Schiedsgerichtsbarkeit regelte. Gerade die internationale Schiedsgerichtsbarkeit ist in der Schweiz von großer Wichtigkeit. So ist die Schweiz neben anderen wichtigen Orten ein beliebter Schiedsort auf internationalem Niveau[582].

Außerdem verfügt die Schweiz über eine Reihe von Schiedsinstitutionen. Auf dem Gebiet des Bauwesens und des Anlagenbaus gibt es eine solche allerdings nicht. Man kann hier lediglich den Schweizerischen Ingenieur und Architektenverein (im folgenden SIA) anführen. Der SIA wurde 1837 in Zürich gegründet. Er ist keine Schiedsinstitution im eigentlichen Sinne. Sein Ziel ist es, den Bedarf von Gesellschaft und Öffentlichkeit nach nachhaltiger Entwicklung der gestaltbaren Umwelt zu stillen, dies unter anderem durch die Ausarbeitung, Weiterentwicklung und Publikation von Normen, Ordnungen, Richtlinien, Empfehlungen, Dokumentationen und Verträgen. Auch ist er im Rahmen der Rechtsberatung und bei der Einleitung von Schiedsverfahren tätig; außerdem koordiniert er die Ausarbeitung und Anpassung der Standardbedingungen für Bauverträge[583].

1. Klausel in Standardvertragsbedingungen

Der SIA hat unter anderem die Standardvertragsbedingungen Allgemeine Bedingungen für Bauarbeiten, die SIA-Norm 118 herausgegeben[584]. Dabei nahmen an der Ausarbeitung dieser Vertragsbedingungen auch Repräsentanten anderer Interessensgruppen teil, so daß diese Bedingungen als „Kollektiv"-Standardvertragsbedingungen bezeichnet werden können, ähnlich den Bestimmungen des

---

581 Peter, *Switzerland*, in Bösch (Hrsg.), *Provisional Remedies in Internationale Commercial Arbitration*, S. 691.

582 Bucher, Allgemeine Einführung in die Schiedsgerichtsbarkeit in der Schweiz, in Böckstiegel (Hrsg.), Die Internationale Schiedsgerichtsbarkeit in der Schweiz, S. 1, 2.

583 Information aus dem Internetangebot des SIA vom 15.12.1998, http://www.sia.ch/siad/dersia/entry.stm.

584 Hrsg. 1977, Neudruck 1991 mit redaktionellen Präsizierungen.

englischen JCT oder ICE[585]. Im Gegensatz zu den englischen Bestimmungen sehen die schweizerischen Standardvertragsbedingungen allerdings für Streitigkeiten hauptsächlich die Zuständigkeit der ordentlichen Gerichte am Ort des Beklagten vor. Auf die Möglichkeit einer Schiedsabrede verweisen sie nur[586].

2. Schiedsordnung

Als nationale Bauschiedsordnung existiert die SIA-Ordnung 150 von 1977[587]. Diese beinhaltet Richtlinien für das Verfahren vor einem Schiedsgericht. Eine aktuellere Version oder Überarbeitung gibt es nicht[588].

Die Bestimmungen der SIA-Ordnung 150 sind weitgehend dem ordentlichen Gerichtsverfahren nachgebildet. Eine besondere Liste für Bauschiedsrichter ist nicht vorgesehen und auch sonst sind kaum bauspezifische Regelungen enthalten. Der SIA nimmt nicht einmal hilfsweise bei fehlender Parteivereinbarung die Schiedsrichterbestellung vor. Besonderheit ist, daß die SIA-Ordnung 150 ähnlich den englischen Schiedsordnungen eine erste mündliche Vorverhandlung kennt, die vor dem Schiedsrichter abgehalten wird und der Bestimmung von relevanten und bestrittenen Tatsachen dienen soll. Stattfinden soll diese Vorverhandlung aber erst nach den Schriftsatzwechsel; sie kann daher weniger die Konzentration des Verfahrens auf relevante Streitpunkte bewirken[589].

Immerhin ist es nach der SIA-Ordnung 150 möglich, bei Gefährdung von Beweismitteln, vorab Beweis zu erheben. Nicht vorgesehen sind allerdings Regelungen zur Mehrparteienschiedsgerichtsbarkeit, zum einstweiligen Rechtsschutz, zu Schlichtungsmöglichkeiten oder zu Mitteln der Streitzusammenlegung und Nebenintervention.

Insgesamt ist das Verfahren nach der SIA-Ordnung 150 als eher unflexibel zu beurteilen. Es wurde kaum versucht, die speziellen Probleme, die immer wieder bei Bauschiedsverfahren auftreten, zu berücksichtigen und zu regeln. Daher kann

---

585 Schneider, *An Introduction to Swiss Construction Contract Issues - The Hongrin - Léman Case*, ICLR 1984, S. 166, 169.

586 Schneider, Schiedsverfahren in Streitigkeiten aus Bau- und Anlagenverträgen, in Böckstiegel (Hrsg.), Vertragsgestaltung und Streiterledigung in der Bauindustrie und im Anlagenbau, S. 159, 171.

587 Wiegand, Rechtsprobleme einer speziellen internationalen Bauschiedsgerichtsbarkeit, in Nicklisch (Hrsg.), Bau- und Anlagenverträge -Risiken, Haftung, Streitbeilegung, S. 289, 292.

588 Auskunft dem Internetangebot des SIA vom 15.12.1998 entnommen; http://www.sia.ch/siad/produkte/produkte/norm/norm9.stm#Richtlinie.

589 Schneider, Schiedsverfahren in Streitigkeiten aus Bau- und Anlagenverträgen, in Böckstiegel (Hrsg.), Vertragsgestaltung und Streiterledigung in der Bauindustrie und im Anlagenbau, S. 159, 171.

die SIA-Ordnung auch nicht als Beispiel für eine besonders gelungene Bauschiedsordnung genannt werden. Zu berücksichtigen ist allerdings, daß sie bereits 1977 erlassen wurde und sich einige dieser Probleme erst in den letzten zwanzig Jahren besonders herauskristallisiert haben. Es erscheint angebracht, dies als Anlaß zu einer Überarbeitung zu nehmen.

V. Frankreich

Frankreich stellt ebenfalls einen beliebten Schiedsort für internationale Schiedsverfahren dar. Der Grund für diese Beliebtheit liegt sicherlich zum einen darin, daß sich in Paris der Sitz des ICC-Schiedsgerichtshofes befindet. Zum anderen verfügt Frankreich über eine traditionell liberale Rechtsprechung der französischen Gerichte auf dem Gebiet der internationalen Handelsschiedsgerichtsbarkeit[590]. In der Praxis werden denn auch nahezu alle internationalen Bauverträge, die von französischen Unternehmen abgeschlossen werden, mit einer Schiedsklausel versehen, die auf die ICC-Schiedsordnung verweist. Ob die Schiedsgerichtsbarkeit sich aber auch bei nationalen Bau- und Anlagenverträgen in dem Maße durchgesetzt hat, ist fraglich.

1. Schiedsklauseln in Standardvertragsbedingungen

Bauverträge, die ein umfangreicheres Projekt betreffen und französischem Recht unterliegen, verfügen zumeist über eine Schiedsklausel, die auf ein ad hoc-Schiedsverfahren verweist. In 50 % der Fälle im privaten Bauwesen werden die französischen Standardbedingungen AFNOR P 03 001 vereinbart[591]. Diese sehen jedoch im Gegensatz zu den FIDIC-Musterbauvertragsbedingungen keine ausdrückliche Schiedsklausel vor. Art. 19.2 beinhaltet lediglich die Regelung, daß im Falle von Streitigkeiten, die sich während der Bau- oder Handwerksausführungen ergeben können, die Vertragsparteien über die Möglichkeit zu beraten haben, ob sie ihre Differenzen einem Schiedsgericht vorlegen oder nicht.
Der *Guide des Relations Contractuelles, Domaine du Bâtiment France*[592] sieht unter 2.8 bei Streitigkeiten zwischen dem Kunden (*Client*) und dem Anspruchsinhaber (*Titulaire*) vor, daß diese, sollten sie nicht gütlich gelöst werden können, falls im Vertrag vorgesehen, durch Schiedsgerichtsbarkeit geregelt werden kön-

---

590 Lörcher, Das internationale Handelsschiedsverfahren in Frankreich, S. 2.

591 Diese Auskünfte erteilte auf Anfrage der französische Rechtsanwalt Philippe Malinvaud, *14, Square de l'Alboni, 75016 Paris* am 07.10.1997.

592 Herausgegeben von der *Chambre Syndicale des Société d'Etudes et de Conseils, Maison de l'Ingenierie* im Februar 1987.

nen. Eine identische Regelung sieht der *Guide des Relations Contractuelles, Domaine Industrie France*[593] ebenfalls unter 2.8 vor.
Im *Cahier des Clauses Générales des Marché Privés des Travaux de Construction*[594] ist eine Streitentscheidung durch Schiedsverfahren überhaupt nicht vorgesehen; vielmehr ist unter Klausel 44 bestimmt, daß, sollten sich Streitigkeiten aus Bauindustrie- und Handwerkssachen ergeben und diese sich nicht gütlich regeln lassen, diese der ausschließlichen Zuständigkeit des *Tribunal de Grande Instance* unterliegen.
Die Standardverträge der *Fédération Nationale du Bâtiment* oder der *Fédération Nationale des Travaux Publics* (im folgenden F.N.T.P.) sehen keine Schiedsklausel vor.

2. Schiedsordnung

Allerdings hat die F.N.T.P. im Jahre 1972 eine Schiedsordnung, die *Règlement d'Arbitrage de la Fédération Nationale des Travaux Publics*, erarbeitet, die inzwischen in der Überarbeitung von 1985 vorliegt. Aufgabe der Arbeitsgruppen innerhalb der F.N.T.P. ist es, die Ausstattung des Landes zu sichern, Brücken, Dämme, Kanäle, Straßen, Häfen und öffentliche Kunstwerke zu bauen[595]. Sie arbeiten im Auftrag von öffentlichen Körperschaften. Bei Streitigkeiten mit diesen Körperschaften ist allerdings prinzipiell der Weg in die Schiedsgerichtsbarkeit nicht vorgesehen.
Für die Schiedsgerichtsbarkeit wurde 1972 als besonderer Ausschuß das *Comité d'arbitrage des travaux publics* (im folgenden C.A.T.P.) auf die Initiative des F.N.T.P hin mit dem Ziel gegründet, seinen Mitgliedern und seinen Gegnern die Möglichkeit zu bieten, Rechtsstreitigkeiten, die zwischen seinen Mitgliedern entstehen könnten, schnell und effektiv zu regeln[596]. Das C.A.T.P. setzt sich aus acht Mitgliedern (Art. 2) zusammen, die vom Verwaltungsrat des F.N.T.P. auf zwei Jahre ernannt werden, und hat seinen Sitz in Paris. Bei diesen Mitgliedern sollte es sich vor allem um Baufachleute handeln, wobei als Präsident jedoch ein Außenstehender, etwa ein hochgestellter Richter zu bestellen ist. Das C.A.T.P. ist eine ständige Einrichtung, die die Anwendung der Schiedsordnung einschließlich

---

593 Herausgegeben von der *Chambre Syndicale des Société d'Etudes et de Conseils, Maison de l'Ingenierie* im März 1987.

594 Herausgegeben von der *Fédération Nationale des Promoteurs Constructeurs* (FNPC) im Januar 1990.

595 Villard, *L'organisation professionnelle d'arbitrage des travaux publics*, Rev.Arb. 1973, S. 47.

596 Sorbier, *Comité d'arbitrage de la Fédération des travaux publics*, in *Les Institutions d'Arbitrage en France*, Rev.Arb. 1990, S. 225, 272.

der von den Schiedsrichtern in Rechnung gestellten Kosten und Honorare überwacht, außerdem den Parteien hilft, kleinere Hindernisse und Schwierigkeiten beim Verfahren aus dem Weg zu räumen und eine Liste von zugelassenen Schiedsrichtern führt, wobei es sich bei diesen um Techniker oder Juristen handelt[597]. Das Schiedsgericht ist mit drei Schiedsrichtern zu besetzen, wobei jede Partei einen Schiedsrichter benennt (Art. 3). Die Parteien sind bei der Auswahl ihrer Schiedsrichter nicht an diese Liste gebunden; allerdings ist der Vorsitzende des Schiedsgerichtes durch das C.A.T.P. aus der Liste zu bestimmen, wie sich aus Art. 3 entnehmen läßt.
Die Schiedsordnung der F.N.T.P. weist neben der Schiedsrichterliste keine nennenswerten bauspezifischen Besonderheiten auf[598]. In Zusammenhang mit der Bauschiedsgerichtsbarkeit ist allerdings erwähnenswert, daß in Art. 3 die Möglichkeit der Mehrparteienschiedsgerichtsbarkeit bereits im Jahre 1972 bedacht wird. Danach ist für andere Verfahren als Zweiparteienschiedsverfahren vorgesehen, daß dann alle drei Schiedsrichter vom C.A.T.P. zu benennen sind. Dies garantiert eine effektive und gerechte Lösung, auch wenn es vielleicht zu Lasten der Parteiautonomie geht.
Die Schiedsordnung der F.N.T.P. findet in erster Linie Anwendung auf Streitigkeiten aus Subunternehmerverträgen, da für Streitigkeiten bei öffentlichen Aufträgen besondere Verfahrensvorschriften bestehen[599]. Insgesamt ist die Vereinbarung dieser Schiedsordnung in einer Schiedsklausel bei Abschluß eines Vertrages eher selten; jedoch können die Parteien sich auch noch während eines Verfahrens auf die Anwendung der Schiedsordnung der F.N.T.P. einigen[600]. Die Regelungen dieser Schiedsordnung wurden von Anfang an als geeignetes Mittel beurteilt, ein objektives, kompetentes und völlig unparteiisches Schiedsverfahren zu gewährleisten.

Leider sind in der Schiedsordnung der F.N.T.P. keine speziellen Regelungen zur frühzeitigen Beweissicherung, zum einstweiligen Rechtsschutz oder zu sonstigen immer wieder auftretenden Fragen beim Bauschiedsverfahren vorgesehen. Damit

---

597 Villard, *L'organisation professionnelle d'arbitrage des travaux publics*, Rev.Arb. 1973, S. 47.

598 Schneider, Schiedsverfahren in Streitigkeiten aus Bau- und Anlagenverträgen, in Böckstiegel (Hrsg.), Vertragsgestaltung und Streitigkeiten in der Bauindustrie und im Anlagenbau, S. 159, 172.

599 Schneider, Schiedsverfahren in Streitigkeiten aus Bau- und Anlagenverträgen, in Böckstiegel (Hrsg.), Vertragsgestaltung und Streitbeilegung in der Bauindustrie und im Anlagenbau, S. 159, 173.

600 Villard, *L'organisation professionnelle d'arbitrage des travaux publics*, Rev.Arb. 1973, S. 47, 50.

unterscheidet sich diese auch wenig von anderen allgemeineren Schiedsordnungen. Spezielle Bauschiedsordnungen von anderen französischen Einrichtungen wurden nicht gefunden. Ansonsten finden auch auf nationale Schiedsverfahren im Bereich des Bauwesens und Anlagenbaus die allgemeinen französischen Schiedsregeln Anwendung. Diese sind im IV. Buch des *Nouveau Code de Procédure Civile* von 1981 unter Art. 1442 ff. geregelt.

VI. Dänemark

In Dänemark spricht man ebenfalls davon, daß hier die Praxis der Schiedsgerichtsbarkeit sowohl in nationalen wie in internationalen Fragen verwurzelt sei[601]. So fand bereits im alten Gesetzbuch unter Christian V. von 1683 die Schiedsgerichtsbarkeit ihre Erwähnung. Auf dieser Basis war das Schiedsverfahrensrecht, mit einigen wenigen Ausnahmen, hauptsächlich durch Rechtsprechung und Fallrecht bis zur Schaffung des Schiedsgerichtsgesetzes von 1972 entwickelt. Die grundlegende Quelle des dänischen Schiedsverfahrensrechts ist das Schiedsgerichtsgesetz No. 181 vom 24.05.1972, das durch das Ministerialdekret No. 117 vom 07.03.1973 zur Anerkennung und Vollstreckung fremder Schiedssprüche und zur internationalen Handelsschiedsgerichtsbarkeit ergänzt wird.
Dänische Parteien, welche in Rechtsstreitigkeiten bei Projekten von großer Infrastruktur involviert sind, zeigten sich bisher eher zurückhaltend in der Nutzung internationaler Schiedsinstitutionen und gaben den Vorzug lokalen Institutionen wie beispielsweise dem Dänischen Institut der Schiedsgerichtsbarkeit in Kopenhagen[602]. Auch im Bereich des Bauwesens gibt es in Dänemark spezielle Regelung zum Bauschiedswesen, insbesondere in den Standardvertragsbedingungen, sowie eine lokale Bauschiedsinstitution, den *Voldgiftnaevenet for Bygge- og Anlaegsvirksomhed* in Kopenhagen, was übersetzt soviel wie der Schiedsausschuß für Bau- und Anlagentätigkeit bedeutet.

1. Schiedsklauseln in Standardvertragsbedingungen

Für dänische Bauverträge existieren die *Almindelige Betingelser for Arbeijder og Leverancer*, die Allgemeine Bedingungen für Arbeiten und Lieferungen im Hoch-, Tief- und Ingenieurbau vom 10.12.1992[603] (im folgenden AB 92)[604]. Die-

601 Philip, *Denmark*, in Sanders/van den Berg (Hrsg.), *International Handbook on Commercial Arbitration, Vol. II*, S. 1.

602 Betant/Monrad/Stuhr, *How to handle Disputes in Major Construction Contracts - A Danish Approach*, ICLR 1995, S. 614.

603 Ausgefertigt und hrsg. vom dänischen Wohnungsbauministerium.

se beruhen auf einer Überarbeitung der Allgemeinen Bedingungen für Arbeiten und Lieferungen im Hoch-, Tief- und Ingenieurbau vom 29.11.1972 (im folgenden AB 72). Die Standardvertragsbedingungen für Bauverträge, die praktisch in allen Bau- und Anlagenverträgen genutzt werden, verweisen Streitigkeiten zur Beilegung an eine bestimmte Schiedsinstitution für Bau- und Anlagenstreitigkeiten[605].

Daneben gibt es noch die *Almindelige Bestemmelser for teknisk radgivning og bystand* von 1989[606] (im folgenden ABR 89; übersetzt heißt dies die Allgemeinen Bestimmungen für technischen Rat und Beistand). Auch diese sehen eine Schiedsklausel vor.

a) Schiedsklausel der AB 92

Nach § 45 der AB 92 kann zum einen bei Meinungsverschiedenheiten zwischen den Parteien oder zur Beweissicherung beim Schiedsausschuß für die Bau- und Anlagentätigkeit in Kopenhagen ein Schiedsgutachten beantragt werden. Nach § 47 können Streitigkeiten zwischen den Parteien darüber hinaus vom Schiedsgericht für die Bau- und Anlagetätigkeit endgültig entschieden werden. § 47 Abs. 4 sieht dabei vor, daß das Schiedsgericht teilweise aus einem vom Vorsitzenden benannten Mitglied des Präsidiums des Schiedsgerichtes, teils aus zwei vom Schiedsausschuß für jeden einzelnen Fall je nach Sachlage benannten Sachverständigen besteht. Der Vorsitzende des Präsidiums kann eines der Ersatzmitglieder des Präsidiums zum Vorsitzenden des Schiedsgerichtes bestimmen. Auf Verlangen einer Partei wird gemäß § 47 Abs. 5 das Schiedsgericht durch zwei weitere Mitglieder des Präsidiums ergänzt. Nach Einigung der Parteien kann das Gericht aber auch nur aus einem Mitglied bestehen. Im übrigen wird auf die Verfahrensordnung des Schiedsausschusses für die Bau- und Anlagentätigkeit verwiesen.

b) Schiedsklausel der ABR 89

Die ABR 89 enthalten in Klausel 9 eine Regelung, die ebenfalls vorsieht, daß Streitigkeiten zwischen den Kunden und dem Berater, die sich unter anderem aus dem Auftrag ergeben, endgültig und verbindlich vom Schiedsgericht entschieden

---

604 Diese Auskunft erteilte auf Anfrage der dänische Rechtsanwalt Jens Jordahn der Kanzlei Plesner & Gronborg, 34 Esplanaden, 1263 Kopenhagen am 02.10.1997.

605 Philip, *Arbitration Institutions in Denmark*, ASA-Bulletin 1985, S. 184, 185.

606 Ausgefertigt und hrsg. vom dänischen Wohnungsbauministerium, der dänischen Vereinigung beratender Ingenieure sowie der nationalen Baubehörde.

werden sollen, wie es in AB 72 niedergelegt ist. Wie bereits erwähnt sind die AB 72 zwischenzeitlich von den AB 92 ersetzt worden. AB 72 sah ebenfalls in ihrem § 31 eine der Klausel von AB 92 ähnliche Schiedsklausel vor. Ziel der Klausel 9 der ABR 89 ist, daß das Schiedsgericht für Bau- und Anlagentätigkeit kompetent sein soll in Streitigkeiten zwischen Kunden und Beratern im Bereich von Bau- und Ingenieurtätigkeiten. Nach Klausel 9.0.2 kann darüber hinaus innerhalb der Regelung von Klausel 9.0.1 die Inspektion und Überwachung der Arbeiten nach den Bestimmungen in § 30 von AB 72 stattfinden, um das Ausmaß und die Art der Arbeit des Beraters oder Teile davon sicherzustellen. Auch aufgrund von Streitigkeiten, die das Honorar des Beraters betreffen, kann nach Klausel 9.0.3 das Schiedsgericht für die Bau- und Anlagentätigkeit angerufen werden.

2. Verfahrensordnung des *Voldgiftsnaevenet for Bygge- og Anlaegsvirksomhed*

Der dänische Schiedsausschuß für die Bau- und Anlagentätigkeit hat mit Wirkung vom 26.10.1993 Verfahrensregeln für ein dänisches Schiedsgericht für Bau- und Anlagentätigkeiten erlassen. Der Anwendungsbereich dieser Verfahrensordnung bestimmt sich nach Art. 1. Danach soll das Schiedsgericht Streitigkeiten zwischen Parteien entscheiden, wenn diese eine Einigung durch das Schiedsgericht vereinbart haben; eine solche Vereinbarung besteht, wenn die Parteien die AB 92, die ABR 89 oder die Allgemeinen Bedingungen für schlüsselfertige Verträge von 1993 übernommen haben, da diese auf dies Schiedsgericht verweisen. In anderen Fällen müssen sich die Parteien darauf geeinigt haben, daß die Streitigkeit nach den Regeln dieser Verfahrensordnung entschieden werden soll. Während der Schiedsgerichtshof für die Bau- und Anlagentätigkeit bei nationalen Angelegenheiten zwingend zuständig ist, sobald die fraglichen Standardvertragsbedingungen vereinbart sind, kann er ebenfalls auf Parteivereinbarung hin zuständig sein, Streitigkeiten nach seiner Verfahrensordnung zu entscheiden, wie beispielsweise auch bei internationalen Angelegenheiten[607].
Das Präsidium des Schiedsgerichtes besteht gemäß Art. 2 aus einem Vorsitzenden, einem Ersatzvorsitzenden, einem weiteren Mitglied und sieben Ersatzmitgliedern. Das Präsidium wird vom Präsidenten des obersten Gerichtes ernannt. Seinen Sitz soll das Schiedsgericht in Kopenhagen haben.
Die Fälle sollen in der Weise vor das Schiedsgericht gebracht werden, in dem die Klage an den Schiedsausschuß adressiert wird. Das eigentliche Schiedsgericht, was über den Einzelfall zu entscheiden hat, wird dann gemäß Art. 3 von dem

607 Betant/Monrad/Stuhr, *How to handle Disputes in Major Construction Contracts - A Danish Approach*, ICLR 1995, S. 614, 615.

Schiedsausschuß für die Bau- und Anlagentätigkeit ernannt und soll aus einem Schiedsrichter und zwei in jeden einzelnen Fall je nach Sachlage benannten sachverständigen Schiedsrichtern bestehen. Der Vorsitzende des Präsidiums kann darüber entscheiden, daß eines der Ersatzmitglieder ernannt werden soll, um als vorsitzender Schiedsrichter zu agieren. Auf Verlangen einer Partei wird gemäß Art. 6 das Schiedsgericht durch zwei weitere Mitglieder des Präsidiums ergänzt. Wenn die Parteien einverstanden sind, kann gemäß Art. 7 auch nur ein Schiedsrichter vom Schiedsausschuß benannt werden. Diese Regelungen entsprechen den § 47 Abs. 4 bis 6 der AB 92. Diese Art der Schiedsrichterbenennung ist im Vergleich zu den bisher dargestellten internationalen und nationalen Modellen wohl eher ungewöhnlich, da sie hier den Parteien völlig aus der Hand genommen wird. Sie können allein nach Art. 8 Abs. 2 der Verfahrensordnung der Ernennung innerhalb von acht Tagen widersprechen, wobei der Schiedsausschuß sodann darüber entscheiden kann, ob dieser Widerspruch berechtigt ist. Dies erscheint doch ein bedenklicher Eingriff in die Parteiautonomie, die besonders in den internationalen Schiedsquellen immer wieder ihren Ausdruck gefunden hat. Einerseits soll durch diese Vorgehensweise gewährleistet werden, daß kompetente sachverständige Schiedsrichter zügig ernannt werden. Jedoch wäre eine gewisse Mitwirkungsmöglichkeit bei der Ernennung auf Seiten der Parteien wünschenswert. Immerhin ist ein immer wieder angeführter Grund, warum sich Parteien für ein Verfahren vor einem Schiedsgericht anstatt vor einem staatlichen Gericht entscheiden, daß sie hier Einfluß auf die Besetzung des Schiedsgerichtes nehmen können. Bei der hier vorgesehenen Methode entfällt dieser Aspekt zwangsläufig.
Als Verfahren selbst ist nach Austausch der Schriftsätze gemäß Art. 11 eine mündliche Verhandlung vorgesehen. Als besondere Beweisregel ist in Art. 14 vorgesehen, daß, sollte eine oder beide Parteien es für wünschenswert halten, während der Vorbereitungsphase das Schiedsgericht oder zumindest seine sachverständigen Mitglieder eine Ortsbesichtigung der Bau- oder Anlagentätigkeit vornehmen. Sollte es sich anbieten, daß die mündliche Verhandlung mit der Ortsbesichtigung zusammenfallen soll, so kann gemäß Art. 19 die mündliche Verhandlung an einem anderen Ort als dem Sitz des Schiedsgerichts durchgeführt werden. Grundsätzlich ist dieser jedoch Verhandlungsort. Gemäß Art. 26 dürfen nach Entscheidung des Schiedsausschusses Schiedssprüche ohne Nennung von Namen veröffentlicht werden.

Weitere Regelungen, die auf Streitigkeiten aus Bau- und Anlagenverträgen zugeschnitten sind oder sich besonders für ihre schnelle Beilegung eignen, sieht die Verfahrensordnung nicht vor. Insbesondere ist nicht vorgesehen, daß das Schiedsgericht hier Maßnahmen des einstweiligen Rechtsschutzes vornehmen darf. Auch ist die Möglichkeit des Vergleiches oder einer anderen Schlichtungsform nicht in Betracht gezogen. Regelungen zur Mehrparteienschiedsgerichtsbarkeit gibt es explizit nicht. Allerdings dürfte es bei der hier vorgesehenen Art der Schiedsrichterbenennung keine größeren Probleme geben, da diese nicht durch die Parteien ernannt werden. Daneben sind auch keine Regelungen für eine mögliche Streitzusammenlegung oder Streitbeihilfe vorgesehen. Auch eine frühzeitige Beweissicherung ist nicht ausdrücklich geregelt.

Damit hat die Verfahrensordnung des dänischen Schiedsausschusses für die Bau- und Anlagentätigkeit einige, wie bereits festgestellt, für Baustreitigkeiten relevante Regelungen nicht übernommen. Allerdings bietet auch sie eine relativ zügige Abwicklung von Bauschiedsverfahren, die in Dänemark aufgrund der Vereinbarung der Standardvertragsbedingungen mit ihren Schiedsklauseln bei den meisten Baustreitigkeiten genutzt wird. Jedoch erscheint sie verbesserungswürdig.

VII. Niederlande

Ähnlich den bisher dargestellten Staaten verfügen auch die Niederlande über eine lange Tradition der Schiedsgerichtsbarkeit. So stammte das letzte Schiedsgerichtsgesetz, Bestandteil der niederländischen Zivilprozeßordnung, vom 01.10.1838 und blieb bis zur Reformierung von 1986 nahezu unverändert. Allein die Rechtsprechung beeinflußte die Entwicklung des Schiedsrechtes in dieser Zeit[608]. So hat auch das neue Schiedsgesetz, das am 01.12.1986 in Kraft getreten ist, einen großen Bestandteil dieser Rechtsprechung übernommen. Daneben wurde es von internationalen Übereinkommen sowie der UNCITRAL-Schiedsordnung und dem UNCITRAL-Modellgesetz beeinflußt. Es besteht aus den Artikeln I bis VI, wobei Art. I das Kernstück ist und den Text der Art. 1020 bis 1076 des neuen 4. Buches der niederländischen Zivilprozeßordnung enthält[609].

Auch auf dem Gebiet der Baustreitigkeiten hat die Schiedsgerichtsbarkeit in den Niederlanden Tradition. Die anerkannte Bauschiedsinstitution *Raad von Arbitrage vor de Bouwbedrijven in Nederland* wurde beispielsweise bereits am 01.01.1907 gegründet.

1. Schiedsklausel in den Standardvertragsbedingungen

Die wichtigsten Bauprojekte werden in den Niederlande von den *Uniforme Administratieve Voorwaarden voor de uitvoering van werken 1989* (im folgenden

608 Van den Berg/van Delden/Snijders, *Netherlands Arbitration Law*, S. 1.

609 Sanders/van den Berg, *The Netherland Arbitration Act 1986*, S. 109.

UAV 1989) geregelt. Übersetzt bedeutet dies „Einheitliche Vertragsbedingungen für die Ausführung von Bauarbeiten 1989". Sie werden vom Niederländischen Institut für Baurecht seit 1989 herausgegeben; die offizielle deutsche Übersetzung wurde zuletzt 1993 veröffentlicht. Unter Bauprojekten sind hierbei nicht nur Gebäude zu verstehen, sondern auch Ingenieurarbeiten, Straßenbau, Reinigungsarbeiten bei verschmutztem Boden, Wasser und ähnlichem[610].
Diese Standardbedingungen, die 1968 eigentlich für öffentliche Bauaufträge von einem interministeriellen Ausschuß nach Anhörung eines beratenden Ausschusses der Bauindustrie ausgearbeitet wurden, werden häufig auch bei privaten Bauaufträgen vereinbart[611]. Klausel 49 der UAV 1989 sieht vor, daß mit dieser Klausel die Parteien ausdrücklich ihr Recht aufgeben, den Eingriff staatlicher Gerichte zu suchen. Jede Streitigkeit die zwischen den Vertragspartnern in Zusammenhang mit oder als Ergebnis des Vertrages entstehen, sollen im Rahmen durch ein Schiedsverfahren beigelegt werden, wobei auf die Anwendung der Schiedsregeln des *Raad van Arbitrage vor de Bouwbedrijven in Nederland* verwiesen wird. Somit hat man offensichtlich bei der Ausarbeitung der UAV 1989 erkannt, daß Schiedsgerichte im Regelfall einen sachgerechten und schnellen Weg zur Lösung von Baurechtsstreitigkeiten darstellen.

2. Schiedsordnungen

An Schiedsordnungen, die im Zusammenhang mit der Bauindustrie und dem Anlagenbau in den Niederlanden besonders erwähnenswert erscheinen, gibt es auf nationaler Ebene zwei. Zum einen existiert als besondere Schiedsinstitution der *Raad van Arbitrage vor de Bouwbedrijven in Nederland* (im folgenden RvA) in Übersetzung der Schiedsgerichtsrat für Bauunternehmen in den Niederlanden, der eine eigene Satzung mit Schiedsregeln aufweist. Daneben gibt es noch das *Nederlands Arbitrage Instituut* (im folgenden NAI), das Niederländische Institut für Schiedsgerichtswesen, was ebenfalls über eigene Schiedsregeln verfügt. In Verträgen die den Bau von Industrieanlagen betreffen, ist es üblicher, die Schiedsregeln des NAI zu vereinbaren[612].
Beide Schiedsordnungen beruhen auf dem niederländischen Schiedsgerichtsgesetz von 1986.

---

610 Auskunft der niederländischen Kanzlei Jacobus Rozemond, Rembrandtlaan 27, 1412 Jm Naarden vom 18.10.1997.

611 Schneider, Schiedsverfahren in Streitigkeiten aus Bau- und Anlagenverträgen, in Böckstiegel (Hrsg.), Vertragsgestaltung und Streitbeilegung in der Bauindustrie und im Anlagenbau, S. 159, 170.

612 Auskunft der niederländischen Kanzlei Jacobus Rozemond, Rembrandtlaan 27, 1412 Jm Naarden vom 18.10.1997.

a) Satzung des *Raad van Arbitrage vor de Bouwbedrijven in Nederland*

Durch den Verweis der Schiedsklausel der UAV 1989 spielt der RvA bei den Regelungen von Baustreitigkeiten eine zentrale Rolle in den Niederlanden. Seine aktuellste Satzung stammt vom 01.09.1997.

Gegründet wurde der RvA von dem Königlichen Institut von Ingenieuren in Den Haag, der Königlichen Gesellschaft zur Förderung der Baukunst, dem Bund niederländischer Architekten in Den Haag und dem Verein Allgemeiner Verband der Bauunternehmern in Den Haag. Diese Vereine legten auch die Satzung fest.

Art. 1 bis 7 bestimmen über die Zusammensetzung, Name, Sitz und Zielsetzung des RvA. Ziel des RvA soll nach Art. 2 der Satzung die Schlichtung von Streitfällen auf dem Gebiet des Baugewerbes sein, worunter auch das Treffen einstweiliger Maßnahmen und die Aufnahme und Feststellung der Beschaffenheit und/oder des Zustandes des Arbeitgeländes, der Arbeit selbst, irgendeines Teiles der Arbeit oder von Hilfsarbeiten gemäß den Bestimmungen von Art. 1020 Abs. 4 sub. a der niederländischen Zivilprozeßordnung fällt. Seinen Sitz hat der RvA in Amsterdam. Nach Art. 3 gehören dem Rat zwischen 60 und 100 Mitglieder an, bei denen es sich um Ingenieure, Architekten oder Bauunternehmer handelt; darüber hinaus 20 außerordentliche Mitglieder, die mehrheitlich Juristen sein können.

Die Satzung des RvA enthält wenig Regelungen, die das Bauwesen selbst betreffen. Allerdings sind in ihr einige Regelungen vorgesehen, die für ein Bauschiedsverfahren sehr brauchbar sind.

Die Aburteilung von Streitfällen ist in Art. 10 ff. vorgesehen. Die Besetzung des Schiedsgerichtes bestimmt sich nach Art. 10. Das Schiedsgericht wird aus den Ratsmitgliedern und vom Vorsitzenden des RvA ernannt, wobei die Parteien dem Vorsitzenden schriftlich die Namen der von ihnen im gemeinsamen Einvernehmen bestimmten Mitglieder angeben, denen sie als Mitglieder des Schiedsgerichtes den Vorzug geben; der Vorsitzende wird bei der Ernennung des Schiedsgerichtes diesen geäußerten Vorzug soviel als möglich berücksichtigen. Das Schiedsgericht besteht entweder aus einem oder drei Schiedsrichtern. Bei dieser Vorgehensweise der Schiedsrichterbenennung erscheint es auch nicht problematisch, daß keine spezifische Regelung zur Vorgehensweise in einem Mehrparteienschiedsverfahren vorliegt, da hier auch problemlos von einer dritten Partei schriftlich die Namen der von ihr bevorzugten Ratsmitglieder angegeben werden können; letzlich entscheidet der Vorsitzende aus diesen Angaben.

Gemäß Art. 16 ist der Streitfall schriftlich niederzulegen, wobei jede Partei berechtigt ist, beim Schiedsgericht eine oder, wenn das Schiedsgericht dies gestattet, zwei Stellungnahmen einzureichen. Eine Bestimmung über ein sogenanntes erstes Treffen, wie es die englischen Ordnungen vorsehen sowie überhaupt über

das Stattfinden einer mündlichen Verhandlung, enthält die Satzung des RvA nicht. In Art. 16 Abs. 6 findet sich jedoch, die allgemeine Formulierung, daß das Schiedsgericht berechtigt ist, alles zu tun, was es im Interesse einer guten Entscheidung in dem Verfahren für nützlich hält. Nach Art. 17 kann das Schiedsgericht darüber hinaus, sollte eine der Parteien oder beide ihre Stellungnahmen nach Ansicht des Schiedsgerichtes nicht rechtzeitig vornehmen oder sie nach Ansicht des Schiedsgerichtes allgemein das Verfahren hinauszögern, so kann das Schiedsgericht erklären, daß ohne die Stellungnahmen oder das Abwarten weiterer Handlungen weiterprozessiert wird, und dann ein Urteil fällen. Art. 18 sieht dabei vor, daß das Schiedsgericht „wie gute Männer" nach freiem Ermessen und mit Stimmenmehrheit entscheidet, es sei denn, daß die Parteien sich anderweitig geeinigt haben. Der RvA ist dann berechtigt, die Entscheidung zu veröffentlichen.
Art. 20 regelt sodann dringende Streitfälle. Bei dringenden Streitfällen handelt es sich um die bereits erwähnten Anträge auf vorläufige Maßnahmen und auf Aufnahme und Feststellung der Beschaffenheit und/oder des Zustandes des Arbeitsgeländes, der Arbeit selbst etc. Darüber hinaus sind Streitfälle über die Vergabe von Arbeiten und über andere Gegenstände, die nach Ansicht des Vorsitzenden dafür in Betracht kommen, einschließlich eventueller Ansprüche auf Zahlungen und Schadensersatz zu berücksichtigen. Der Vorsitzende hat zu entscheiden, wann ein Streitfall als dringend anzusehen ist. Die Einreichung von schriftlichen Stellungnahmen erfolgt nur dann, wenn das Schiedsgericht dies für nötig erachtet. Die Parteien erhalten in allen Fällen die Möglichkeit, den Streitfall mündlich zu erläutern. Dabei kann das Schiedsgericht diese Streitfälle selbst erledigen oder aber - wenn diese nach der Ansicht des Schiedsgerichtes nicht für eine dringende Behandlung in Frage kommen - sie ganz oder teilweise an die normale Schiedsstelle verweisen.
Falls möglich oder angebracht, wird das Schiedsgericht noch am Tage der mündlichen Verhandlung oder einem anderen festgesetzten Zeitpunkt ein mündliches Urteil fällen.
Weiterhin ist nach Art. 21 noch die Nebenintervention und Hauptintervention möglich. Auf Antrag eines Dritten, der ein Interesse an diesem Schlichtungsverfahren hat, kann das Schiedsgericht diesem gestatten, sich dem Verfahren anzuschließen oder zu intervenieren. Auch Streithilfe ist auf Antrag der Parteien hin nach Art. 22, sowie die Zusammenlegung von Streitfällen nach Art. 23 ff. möglich. Diese Regelungen sind besonders interessant für Baustreitigkeiten, da doch gerade hier häufig mehrere Parteien in den verschiedensten Formen an einem Disput beteiligt sind und so in verschiedener Form mit in das Schiedsverfahren einbezogen werden können. Bei der Zusammenlegung von Streitfällen ist es möglich, daß eine Partei in einem beim RvA anhängigen Schiedsverfahren, des-

sen Gegenstand mit einem bei einem anderem Schiedsinstitut in Holland anhängigen Verfahren zusammenhängt, beantragen kann, diese Verfahren zusammenzulegen, falls das andere Verfahren unter Anwendung einer Satzung geführt wird, die in inhaltlich übereinstimmender Weise die Möglichkeit einer Zusammenlegung von Schiedsfällen enthält. Wie bereits dargestellt bieten langjährige Bauprojekte auch häufig Anlaß zu verschiedenartigen Streitigkeiten, die dann gelegentlich bei unterschiedlichen Institutionen anhängig gemacht werden; eine Zusammenlegung und gleichzeitige Aburteilung dieser Streitfälle kommt den Interessen der Parteien dabei entgegen, da sie sich nun nur noch um ein zusammengelegtes Verfahren kümmern müssen, anstatt um diverse einzelne.
In Art. 28 ff. sieht die Satzung des RvA die Möglichkeit der Berufung gegen den Schiedsspruch vor. Nach Art. 28 Abs. 1 hat jede Partei das Recht, gegen ein in erster Instanz gefälltes Urteil Berufung einzulegen; nach Art. 28 Abs. 2 ist die Berufung gegen das schiedsgerichtliche Urteil allerdings dann ausgeschlossen, wenn das Urteil, wäre es von einem gewöhnlichen Richter gefällt worden, nicht für die Berufung in Betracht gekommen wäre. Die Berufung wird gemäß Art. 29 von einem Schiedsgericht behandelt, das aus drei oder fünf Berufungsschiedsrichtern gebildet wird. Diese sind wiederum Mitglieder des RvA. Auch hier können die Parteien die von ihnen bevorzugten Mitglieder angeben.
Die Möglichkeit der Berufung ist als wenig gelungene Regelung zu bewerten, da es doch gerade der Vorteil von Schiedsverfahren ist, daß diese nur eine Instanz durchlaufen können. Genau diese Egininstanzlichkeit soll doch die Zeitersparnis gegenüber langwierigen, mehrinstanzlichen Prozessen der staatlichen Gerichtsbarkeit bringen. Dieser Vorteil wird durch die Berufsmöglichkeit praktisch aufgehoben. Hier bleibt es, auf die Vernunft der Parteien zu hoffen, die auch an einem zügigen Ende des Rechtsstreites interessiert sein dürften und den von Fachleuten gefällten Schiedsspruch in erster Instanz akzeptieren. Bedauernswert ist auch, daß die Satzung keine Vergleichs- oder Schlichtungsregelung vorsieht.
Insgesamt laufen die Verfahren vor dem RvA im allgemeinen recht rasch ab. Abschließend ist zu sagen, daß das geschlossene System der Streitbeilegung durch Baufachleute, wie es im RvA ausgebildet ist, von den beteiligten Kreisen als erfolgreich und sehr zufriedenstellend beurteilt wird[613]. Besonders hervorzuheben ist, daß in dieser Satzung viele Probleme von Streitigkeiten auf dem Gebiet des Bauwesens und des Anlagenbaus berücksichtigt wurden, wie beispielsweise die Möglichkeit des einstweiligen Rechtsschutzes durch das Schiedsgericht, die Möglichkeit der Streitzusammenlegung, der Haupt- und Nebeninter-

613 Schneider, Schiedsverfahren in Streitigkeiten aus Bau- und Anlagenverträgen, in Böckstiegel (Hrsg.), Vertragsgestaltung und Streitbeilegung in der Bauindustrie und im Anlagenbau, S. 159, 170.

vention sowie die Schiedsrichterbenennung aus dem Kreis der Ratsmitglieder, da dies die Besetzung mit kompetentesten Baufachleuten oder Juristen bedeutet. Zu bemängeln bleibt neben dem Fehlen von Vergleichs- oder Schlichtungsregelungen die Möglichkeit der Berufung.

b) Schiedsregeln des *Nederlands Arbitrage Instituut*

Die Schiedsregeln des NAI sind seit dem 01.01.1993 in Kraft. Bei dem NAI selbst handelt es sich um eine nicht gewinnbringende Organisation, die 1949 in Form einer Stiftung in Rotterdam gegründet wurde. Ihr Zweck ist es, die Nutzung der Schiedsgerichtsbarkeit zu fördern, insbesondere, indem sie für Handel und Industrie ein gut organisiertes Schiedsverfahren bereithält[614]. Die Schiedsregeln sollen in erster Linie nationale oder internationale Schiedsverfahren betreffen, die innerhalb der Niederlande stattfinden. Spezifische Regelungen, insbesondere in bezug auf das Bauwesen und den Anlagenbau, enthält sie jedoch nicht. Einzelne Regelungen sind jedoch besonders für Schiedsverfahren in diesem Bereich geeignet, worauf auch die häufige Anwendung bei Streitigkeiten im industriellen Großanlagenbau zurückzuführen ist.
Bei der Schiedsrichterernennung ist eine Art Listenprozedur vorgesehen. Nach Art. 14 der NAI-Schiedsregeln soll der Verwalter, der Sekretär des *Governing Boards* des NAI, den Parteien eine identische Liste mit in Frage kommenden Schiedsrichtern zukommen lassen. Die Parteien sollen dann die Namen der Schiedsrichter streichen, die sie nicht wünschen, die übrigen in der Reihenfolge ihrer Präferenz durchnumerieren und die Liste innerhalb von 14 Tagen an den Verwalter zurückschicken. Sollte dies nicht erfolgen, wird angenommen, daß alle Personen auf der Liste den Parteien angenehm sind. Insgesamt soll die Ernennung der Schiedsrichter nach Art. 14 Abs. 9 nicht mehr als zwei Monate in Anspruch nehmen. Diese geplante schnelle Vorgehensweise kommt teuren und langwierigen Anlagenbauprozessen sehr entgegen, da hiermit schon eine Möglichkeit der Parteien ausgeschaltet ist, das Verfahren bereits bei der Schiedsrichterbenennung unverhältnismäßig in die Länge zu ziehen. Außerdem ist dabei auch gewährleistet, daß der Verwalter bei der Vorlage der Liste Schiedsrichter auswählen kann, die über besondere Kenntnisse auf dem Gebiet des Anlagenbaus und seiner Probleme verfügen. Allerdings können nach Art. 13 der NAI-Schiedsregeln die Parteien auch eine andere Vorgehensweise bei der Schiedsrichterbenennung vereinbaren.

---

614 NAI, *Introduction to NAI Rules*, in NAI (Hrsg.), *Netherland Arbitration Institute Arbitration Rules*, S. 9.

Als für Bauschiedsverfahren geeignet erweist sich darüber hinaus die Regelung des Art. 31, wonach das Schiedsgericht berechtigt ist, einen oder mehrere Sachverständige zur Beratung hinzuzuziehen. Nach Art. 39 besteht sogar die Möglichkeit des Schiedsgerichtes, beim Verwalter um technische Hilfestellung im Schiedsverfahren nachzusuchen. Gelungen ist auch, daß das Schiedsgericht gemäß Art. 32 eine Ortsbesichtigung im Beisein der Parteien anordnen kann, wenn es dies für erforderlich hält. Nach Art. 37 kann das Schiedsgericht im übrigen zu jedem Zeitpunkt des Verfahrens einstweilige Maßnahmen oder vorläufige Entscheidungen treffen, die es für die Streitigkeit als notwendig oder wünschenswert erachtet.

Art. 41 sieht ähnlich der Satzung des RvA die Möglichkeit des Streitbeitritts vor; danach kann eine dritte Partei, sollte sie Interesse am Ausgang des Schiedsverfahrens haben, beim Schiedsgericht anfragen, ob sie dem Verfahren beitreten oder intervenieren kann. Damit sehen die NAI-Schiedsregeln die Möglichkeit des Mehrparteienschiedsverfahrens und tragen ihm Rechnung. Zwar ist keine ausdrückliche Regelung für die Frage der Schiedsrichterbenennung vorgesehen. Allerdings läßt sich die Listenprozedur problemlos auf mehr als zwei Parteien anwenden.

Den Schiedsspruch selbst kann das NAI unter Auslassung von Namen und Details, die auf die Identität der Parteien hinweisen, veröffentlichen, wenn nicht eine Partei innerhalb eines Monats nach Erlaß des Schiedsspruches dagegen Einspruch erhebt. Nicht vorgesehen sind besondere Maßnahmen zur frühzeitigen Beweissicherung sowie Vergleichs-, Vermittlungs- sowie Schlichtungsregelungen.

Insgesamt gewähren die NAI-Schiedsregeln ein schnelles Verfahren, sie geben dem Schiedsrichter die Möglichkeit, flexibel und zügig auf den Einzelfall und seine spezielle Problematik zu reagieren. In dringenden Fällen können sich sogar die Parteien selbst darauf einigen, die vorgesehenen Fristen zu verkürzen. Mit diesen Eigenschaften wird das Verfahren nach den NAI-Regeln denn auch den besonderen Problemen der Streitigkeiten bei Bau- und Anlagenverträgen gerecht.

VIII. Tschechische Republik

In der ehemaligen Tschechoslowakischen Sozialistischen Republik wurde früher ebenfalls gerade bei Streitigkeiten in Handelssachen aus vielen Gründen bereits in den sechziger/siebziger Jahren die Schiedsgerichtsbarkeit der Gerichtsbarkeit ordentlicher Gerichte vorgezogen[615]. Allerdings galt dies nur für internationale

---

615 Ungar/Másilko, Das Schiedsverfahren in Handelssachen und die Vollstreckung von Schiedssprüchen in der Tschechoslowakei, AWD des BB 1997, S. 297.

Handelssachen; in rein nationalen Fällen war Schiedsgerichtsbarkeit nicht erlaubt. Das Gesetz Nr. 98/1963 Slg. vom 04.12.1963 betraf Schiedsgerichtsbarkeit im internationalen Handel und die Vollstreckung von Schiedssprüchen; das Schiedsverfahren sollte nur für Streitigkeiten aus dem Außenhandelsverkehrs genutzt werden.
In der Tschechischen Republik dagegen verabschiedete das tschechische Parlament am 01.11.1994 das Gesetz Nr. 216/1994 Slg. über die Schiedsgerichtsbarkeit und die Vollstreckung von Schiedssprüchen[616]. Das Gesetz Nr. 216/1994 Slg., das am 01.01.1995 wirksam wurde, verkörpert die mehrere Jahre andauernden Bemühungen um einen neuen Rechtsrahmen der tschechischen Schiedsgerichtsbarkeit[617]. Nach § 1 des neuen Gesetzes ist nun das Schiedsverfahren für innerstaatliche Streitsachen möglich; allerdings wurde die Beschränkung beibehalten, daß es um vermögensrechtliche Streitigkeiten gehen mußte.
Das Gesetz Nr. 216/1994 Slg. selbst sieht keine besonderen Regelungen für den Bereich des Bauschiedswesens vor. Auch gibt es keine gesonderte tschechische Schiedsordnung für Streitigkeiten aus dem Bau- oder Anlagenwesen oder eine spezielle Bauschiedsinstitution. In § 13 des Gesetzes Nr. 214/1994 Slg. ist ein grundlegender Rechtsrahmen für die Einrichtung ständiger Schiedsgerichte auf der Grundlage dieses Gesetzes geschaffen, wobei derartigen Schiedsgerichten ermöglicht wird, ihre eigenen Statuten und Ordnungen zur Regelung der Gerichtsorganisation oder des Verfahrensablaufs vor ihnen zu erlassen. Damit wäre die gesetzliche Grundlage für eine solche Bauschiedsinstitution gegeben. Das einzig praktisch tätige Gericht dieser Art ist jedoch das Schiedsgericht bei der Wirtschaftskammer und der Agrarkammer der Tschechischen Republik[618]. Dieses verfügt über eine eigene Verfahrensordnung, die am 15.03.1996 wirksam wurde. Nach § 1 der Verfahrensordnung ist das Schiedsgericht der Wirtschaftskammer und der Agrarkammer der Tschechischen Republik ein ständiges Schiedsgericht, das die Tätigkeit eines unabhängigen Organs zur Entscheidung von Vermögensstreitigkeiten durch unabhängige Schiedsrichter nach dem Gesetz Nr. 216/1994 Slg. ausübt. Seine Kompetenz ergibt sich hierbei entweder aus internationalem

616 Interessant an dem Gesetz Nr. 216/1994 Slg. ist, daß die tschechischen Gesetzgeber offensichtlich nicht dem UNCITRAL-Modellgesetz gefolgt sind; gleichwohl haben sie international anerkannte Grundsätze des Schiedsverfahrensrecht wie die z. B. die freie Schiedsrichterwahl verankert, Heger, Internationale Schiedsgerichtsbarkeit in Osteuropa, RIW 1999, S. 481, 483.

617 Klein, Länderbericht Tschechische Republik - Schiedsgerichtsbarkeit und Vollstreckung von Schiedssprüchen in der Tschechischen Republik, in Böckstiegel (Hrsg.), Recht und Praxis der internationalen Schiedsgerichtsbarkeiten in Staaten Zentral- und Osteuropas, S. 393.

618 Klein, Länderbericht Tschechische Republik - Schiedsgerichtsbarkeit und Vollstreckung von Schiedssprüchen in der Tschechischen Republik, in Böckstiegel (Hrsg.), Recht und Praxis der internationalen Schiedsgerichtsbarkeiten in Staaten Zentral- und Osteuropas, S. 393, 399.

Vertrag, aus Parteivereinbarung oder aus den schriftlichen Äußerungen der Parteien im eröffneten Schiedsverfahren. Der Sitz dieses ständigen Schiedsgerichtes ist in Prag[619].

Damit fehlt es an bauspezifischen Schiedsregelungen; auch Schiedsklauseln in Standardvertragsbedingungen sind nicht bekannt. Die Streitigkeiten aus Bau- oder Anlagenverträgen können also, sollten sie vermögensrechtlicher Natur sein, im Rahmen eines Schiedsverfahrens nur nach den Schiedsregeln des Gesetzes Nr. 216/1994 Slg. oder bei entsprechender Kompetenz nach der Verfahrensordnung der Wirtschaftskammer und der Agrarkammer der Tschechischen Republik durchgeführt werden[620].

1. Das Gesetz über das Schiedsverfahren und über die Vollstreckung von Schiedssprüchen vom 01.11.1994 (Nr. 216/1994 Slg.)

Fraglich ist inwieweit das Gesetz Nr. 216/1994 Slg.[621] selbst Regelungen enthält, die zwar nicht bauspezifisch sind, aber doch den Eigenheiten des Bauschiedsverfahrens entgegenkommen. Immerhin ist in den Regelungen im Dritten Teil des Gesetzes, die den Ablauf des Schiedsverfahrens betreffen, in § 22 die Möglichkeit geregelt, daß auf Antrag jeder der Parteien das Gericht eine einstweilige Verfügung anordnen kann, wenn im Laufe des Schiedsverfahrens oder auch vor seiner Einleitung hervorgeht, daß die Vollstreckung des Schiedsspruches gefährdet werden könnte. Allerdings ist nicht vorgesehen, daß die Schiedsrichter selbst einstweilige Verfügungen erlassen können.

Dem Bauschiedsverfahren kommt auch die Formulierung in § 24 des Gesetzes entgegen, nach der die Schiedsrichter im Laufe des Verfahrens auf die Parteien in dem Sinne einwirken sollen, daß sie sich über eine gütliche Regelung des Streites einigen sollen; auf Ersuchen der Parteien kann man einen Vergleich auch in der Form eines Schiedsspruches abschließen.

Im übrigen geht das Gesetz Nr. 216/ 1994 Slg. vom klassischen Zweiparteienschiedsverfahren aus. Es sieht bei der Schiedsrichterbenennung keine Regelung zur Mehrparteienschiedsgerichtsbarkeit vor. Auch im Verlauf des Verfahrens ist eine Streitzusammenlegung oder Nebenintervention von dritter Seite nicht mög-

---

619 In der Tschechischen Republik ist die ad hoc-Schiedsgerichtsbarkeit zwar möglich, aber in der Praxis bisher noch die Ausnahme, Kantz, Zweites Symposium: „Internationale Schiedsgerichtsbarkeit, in mittel- und osteuropäischen Staaten -aktuelle Rechtslage und Praxis", RPS, BB 1999, Beil. 4 zu Heft 11, S. 11.

620 Auskunft erteilte Miroslav Hegenbart, *The Czech Architectural and Construction Law Society, Letenská 2, 110 5 Praha 1* mit Schreiben vom 22.10.1997.

621 Abgedruckt in Böckstiegel (Hrsg.), Recht und Praxis der internationalen Schiedsgerichtsbarkeit in Staaten Zentral- und Ost-Europas, S. 408 ff.

lich. Bei den Beweisregeln ist eine frühzeitige Beweissicherung nicht bedacht worden. Bestimmungen, die besagen, daß im Zweifel bei Säumnis einer Partei trotzdem ohne deren Beisein weiterverhandelt werden kann, sind ebenfalls nicht berücksichtigt, so daß ein zügiges Bauschiedsverfahren bei entgegengesetztem Parteiwillen nicht gewährleistet ist.
Insgesamt sind die Regelungen des Gesetzes Nr. 216/1994 Slg. nicht als besonders geeignet für ein Schiedsverfahren zu beurteilen, das insbesondere Streitigkeiten aus Großbauprojekten mit mehreren beteiligten Parteien betrifft, da es hierzu keine problemspezifischen Regelungen vorsieht.

2. Die Verfahrensordnung des Schiedsgerichtes bei der Wirtschaftskammer der Tschechischen Republik und der Agrarkammer der Tschechischen Republik

Fraglich ist, ob die Schiedsgerichtsverfahrensordnung der Wirtschaftskammer und der Agrarkammer der Tschechischen Republik von 1996[622] mehr Regelungen enthält, die den besonderen Problemen von Schiedsverfahren bei Bau- und Anlagenstreitigkeiten geeignete Lösungen bietet. Im Überblick erscheint sie zunächst vielversprechender. So enthält die Verfahrensordnung in § 12 Abs. 1 die Regelung, daß nach Einbringung der Klage, aber vor Konstituierung des eigentlichen Schiedsgerichtes, in dieser Verfahrensordnung als Schiedsausschuß bezeichnet, der Präsident des ständigen Schiedsgerichtes in dringenden Fällen auf Ersuchen einer der Parteien die Beweissicherung vornehmen und zu diesem Zweck einen Sachverständigen bestimmen oder andere geeignete Maßnahmen treffen kann. Nach § 12 Abs. 2 können die Parteien darüber hinaus das zuständige Gericht um die Anordnung einer einstweiligen Verfügung ersuchen, falls die Vollstreckung des Schiedsspruches vor Einleitung oder während des Schiedsverfahrens als gefährdet erweist. Auch hier ist keine Befugnis des Schiedsausschusses selbst zum Erlaß einer einstweiligen Verfügung vorgesehen. § 13 der Verfahrensordnung bestimmt daneben, daß außer den Parteien (Kläger und Beklagter) am Verfahren als Nebenintervenient derjenige teilnehmen kann, der ein rechtliches Interesse am Ausgang des Verfahrens hat.
Bei der Ernennung der Schiedsrichter ist vorgesehen, daß, wenn ein Dreipersonenschiedsgericht beabsichtigt ist, die Parteien in der Klageschrift nach § 17 und der Klagebeantwortung nach § 20 jeweils einen Schiedsrichter benennen; diese wählen gemäß § 21 Abs. 1 von einer Schiedsrichterliste einen Vorsitzenden aus. Damit ist klar, daß auch das ständige Schiedsgericht eine Schiedsrichterliste

622 Abgedruckt in Böckstiegel (Hrsg.), Recht und Praxis der internationalen Schiedsgerichtsbarkeit in Staaten Zentral- und Ost-Europas, S. 422 ff.

führt; inwieweit diese jedoch Auskunft über die Qualifikationen des einzelnen Schiedsrichters gibt, ist nicht bekannt. Auch die Einigung auf einen Einzelschiedsrichter ist möglich. Sollten in einer Streitsache mehrere klagenden Parteien oder mehrere beklagte Parteien auftreten, ist gemäß § 21 Abs. 3 jede der Streitparteien, ohne Rücksicht auf die Anzahl der klagenden oder der beklagten Partei verpflichtet, je einen Schiedsrichter zu benennen. Sollte innerhalb der klagenden oder beklagten Parteien keine Einigung über einen Schiedsrichter zustandekommen, so bestellt der Präsident des ständigen Schiedsgerichtes den Schiedsrichter. Demzufolge ist hier eine Mehrparteienregelung bei der Schiedsrichterbenennung berücksichtigt.
Nach § 26 ist weiterhin eine mündliche Verhandlung in nichtöffentlicher Sitzung vorgesehen, jedoch kann der Schiedsausschuß gemäß § 27 auch nach einem vereinfachtem Verfahren ohne mündliche Verhandlung lediglich aufgrund von Schriftstücken entscheiden, wenn sich die Parteien auf ein solches Verfahren geeinigt haben. Eine mündliche Verhandlung kann der Schiedsausschuß aber immer noch für den Fall anordnen, daß die schriftlichen Unterlagen als unzureichend bewertet werden.
Außerdem beinhaltet die Verfahrensordnung des Schiedsgerichtes der Wirtschaftskammer und der Agrarkammer der Tschechischen Republik Bestimmungen zu Schlichtungsversuchen. Nach § 29 ist der Schiedsausschuß mit Rücksicht auf die Umstände des Falles berechtigt, die Parteien in jedem Stadium des Verfahrens zum Abschluß eines Vergleiches aufzufordern und Vorschläge, Empfehlungen und Anregungen anzuführen, die nach seiner Ansicht zum Zustandekommen eines Vergleiches beitragen könnten. In § 42 sind darüber hinaus Bestimmungen zu einem Güteverfahren enthalten. Danach kann das ständige Schiedsgericht auf den eingebrachten Antrag hin im Rahmen seiner Kompetenz ein freiwilliges Güteverfahren über einen erhobenen Anspruch durchführen. Das Verfahren findet nach Einverständnis aller Parteien vor einem Schlichtungsausschuß statt. Die Parteien tragen sodann in einer einberufenen Verhandlung ihre Standpunkte vor, wobei Ergebnis dieser Verhandlung ein Vergleichsvorschlag sein soll, den die Parteien aber nicht annehmen müssen. Ein solcher Vergleichsvorschlag kann den Parteien sodann in einem eventuellen weiteren Verfahren nicht zum Nachteil gereichen, was auch immer sie im Güteverfahren vorgetragen haben.
Diese Ausführungen machen deutlich, daß es sich bei der hier vorgestellten Verfahrensordnung um eine flexible vielseitige Ordnung handelt, deren Regelungen den Streitigkeiten bei einem langwierigem komplexen Bauprojekt mit mehreren beteiligten Parteien eher gerecht werden können, als die Bestimmungen des Gesetzes Nr. 216/1994 Slg. Daher ist die Vereinbarung dieser Verfahrensordnung den tschechischen Bürgern und Unternehmen im Rahmen einer Schiedsklausel beim Abschluß eines Vertrages über größere Bauprojekte und Anlagenbauten zu

empfehlen, selbst wenn sie nur auf vermögensrechtliche Streitigkeiten anwendbar ist. Wünschenswert wäre auch hier eine nationale spezielle Schiedsordnung, die nicht nur auf vermögensrechtliche Streitigkeiten anwendbar wäre und beispielsweise unter anderem eine Schiedsrichterliste mit besonders im Bauwesen und im Anlagenbau versierten Experten vorsähe. Berücksichtigt man allerdings, daß die gesamte Entwicklung des neuen Schiedsverfahrensrechts erst in diesem Jahrzehnt begonnen hat und auch erst seitdem die Schiedsgerichtsbarkeit zwischen tschechischen Parteien innerhalb der Tschechischen Republik möglich ist, so scheint es vielleicht verfrüht, nun bereits eine spezielle Bauschiedsinstitution zu fordern. Der Weg dahin ist immerhin aufgrund der Regelung von § 13 des Gesetzes Nr. 216/1994 Slg. offen, und die Verfahrensordnung des Schiedsgerichtes bei der Wirtschaftskammer der Tschechischen Republik und der Agrarkammer der Tschechischen Republik zeigt, daß die Umsetzung zu durchaus sinnvollen Regelungen gelingen kann.

IX. Auswertung der nationalen Modelle in vergleichender Weise

Zu den nationalen Bauschiedsordnungen ist festzustellen, daß sie in sich recht unterschiedlich gestaltet sind, obwohl sie eigentlich das gleiche Ziel verfolgen, nämlich die zügige, möglichst problemlose und effektive Abwicklung von Baustreitigkeiten. So sind sie beispielsweise in ihrem Verfahrensablauf oder in der Vorgehensweise bei der Schiedsrichterbenennung verschieden. Gleichwohl sind einigen der hier vorgestellten Bauschiedsregelungen diverse Grundzüge gemeinsam.

Zum einen gibt es bei den meisten unverkennbare Ansätze zur frühzeitigen Beweissicherung und zur Anordnung von vorläufigen und sichernden Maßnahmen. Beispielsweise die niederländische Satzung des RvA sieht eine ausdrückliche Befugnis für das Schiedsgericht vor, vorläufige oder sichernde Maßnahmen zu ergreifen, ähnlich die Schiedsregeln des NAI, die englische ICE *Arbitration Procedure* oder die englischen CIMAR. Die Möglichkeit, vorab Beweis erheben zu können, ist beispielsweise in der schweizerischen SIA-Schiedsordnung 150 bei Gefährdung von Beweismitteln vorgesehen. Als besonders gelungenes Beispiel ist jedoch das isolierte Beweisverfahren der deutschen SOBau der ARGE Baurecht hervorzuheben, da dieses die Möglichkeit bietet, kurzfristige Tatsachenfeststellungen zu treffen, die sowohl in einem Schlichtungsverfahren als auch in einem späteren Schiedsgerichtsverfahren bindend sind.

Teilweise enthalten die nationalen branchenspezifischen Schiedsordnungen ein „erstes Treffen", also vorprozessuale Vortermine bzw. Vorverfahren, die der

Rationalisierung und der prozeßökonomischen Struktur des oft umfassenden Streitstoffes dienen sollen[623], wie beispielsweise die englischen Schiedsordnung und die SIA-Ordnung 150 der Schweiz. Unterschiedlich ist wiederum ihre Vorgehensweise in dem Verfahren an sich. Teilweise wird ein rein schriftliches Verfahren vorgesehen (so die Verfahrensordnung des Schiedsgerichtes bei der Wirtschaftskammer der Tschechischen Republik und der Agrarkammer der Tschechischen Republik), teilweise ein rein mündliches (so z. B. die dänische Schiedsordnung des Schiedsausschusses für die Bau- und Anlagentätigkeit und die SGO Bau des Deutschen Beton-Vereins e.V. und der Deutschen Gesellschaft für Baurecht e.V.); andere Ordnungen, wie die englischen, sehen wiederum eine Wahlmöglichkeit zwischen einem vollen und einem abgekürzten Verfahren vor. Dies zeigt eine unterschiedliche Verfahrensweise auf, bei der die Bewertung, welcher Vorgehensweise hier der Vorzug zu geben ist, nicht angebracht erscheint, da diese zum einen auf die Rechtstradition der einzelnen Länder zurückzuführen ist und zum anderen auf die Beschaffenheit des konkreten Einzelfalles.

Darüber hinaus ist einigen nationalen Bauschiedsordnungen gemeinsam, daß sich die Schiedsgerichte häufig aus einer Kombination von Ingenieuren oder Architekten und Juristen zusammensetzen. Hinzu kommt, daß die Bauschiedszentren dementsprechende kombinierte Sachverständigen- und Schiedsrichterlisten führen aus denen die Parteien sich Schiedsrichter auswählen können. Als Beispiel sind hier die Schiedsrichterlisten des Deutschen Beton-Vereins e.V. und der Deutschen Gesellschaft für Baurecht, des französischen C.A.T.P. und die der ICE zu nennen. Als besonders lobenswert sind die ICE-Listen zu bewerten, da diese für jeden Schiedsrichter umfassende Auskunft über ihre Qualifikation und Ausbildung bieten. Andere Bauschiedsordnungen sehen verschiedene Vorgehensweisen der Schiedsrichterernennung vor. So bestimmt die Schiedsordnung des dänischen Schiedsausschusses für die Bau- und Anlagentätigkeit, daß die Schiedsrichter von dem Ausschuß ernannt werden. Dies wurde bereits von der Verfasserin entsprechend kritisiert, da dies eine völlige Zurückdrängung der Parteiautonomie in diesem Punkt bedeutet. Wenig Einflußnahme bedeutet auch die Schiedsrichterbenennung des niederländischen RvA; hier können die Parteien jedoch wenigsten ihren Vorzug äußern, den der Vorsitzende bei der Benennung dann soweit als möglich berücksichtigen wird. Eine interessante Benennungsweise hat das niederländische NAI entwickelt: es versendet Schiedsrichterlisten, auf denen die Parteien ihre Präferenzen ankreuzen können und unerwünschte Schiedsrichter ausstreichen können. Dies scheint jedoch ein aufwendigeres und

---

623 Wiegand, Rechtsprobleme einer speziellen internationalen Bauschiedsgerichtsbarkeit, in Nicklisch (Hrsg.), Bau- und Anlagenverträge -Risiken, Haftung, Streitbeilegung-, S. 289, 292.

kompliziertes Verfahren zu sein. Am vorzugswürdigsten erscheint es immer noch, daß die Schiedsrichter von den Parteien zur Ernennung vorgeschlagen werden, am besten anhand von zuvor ausgehändigten Schiedsrichterlisten, so daß eine kompetente Ernennung gewährleistet ist. Bei dieser Vorgehensweise ist zum einen die Parteiautonomie berücksichtigt und gleichzeitig werden nur Schiedsrichter mit Fachkenntnissen in Bau- und Anlagenstreitigkeiten ernannt.

In den englischen Schiedsordnungen ist im übrigen auffällig, daß hier jeweils nur ein Schiedsrichter vorgesehen ist, welchem viele Befugnisse zugeteilt werden, so daß er das Schiedsverfahren im erheblichen Maße beeinflussen kann. Dies ist zwar insofern vorteilhaft, als daß eine Person mit vielen Entscheidungsbefugnissen schneller zu Entscheidungen finden wird als ein Gremium, das zunächst beraten müßte. Andererseits bedeutet auch dies eine Zurückdrängung der Parteiautonomie im Schiedsverfahren; außerdem erscheint in schwierigen Fällen die Beratung in einem Gremium durchaus sinnvoll.
Zu kritisieren ist, daß wenige der hier vorgestellten nationalen Bauschiedsordnungen Regelungen zur Schiedsrichterernennung im Falle eines Mehrparteienschiedsverfahrens vorsehen. Lediglich die Schiedsordnungen des französischen C.A.T.P. und des Schiedsgerichtes bei der Wirtschaftskammer der Tschechischen Republik und der Agrarkammer der Tschechischen Republik berücksichtigen diese Möglichkeit. So bestimmt die Schiedsordnung des C.A.T.P., daß in einem anderen Falle von mehr als zwei Parteien alle drei Schiedsrichter vom C.A.T.P. zu benennen sind. Die genannte tschechische Schiedsordnung erwähnt dagegen, daß ungeachtet der Anzahl der klagenden oder beklagten Parteien bei Nichteinigung über die Schiedsrichterbenennung der Schiedsrichter vom Präsidenten des ständigen Schiedsgerichtes ernannt wird. Die übrigen Schiedsordnungen, bei deren Art von Schiedsrichterbenennung eine Regelung für den Fall der Mehrparteienschiedsgerichtsbarkeit überhaupt erforderlich ist, schweigen zu dem Thema. Bei der Listenprozedur des niederländischen NAI ist eine spezielle Mehrparteienregelung nicht erforderlich, da sich diese problemlos auf mehrere Parteien anwenden läßt, wobei die Tauglichkeit dieser Vorgehensweise bereits in Frage gestellt wurde.

Zur Frage der Streitzusammenlegung sowie zur Haupt- und Nebenintervention sehen schon mehr nationale Bauschiedsordnungen Regelungen vor. Die Möglichkeit der Streitzusammenlegung enthält beispielsweise die englische CIMAR. Nach der SOBau der ARGE Baurecht ist es möglich, Dritte als Haupt- oder Nebenintervenienten oder als Streitverkündete mit Zustimmung der Parteien in das Verfahren einzubeziehen. Daneben sieht sowohl der niederländische RvA in seiner Satzung als auch das niederländische NAI die Neben- und Hauptintervention sowie die Streitzusammenlegung und den Streitbeitritt vor. Dies bedeutet, daß grundsätzlich erkannt wird, daß während Baustreitigkeiten noch andere betroffen sein können oder mit hinzugezogen werden sollten, so daß das reine Zweiparteienverfahren sich zumindest während des Verfahrens zu einem Mehrparteienverfahren ausdehnen lassen sollte. Zumindest in diesem Bereich wird dann der Mehrparteienschiedsgerichtsbarkeit Rechnung getragen.

Vergleichsregelungen sowie Vermittlungs- oder Schlichtungsansätze enthalten die hier vorgestellten Schiedsordnungen nur selten. So sieht die Verfahrensordnung des Schiedsgerichtes bei der Wirtschaftskammer der Tschechischen Republik und der Agrarkammer der Tschechischen Republik ein Güteverfahren mit einem anschließenden Vergleichsvorschlag vor. Hervorzuheben ist hier wiederum die deutsche SOBau der ARGE Baurecht, die ein Schlichtungsverfahren vorsieht, das einem möglichen späteren Schiedsverfahren voranzugehen hat. Die Regelungen zum Schlichtungsverfahren[624] enthalten hierbei einige bauspezifische Bedingungen. Auffällig ist, daß es hier relativ neue Schiedsordnungen sind, die die Möglichkeit von Vermittlungsverfahren aufgreifen (die SOBau stammt von 1998 und die Schiedsgerichtsordnung der tschechischen Wirtschaftskammer von 1996). Dies zeigt, daß die Diskussion um ADR und andere neue Methoden der außergerichtlichen Streitbeilegung an den Entwicklern der neuen nationalen Schiedsordnungen nicht spurlos vorbeigegangen ist, sondern aufgegriffen und in einer sinnvollen Weise umgesetzt wurde.
Als den Bauschiedsverfahren entgegenkommende Bestimmung ist auch die ausdrückliche Geheimhaltungspflicht und Nichtöffentlichkeit des Verfahrens, wie sie z. B. die deutsche SGO Bau und die deutsche SOBau beinhalten, zu beurteilen. Wie bereits erwähnt, ist es nicht im Interesse von Bauunternehmern oder Architekten, wichtige Bauinterna, wie z. B. eigens entwickelte Technologien, an die Öffentlichkeit geraten zu lassen. Andere Bestimmungen wie die Ordnung des dänischen Schiedsausschusses für die Bau- und Anlagentätigkeit oder die Schiedsordnung des niederländischen NAI sehen dagegen die Veröffentlichung des Schiedsspruches vor, allerdings ohne Nennung der Namen der Parteien und teilweise nur mit deren Einverständnis. Dies steht der Nichtöffentlichkeit nicht so sehr entgegen, da diese Schiedssprüche wohl erst einige Zeit nach dem Abschluß des Verfahrens veröffentlicht sein dürften; zum anderen die Anonymität der Parteien gewahrt bleibt. Außerdem wird damit nachfolgenden Schiedsgerichten die Möglichkeit der Einsichtnahme und des Vergleiches mit ähnlich gelagerten Fällen gewährleistet.

---

624 Zu Vorteil von Schiedsordnungen mit integriertem Schlichtungs- oder Vermittlungsverfahren siehe Kap. C. V. 2. b.

Schließlich ist anzumerken, daß einige der hier vorgestellten, an sich branchenspezifischen Bauschiedsordnungen doch sehr wenige spezielle Baubestimmungen enthalten. Hier sollen die SIA-Ordnung 150 der Schweiz von 1977 sowie die französische Schiedsordnung des C.A.T.P. von 1972 als Beispiel angeführt sein. Dabei fällt auf, daß es sich bei diesen um relativ alte Schiedsordnungen handelt. Auch die Überarbeitung der Schiedsordnung des C.A.T.P. von 1985 hat nicht dazu geführt, daß bauspezifische Regelungen übernommen wurden. Daraus läßt sich schließen, daß der Trend zu spezifischeren Bauschiedsregeln relativ jung ist.

Für Schiedsverfahren bei Streitigkeiten aus Bau- und Anlagenverträgen erscheint demzufolge auch die jüngste der hier dargestellte Schiedsordnungen, die SOBau der ARGE Baurecht am geeignetsten zu sein. Dies ergibt sich jedoch nicht nur aus ihren bauspezifischen Regelungen sondern auch aus der Tatsache, daß sie ein vorgeschaltetes Schlichtungsverfahren sowie ein isoliertes Beweisverfahren vorsieht. Sie bietet den meisten der aktuell diskutierten Problemen der Bauschiedsgerichtsbarkeit Lösungen. Leider enthält sie keine Bestimmungen zum einstweiligen Rechtsschutz und zur Parteiensäumnis; zwar sind diese dann indirekt durch die Verweisung auf die ZPO gegeben, jedoch wäre eine ausdrückliche Regelung zum besseren Verständnis wünschenswert. Zu kritisieren ist, daß die SOBau zur Frage der Schiedsrichterbenennung im Falle eines Mehrparteienverfahrens keine Lösung bereithält, da auch die ZPO zu dieser Frage schweigt. In diesem Punkt ist auch die einseitige Konstituierung des Einzelschiedsgerichtes durch den Schiedskläger für den Fall, daß sich der Schiedsbeklagte nicht zur Benennung äußert, besonders bedenklich, mag man ansonsten diese Besetzungsweise begrüßen. Im übriegn bleibt abzuwarten, was die Aktualisierung der anderen Schiedsordnungen wie z.B. der SGO Bau mit sich bringen werden.

Jedoch hat jede der hier vorgestellten nationalen Schiedsordnungen ihre diversen Mängel aber auch Vorzüge. Bei ihrer Beurteilung ist zu berücksichtigen, daß sie aus unterschiedlichen Rechtstraditionen stammen und sich auch aufgrund dieser in solcher Form entwickelt haben. Abschließend ist zu sagen, daß die nationalen Modelle den Eigenheiten und Problemen von Bauschiedsverfahren in erheblich größerem Umfang Rechnung tragen können, als die zuvor untersuchten internationalen Modelle. Dies weist erneut darauf hin, daß eine bauspezifische internationale Schiedsregelung geboten ist.

F. Begründung für eine europäische Schiedsordnung für das internationale Bauwesen und den Anlagenbau

I. Einführung

Die im einzelnen vorgenommene abschließende Bewertung der vorhandenen internationalen Schiedsordnungen hat gezeigt, daß gerade bei Streitigkeiten aus internationalen Bau- und Anlagenverträgen die bisher existenten gängigsten internationalen Schiedsordnungen, die vorzugsweise auf solche Streitigkeiten Verwendung finden, durchaus ihre Schwächen haben. So tauchten, wie bereits erwähnt, Reformgedanken bezüglich einer internationalen Bauschiedsgerichtsbarkeit auf, die bisher erfolglos blieben oder nicht umgesetzt wurden[625]. Auch die Darstellung und Bewertung der nationalen Bauschiedsordnungen zeigt, daß sich auf nationaler Ebene in einigen Ländern Europas schon länger mit der Problematik von Bauschiedsverfahren befaßt und ebenfalls nach adäquaten Lösungen gesucht wurde. Beim Betrachten der nationalen Bauschiedsordnungen wies gleichwohl jede in größerem oder geringerem Maße ihre Schwächen auf.
In diesem Kapitel soll im einzelnen herausgestellt werden, ob und in welchen Punkten es eigentlich ein Bedürfnis nach einer Schiedsordnung speziell für das internationale Bauwesen und den Anlagenbau gibt. Darüber hinaus soll erläutert werden, warum eine Bauschiedsordnung insbesondere den europäischen Raum betreffen soll.

II. Allgemeiner Bedarf

Die bisherigen Ausführungen haben gezeigt, daß es weder eine einheitliche europarechtliche Regelung für die internationale Schiedsgerichtsbarkeit noch spezielle internationale Schiedsregelungen für Streitigkeiten aus Bau- und Anlagenverträgen gibt. Die bestehenden internationalen Schiedsregelungen und Modelle wurden auf ihre Eignung hin ausführlich auf ihren Inhalt und ihre Eignung für internationale Bauschiedsverfahren untersucht[626]. Es zeigte sich, daß sich bestimmte Regelungen der verschiedenen Modelle im einzelnen sicherlich eignen. Jedoch war im Ergebnis keines der internationalen Modelle völlig zufriedenstellend, was die Regelungen von internationalen Schiedsverfahren bei Streitigkeiten

---

625 Siehe hierzu die Diskussion innerhalb der ICC bezpüglich der Schaffung eines Bauschiedsorganes oder eines bauspezifischen Verfahrensrechtes, Jarvin, Aus Prxis des ICC-Schiedsgerichtshofes, in Böckstiegel (Hrsg.), Recht und Praxis der Schiedsgerichtsbarkeit des Internationalen Handelskammer, S. 7, 23 f.

626 Siehe hierzu Kap. C.

in internationalen Bau- und Anlagenverträgen betrifft[627]. Aus dieser Aussage läßt sich bereits ein Bedürfnis nach einer internationalen Regelung für solche Bauschiedsverfahren entnehmen.

Eine ausdrücklich normierte supranationale Schiedsgerichtsordnung gibt es nicht. Gerade im internationalen Handelsrecht hat man allerdings im Bereich des materiellen Rechtes begonnen, das Bestehen einer sogenannten *lex mercatoria* zu diskutieren[628]. Unter *lex mercatoria* sollen hierbei die Regeln der internationalen Gemeinschaft der Kaufleute zu verstehen sein[629], die sich quasi selbständig aus den bereits bestehenden Rechtsquellen entwickelt haben bzw. daraus ableiten lassen. Im Bereich des internationalen Baurechts kam man so auch bereits auf die Idee, die Existenz einer *lex mercatoria* für das Bauwesen vorzuschlagen, also eine sogenannte *lex constructionis*[630]. Diese wird mit der Tatsache begründet, daß es gerade in vielen Entwicklungsländern an dem Vorhandensein einer nationalen Institution für das Bauwesen fehle, und daß daher gerade für die vertragsabschließenden Ingenieursfirmen und die investierenden Banken eine *lex constructionis* von Interesse sei. Diese solle dann auch in eventuellen stattfindenden internationalen Schiedsverfahren Anwendung finden[631].
Auch im Bereich des Verfahrensrechts existieren Theorien über die Existenz einer supranationalen Rechtsordnung[632]. Dabei wird die Schaffung einer suprantionalen Schiedsgerichtsbarkeit teilweise gefordert, da sie für notwendig erachtet wird. Das angestrebte Ziel, Schiedsordnungen den überall gleichen Bedürfnissen der Weltwirtschaft einheitlich anzupassen, lasse sich solange nicht verwirklichen,

627 Siehe hierzu insbesondere Kap. C. VI.

628 So z.B. von Hoffmann, Internationale Handelssschiedsgerichtsbarkeit, S. 21 ff., Glossner, Die Lex Mercatoria -Vision oder Wirklichkeit, RIW 1984, S. 350 f., Fouchard, *L'Arbitrage Commercial International*, S. 401 ff., 413; Befürworter der Existenz eines solchen *lex mercatoria* ist darüberhinaus Dasser, Internationale Schiedsgerichte und lex mercatoria, ablehnend steht ihr dagegen beispielsweise von Bar, Internationales Privatrecht, I. Bd., S. 79 ff. gegenüber.

629 Schwab/Walter, Schiedsgerichtsbarkeit, S. 429; Dasser, Internationale Schiedsgerichte und lex mercatoria, hat versucht, auf den S. 75 ff. eine Bestandsaufnahme des materiellen Rechts aus den vielfältigen Quellen aus Standardverträgen, Handelsbräuchen, Staatsverträge, dem Wiener UN-Kaufrechtsübereinkommen sowie allgemeinen Rechtssätzen vorzunehmen.

630 Molineaux, *Moving Toward a Construction Lex Mercatoria - A Lex Constructionis*, J.Int.Arb. 1997, No. 1, S. 55 ff.

631 Molineaux, *Moving Toward a Construction Lex Mercatoria - A Lex Constructionis*, J.Int.Arb. 1997, No. 1, S. 55, 57 ff.

632 So beispielsweise Gentinetta, Die Lex Fori Internationaler Handelsschiedsgerichtsbarkeit, S. 130 ff.; auch sie wird abgelehnt von von Bar, Internationales Privatrecht, I. Bd., S. 79 ff.; Schwab, Schiedsgerichtsbarkeit, S. 429.

als die staatlichen Rechte die Schiedsgerichtsbarkeit unterschiedlich regeln und aus ihnen der Bewertungsmaßstab entnommen werde[633].
Ob man der Existenz einer solchen *lex mercatoria* im Bereich des internationalen Handelsrechts, des internationalen Baurechts oder des internationalen Verfahrensrechts zustimmen will oder nicht, soll dahingestellt bleiben, da hier das Bedürfnis nach einer normierten internationalen Schiedsordnung im Bereich des Bauwesens und Anlagenbaus im Vordergrund steht. So zeigt die Auseinandersetzung um die Existenz einer supranationalen Rechtsordnung in der Literatur und der Versuch, eine solche zu konstruieren, daß von einigen ein Bedarf nach einer solchen Rechtsordnung angenommen wird. Die Idee, daß sich eine solche Rechtsordnung quasi selbständig aus den bereits bestehenden verschiedenen Ordnungen, Vereinbarungen, Übereinkommen und schlicht bestehenden Handelsbeziehungen entwickelt haben soll, zeigt doch ein sich selbst aufdrängendes Bedürfnis nach einer übergreifenden internationalen Rechtsordnung mit einem definiertem Geltungs- und Anwendungsbereich, und dies auch im Bereich der internationalen Schiedsgerichtsbarkeit bei Bau- und Anlagenverträgen.

Weiterhin zeigte die Untersuchung, inwieweit es auf nationalem Gebiet in den hier dargestellten Staaten spezielle Bauschiedsinstitutionen, Schiedsklauseln in Standardvertragsbedingungen oder Bauschiedsordnungen in Europa gibt, daß in nahezu allen (mit Ausnahme der Tschechischen Republik) von nationalen Vereinen wie beispielsweise dem Schweizerischen Ingenieur- und Architektenverein, der englischen *Institution for Civil Engineers* oder anderen nationalen Stellen, die gerade im Zusammenhang mit dem Bauwesen und dem Anlagenbau stehen, zumindest eine spezielle Bauschiedsordnung herausgegeben wurde. Die Tatsache, daß diese Vereine oder anderen nationalen Einrichtungen aus der Baubranche solche Schiedsordnungen herausgegeben haben, zeigt ebenfalls, daß gerade in diesem Bereich ein Bedürfnis nach spezielleren Schiedsregeln besteht. Dieses Bedürfnis können im internationalen Bereich die allgemeinen internationalen Schiedsregelungen und -modelle jedoch nicht erfüllen.

Der Umstand, daß auch innerhalb der Schiedsinstitution, deren Schiedsordnung bei internationalen Schiedsverfahren im Bereich des Bauwesens und des Anlagenbaus die meiste Verwendung erfahren hat, nämlich innerhalb der Schiedsinstitution der ICC immer wieder die Frage nach einem speziellen Bauschiedsorgan oder zumindest der Einführung spezieller Listen für Bauschiedsrichter diskutiert

---

633 Münzberg, Die Schranken der Parteivereinbarung in der privaten internationalen Schiedsgerichtsbarkeit; S. 47; Münzberg setzt sich hier auf den Seiten 46 ff. mit den möglichen Formen einer supranationalen Schiedsgerichtsbarkeit auseinander.

wurde[634], zeigt wohl darüber hinaus ebenfalls recht deutlich, daß zumindest ein gewisses Bedürfnis nach speziellen Regelungen oder Vorgehensweisen in diesem Bereich erkannt wurde, auch wenn letztendlich die Bemühungen in diese Richtung scheiterten.

III. Spezielle Regelungen

Nachdem damit ein allgemeiner Bedarf nach einer solchen Schiedsordnung bejaht wurde, gilt es nun, herauszuarbeiten, welche speziellen Regelungen eine solche enthalten sollte. Während der Bearbeitung und der Bewertung der einzelnen nationalen und internationalen Quellen kristallisierten sich immer wieder ganz bestimmte besondere Bedürfnisse und Eigenarten des internationalen Bau- und Anlagenschiedsverfahrens heraus, die hier nun im einzelnen dargestellt werden sollen.

1. Regelung der Schiedsrichterbenennung und -auswahl

Gerade bei der Untersuchung der nationalen Schiedsordnungen wurde verschiedene Systeme der möglichen Schiedsrichterbenennung vorgestellt; teilweise wurden die Schiedsrichter beispielsweise allein von dem Vorsitz der entsprechenden Schiedsinstitution ernannt, wobei die Parteien kaum Einflußmöglichkeiten hatten; teilweise wurde Schiedsrichter den Parteien in einer Art Listenprozedur vorgeschlagen und sie konnten sich dazu äußern; teilweise konnten die Parteien zumindest ihre Vorzüge äußern und teilweise konnten sie die Schiedsrichter auch selbst vorschlagen. Als vorzugswürdig wurde dabei die Vorgehensweise beurteilt, die den Parteien das Recht beläßt, sich auf die Anzahl und Personen der Schiedsrichter selbst zu einigen[635]. Dabei hat die Erfahrung gezeigt, daß ein Dreierschiedsgericht mit einem Obmann sich eher eignet als ein Einzelschiedsrichter, mag nun dahingestellt bleiben ob nun bei einem Dreierschiedsgericht die Parteien jeweils einen Schiedsrichter benennen und diese den Obmann ernennen oder ob der Obmann von der Schiedsinstitution selbst ernannt wird. Es ist dabei als hinnehmbar zu bewerten, daß eine gewisse Parteibindung des parteibenannten Schiedsrichters besteht, da sie den kontradiktorischen Charakter innerhalb des Schiedsgerichtes widerspiegelt und die Rechtsfindung möglicherweise sogar erleichtert[636]. Außerdem entspricht die Benennung der Schiedsrichter durch die

---

634 Siehe dazu Kap. C. IV. 1. c).

635 Siehe dazu Kap. E. IX.

636 Wiegand, Rechtsprobleme einer speziellen internationalen Bauschiedsgerichtsbarkeit, in Nicklisch (Hrsg.), Bau- und Anlagenverträge -Risiken, Haftung, Streitbeilegung, S.289, 294.

Parteien der Grundidee der Schiedsgerichtsbarkeit, die gerade den Parteien als Gewährleistung der Parteiautonomie mehr Einfluß auf das Schiedsverfahren ermöglichen will; zum anderen sehen die meisten anerkannten internationalen Schiedsregeln und -modelle ebenfalls eine Schiedsrichterbenennung durch die Parteien vor.

Jedoch kann sich die Schiedsrichterbenennung im Einzelfall immer noch als problematisch darstellen. So haben die bisherigen Ausführungen gezeigt, daß zum einen die Auswahl kompetenter Schiedsrichter mit Kenntnissen und Erfahrungen auf dem Gebiet des Bauwesens und des Anlagenbaus mit seinen rechtlichen und technischen komplexen Problemen den einzelnen Parteien in den Schiedsverfahren immer wieder Anlaß zu Problemen gab. Außerdem wurde die Auswahl und Benennung immer wieder von Parteien mißbraucht, die darin eine Möglichkeit sahen, eine Verfahrensverzögerungen herbeizuführen, indem sie sich bei der Schiedsrichterbenennung viel Zeit ließen. Darüber hinaus entstanden immer wieder Probleme bei der Auswahl und Benennung, wenn mehr als zwei Parteien am Schiedsverfahren beteiligt waren, da die meisten nationalen Bauschiedsordnungen und ein Großteil der internationalen Schiedsregelungen für diesen Fall keine Bestimmungen bereithielt. Demzufolge wird deutlich, daß es im Rahmen einer internationalen Schiedsordnung für Streitigkeiten aus Bau- und Anlagenverträgen umfassende Regelungen für die Schiedsrichterbenennung bedarf. Diese Bedürfnisse sollen nun im einzelnen näher erklärt werden.

a) Regelung für die konkrete Schiedsrichterauswahl

Für das Schiedsverfahren im Bereich des Bauwesens und des Anlagenbaus hat sich bisher herauskristallisiert, daß sich bei den Schiedsrichtern am besten eine Kombination von Technikern und Juristen eignet, im Idealfalle Ingenieure oder Architekten mit Rechtskenntnissen und Juristen mit technischer Erfahrung in der Baubranche. Dies hat sich auch bei der Untersuchung der nationalen Schiedssysteme in dieser Sparte ergeben; häufig wurde im Mitgliederbestand einer solchen Institution oder im Schiedsgericht eine derartige Kombination gefordert. Für in Bauschiedsverfahren Unerfahrene dürfte es schwierig sein, Schiedsrichter mit dieser Qualifikation benennen zu können. Bei den nationalen Bauschiedssystemen war es mitunter Usus, den Parteien für solche Fälle Schiedsrichterlisten zuzusenden, aus denen sich unter Umständen neben dem Namen des Schiedsrichters auch noch dessen Ausbildung und Erfahrungswerte in diesem Bereich ablesen lassen. Auch bei der ICC hat es die Idee gegeben, mit Hilfe internatio-

naler Einrichtungen Listen von Schiedsrichtern zusammenzustellen, die auf dem Gebiet des Baurechts besonders qualifiziert sind[637].
Schiedsrichterlisten allein können Qualifikationsprobleme allerdings nicht lösen, aber immerhin um einiges erleichtern. Solche Listen können nur Empfehlungscharakter haben, wobei den Parteien letztendlich die Auswahl offenstehen muß. In den bereits bestehenden Schiedsrichterlisten ist eine Kombination aus technischem und juristischem Sachverstand zu beobachten, die letztendlich nichts weiteres ist, als das Ergebnis einer auch im internationalen Rahmen wünschenswerteren Zusammenarbeit der beteiligten Wirtschaftskreise mit den existierenden Schiedszentren[638].
Demzufolge besteht im Rahmen einer internationalen Schiedsordnung, die speziell auf Streitigkeiten aus internationalen Bau- und Anlagenverträgen zugeschnitten sein soll, das Bedürfnis nach einer Regelung der Benennung vorzugsweise eines Dreierschiedsgerichtes durch die Parteien des Schiedsverfahrens. Bei der Auswahl der Schiedsrichter sollen den Parteien Schiedsrichterlisten zur Verfügung stehen, aus denen sich idealerweise Ausbildung, Qualifikation und Erfahrungen in dem relevanten Bereich entnehmen lassen. Als wünschenswertes Beispiel seien hier die Schiedsrichterlisten des englische *Institution of Civil Engineers* genannt, die eben diese Informationen enthalten.
Weiterhin sollte eine solche Regelung eng gesteckte Zeitfristen für die Parteien enthalten, um ihnen die Möglichkeit der Verfahrensverzögerungen zu nehmen. Sollten sie diese nicht einhalten, dann sollte die Schiedsordnung eine mögliche Ersatzbenennung durch eine außenstehende Institution vorsehen, die eventuell auch administrative Tätigkeiten außerhalb der Verfahren vornimmt, bestenfalls durch eine europäische Bauinstitution. Man könnte allerdings auch die Gründung einer europäischen Gesellschaft oder Vereinigung für das Schiedsgerichtswesen im internationalen Bauwesen und Anlagenbau in Betracht ziehen, auf die in einer solchen Schiedsordnung verwiesen werden könnte. Diese Gesellschaft könnte beispielsweise durch anerkannte Schiedsrichter und Baufachleute in Europa gegründet werden, die über Erfahrungen in der europäischen Schiedsgerichtsbarkeit bei Streitigkeiten aus internationalen Bau- oder Anlagenverträgen verfügen.

Problematisch ist, wenn Schiedsrichter erst nach ihrer Ernennung von den Parteien abgelehnt werden, beispielsweise aus Gründen der Parteilichkeit. Hier soll den Parteien nicht wieder ein Instrument in die Hand gegeben werden, das Verfahren

637 Jarvin, Aus der Praxis des ICC-Schiedsgerichtshofes, in Böckstiegel (Hrsg.), Recht und Praxis der Schiedsgerichtsbarkeit der Internationalen Handelskammer, S. 7, 23 f.

638 Wiegand, Rechtsprobleme einer speziellen internationalen Bauschiedsgerichtsbarkeit, in Nicklisch (Hrsg.), Bau- und Anlagenverträge -Risiken, Haftung, Streitbeilegung-, S. 289, 294.

durch erfundene Ablehnungsgründe zu verzögern. Andererseits kann es ihnen auch nicht zugemutet werden, mit einem Schiedsrichter weiterzuverhandeln, von dessen Unparteilichkeit sie nicht überzeugt sind. Einige Schiedsordnungen wie beispielsweise die ICC-Schiedsordnung in Art. 11 sehen für solche Fälle ein gesondertes Ablehnungsverfahren vor einer übergeordneten Instanz, hier den ICC-Schiedsgerichtshof vor. Ein solches Ablehnungverfahren nimmt allerdings wiederum Zeit in Anspruch und geht damit zu Lasten der Verfahrensökonomie. Es besteht demzufolge Bedürfnis nach einer weniger zeitintensiven Regelung. Es käme dabei in Betracht zu fordern, daß es zur Ablehnung ausreicht, wenn eine Partei unter der schriftlichen Darlegung des Ablehnungsgrundes die Ablehnung beantragt. An diese Darlegung sind dann erhöhte Ansprüche zu stellen. Aus ihr muß sich der dringende Verdacht entnehmen lassen, daß Tatsachen vorliegen, die das Bestehen eines Ablehnungsgrundes begründen. Sollte diesen Voraussetzungen genüge getan sein, würde dann eine einseitige Erklärung ausreichen, die Abbestellung des Schiedsrichters herbeizuführen. Im Gegenzug soll dann aber die Ersatzbenennung direkt durch eine andere Stelle wie beispielsweise eben durch eine solche neu gegründete europäische Gesellschaft oder Vereinigung für das Schiedsgerichtswesen im internationalen Bauwesen und Anlagenbau vorgenommen werden und nicht ein erneutes Benennungsverfahren durch die Parteien. Eine zumindest ähnliche Regelung sehen die LCIA *Arbitration Rules* vor, nach deren Art. 11.1 der LCIA im Falle der Ersatzbenennung nach freiem Ermessen entscheiden kann, ob das ursprüngliche Benennungsverfahren angewandt wird. Mit der direkten Ersatzbenennung durch eine andere Institution soll zum einen wieder Zeit erspart werden. Außerdem wird dies dazu führen, daß Parteien es sich gut überlegen, bevor sie einen Schiedsrichter ablehnen und dies nicht nur aus rein verfahrensverzögerungstechnischen Gründen tun werden, da sie auf die Wahl des neuen Schiedsrichters keinen Einfluß haben werden und außerdem zeitlich nicht viel gewonnen hätten.

b) Regelung der Schiedsrichterbenennung im Falle eines Mehrparteienschiedsverfahrens

Wie bereits mehrfach erwähnt, sind gerade bei großen Bauprojekten oder beim Bau von industriellen Großanlagen fast immer mehr als zwei Parteien in Form von Firmen, verschiedenen Bauunternehmen (teilweise als Konsortien ausgestaltet) und Bauherren beteiligt. Dabei kann es selbstverständlich häufig dazu kommen, daß an einer Rechtsstreitigkeit, die während oder nach der Bauausführung besteht, mehr als zwei Parteien beteiligt sein können, so daß es zu einem sogenannten Mehrparteienschiedsverfahren kommen kann. Dies wirft bei der Schiedsrichterbenennung aber dann Probleme auf, wenn eine Schiedsordnung gewählt wurde, die lediglich von einem Zweiparteienschiedsverfahren ausgeht. Hier kann es zur Verletzung des Gleichheitsgrundsatzes der Parteien kommen, wenn nur zwei Parteien an der Schiedsrichterbenennung beteiligt sind und somit eine dritte Partei in ihrem Benennungsrecht eingeschränkt wird[639]. Da eine solche Gleichheitsgrundsatzverletzung im Endeffekt in einigen Ländern einen Verstoß gegen den *ordre public* bedeuten kann, kann es dazu kommen, daß dann dem folgenden Schiedsspruch in einigen Ländern die Anerkennung und Vollstreckung versagt bleibt. In den neueren internationalen Schiedsregeln wie beispielsweise der ICC-Schiedsordnung oder der Schiedsregeln des LCIA wurde daher diese Möglichkeit der Mehrparteienschiedsgerichtsbarkeit inzwischen berücksichtigt. Auf nationaler Ebene dagegen fand sich bei den bau- und anlagenspezifischen Schiedsordnungen kaum eine Regelung hierzu; allein in Frankreich und der Tschechischen Republik hat man eine solche Möglichkeit berücksichtigt.

Damit ist klar, daß die Bestimmungen zur Schiedsrichterbenennung einer internationalen bau- und anlagenspezifischen Schiedsordnung auch einer Regelung der Mehrparteienschiedsgerichtsbarkeit bedürfen. Als beispielhafte Regelung sei für die Ausarbeitung dieser Schiedsordnung die Bestimmung in Art. 10 der ICC-Schiedsordnung herangezogen. Danach sollen mehrere Parteien, sei es als Kläger oder Beklagte, im Falle der Bildung eines Schiedsgerichtes mit drei Schiedsrichtern jeweils gemeinsam einen Schiedsrichter benennen; können sie sich nicht einigen und können die Parteien auch sonst kein anderes Benennungsverfahren vereinbaren, so kann der ICC-Schiedsgerichtshof die Benennung insgesamt vornehmen. Diese Bestimmung mag zwar nicht sonderlich originell wirken, zumindest weist sie jedoch Praxisnähe auf[640]. Immerhin wird hier den Parteien zunächst die Möglichkeit eingeräumt, im Rahmen der Parteiautonomie von ihrem Benennungsrecht Gebrauch zu machen, bevor schließlich eine Ersatzbenennung vorgenommen wird. Dies scheint im Ergebnis gelungener zu sein, als beispielsweise die Regelung in Art. 8 der LCIA-Schiedsregeln, wonach bei einem Mehrparteienschiedsverfahren der LCIA-Gerichtshof die Schiedsrichter direkt selbst benennt, ohne die Benennungen der Parteien zu berücksichtigen. Eine solche Vorgehensweise bedeutet wieder die völlige Zurückdrängung der Parteiautonomie in diesem Punkte; man sollte doch zumindest versuchen, diese zunächst zu wahren. Daher sollte man zuerst auf Einigungsversuche von Seiten der Parteien warten, bis man ihnen die Ernennungsmöglichkeit komplett nimmt.

---

639 Dies bereits ausführlicher dargestellt in Kap. B. II. 2. b) (1).

640 So auch Bühler, Die ICC-Schiedsgerichtsordnung aus der Sicht der Parteien, DIS-Mat. II (1998). S. 23, 27.

2. Regelung von Streitverkündung und -zusammenlegung sowie von Haupt- und Nebenintervention

Die Tatsache, daß mehr als zwei Parteien an einem Schiedsverfahren beteiligt sind, muß aber nicht von Anfang gegeben sein; vielmehr kann sich auch während eines Schiedsverfahrens das Bedürfnis ergeben, weitere Parteien, die ebenfalls am Bau eines Projektes oder einer Industrieanlage beteiligt waren, mit einzubeziehen. Nicht immer läßt sich von vorneherein absehen, in welcher Form die verschiedenen beteiligten Bauunternehmen, Bauherren oder Privatleute das Entstehen eines Rechtsstreits mitverursacht haben. So sollte auf jeden Fall während des Schiedsverfahrens die Möglichkeit gegeben sein, weiteren Parteien den Streit zu verkünden. Anderenfalls müssten neue Schiedsverfahren angestrebt werden, was nicht im Sinne der Verfahrensökonomie wäre und ganz bestimmt nicht im Sinne der Partei, die es wünscht, dritten den Streit zu verkünden. Auch sollte es dritten Parteien möglich sein, nicht bloß als Zeuge dem Prozeß beizutragen. Es sollte diesen Parteien möglich sein, eine der ursprünglichen Parteien in Form der Nebenintervention zu unterstützen, wenn sie ebenfalls ein rechtliches Interesse am Ausgang des Verfahrens haben. Auch die Möglichkeit der Hauptintervention sollte für eine dritte Partei möglich sein, wenn es in einem Schiedsverfahren um ein Recht geht, das diese für sich in Anspruch nimmt.

Darüber hinaus ist gerade bei komplexen Bauprojekten oft der Fall gegeben, daß mehrere Schiedsverfahren anhängig sind, da ein solches Projekt wie eingangs erläutert, viele Streitquellen bereithält. Solche Verfahren können zwischen den gleichen Parteien laufen aber zu unterschiedlichen Zeitpunkten begonnen haben, oder sie betreffen mehr oder weniger den gleichen Streitgegenstand. In solchen Fällen wäre die Möglichkeit einer Streitzusammenlegung als äußerst verfahrensökonomisch zu bewerten. Gleichwohl ist klar, daß das bei mehreren internationalen Schiedsverfahren nicht unproblematisch sein dürfte, da in ihnen eventuell unterschiedliches Recht anwendbar ist. Damit wird deutlich, daß eine Streitzusammenlegung nur im eingeschränkten Maße nach bestimmten Voraussetzungen möglich ist, nämlich daß z. B. in beiden Verfahren dasselbe Recht anwendbar ist.

Ein Bedarf nach solchen Regelungen läßt sich auch daraus ersehen, daß ein Großteil der nationalen Bauschiedsordnungen Bestimmungen hierzu aufweist. Interessant ist, daß dagegen keine der hier vorgestellten internationalen Schiedsregelungen und -modelle diese Möglichkeiten berücksichtigt. Dies zeigt nun wieder, daß solche Bestimmungen gerade für Schiedsverfahren im Bereich des Bauwesens und des Anlagenbaus eher erforderlich sind. Auch in internationalen Schiedsordnungen sollten solche Regelungen daher vorgesehen sein, so daß sich wiederum gezeigt hat, daß die existierenden internationalen Schiedsregelungen sich in diesem Punkt für Streitigkeiten aus internationalen Bau- und Anlagenver-

trägen nicht eignen und damit ein Bedürfnis nach solchen internationalen Regelungen besteht.
Als Vorbild einer Bestimmung für die Einbeziehung Dritter kann beispielsweise § 6 der deutschen SOBau herangezogen werden, wonach Dritte als Haupt- oder Nebenintervenienten oder als Streitverkündete mit Zustimmung aller Parteien dem Verfahren beitreten, wenn sie sich der Schiedsvereinbarung unterworfen haben. Die Zustimmung kann aber auch generell in der Schiedsvereinbarung erteilt werden. Soweit darüber hinaus die Zustimmung des Schiedsgerichtes erforderlich ist, darf sie nur versagt werden, wenn die Einbeziehung rechtsmißbräuchlich wäre. Ein geeignetes Beispiel für eine Streitzusammenlegungsregelung findet sich in den Art. 23 ff. der Satzung des niederländischen RvA. Danach kann eine Partei in einem beim RvA anhängigen Schiedsverfahren, dessen Gegenstand mit einem bei einem anderen Schiedsinstitut in Holland zusammenhängt, beantragen, diese Verfahren zusammenzulegen, falls das Verfahren unter Anwendung einer Satzung geführt wird, die in inhaltlich übereinstimmender Weise die Möglichkeit der Zusammenlegung von Schiedsfällen enthält. Zu diesem Antrag können sich die übrigen Parteien des ursprünglichen Verfahrens dann äußern. Weitere Einschränkungen sind aber für eine internationale Regelung sicherlich noch erforderlich.

3. Regelung des einstweiligen Rechtsschutzes

Was im Verlaufe der vorliegenden Arbeit ebenfalls immer wieder betont wurde, ist der Umstand, daß ein Schiedsgericht, das über ein Bauschiedsverfahren zu entscheiden hat, von Anbeginn des Verfahrens an über die Befugnis verfügen können sollte, vorläufige oder sichernde Maßnahmen zu erlassen. Fehlt es an einer solchen ausdrücklichen Befugnis in einem Bauschiedsverfahren, könnte wiederum streitig sein, inwieweit Schiedsgerichte überhaupt zum Erlaß einstweiliger Maßnahmen berechtigt sein sollen oder inwieweit diese den staatlichen Gerichten vorbehalten sein sollen. Letzteres wurde beispielsweise in der Bundesrepublik Deutschland nach dem bis zum 31.12.1997 geltenden Recht nach überwiegender Ansicht[641] vertreten, da der einstweilige Rechtsschutz grundsätzlich Domäne der staatlichen Gerichtsbarkeit bleibe, weil er seinem Wesen nach mit dem Schiedsverfahren unvereinbar sei. Gemäß § 1041 der Neuregelung der ZPO

641 Walter, Neuere Probleme der privaten Schiedsgerichtsbarkeit in Europa, in Grunsky/Stürner/Walter/ Wolf (Hrsg.), Wege zu einem europäischen Zivilprozeßrecht, S. 111, 116 ff.; Schwab/Walter, Schiedsgerichtsbarkeit in der Vorauflage, 5. Auflage 1995, S. 59 ff. mit weiteren Nachweisen zum damaligen Meinungsstand; siehe hierzu aber auch Kap. B. II. 2. b) (3).

vom 01.01.1998 ist der einstweilige Rechtsschutz durch die Schiedsgerichte nun ausdrücklich vorgesehen. Solchen Uneinigkeiten sollte demzufolge durch explizite Regelungen aus dem Weg gegangen werden.

Insbesondere bei dem Ablauf eines Bauprojektes ist häufig die Situation gegeben, daß gerade durch den Erlaß einer einstweiligen Maßnahme das Eintreten bestimmter Situationen verhindert werden soll. Beispielsweise sollen Bauschritte aufgehalten, die auf eine mangelhafte Ausführung hindeuten oder so nicht vereinbart waren, aber nach ihrer Vornahme nicht mehr rückgängig gemacht werden können. Selbst wenn man davon ausginge, daß die Möglichkeit bestünde, bei einem staatlichen Gericht um einstweiligen Rechtsschutz zu ersuchen, so hätte man bei einem internationalen Schiedsverfahren unter Umständen immer noch die unliebsame Situation, sich an das örtliche ausländische Gericht wenden zu müssen. Außerdem könnte sich diese Vorgehensweise auch als zu zeitaufwendig erweisen und die einstweilige Maßnahme damit zu spät erlangt werden. Demzufolge ist auch bei einer internationalen Schiedsordnung, die auf Streitigkeiten aus internationalen Bau- und Anlagenverträgen zugeschnitten sein soll, das Bedürfnis nach einer Regelung der Befugnis des Schiedsgerichtes, einstweilige Maßnahmen zu erlassen gegeben.

Sowohl einige der hier vorgestellten nationalen Bauschiedsordnungen als auch ein Anteil der bereits dargestellten internationalen Schiedsregelungen und Schiedsmodelle sieht eine solche Befugnis des Schiedsgerichtes vor. Aufgrund ihrer Kürze und ihrem einfachem Wortlaut und der damit gleichzeitig beinhalteten Weite wird hier die relevante Bestimmung des UNCITRAL-Modellgesetzes als gelungenes Beispiel herangezogen. Nach Art. 17 des UNCITRAL-Modellgesetzes kann das Schiedsgericht, wenn eine Partei es beantragt, jeder Partei auferlegen, alle vorläufigen oder sichernden Maßnahmen zu ergreifen, die das Schiedsgericht in bezug auf den Gegenstand des Streites für erforderlich hält, wenn die Parteien nichts anderes vereinbart haben. Das Schiedsgericht kann dabei von jeder Partei im Zusammenhang mit einer solchen Maßnahme angemessene Sicherheit verlangen.

Für das Heranziehen dieser Regelung spricht auch das allgemeine Anerkenntnis des UNCITRAL-Modellgesetzes als Vorlage für die Überarbeitung oder für die Übernahme in nationales Schiedsrecht.

4. Regelung der frühzeitigen Beweissicherung

Immer wieder hat die Erfahrung gelehrt, daß bei späteren Bauschiedsverfahren häufig dadurch Probleme entstanden sind, daß bestimmte streitige Teile des Baus oder der Anlage wegen des über ihnen oder um sie herum erstellten Restobjektes des Vertrages nicht mehr zugänglich sind und sich deshalb einer Ermittlung von behaupteten Mängeln entziehen[642]. Aus diesem Zusammenhang ergibt sich zwangsläufig, daß gerade bei Baustreitigkeiten eine frühzeitige Beweissicherung von erheblicher Bedeutung ist. Demnach kommt eine ausdrückliche Regelung der frühzeitigen Beweissicherung den besonderen Problemen eines Bauschiedsverfahrens sehr entgegen.

Bezeichnenderweise enthält auch ein ganzer Anteil der hier dargestellten nationalen Bauschiedsordnungen Bestimmungen zu der Möglichkeit des Schiedsgerichtes, vorab Beweis zu erheben. Darin kommt ebenfalls zum Ausdruck, daß das Bedürfnis einer solchen Regelung zumindest in einem großen Teil der nationalen Baufachwelt erkannt und geregelt wurde. Dagegen beinhaltet keine der vorgestellten internationalen Schiedsregelungen und -modelle eine Vorschrift, die die frühzeitige Beweissicherung betrifft. Damit erweisen sich diese internationalen Modelle in diesem Punkt wiederum als für die Bauschiedsgerichtsbarkeit nicht sehr geeignet. Daraus ergibt sich auch in der Frage der frühzeitigen Beweissicherung ein Bedürfnis nach einer Regelung in einer internationalen Schiedsordnung für Streitigkeiten aus internationalen Bau- und Anlagenverträgen.

Als gutes Beispiel für die frühzeitige Beweissicherung in Bauschiedsverfahren soll hier das isolierte Beweisverfahren der deutschen SOBau Erwähnung finden, auf die bei Ausarbeitung des Entwurfes einer internationalen Bauschiedsordnung auch zurückgegriffen werden wird. Nach §§ 11 ff. der SOBau kann auf Antrag einer Partei bereits in einem vorgeschalteten Schlichtungsverfahren der Schlichter oder im Schiedsverfahren der Schiedsrichter die Begutachtung eines Sachverständigen anordnen, wobei diese Begutachtung insbesondere der Feststellung des Zustandes des Bauwerkes einschließlich des Bautenstandes, der Ursache eine Schadens, eines Baumangels, einer Behinderung oder einer Bauverzögerung sowie des Aufwandes der Beseitigung des Schadens oder des Baumangels oder der Kosten, die durch die Baubehinderung entstanden sind, dienen soll. Die Feststellungen dieses Beweisverfahrens, sollten sie während eines Schlichtungsverfahrens gewonnen worden sein, sind auch für ein anschließendes Schiedsverfahren bindend. Eine solche Regelung sollte allerdings vorsehen, was die SOBau nicht tut, nämlich daß auch der Schlichter/Schiedsrichter die Beweissicherung durch die Begutachtung des Sachverständigen selbst in die Wege leiten kann, wenn er es für angemessen hält, also Beweismittel gefährdet sieht.

642 Böckstiegel, Erfahrungen als Schiedsrichter in Streitfällen des Großanlagenbaus und der Bauindustrie, in Böckstiegel (Hrsg.), Vertragsgestaltung und Streiterledigung in der Bauindustrie und im Anlagenbau, S. 311, 330.

5. Regelung eines integrierten Schlichtungs- oder Vermittlungsverfahren

Es wurde bereits dargestellt, daß in den letzten Jahren immer wieder alternative Wege der Streitbeilegung zur Schiedsgerichtsbarkeit in Form von ADR-Verfahren gesucht wurden, wobei festgestellt wurde, daß diese sich im europäischen Rechtsraum nicht als unbedingt geeignet erwiesen haben[643]. Gleichzeitig gelangte die Verfasserin aber zu dem Ergebnis, daß Schiedsordnungen, die ein integriertes Schlichtungs- oder Vermittlungsverfahren vorsehen, durchaus ihren Vorteil haben[644]. Ein solches Verfahren bedeutet eine deutliche Zeitersparnis der Situation gegenüber, daß man erst ein Schlichtungsverfahren mit eventueller Beweisaufnahme und Schlichterbenennung und im Anschluß ein Schiedsverfahren mit erneuter Beweisaufnahme und erneuter Schiedsrichterbenennung. Gerade die vorgeschlagene Doppelfunktion von Schlichter und Schiedsrichter bedeutet Vorzüge, da sich hier ein Schiedsrichter, der zuvor Schlichter im gleichen Verfahren war oder ein Schlichter der zuvor Schiedsrichter in diesem Verfahren war, nicht erneut in den gerade bei Bauverfahren schwierigen und komplexen Sachverhalt einarbeiten muß. Eine aus mehreren Personen bestehende Vermittlungskommission könnte auch ein Mehrpersonenschiedsgericht besetzen. Auch die Beweisaufnahme müßte nur einmal durchgeführt werden, aber ihr Ergebnis könnte in beiden Verfahren verwertet werden. Gerade Zeitersparnis kommt den ohnehin meist langwierigen Bauverfahren jedoch entgegen. Außerdem ist auch die Tatsache nicht zu vergessen, daß sich die Fronten zwischen den Parteien bei gefundener Vermittlung wohl weniger verhärtet haben dürften, als wenn sie ein Schiedsverfahren bis zum Ende durchgefochten hätten. Das dürfte sich auch auf die eventuell erforderlichen zukünftigen Verhandlungen zwischen Parteien von internationalen Bau- oder Anlagenverträgen positiv auswirken.

Die Schlichtung ist allerdings nur sinnvoll, wenn sich die Parteien wirklich einigen wollen und sich das Scheitern der Schlichtung nicht verzögernd auf Verfahren auswirkt[645]. So muß die Schlichtung auch abgebrochen werden, wenn ein Schiedsverfahren eingeleitet wird.

Bei der Ausgestaltung einer solchen Schiedsordnung mit integrierter Schlichtung sollten allerdings die verschiedenen Möglichkeiten gegeben sein, entweder ein Vermittlungs- oder Schlichtungsverfahren dem Schiedsverfahren vorzuschalten oder bei bereits laufendem Schiedsverfahren auf ein Vermittlungsverfahren umzudisponieren. Wollen sich die Parteien nach Beginn des Schiedsverfahrens im Wege der Schlichtung oder der Vermittlung einigen, so ist davon auszugehen,

---

643 Siehe Kap. C. V. 2. a).

644 Siehe Kap. C. V. 2. b).

645 Hök, Das Schiedsverfahren in Bausachen nach neuem Recht: Ein Vergleich des Schiedsverfahrens mit dem gerichtlichen Verfahren in Bausachen, BauR 1998, S. 835, 847.

daß sie inzwischen einsichtiger und einigungsbereiter sein dürften, da sie im Laufe des bereits begonnenen Schiedsverfahrens ihre Stellung und Chancen in diesem Rechtsstreit besser durchblickt haben. Insofern ist der Vorschlag einer Schiedsordnung mit einem integriertem Vermittlungs- oder Schlichtungsverfahren eine geeignete Lösung, die sich in jedem Fall auch zur Beilegung internationaler Bau- und Anlagenstreitigkeiten anbietet. Somit ist ein Bedürfnis nach einer internationalen Schiedsordnung mit integriertem Vermittlungs- oder Schlichtungsverfahren gegeben.

Die meisten der hier vorgestellten internationalen Schiedsregelungen und Schiedsmodelle sowie der nationalen Bauschiedsordnung sehen ein solches integriertes Schlichtungs- oder Vermittlungsverfahren nicht vor. Als löbliche Ausnahme ist hier wiederum die SOBau zu nennen, die eine komplette Schlichtungs- und Schiedsordnung darstellt. In §§ 8 ff. der SOBau ist das Schlichtungsverfahren geregelt, das außerhalb des Schiedsgerichtsverfahrens mit Ziel einer gütlichen Einigung stattfindet. Dabei handelt es sich allerdings um ein dem Schiedsverfahren vorgeschaltetes Verfahren. Der Schlichter hat hierbei einem Schiedsrichter vergleichbare Befugnisse; er kann zur Klärung des Sachverhaltes alle Handlungen vornehmen, die dem Ziel einer zügigen Streitbeilegung dienen. So kann er auch die - bei der SOBau isolierte - Beweisaufnahme auf Antrag der Parteien betreiben. Außerdem kann der Schlichter nach § 8 Abs. 3 der SOBau in einem nachfolgenden Schiedsgerichtsverfahren Schiedsrichter werden, wenn sich die Parteien damit einverstanden erklären. Im übrigen können auch mehrere Schlichter bestellt werden.

Diese Regelungen können für die Ausarbeitung eines eigenen Entwurfes einer internationalen Bauschiedsordnung mit integriertem Schlichtungs- oder Vermittlungsverfahren durchaus herangezogen werden; allerdings sollte dem noch die Möglichkeit hinzugefügt werden, auch ein bereits begonnenes Schiedsverfahren zwecks Durchführung eines Vermittlungs- oder Schlichtungsverfahrens zu unterbrechen. Sollte dieses scheitern, besteht dann immer noch die Möglichkeit, das Schiedsverfahren fortzusetzen.

IV. Anforderungen

Neben dem bisher dargelegten Bedarf spezieller Regelungen ist aber auch zu erwähnen, daß eine internationale Schiedsordnung, die speziell auf Streitigkeiten aus internationalen Bau- und Anlagenverträgen zugeschnitten ist, noch vieler wichtiger allgemeinerer Bestimmungen bedarf, die den problemlosen Ablauf eines internationalen Schiedsverfahrens gewährleisten.

Zunächst sollte versucht werden, das Schiedsverfahren möglichst flexibel zu gestalten. Demzufolge sollte es nicht allzusehr administriert werden. So sollte eine internationale Bauschiedsordnung keine zeitaufwendigen und schwerfälligen Instrumente vorsehen wie die Einrichtung eines Schiedsauftrages ähnlich dem Art. 18 der ICC-Schiedsordnung oder Vorlagepflicht von Schiedssprüchen wie z. B. vor dem ICC-Schiedsgerichtshof nach Art. 27. Solche Einrichtungen mögen vielleicht der Rechtssicherheit dienen, gehen aber auf Kosten eines schnellen und flexiblen Verfahrens. Auch sonstige zu strenge Administrierungsmaßnahmen führen zur dessen Behinderung.
Weiterhin sollten aber gewisse Formvorschriften allein aufgrund des Beweischarakters gegeben sein wie beispielsweise die Schriftlichkeit der Schiedsvereinbarung oder des letztendlichen Schiedsspruches. Auch sollten Bestimmungen für den Fall vorgesehen sein, daß die Parteien säumig sind. Den Parteien sollte die Möglichkeit genommen werden, durch bloßes Nichterscheinen oder Nichtmelden eine Verfahrensverzögerung zu erreichen. Im Ergebnis sollte eine solche Regelung beinhalten, daß das Schiedsverfahren auch ohne die säumige Partei fortgesetzt werden kann.
Darüber hinaus sollte eine internationale Schiedsordnung eine Bestimmung über das im Verfahren anwendbare Recht enthalten. Um der Parteiautonomie Rechnung zu tragen, sollte es den Parteien überlassen sein, das anwendbare Recht zu wählen; für den Fall, daß es an einer solchen Rechtswahl fehlt, sollten Ersatzbestimmungen bestehen.
Außerdem sollte geregelt sein, daß neben dem Schiedsspruch gleichzeitig eine Entscheidung darüber zu ergehen hat, wer zu welchen Anteilen die Kosten des Verfahrens trägt. Weiterhin sollte die Anerkennung und Vollstreckbarkeit internationaler Schiedssprüche bedacht werden. Hier dürfte es genügen, auf die Bestimmungen des New Yorker UN-Übereinkommens von 1958 zu verweisen, da dieses weltweite Anerkennung erfahren und sich als überaus geeignet erwiesen hat. Desgleichen sollte auch eine Vollstreckungsregelung für während des Schiedsverfahrens abgeschlossene Vergleiche vorgesehen sein, beispielsweise indem man sie in die Form von Schiedssprüchen kleidet.
Die Möglichkeit eines Rechtsbehelfes gegen den Schiedsspruch beispielsweise in Form einer Aufhebungsklage vor einem staatlichen Gericht, wie es das UNCITRAL-Modellgesetz in Art. 34 vorsieht, kann vernachlässigt werden. Dies mag auf den ersten Blick bedenklich wirken, daß man sich gegen einen Schiedsspruch, von dem man sich z. B. in seinen grundlegendsten Rechten wie die Wahrung des rechtlichen Gehörs verletzt fühlt, nicht wehren kann. Allerdings ist darauf hinzuweisen, daß ein solcher Schiedsspruch nach den Bestimmungen des UN-Übereinkommens von 1958 nicht anerkannt und vollstreckt werden könnte, da er einen Versagungsgrund im Sinne des Art. V Abs. 1 b) enthielte. Damit ist

Schutz des einzelnen vor solchen Rechtsverletzungen gewahrt, da hier lediglich ein nicht durchsetzbarer Schiedsspruch vorliegt. Diese Vorgehensweise ist eindeutig verfahrensökonomischer, als eine Aufhebungsklage vorzusehen. So unterwerfen sich die Parteien beispielsweise in Art. 26.9 der LCIA *Arbitration Rules* dem Schiedsspruch, erkennen ihn als bindend an und verzichten unwiderruflich auf jede Form der Berufung, Überprüfung oder Inanspruchnahme eines staatlichen Gerichts oder anderer juristischer Autorität, soweit ein solcher Verzicht wirksam erklärt werden kann. Ein Rechtsbehelf gegen den Schiedsspruch sehen die LCIA *Arbitration Rules* ebenfalls nicht vor.

Neben den hier angesprochenen Bedürfnissen verbleiben natürlich noch einige für den Ablauf von Schiedsverfahren erforderliche Regelungen, die sich auch immer wieder in den dargestellten Schiedsordnungen finden. Diese sollen hier nicht im einzelnen dargestellt werden, sondern ergibt sich das Bedürfnis nach ihnen aus der Tatsache, daß der Entwurf einer internationalen Schiedsordnung diese vorsehen wird.

V. Geltung für Europa

Nachdem nun festgestellt wurde, daß ein Bedürfnis nach einer internationalen Schiedsordnung für die Beilegung von Streitigkeiten aus internationalen Bau- und Anlagenverträgen durchaus besteht, ist zu untersuchen, inwieweit sich diese gerade für den europäischen Raum anbietet.

Durch die Gründung und das langjährige Bestehen der EU ist in Europa ein Raum geschaffen worden, in dem sich schon seit längerem mit einheitlicher Gesetzgebung und Rechtsvereinheitlichungstendenzen auseinandergesetzt wurde. Zumindest in den Mitgliedsstaaten der EU ist eine Bereitschaft, sich einer internationalen einheitlichen Gesetzgebung zu unterwerfen und diese anzuerkennen, aufgrund der Entwicklung der EU und ihrer Gesetzgebung generell gewachsen. Denn eines der Ziele der Europäischen Gemeinschaften ist es, die gesetzlichen Grenzen des unionsinternen Handels abzuschaffen[646]. Daher sollten Unterschiede des Rechtes, die den Handel beschränken, auch abgeschafft werden, beispielsweise durch die Vereinheitlichung des europäischen Vertragsrechts.
Im europäischen Bauvertragsrecht ist der Gedanke der Rechtsvereinheitlichung und -harmonisierung ebenfalls nicht neu[647]. Die Europäische Kommission ist sich

---

646 Lando, *Principles of European Contract Law*, RabelsZ 1992, S. 261, 262.

647 Beispielsweise hat sich Helps Gedanken zu der Frage gemacht, inwieweit es für den Bausektor von Vorteil wäre, eine Sammlung genereller Vertragsrechtprinzipien für Europa oder eine Re-

seit einiger Zeit des potentiellen Problems, einen einzigen Markt im Bereich des Bauwesens zu schaffen, bewußt. 1987 hatte sie eine vergleichende Studie über die verschiedenen nationalen Rechtssysteme das Bauvertragswesen betreffend in Auftrag gegeben[648]. Im Anschluß produzierte die Kommission eine Reihe von Entwurfsvorschlägen, um die Vereinheitlichung von Haftung und Rechtsmitteln im Baubereich zu erlangen; die zukünftige Umsetzung dieser Vorschläge bleibt allerdings zweifelhaft, was zum Teil auf die immense Komplexität eines vereinheitlichenden Gesetzgebungsverfahrens zurückgeführt wird.
Nachdem die Harmonisierung der technischen Standards und der professionellen Regelungen inzwischen aber doch weit fortgeschritten ist, ist die Vereinheitlichung der Wege der Streitbeilegung im europäischen Bausektor als hochgradig wünschenswert zu bezeichnen[649]. Damit dürfte der Vorschlag einer europäischen Schiedsordnung, die speziell auf Streitigkeiten aus internationalen Bau- und Anlagenverträgen zugeschnitten ist, auf fruchtbaren Boden fallen.

Die Tatsache, daß Mitte der sechziger Jahre die Versuche, ein einheitliches Recht der europäischen Schiedsgerichtsbarkeit zu entwickeln, zunächst scheiterten[650], muß der Annahme einer europäischen Bauschiedsordnung nicht entgegenstehen. Aus den Erläuterungen zu dieser Frage[651] hat sich zumindest ergeben, daß eine solche einheitliche Regelung der Schiedsgerichtsbarkeit trotz des bisherigen Scheiterns durchaus wünschenswert wäre. Außerdem war die Zeit und damit auch die Bereitschaft der europäischen Länder damals vielleicht noch nicht reif, sich einer völligen Vereinheitlichung des Schiedsverfahrensrechts und der Schiedsgerichtsbarkeit zu unterwerfen. Inzwischen wird in immer größerem Maße eine Vereinheitlichung des europäischen Zivilprozeßrechtes gefordert. Auch die Auseinandersetzung mit dem UNCITRAL-Modellgesetz zur internationalen Handelsschiedsgerichtsbarkeit hat in Europa die Bereitschaft für die Annahme einer einheitlichen Schiedsordnung zumindest in wirtschaftlichen Teilbereichen gefördert. Auch die Erkenntnis, daß die Rechtsvereinheitlichung auf jeden Fall für die generell wachsenden Wirtschaftsbestrebungen in Europa von Vorteil sind, trägt zu der Annahme einer solchen europäischen Schiedsordnung bei.
So wird gefordert, eine einheitliche Schiedsordnung, die speziell das Bauwesen und den Anlagenbau betrifft, für den EU-weiten Raum zu entwickeln, um auch

---

gelungssammlung speziell für Bauverträge innerhalb Europas zu haben in Helps, *Harmonisation of Construction Law and Practice - Part I: The Current Position*, ICLR 1997, S. 525, 533 ff.

648 Uff/Jefford, *European Harmonisation in the field of Construction*, ICLR 1993, S. 122.

649 Uff/Jefford, *European Harmonisation in the field of Construction*, ICLR 1993, S. 122.

650 Siehe dazu Kap. D. III.

651 Siehe hierzu Kap. D. III.

wirtschaftliche Probleme im Bereich des Bauschiedswesen zu lösen[652]. Hierbei wird es nicht als ausreichend betrachtet, das UNCITRAL Modellgesetz heranzuziehen, da dieses für einige der angesprochenen und wichtigen Probleme keine Lösung bietet und trotz seiner an sich großen Akzeptanz nicht von allen Ländern der EU angenommen werden wird. Es bietet keine Möglichkeit für die Zusammenlegung von mehreren Streitfällen, wie es einige nationale Bauschiedsordnungen tun; auch für die Mehrparteienschiedsgerichtsbarkeit hält es keine Regelung bereit.

Weiteres Argument für die Schaffung einer internationalen Bauschiedsordnung für den europäischen Raum ist, daß aufgrund der bereits stattgefundenen Auseinandersetzung von internationaler Schiedsgerichtsbarkeit und europäischem Recht[653] eine gewisse Basis für die Akzeptanz einer europäischen Schiedsordnung besteht. Auch aufgrund der immer weiter wachsenden Anerkennung der EU ist davon auszugehen, daß die europäischen Staaten, selbst wenn sie nicht Mitgliedsstaaten der EU sind, bereit sind, eine Ordnung mit europäischem Geltungsbereich anzunehmen und die Angehörigen dieser Staaten werden bereit sein, eine solche Ordnung zu vereinbaren, um sich ihr dann im Streitfall zu unterwerfen. Gerade die osteuropäischen Staaten, die im Bereich der Schiedsgerichtsbarkeit und der ordentlichen Gerichtsbarkeit sicherlich noch nicht den westlichen Standard und einen ausreichenden Erfahrungsschatz haben, würden von einer solchen europäischen Bauschiedsordnung profitieren. Sie käme ihnen entgegen, da sie die Streitbeilegung eines wirtschaftlichen Teilbereiches länderübergreifend regelt und man trotz fehlender nationaler Regelung in diesem Bereich auf diese europäische Schiedsordnung zurückgreifen könnte.

Daher scheint die Zeit für den Vorschlag einer europäischen Schiedsordnung für das internationale Bauwesen und den Anlagenbau gekommen. Der Bedarf nach einer speziellen Schiedsordnung für die Beilegung von Streitigkeiten aus internationalen Bau- und Anlagenverträgen für Europa ist zur Genüge dargelegt. Die Anerkennung und Anwendung einer solchen speziellen Schiedsordnung im europäischen Rechtsraum hat in der heutigen Zeit gute Aussichten.

---

652 So z. B. Uff/Jefford, *European Harmonisation in the field of Construction*, ICLR 1993, S. 122, 131 f.

653 Siehe dazu Kap. D.

G. Modell einer europäischen Schieds- und Vermittlungsordnung für das internationale Bauwesen und den Anlagenbau

I. Einführung

Nachdem die bestehenden internationalen Rechtsquellen als im Endergebnis nicht sonderlich geeignet für die Besonderheiten der Schiedsverfahren in diesem Bereich beurteilt wurden und der Bedarf nach einer solchen Schiedsordnung ausdrücklich bejaht wurde, soll nun eine eigene europäische Schieds- und Vermittlungsordnung für die Beilegung von Streitigkeiten aus internationalen Bau- und Anlagenverträgen (im folgenden mit europäischer Bauschieds- und -vermittlungsordnung bezeichnet) vorgestellt werden.
Diese eigene Schieds- und Vermittlungsordnung soll zum einen die aufgeworfenen speziellen Bedürfnisse eines internationalen Bauschiedsverfahrens befriedigen[654]. Sie soll ein flexibles, schnelles aber doch sorgfältiges Verfahren garantieren, das auch die Idee der Parteiautonomie wahrt. Außerdem sollen in ihr die technischen und bauspezifischen Regelungen enthalten sein, die dem Bauschiedsverfahren entgegenkommen. Darüber hinaus soll sie allgemeine Regelungen enthalten, die für den Ablauf eines ordnungsgemäßen Schiedsverfahrens und damit für die Fällung eines anzuerkennenden und vollstreckbaren Schiedsspruches erforderlich sind.
Die vorgeschlagenen Regelungen sollen nicht im einzelnen kommentiert werden. Einerseits wurde der Bedarf und damit auch der mit dieser Regelung verfolgte Zweck einiger Regelungen bereits ausführlich erläutert, wobei ein möglicher Regelungsinhalt vorgeschlagen wurde. Der Wortlaut der weiteren Regeln verfolgt darüber hinaus das Ziel, den Schiedsverfahrensablauf in seinem vollen Umfang problemlos zu gewährleisten. Der Regelungszweck dieser Bestimmungen ergibt sich damit aus sich selbst und bleibt hier unkommentiert.

Insgesamt wird der Entwurf einer solchen europäischen Bauschieds- und -vermittlungsordnung in seiner einzelnen Ausgestaltung ausführlicher und länger als die nationalen Bauschiedsordnungen. Grund dafür ist, daß nicht ersatzweise auf nationales Zivilprozeßrecht verwiesen werden kann, da es sich um eine europäische Schiedsordnung handelt und ein einheitliches europäisches Zivilprozeßrecht als Auffang nicht existiert. Daher müssen beispielsweise die Voraussetzungen zur Einleitung des Schiedsverfahrens sowie der Ablauf des Schiedsverfahrens im einzelnen geregelt sein. Da andererseits die bauspezifischen Besonder-

---

654 Siehe hierzu Kap. F. III.

heiten ebenfalls gesondert geregelt werden sollen, ist die europäische Bauschieds- und -vermittlungsordnung auch länger als die meisten internationalen Schiedsquellen.

Wünschenswert wäre als Hintergrund einer solchen europäischen Bauschieds- und -vermittlungsordnung die Gründung einer europäischen Gesellschaft oder Einrichtung für das Schiedswesen speziell für das internationale Bauwesen und den internationalen Anlagenbau. Eine solche Einrichtung könnte dann Listen mit Baufachleuten und Juristen führen, die auf die Beilegung von Streitigkeiten aus internationalen Bau- und Anlagenverträgen spezialisiert sind und sich damit gut als Vermittler oder Bauschiedsrichter eignen. Gleichzeitig könnte eine solche Gesellschaft oder Einrichtung auch die Ernennung der Vermittler oder Bauschiedsrichter vornehmen.
Gleichwohl ist zu betonen, daß diese Einrichtung keine Bauschiedsinstitution mit einem solchen Administrativcharakter darstellen sollte, die dann vergleichbar wäre mit der Schiedsinstitution der ICC, da diese sich als zu schwerfällig erwiesen hat. Vielmehr sollen nach der neuen europäischen Bauschieds- und -vermittlungsordnung ad hoc-Schiedsgerichte für den einzelnen Streitfall gebildet werden, da diese sich gegenüber dem institutionellen Schiedsgericht als flexibler und schneller herausgestellt haben. Dafür spricht auch, daß beispielsweise die beiden deutschen Bauschiedsordnungen, die SGO Bau und die SOBau, eben solche ad hoc-Schiedsgerichte vorsehen.

Bei der Ausarbeitung der europäischen Bauschieds- und -vermittlungsordnung wurden für die allgemeineren und nicht bauspezifischen Bestimmungen die Regelungen des UNCITRAL-Modellgesetzes über die internationale Handelsschiedsgerichtsbarkeit im Auge behalten, da das Modellgesetz in der internationalen Wirtschaftswelt ein hohes Maß an Anerkennung erfahren hat und außerdem bereits in einige nationale Gesetze des Zivilprozesses übernommen wurde. Es wird vermutet, daß eine solche Bauschieds- und -vermittlungsordnung ebenfalls mehr Beachtung erfährt, wenn sie international anerkannte Bestimmungen enthält.

II. Konkreter Entwurf einer europäischen Schieds- und Vermittlungsordnung zur Beilegung von Streitigkeiten aus internationalen Bau- und Anlagenverträgen

Bevor die europäische Schieds- und Vermittlungsordnung zur Beilegung von Streitigkeiten aus internationalen Bau- und Anlagenverträgen vorgestellt wird,

sollen vorab noch kurze Hinweise zum besseren Verständnis einiger Regelungen erfolgen.
Für die konkrete Ausarbeitung dieses Entwurfes wurde davon ausgegangen, daß eine europäische Einrichtung oder Gesellschaft für das Schiedsgerichtswesen im internationalen Bauwesen und im internationalen Anlagenbau als Fiktion besteht, auf die bei Fragen der Schiedsrichterauswahl und -ernennung zurückgegriffen werden kann. Sie wird hier als Europäische Einrichtung des Schiedswesens im internationalen Bauwesen und Anlagenbau bezeichnet.
Die Definition des internationalen Bau- und des internationalen Anlagenvertrages wurde versucht, möglichst allgemein und umfassend gehalten zu werden, da sich in der Auseinandersetzung mit den Begriffen Bau- und Anlagenvertrag gezeigt hat, daß sie bei näherer Betrachtungsweise in ihrer einzelnen Ausgestaltung sehr vielschichtig und diffizil gestaltet sind[655].
Im übrigen ist zur folgenden Schieds- und Vermittlungsordnung zu sagen, daß bei ihrer Ausarbeitung teilweise auf Regelungen aus anerkannten internationalen Schiedsquellen oder nationalen Bauschiedsordnungen zurückgegriffen bzw. sich bei der Ausformulierung an sie angelehnt wurde, insbesondere wenn diese zuvor als gelungen oder als für internationale Bauschiedsverfahren besonders geeignet beurteilt wurden. Dabei sind besonders die Regelungen des UNCITRAL-Modellgesetzes gemeint, aber unter anderem auch Bestimmungen des Verfahrens nach der neuen ICC-Schiedsordnung, der LCIA *Arbitration Rules*, der deutschen SOBau der ARGE Baurecht und der deutschen SGO Bau des Deutschen Beton-Vereins e.V. und der Deutschen Gesellschaft für Baurecht e.V. sowie Rohentwürfe bei derselben und der Satzung des niederländischen RvA etc.
Auf den Entwurf einer Gebührentabelle bezüglich der Verfahrenskosten und Schiedsrichterhonorare im Anhang, wie es beispielsweise die ICC-Schiedsordnung vorsieht, wurde verzichtet, da es sich hier erst einmal um einen theoretischen Entwurf einer europäischen Bauschieds- und -vermittlungsordnung handelt. Sollte er jemals in irgendeiner Form Umsetzung erfahren, ist es dann an der Zeit, die konkreten Gebühren auszuarbeiten und festzusetzen.

1. Präambel

Die Beilegung von Streitigkeiten aus internationalen Bau- und Anlagenverträgen in Europa wird auf der Grundlage der folgenden europäischen Schieds- und Vermittlungsordnung für die Beilegung von Streitigkeiten aus internationalen Bau- und Anlagenverträgen (im folgenden europäische Bauschieds- und -vermittlungsordnung) empfohlen.

---

655 Siehe hierzu die Ausführungen in Kap. B. I.

2. I. Abschnitt: Allgemeine Bestimmungen

§ 1 Anwendungsbereich

Die europäische Bauschieds- und -vermittlungsordnung findet auf internationale Schiedsverfahren bei Streitigkeiten aus internationalen Bau- und Anlagenverträgen in Europa Anwendung, die gemäß der Vereinbarung der Parteien unter Ausschluß des ordentlichen Rechtsweges durch ein Schiedsgericht oder einen Vermittler nach den Bestimmungen der nachfolgenden Ordnung entschieden werden sollen.

§ 2 Begriffsbestimmungen

(1) Die Begriffe des internationalen Bauvertrages und des internationalen Anlagenvertrages sind umfassend zu verstehen:

a) ein Bauvertrag ist international, wenn

aa) die Parteien des Vertrages, der auf Bauleistungen gerichtet ist, Niederlassungen in verschiedenen Staaten haben, oder
bb) wenn der Ort des Bauvorhabens in einem Staat liegt, in dem eine der Vertragsparteien keine Niederlassung hat, oder
cc) eine Begleiterscheinung des Vertrages diesem einen eindeutig internationalen Effekt verleiht;

b) ein Anlagenvertrag ist international, wenn die Parteien des Vertrages, also Anlagen-Anbieter und Anlagen-Besteller unterschiedlichen Staaten angehören oder eine Anlage in einem an deren Staat errichtet wird, als eine Partei ihre Niederlassung hat; eine Anlage ist dabei ein in einem geschlossenen Angebot erstelltes, komplexes Bündel zur wirtschaftlichen Deckung des bestimmten, der Anlageentwicklung zugrundeliegenden Bedarfs.

(2) Ein Schiedsverfahren ist international, wenn

a) die Parteien der Schiedsvereinbarung im Zeitpunkt des Abschlusses der Vereinbarung ihre Niederlassung in verschiedenen Staaten haben, oder
b) einer der folgenden Orte außerhalb des Staates liegt, in dem die Parteien ihre Niederlassung haben:

aa) der Ort des Schiedsverfahrens, sofern dieser in der Schiedsvereinbarung zu bestimmen ist,

bb) jeder Ort, an dem ein wesentlicher Teil der Pflichten aus der vertraglichen Beziehung zu erfüllen ist, oder der Ort, mit dem der Gegenstand der Schiedsvereinbarung die engste Verbindung aufweist, oder

c) die Parteien ausdrücklich vereinbart haben, daß der Gegenstand der Schiedsvereinbarung Beziehungen zu mehr als einem Land aufweist.

§ 3 Schiedsverfahren und Vermittlungsverfahren

(1) Für das Schiedsverfahren gelten bei Vereinbarung der europäischen Bauschieds- und -vermittlungsordnung die Regelungen des folgenden Abschnitts IV dieser Ordnung, soweit die Parteien einzelne Bestimmungen nicht abbedungen haben.

(2) Wollen die Parteien außerhalb eines Schiedsverfahrens, sei es vor Einleitung des eigentlichen Schiedsverfahrens oder erst nach Beginn des Schiedsverfahrens, ihre Meinungsverschiedenheiten aus dem zwischen ihnen bestehenden internationalen Bau- oder Anlagenvertrag beilegen, so können sie sich der Bestimmungen des Vermittlungsverfahrens nach Abschnitt II dieser Ordnung bedienen.

§ 4 Die Schiedsvereinbarung

Die Geltung der europäischen Bauschieds- und -vermittlungsordnung bedarf der schriftlichen Vereinbarung durch die Parteien. Haben die Parteien eines internationalen Bau- und Anlagenvertrages eine Schiedsvereinbarung nach Enstehen der Streitigkeit getroffen, so können sie auch dann für das Schiedsverfahren die Geltung der europäischen Bauschieds- und -vermittlungsordnung vereinbaren.

§ 5 Vertretung und Beistand

Sowohl im Schiedsverfahren als auch im Vermittlungsverfahren ist die Vertretung der Parteien durch Verfahrensbevollmächtigte zulässig. Die Parteien können sich dabei der Vertretung und des Beistands durch Personen ihrer Wahl bedienen.

§ 6 Vertraulichkeit und Geheimhaltungspflicht

(1) Das Schiedsverfahren und das Vermittlungsverfahren finden nicht öffentlich statt, es sei denn, die Parteien haben etwas anderes vereinbart.

(2) Die Schiedsrichter und Vermittler sowie sonstige vom Schiedsgericht oder Vermittler hinzugezogene Personen sind zur Geheimhaltung der ihnen im Rahmen ihrer Aufgabe im Schiedsverfahren bekannt gewordenen Tatsachen verpflichtet.

§ 7 Ernennende Stelle
Schiedsrichter und Vermittler werden von der Europäische Einrichtung des Schiedswesens im internationalen Bauwesen und Anlagenbau (Ernennde Stelle) ernannt. Die Ernennende Stelle ist zur Geheimhaltung verpflichtet.

§ 8 Schiedsrichter- und Vermittlerlisten
Die Europäische Einrichtung des Schiedswesens im internationalen Bauwesen und Anlagenbau führt zum Zwecke der Durchführung von Schiedsverfahren bei Streitigkeiten aus internationalen Bau- und Anlagenverträgen ein Verzeichnis von Personen, die sich als Schiedsrichter oder Vermittler in Anwendung der europäischen Bauschieds- und -vermittlungsordnung zur Verfügung stellen und die sich zu einer solchen Aufgabe eignen.

§ 9 Anwendbares Recht
(1) Die Parteien vereinbaren das im Vermittlungs- oder Schiedsverfahren auf die aus dem internationalen Bau- oder Anlagenvertrag entstandene Streitigkeit anzuwendende Recht, es sei denn sie haben etwas anderes vorgesehen. Die Verweisung auf die Rechtsvorschriften eines bestimmten Staates ist als unmittelbare Verweisung auf das materielle Recht dieses Staates zu verstehen, wenn nicht die Parteien ausdrücklich etwas anderes vereinbart haben.

(2) Fehlt es an einer Vereinbarung des anwendbaren Rechtes durch die Parteien, muß das Schiedsgericht nach den Rechtsvorschriften entscheiden, die nach dem von ihm für anwendbar gehaltenen Kollisionsrecht anzuwenden sind.
(3) Nach Billigkeit (*ex aequo et bono*) darf das Schiedsgericht nur entscheiden, wenn es von den Parteien ausdrücklich dazu ermächtigt wurde.

§ 10 Verfahrenssprache
Die Parteien vereinbaren die Verfahrenssprache. Fehlt es an einer solchen Vereinbarung, bestimmt der Vermittler oder das Schiedsgericht nach seiner Bestellung die Verfahrenssprache. Diese gilt für die mündlichen Verhandlungen und schriftliche Erklärungen, insbesondere auch für alle Schiedssprüche.

§ 11 Gütliche Streitbeilegung
Der Vermittler oder das Schiedsgericht sollen in jeder Lage des Verfahrens auf eine gütliche Beilegung des Streites oder einzelner Streitpunkte hinwirken.

3. II. Abschnitt: Das Vermittlungsverfahren

§ 12 Einleitung des Vermittlungsverfahrens
(1) Die Parteien einer Schiedsvereinbarung im Sinne dieser europäischen Bauschieds- und -vermittlungsordnung können zur Beilegung ihrer Streitigkeit sich der Dienste eines Vermittlers bedienen. Dabei kommt entweder ein Vermittler in Betracht; es können aber auch mehrere Personen als Vermittler berufen werden; dann handelt es sich um eine Vermittlungskommission.

(2) Das Vermittlungsverfahren findet außerhalb des Schiedsverfahrens statt. Es kann entweder vor der Einleitung des Schiedsverfahrens durchgeführt werden oder nach Beginn des Schiedsverfahrens eingeleitet werden. Im letzteren Fall wird das Schiedsverfahren dann für die Dauer des Vermittlungsverfahren ausgesetzt und, sollte in dem Vermittlungsverfahren keine Einigung gefunden werden, danach fortgesetzt. Wird im Vermittlungsverfahren eine Einigung erzielt, ist das Schiedsverfahren als endgültig abgebrochen anzusehen.

(3) Geht das Vermittlungsverfahren dem Schiedsverfahren voran, beginnt das Vermittlungsverfahren, wenn die Parteien einen Vermittler berufen und mit der Streitbeilegung beauftragen. Wird das Vermittlungsverfahren während des Schiedsverfahrens eingeleitet, beginnt es mit der Mitteilung an das Schiedsgericht, daß ein Vermittlungsverfahren eingeleitet und ein Vermittler berufen werden soll.

§ 13 Der Vermittler
(1) Der Vermittler hat die Aufgabe, die Beilegung der Streitigkeit zu fördern, so daß eine Verzögerung der Durchführung des zwischen den Parteien bestehenden internationalen Bau- oder Anlagenvertrages vermieden und den Parteien eine vertrauensvolle Zusammenarbeit bei der weiteren Vertragsdurchführung ermöglicht wird.

(2) Der Vermittler wird von den Parteien gemeinsam bestimmt. Sie können dabei auf das von der Europäischen Einrichtung des Schiedswesens im internationalen Bauwesen und Anlagenbau geführte Verzeichnis geeigneter Vermittler zurück-

greifen (§ 7). Können sich die Parteien nicht auf die Person des Vermittlers oder auf die Besetzung einer Vermittlungskommission innerhalb eines Monats ab dem Beschluß, ein Vermittlungsverfahren einzuleiten oder ab der Mitteilung an das Schiedsgericht, daß ein Vermittlungsverfahren durchgeführt werden soll, einigen, ist das Vermittlungsverfahren abzubrechen und ein Schiedsverfahren zu beginnen oder fortzuführen.

(3) Den Parteien gegenüber verpflichtet sich der Vermittler schriftlich zur Unparteilichkeit, Unabhängigkeit und Verschwiegenheit. In einem anschließenden oder fortgeführten Schiedsverfahren kann er nicht als Zeuge für Tatsachen herangezogen werden, die ihm im Rahmen des Vermittlungsverfahren offenbart werden, es sei denn, die Parteien sind damit einverstanden.

(4) Der Vermittler kann in einem anschließenden Schiedsverfahren als Schiedsrichter tätig werden, es sei denn, die Parteien erklären sich nicht damit einverstanden. Bei entsprechendem Parteieinverständnis können auch die Mitglieder einer Vermittlungskommission ein Dreipersonenschiedsgericht besetzen.

§ 14 Gang des Vermittlungsverfahrens

(1) Der Vermittler erörtert unverzüglich mit den Parteien die Meinungsverschiedenheiten und wirkt auf eine gütliche Einigung hin. Er bestimmt den Gang sowie die Einzelheiten des Vermittlungsverfahrens.

(2) Der Vermittler kann zur Klärung des Sachverhaltes alle Handlungen vornehmen, die der raschen Streitbeilegung dienen. Dabei kann er die Parteien einzeln in Abwesenheit der anderen Partei befragen, wenn sich die Parteien damit einverstanden erklären. Außerdem kann der Vermittler das Vermittlungsverfahren am Ort des Bauvorhabens anberaumen, das Bauvorhaben in Augenschein nehmen sowie Sachverständige oder andere sachkundige Personen hinzuziehen.

(3) Der Vermittler kann zur Streitbeilegung zu jeder Zeit des Vermittlungsverfahrens den Parteien den Vorschlag einer Einigung unterbreiten, insbesondere wenn er eine eigenständige Einigung zwischen den Parteien in der gebotenen Zeit als nicht wahrscheinlich betrachtet. Wird dieser Vorschlag nicht binnen zwei Wochen nach Zustellung angenommen, so gilt er als abgelehnt.

(4) Unter freier Würdigung aller Umstände kann der Vermittler zur Förderung des Baufortschrittes vorläufige Feststellungen zur Vergütungsfähigkeit und Vergütungshöhe der Bauleistungen treffen und Vorschläge zur Absicherung der Vergütungsansprüche unterbreiten.

§ 15 Ende des Vermittlungsverfahrens

(1) Das Vermittlungsverfahren endigt mit der Einigung der Parteien über die Beilegung der Streitigkeit. Der Vermittler verfaßt eine Niederschrift über den Inhalt der Einigung. Der Vermittler und die Parteien sollen die Niederschrift unterzeichnen.

(2) Das Vermittlungsverfahren endet ebenfalls, wenn der Vermittler oder eine der Parteien die Vermittlung für gescheitert erklärt. Eine solche Erklärung kann jederzeit erfolgen und bedarf keiner näheren Begründung.

§ 16 Kosten des Vermittlungsverfahrens

Der Vermittler stellt nach Beendigung des Vermittlungsverfahren den Parteien seine Kosten in Rechnung. Die Parteien tragen diese jeweils anteilig, haben sie nichts anderes vereinbart. Die §§ 48 bis 50 gelten entsprechend.

4. III. Abschnitt: Das gesonderte Beweisverfahren

§ 17 Einleitung des gesonderten Beweisverfahrens

(1) Der Vermittler ordnet auf Antrag einer Partei die Begutachtung durch einen Sachverständigen an. Die Begutachtung dient insbesondere der Feststellung

a) des Zustandes des Bauwerks sowie der Untersuchung des Bautenstandes;

b) der Ursache eines Baumangels, einer Bauverzögerung oder einer sonstigen Behinderung oder eines Schadens;

c) des Aufwandes zur Beseitigung des Baumangels oder des Schadens oder der Kosten, die durch die Behinderung oder die Bauverzögerung entstanden sind.

(2) Der Antrag ist schriftlich bei dem Vermittler zu stellen und muß den Gegner sowie die Tatsachen bezeichnen, über die Beweis erhoben werden soll. Dem Antragsgegner muß dabei Gelegenheit gegeben werden, sich innerhalb einer vom Vermittler bestimmten Frist zum Antrag zu äußern.

(3) Der Vermittler entscheidet nach Anhörung der gegnerischen Partei über den Antrag. Hierbei ist er an den vorgeschlagenen Sachverständigen nicht gebunden, es sei denn, die Parteien haben etwas gegenteiliges vereinbart.

(4) Sofern bereits ein Schiedsverfahren eingeleitet wurde, tritt der Vorsitzende des Schiedsgerichtes oder der Einzelschiedsrichter an die Stelle des Vermittlers.

§ 18 Ablauf und Ergebnis des gesonderten Beweisverfahrens

(1) Die Parteien haben dem Sachverständigen alle sachdienlichen Auskünfte zu erteilen und ihm auf Verlangen alle erheblichen Unterlagen und Schriftstücke vorzulegen, die er zur Ausführung seiner Feststellungen braucht.

(2) Der Vermittler ist an einen Antrag der Parteien nicht gebunden. Er kann nach eigenem Ermessen einen Sachverständigen zur Feststellung der in § 16 Abs. 1 Tatsachen beauftragen, wenn er die Möglichkeit, diese zu beweisen, gefährdet sieht. Sollte er weitere Beweismittel gefährdet sehen, so kann er auch durch Zeugen oder andere Beweismittler vorab Beweis erheben. Der Zeugenbeweis kann auch in Form einer schriftlichen, durch die Zeugen unterzeichneten Erklärung zugelassen werden.

(3) Der Vermittler muß den Parteien die Möglichkeit geben, an dem Termin der Begutachtung durch den Sachverständigen teilzunehmen. Ist eine Partei bei dem Termin nicht anwesend, ist ihr schriftliche Stellungnahme über die Feststellungen des Sachverständigen vorzulegen.

(4) Der Sachverständige hat seine Feststellungen in einem Gutachen schriftlich festzuhalten.

(5) Feststellungen des Sachverständigen sowie die sonstigen durch vorab erhobenen Beweis erlangten Beweisergebnisse sind für ein anschließendes Schiedsverfahren bindend in dem Sinne, daß die vorab durchgeführte Beweisaufnahme einer Beweisaufnahme vor dem Schiedsgericht gleichsteht.

(6) Sofern bereits ein Schiedsverfahren eingeleitet wurde, tritt der Vorsitzende des Schiedsgerichtes oder der Einzelschiedsrichter an die Stelle des Vermittlers.

§ 19 Kosten des gesonderten Beweisverfahrens
Der Sachverständige wird auf Rechnung des Antragsstellers vom Vermittler beauftragt. Der Vermittler kann dabei von Antragssteller einen angemessenen Vorschuß verlangen.
Erhebt der Vermittler ohne Antrag vorab Beweis, so kann er von den Parteien gemeinsam einen angemessenen Vorschuß verlangen.

5. IV. Abschnitt: Zusammensetzung des Schiedsgerichtes

§ 20 Anzahl der Schiedsrichter
(1) Je nach Vereinbarung der Parteien kann das Schiedsgericht aus einem Schiedsrichter oder aus drei Schiedsrichtern, bestehend aus einem Vorsitzenden und zwei Schiedsrichtern bestehen. Fehlt es an einer Parteivereinbarung zur Anzahl der Schiedsrichter oder haben sich die Parteien nicht innerhalb von 14 Tagen, nachdem der Beklagte die Benachrichtigung über die Einleitung des Schiedsverfahrens erhalten hat, geeinigt, so ist ein Dreipersonenschiedsgericht zu bilden.

(2) Bei einem Streitwert über 50.000,- Euro wird die Bildung eines Dreipersonenschiedsgerichtes empfohlen.

§ 21 Qualifikation des Schiedsrichters
(1) Der Schiedsrichter hat von den Parteien des Schiedsgerichtes unabhängig zu sein und zu bleiben.

(2) Er hat den Parteien oder der Ernennenden Stelle (§ 6) alle Umstände offen zu legen, die geeignet sind, berechtigte Zweifel an seiner Unpartlichkeit zu begründen. Entstehen diese Umstände erst im Verlaufe des Schiedsverfahrens, so hat der Schiedsrichter sie auch dann zu offenbaren.

(3) Als Schiedsrichter sollen nur Personen bestimmt werden, die aufgrund ihrer Kenntnisse und Erfahrungen im Hinblick auf den konkreten Streitfall für das Amt des Schiedsrichters besonders geeignet sind. Bei der Auswahl durch die Parteien wird ein Rückgriff auf die Schiedsrichterlisten (§ 7) empfohlen.

§ 22 Das Einzelschiedsgericht

(1) Soll ein Einzelschiedsrichter als Schiedsgericht tätig werden, wird er der Ernennenden Stelle durch eine übereinstimmende Erklärung der Parteien benannt.

(2) Haben die Parteien sich auf einen Einzelschiedsrichter geeinigt, kann jede Partei diesen von seiner Ernennung schriftlich informieren.

(3) Haben die Parteien sich nicht binnen eines Monats nach Zugang der Benachrichtigung über die Einleitung eines Schiedsverfahrens bei dem Beklagten auf einen Einzelschiedsrichter geeinigt und diesen benannt, wird dieser auf Antrag durch die Ernennende Stelle benannt. Hierzu kann jede Partei gegenüber der Ernennenden Stelle Vorschläge zur Benennung des Einzelschiedsrichters vorbringen.

(4) Die Ernennende Stelle ernennt den Einzelschiedsrichter unverzüglich binnen eines Monats nach Antragstellung durch eine Partei und gibt dessen Namen den Beteiligten schriftlich bekannt.

(5) Der Einzelschiedsrichter hat unverzüglich die Annahme seines Amtes schriftlich den Parteien und der Ernennenden Stelle zu erklären, nachdem er von seiner Ernennung informiert worden ist.

§ 23 Das Dreipersonenschiedsgericht

(1) Sind drei Schiedsrichter zu ernennen, so hat zunächst jede Partei einen Schiedsrichter der Ernennenden Stelle binnen eines Monats nach Zugang der Benachrichtigung über die Einleitung eines Schiedsverfahrens bei dem Beklagten zu benennen. Die Ernennende Stelle teilt der anderen Partei die jeweilige Benennung mit und ernennt die Benannten zu Schiedsrichtern.

(2) Den dritten und zugleich vorsitzenden Schiedsrichter (Obmann) ernennt die Ernennende Stelle im Einvernehmen mit den beiden anderen Schiedsrichtern binnen 14 Tage nach deren Ernennung. Der Name des Obmannes ist den Parteien unverzüglich mitzuteilen.

(3) Haben die Parteien im Falle des Abs. 1 jeweils keine Schiedsrichter innerhalb der Monatsfrist benannt, so übernimmt die Ernennende Stelle unverzüglich die Benennung und teilt diese den Parteien mit.

(4) Findet sich im Falle des Abs. 2 innerhalb der 14-Tage-Frist keine Einigung mit den Schiedsrichtern auf die Bestellung des Obmannes, so übernimmt die Ernennende Stelle die Bestellung des Obmannes in zügiger Form alleine und teilt seinen Namen der Parteien unverzüglich mit.

(5) Die Schiedsrichter und der Obmann haben unverzüglich die Annahme ihrer Ämter schriftlich den Parteien und der Ernennenden Stelle zu erklären, nachdem sie von ihrer Ernennung informiert worden sind.

§ 24 Mehrparteienschiedsgerichtsbarkeit

(1) Sollten an einem Schiedsverfahren mehr als zwei Parteien beteiligt sein, so haben mehrere Parteien, sei es Kläger oder Beklagter, im Falle der Bildung eines Kollegialschiedsgerichtes jeweils gemeinsam einen Schiedsrichter zu benennen. Im Falle des Einzelschiedsgerichtes haben sich alle Parteien auf einen Schiedsrichter zu einigen.

(2) Erfolgt weder beim Einzelschiedsgericht noch beim Kollegialschiedsgericht die Benennung binnen eines Monats nach Zugang der Benachrichtigung über die Einleitung eines Schiedsverfahrens bei dem Beklagten und können sich die Parteien auch nicht auf sonstiges Verfahren zur Schiedsrichterbenennung einigen, übernimmt die Ernennende Stelle die Benennung aller erforderlicher Schiedsrichter und bestimmt beim Kollegialschiedsgericht einen von ihnen als Obmann. Die Ernennende Stelle hat die Ernennung der Schiedsrichter sodann unverzüglich vorzunehmen.

§ 25 Ablehnung von Schiedsrichtern und Ersatzbestellung

(1) Jede Partei kann einen Schiedsrichter ablehnen, wenn Gründe vorliegen, die Anlaß zu berechtigten Zweifeln an seiner Unabhängigkeit und Unparteilichkeit geben. Dabei kann eine Partei einen Schiedsrichter, den sie benannnt oder an dessen Bestellung sie mitgewirkt hat, nur aus Gründen ablehnen, die ihr erst nach der Bestellung bekannt geworden sind.

(2) Die Ablehnung muß spätestens innerhalb von 14 Tagen nach dem Tag erfolgen, an dem die Partei von dem Ablehnungsgrund Kenntnis erfahren hat. Diese Frist beginnt jedoch nicht vor dem Tage der Ernennung dieses Schiedsrichters zu laufen. Erfolgt die Ablehnung trotz Kenntnis des Ablehnungsgrundes nicht innerhalb der Frist, so ist dies als Verzicht auf das Ablehnungsrecht zu werten.

(3) Die Ablehnung ist gegenüber der anderen Partei und der Ernennenden Stelle unter Angabe des Ablehnungsgrundes schriftlich zu erklären. Der Ablehnungs-

grund muß dabei in der Weise dargelegt werden, daß er in überzeugender, hinreichender Weise einen dringenden Verdacht bezüglich der fehlenden Unparteilichkeit oder Unabhängigkeit des Schiedsrichters begründet.

(4) Liegt eine Ablehnungserklärung nach diesen Voraussetzungen vor, erlischt die Ernennung des Schiedsrichters. Es ist ein Ersatzschiedsrichter zu bestellen. Die Ersatzbestellung wird binnen 14 Tagen nach Zugang der Ablehnungserklärung unmittelbar von der Ernennenden Stelle selbst vorgenommen.

§ 26 Sonstige Ausscheidensgründe
(1) Mit dem Tode oder durch Rücktritt erlischt die Schiedsrichterbestellung. Es ist dann ein Ersatzschiedsrichter zu bestellen. In diesem Fall richtet sich die Ersatzbestellung nach den §§ 19 bis 23 zur ursprünglichen Schiedsrichterernennung.

(2) Ist einem Schiedsrichter die Wahrnehmung seiner Aufgabe rechtlich oder tatsächlich nicht möglich oder bleibt er untätig, ist eine Ersatzbestellung vorzunehmen. Hier gilt Abs. 1 entsprechend.

§ 27 Verhandlungswiederholung
Wird ein Einzelschiedsrichter oder der Obmann eines Kollegialschiedsgerichtes aus oben genannten Gründen ersetzt, werden alle bisher durchgeführten Verhandlungen wiederholt. Wird ein anderer Schiedsrichter ersetzt, steht die Wiederholung der mündlichen Verhandlungen im Ermessen des Schiedsgerichtes.

§ 28 Zuständigkeit des Schiedsgerichtes
Das Schiedsgericht ist befugt, über seine eigene Zuständigkeit und im Zusammenhang hiermit über das Bestehen oder die Gültigkeit der Schiedsvereinbarung zu entscheiden. Hierbei ist eine Schiedsklausel, die Bestandteil eines anderen Vertrages ist oder sein sollte, als eine von diesem Vertrag unabhängige Vereinbarung zu behandeln. Die Einrede der Unzuständigkeit des Schiedsgerichtes ist spätestens mit Klagebeantwortung vorzubringen.

6. V. Abschnitt: Das Schiedsverfahren

§ 29 Einleitung und Eröffnung des Schiedsverfahrens
(1) Eine Partei (Kläger) teilt der anderen Partei (Beklagter) die Einleitung des Verfahrens mit. Mit der Mitteilung gilt das Schiedsverfahren als eingeleitet.

(2) Die Mitteilung soll enthalten:

a) die Namen und Anschrift der Parteien;

b) das Verlangen, die Streitigkeit der Schiedsgerichtsbarkeit zu unterwerfen;

c) eine Bezugnahme auf die geltend gemachte Schiedsvereinbarung;

d) die allgemeine Art des Anspruchs und Höhe des Streitwertes;

e) die Tatsachen, auf die sich der Anspruch des Klägers stützt und der Sachverhalt, aus dem sich der Streitfall ergibt;

f) das Klagebegehren;

g) den oder die Schiedsrichter.

(3) Die Verfahrenseinleitung ist der Ernennenden Stelle unverzüglich mitzuteilen, woraufhin diese nach Maßgabe der §§ 19 das Schiedsgericht ernennt. Mit der Ernennung des Schiedsgerichtes ist das Schiedsverfahren eröffnet.

§ 30 Verfahrensregeln

(1) Die Parteien sind gleich zu behandeln; jeder Partei ist die Gelegenheit zur umfassenden Darlegung ihrer Standpunkte sowie ihrer Anträge zu geben. Das Schiedsgericht darf einer Entscheidung nur solche Tatsachen und Beweisergebnisse zugrundelegen, zu denen es die Parteien zuvor angehört hat.

(2) Den Parteien ist in jedem Stand der Verhandlung rechtliches Gehör zu gewähren.

(3) Das Schiedsgericht kann das Schiedsverfahren nach freiem Ermessen durchführen, soweit dem nicht eine anderslautende Parteivereinbarung oder eine Regelung dieser Bauschieds- und -vermittlungsordnung entgegensteht. Das Schiedsgericht gestaltet das Verfahren in der Weise, daß es den Besonderheiten des internationalen Bauwesens und des Anlagenbaus sowie des Baustellenbetriebes in geeigneter Weise gerecht wird.

§ 31 Ort des Schiedsverfahrens

(1) Die Parteien können den Ort des Schiedsverfahrens frei vereinbaren. Fehlt es an einer solchen Vereinbarung, wird der Verfahrensort vom Schiedsgericht bestimmt. Dabei sind der Ort des Bauvorhabens, die Umstände des Falles sowie die Eignung des Ortes für die Parteien zu berücksichtigen.

(2) Hält das Schiedsgericht es angesichts der Umstände des Schiedsverfahrens für geeignet, kann es an jedem Ort Beweisaufnahmen durchführen und Sitzungen zur Beratung abhalten. Damit den Parteien die Teilnahme an Beweisaufnahmen möglich ist, sind sie rechtzeitig darüber zu informieren.

(3) Der Schiedsspruch selbst ist am Ort des Schiedsverfahrens zu erlassen.

§ 32 Klageschrift und Klagebeantwortung

(1) Den Parteien wird vom Schiedsgericht die Eröffnung des Schiedsverfahrens mitgeteilt. Dem Kläger wird eine Frist gesetzt, innerhalb derer er die Klageschrift dem Beklagten sowie jedem Schiedsrichter zuzusenden hat.

(2) Die Klageschrift hat zu enthalten:

a) Namen und Anschriften der Parteien;

b) die Sachverhaltsdarstellung, auf den der Anspruch gestützt wird;

c) die streitigen Punkte;

d) das Klagebegehren.

(3) Schriftstücke, die der Kläger für erheblich erachtet, soll er der Klageschrift beifügen; außerdem soll er Schriftstücke angeben, die er vorlegen wird.

(4) Der Beklagte hat innerhalb einer vom Schiedsgericht bestimmten Frist seine schriftliche Klagebeantwortung dem Kläger und jedem Schiedsrichter zuzuleiten, in der er zu allen Punkten der Klageschrift Stellung zu nehmen hat. Außerdem kann er der Klagebeantwortung Schriftstücke oder andere Beweismittel beifügen, auf die er seine Verteidigung stützt.

§ 33 Fristen für weitere Schriftsätze
(1) Das Schiedsgericht entscheidet, inwieweit weitere Schriftsätze von den Parteien vorgelegt werden können. Dabei bestimmt das Schiedsgericht die Fristen für die Einreichung.

(2) Die Fristen des Schiedsgerichtes zur Einreichung von weiteren Schriftsätzen sowie zur Vornahme sonstiger Handlungen sollten einen Monat nicht überschreiten. Dabei kann das Schiedsgericht die Fristen verlängern, wenn es dies für erforderlich hält.

§ 34 Klageänderung und Widerklage
Jede Partei kann die Klage oder Klagebeantwortung ändern, ergänzen, erweitern oder eine Widerklage erheben, soweit dies im Rahmen der Schiedsvereinbarung möglich ist und das Schiedsgericht dies für sachdienlich hält.

§ 35 Mündliche Verhandlung
(1) Das Schiedsgericht setzt in einer angemessenen Frist, die einen Monat seit Vorlage von Klageschrift, Klagebeantwortung und zugelassener ergänzender Schriftsätze nicht unterschreiten sollte, einen ersten Termin zur mündlichen Verhandlung an, es sei denn, die Parteien hätten auf eine mündliche Verhandlung verzichtet und sich auf ein schriftliches Verfahren geeinigt.

(2) Im ersten Termin ist der Sach- und Streitstand zu erörtern, so daß das Schiedsgericht entweder über die Grundlagen der weiteren Streitentscheidung verfügt, eine Entscheidung über die eventuell erforderliche Beweisaufnahme treffen kann oder einen Vergleichsvorschlag unterbreiten kann.

(3) Sollte nach dem ersten Termin eine weitere mündliche Verhandlung erforderlich sein, soll das Schiedsgericht den nächsten Termin innerhalb von vier Monaten ansetzen. Zu diesem Zeitpunkt sollte das Verfahren so weit betrieben sein, daß in diesem weiteren Termin über die Beweisaufnahme und ihre Ergebnisse mitverhandelt werden kann.

§ 36 Niederschrift
Über die mündlichen Verhandlungen vor dem Schiedsgericht sind durch eine vom Schiedsgericht bestimmte Person Niederschriften anzufertigen, die den Gang der Verhandlung mit ihrem wesentlichen Inhalt wiedergeben, es sei denn die Parteien haben etwas gegenteiliges vereinbart oder das Schiedsgericht erachtet dies nicht für angemessen. Über Art und Umfang der Protokollierung entscheidet das Schiedsgericht.

§ 37 Haupt-, Nebenintervention und Streitverkündung

(1) Dritte, die ein rechtliches Interesse an der Beilegung des zu verhandelnden Rechtsstreites haben, können nach schriftlichem Antrag beim Schiedsgericht als Haupt- oder Nebenintervenienten oder als Streitverkündete mit Zustimmung aller Parteien dem Verfahren beitreten, wenn die Parteien nichts anderweitiges vereinbart haben. Der Dritte muß sich dabei der Schiedsvereinbarung unterworfen haben.

(2) Lehnt das Schiedsgericht die Haupt- oder Nebenintervention oder die Streitverkündung ab, hat es dies schriftlich zu begründen. Die Ablehnung darf nur erfolgen, wenn die Einbeziehung von Dritten rechtsmißbräuchlich wäre oder diese sich nicht der Schiedsvereinbarung unterwürfen.

§ 38 Zusammenlegung von Streitfällen

(1) Die Partei eines nach der europäischen Bauschieds- und -vermittlungsordnung anhängigen Schiedsverfahrens, dessen Gegenstand mit einem bei einem anderen Schiedsgericht in Europa anhängigen Schiedsverfahren zusammenhängt, kann beantragen, diese Verfahren zusammenzulegen, falls das andere Verfahren unter Anwendung einer Schiedsordnung geführt wird, die in inhaltlich übereinstimmender Weise die Möglichkeit einer Zusammenlegung von Schiedsfällen vorsieht, soweit die Parteien nichts anderes vereinbart haben. Der Antrag ist schriftlich beim Schiedsgericht, das nach der europäischen Bauschieds- und -vermittlungsordnung verhandelt, zu stellen. Die übrigen Parteien des Schiedsverfahren müssen sich mit der Zusammenlegung einverstanden erklären.

(2)Voraussetzung für das Zusammenlegen von Streitfällen ist, daß in beiden Fälle das gleiche Recht angewendet wird. Auch müssen in dem Schiedsverfahren, was nach der anderen Schiedsordnung anhängig ist, die gleichen Verfahrensgrundsätze wie in §§ 6 und 29 Beachtung gefunden haben.

(3) Die Parteien haben Gelegenheit, sich binnen vierzehn Tagen ab Stellung des Antrages zu diesem zu äußern. Das Schiedsgericht, das nach der europäischen Bauschieds- und -vermittlungsordnung entscheidet, entscheidet gemeinsam mit dem weiteren Schiedsgericht über den Zusammenlegungsantrag. Beschließen sie die Zusammenlegung, entscheiden sie ebenfalls darüber, wie das Schiedsgericht für die Zusammenlegung der Verfahren zusammengestellt wird und welche Schiedsordnung auf das zusammengelegte Verfahren Anwendung finden wird. Lehnen sie die Zusammenlegung ab, so ist diese schriftlich zu begründen.

§ 39 Anordnung vorläufiger Maßnahmen des Schiedsgerichtes
Das Schiedsgericht kann auf Antrag einer Partei jeder Partei auferlegen, alle vorläufigen oder sichernden Maßnahmen zu ergreifen, die das Schiedsgericht in bezug auf den Streitgegenstand und dessen Wahrung für notwendig erachtet, es sei denn, die Parteien haben etwas anderes vereinbart. In diesem Zusammenhang mit einer solchen Maßnahme kann das Schiedsgericht von jeder Partei angemessene Sicherheit verlangen.

§ 40 Säumnis einer Partei
Soweit die Parteien über die Folgen der Säumnis nichts gegenteiliges vereinbart haben, gilt für den Fall der Sämnis einer Partei folgendes:

a) versäumt der Kläger, ohne einen hinreichenden Grund dafür anzugeben, die Klageschrift innerhalb der ihm gesetzten Frist einzureichen, beendet das Schiedsgericht das Schiedsverfahren;

b) versäumt es der Beklagte, ohne einen hinreichenden Grund dafür anzugeben, die Klagebeantwortung innerhalb der ihm gesetzten Frist einzureichen, setzt das Schiedsgericht das Schiedsverfahren fort, ohne die Säumnis als Zugeständnis der Klägerbehauptungen zu behandeln;

c) versäumt es eine Partei, ohne einen hinreichenden Grund dafür anzugeben, zu einer mündlichen Verhandlung zu erscheinen, kann das Schiedsgericht das Schiedsverfahren fortsetzen;

d) legt eine Partei nach ordnungsgemäßer Aufforderung ein Schriftstück zum Beweis nicht innerhalb der festgesetzten Frist vor, ohne einen hinreichenden Grund dafür anzugeben, so kann das Schiedsgericht das Schiedsverfahren fortsetzen und den Schiedsspruch aufgrund der ihm vorliegenden Beweisergebnisse fällen.

§ 41 Beweisaufnahme und Beweismittel
Neben der Durchführung des gesonderten Beweisverfahrens der §§ 16 ff. kann das Schiedsgericht auch innerhalb des Schiedsverfahrens den Sachverhalt mit allen ihm zur Verfügung stehenden Mitteln aufklären. Dabei bestimmt das Schiedsgericht über die Beweismittel, die zugelassen werden sollen. Es bestimmt ferner jederzeit während des Schiedsverfahrens über die Notwendigkeit weiteren Beweisantritts von Seiten der Partei. In diesem Fall bestimmt es auch die für den

weiteren Beweisantritt angemessene Frist. Außerdem kann das Schiedsgericht Beweisanträge der Parteien ablehnen, wenn und soweit es sie für unerheblich oder als Verfahrensverzögerung erachtet.

§ 42 Zeugenbeweis und Sachverständige

(1) Die Art und Umstände der Zeugenvernehmung bestimmt das Schiedsgericht nach seinem pflichtgemäßen Ermessen. Dabei kann es den Zeugenbeweis auch in Form einer schriftlichen, von den Zeugen unterzeichneten Erklärung zulassen.

(2) Bestellt das Schiedsgericht einen Sachverständigen, bestimmt es schriftlich die Art und den Umfang des dem Sachverständigen erteilten Auftrages. Im übrigen gelten für den Sachverständigenbeweis die Bestimmungen des gesonderten Beweisverfahrens in §§ 16, 17 entsprechend. Der Sachverständige hat darüber hinaus auf Antrag einer Partei oder nach Ermessen des Schiedsgerichtes sein Gutachen in der mündlichen Verhandlung zu erläutern.

7. VI. Abschnitt: Der Schiedspruch, seine Anerkennung und Vollstreckbarkeit

§ 43 Entscheidung des Schiedsgerichtes

(1) Das Schiedsgericht entscheidet die Streitigkeit in Übereinstimmung mit den nach § 8 anwendbaren Rechtsvorschriften.

(2) In einem Schiedsverfahren vor einem Kollegialschiedsgericht ist jede Entscheidung mit der Stimmenmehrheit aller Mitglieder des Schiedsgerichtes zu treffen. Der Obmann kann verfahrensleitende Entscheidungen alleine treffen, wenn die Parteien oder alle Mitglieder des Schiedsgerichtes ihn dazu ermächtigt haben.

§ 44 Der Schiedsspruch

(1) Das Schiedsverfahren endet außer im Falle der Einstellung mit einem Schiedsspruch. Er sollte durch das Schiedsgericht nach Ende der mündlichen Verhandlung innerhalb von sechs Monaten getroffen werden. Haben die Parteien sich auf ein schriftliches Verfahren geeinigt, ergeht der Schiedsspruch bei sonstiger Entscheidungsreife.

(2) Der Schiedsspruch ist schriftlich zu erlassen und durch den oder die Schiedsrichter zu unterzeichnen. Dabei hat er Ort und Tag des Erlasses zu enthalten. Ist

ein Schiedsrichter eines Kollegialgerichtes an der Unterzeichnung gehindert, genügt es, wenn die Mehrheit der Mitglieder des Schiedsgerichtes unterzeichnen, sofern der Grund für die fehlende Unterzeichnung im Schiedsspruch angegeben wird.

(3) Haben die Parteien nichts anderes vereinbart, ist der Schiedsspruch schriftlich zu begründen.

(4) Nach Erlaß ist jeder Partei eine von den Schiedsrichtern unterzeichnete Ausfertigung des Schiedsspruches zu übersenden.

(5) Eine Veröffentlichung des Schiedsspruches ist nur statthaft, wenn die Parteien dem zugestimmt haben.

§ 45 Berichtigung und Auslegung des Schiedsspruches

(1) Sollten die Parteien keine andere Frist vereinbart haben, kann binnen einen Monats nach Empfang des Schiedsspruches jede Partei unter Benachrichtigung der anderen Partei beim Schiedsgericht beantragen,

a) Rechen-, Schreib- oder Druckfehler oder Fehler ähnlicher Art im Schiedsspruch zu berücksichtigen;

b) bestimmte Punkte oder Teile des Schiedsspruches auszulegen, sofern die Parteien die Auslegung des Schiedsspruches vereinbart haben.

Wenn das Schiedsgericht den Antrag für berechtigt hält, hat es der Berichtigung oder der Auslegung innerhalb eines Monates nach Empfang des Antrages nachzukommen.

(2) Fehler der in Abs. 1 a) bezeichneten Art kann das Schiedsgericht innerhalb eines Monats ab Erlaß des Schiedsspruches von sich aus berichtigen.

§ 46 Schiedsspruchwirkung

(1) Der Schiedsspruch ist endgültig und der Anfechtung in einem weiteren Verfahren entzogen. Die Schiedsvereinbarung hat die Wirkung eines Verzichts der Parteien auf alle Rechtsmittel, die ihnen gegen den Schiedsspruch zustehen. Soweit dem Schiedsspruch staatliches Recht zwingend entgegensteht, verpflichten sich alle Parteien mit der Schiedsvereinbarung, auf alle Rechtsmittel zu verzichten, die ihnen gegen den Schiedsspruch zustehen.

(2) Die Parteien sind durch den Schiedsspruch gebunden; sie sind verpflichtet, diesen unverzüglich zu erfüllen.

§ 47 Schiedsvergleich und Verfahrenseinstellung

(1) Schließen die Parteien während des Schiedsverfahrens vor Erlaß des Schiedsspruches einen Vergleich, so beendet das Schiedsgericht das Verfahren. Der Vergleich ist in der Niederschrift über die Verhandlung aufzunehmen und auf Antrag der Parteien von den Schiedsrichtern und den Parteien zu unterzeichnen. Auf Antrag der Parteien kann der Vergleich auch in Form eines Schiedsspruches festgehalten werden, sofern das Schiedsgericht nichts dagegen einzuwenden hat. Dieser Schiedsspruch mit vereinbartem Wortlaut muß der Form des § 42 genügen und muß angeben, daß es sich um einen Schiedsspruch handelt. Ein solcher Schiedsspruch hat dieselbe rechtliche Qualität und Wirkung wie jeder andere Schiedsspruch.

(2) Einigen sich die Parteien in sonstiger Weise über die Beilegung der Streitigkeit oder wollen sie das Verfahren aus anderen Gründen nicht fortsetzen, stellt das Schiedsgericht die Einstellung durch Beschluß fest.

§ 48 Anerkennung und Vollstreckbarkeit

Ein Schiedsspruch ist unabhängig davon, in welchem Land er erlassen wurde, als bindend anzuerkennen und auf schriftlichen Antrag an das zuständige Gericht zu vollstrecken, es sei denn, es liegen die Anerkennungs- und Vollstreckungsversagungsgründe des UN-Übereinkommens über die Anerkennung und Vollstreckung ausländischer Schiedssprüche von 1958 vor. Insgesamt richtet sich die Anerkennung und Vollstreckbarkeit der Schiedssprüche, die auf der Grundlage dieser Schiedsordnung ergangen sind, nach den Vorschriften des UN-Übereinkommens über die Anerkennung und Vollstreckung ausländischer Schiedssprüche von 1958.

§ 49 Haftungsausschluß

Die Haftung der Schiedsrichter sowie der Ernennenden Stelle gegenüber jeder Person für jedwede Handlung oder Unterlassung im Zusammenhang mit dem Schiedsverfahren ist ausgeschlossen, es sei denn, die Handlung oder Unterlassung ist in der Absicht vorgenommen worden, einer Partei oder Dritten, die mit dem Schiedsverfahren in Zusammenhang stehen, bewußt zu schaden.

8. VII. Abschnitt: Kosten

§ 50 Kostenfestsetzung

(1) Das Schiedsgericht setzt in seiner Entscheidung die Kosten des Schiedsverfahrens fest.

(2) Zu den Kosten des Schiedsverfahrens gehören die Honorare der Schiedsrichter sowie ihre Reisekosten oder sonstigen Auslagen, die Honorare und Auslagen des Sachverständigen sowie jede andere vom Schiedsgericht in Anspruch genommene Hilfe, die Reisekosten und sonstigen Auslagen der Zeugen, die Kosten des gesonderten Beweisverfahrens, wenn es zur Durchführung eines Schiedsverfahrens kommt undsonstige Ausgaben, die das Schiedsgericht nach Anhörung der Parteien als zu den Kosten des Schiedsverfahrens als zugehörig bezeichnet. Das Schiedsgericht entscheidet über die Höhe der Kosten.

§ 51 Kostenentscheidung

(1) Die unterliegende Partei trägt die Kosten des Schiedsverfahrens. Das Schiedsgericht kann jedoch die Kosten zwischen den Parteien aufteilen, wenn es dies nach den Umständen des Falles für angemessen hält.

(2) Die Kosten des Vermittlungsverfahrens, sollte eines durchgeführt worden sein, tragen die Parteien grundsätzlich zur Hälfte. Scheitert die Vermittlung und kommt es zur Durchführung eines Schiedsverfahrens, entscheidet das Schiedsgericht über die Kosten des Vermittlungsverfahrens nach billigem Ermessen. Sollte nur ein Vermittlungsverfahren mit einem gesonderten Beweisverfahren durchgeführt worden sein, gehören die Kosten des gesonderten Beweisverfahrens zu den Kosten des Vermittlungsverfahrens.

§ 52 Kostenvorschuß

(1) Nach Eröffnung des Schiedsverfahrens kann das Schiedsgericht nach seinem Ermessen jede Partei auffordern, einen gleichen Betrag als Vorschuß auf die im Sinne des § 50 verursachten Kosten zu hinterlegen.

(2) Werden Beträge, deren Hinterlegung verlangt wird, nicht innerhalb von 20 Tagen nach Erhalt der Hinterlegungsaufforderung bezahlt, hat das Schiedsgericht dies den Parteien mitzuteilen. Jede Partei hat dann die Möglichkeit, die verlangte Zahlung zu leisten. Sollte die Zahlung nicht binnen 20 Tagen ab Erhalt der Mitteilung erfolgt sein, kann das Schiedsgericht die Unterbrechung oder die endgültige Einstellung des Schiedsverfahrens beschließen.

(3) Nach Beendigung des Schiedsverfahrens hat das Schiedsgericht gegenüber den Parteien Rechnung zu legen, inwieweit die hinterlegten Beträge Verwendung erfahren haben. Sollte der hinterlegte Betrag dabei die nach § 50 festgesetzten Kosten übersteigen, ist der überschüssige Betrag an die Parteien zurückzuzahlen.

H. These

Die zukünftige Entwicklung der europäischen Bauschiedswelt bleibt zu beobachten. Es wird sich zeigen, ob die in der vorliegenden Arbeit gefundene Erkenntnis, daß die Situation der europäischen Bauschiedsgerichtsbarkeit gerade bezüglicher internationaler Bau- und Anlagenverträge durchaus verbesserungswürdig ist, in der tatsächlichen Bauschiedsfachwelt zum Anlaß genommen wird, den momentanen Stand und die tatsächliche Funktionalität der Bauschiedsgerichtsbarkeit zu überdenken und zu überarbeiten - wurde dies doch immer wieder in ihren eigenen Reihen beanstandet.

Der vorgelegte Entwurf einer europäischen Bauschieds- und -vermittlungsordnung soll als Beispiel einer Lösung der Bauschiedsproblematik dienen. Andere aufgezeigte Lösungsansätze, die z. B. die ADR-Verfahren wurden als nicht gelungen verworfen. Bei der Ausarbeitung des Entwurfes wurde versucht, die aufgezeigten Kritikpunkte zu berücksichtigen und zu regeln, so daß sich diese Bauschieds- und -vermittlungsordnung bei Anwendung in der Praxis bewähren dürfte. Gleichwohl wäre es interessant, ihre tatsächliche Umsetzung zu beobachten.

So mag die vorliegende Arbeit doch zumindest zur Anregung einer Überlegung und Überarbeitung der aktuellen Situation in der Bauschiedswelt dienen, wobei der dargestellte Entwurf der Bauschieds- und -vermittlungsordnung als Lösungsmöglichkeit herangezogen werden kann.

Literaturverzeichnis

Aden, Menno, Internationale Handelsschiedsgerichtsbarkeit, Heidelberg 1988

Adolphsen, Jens, Das UNCITRAL-Modellgesetz über die Beschaffung von Gütern, Bau- und Dienstleistungen, Düsseldorf 1996

ARGE Baurecht (Hrsg.), Vorwort zur Schlichtungs- und Schiedsordnung für Baustreitigkeiten (SO Bau) der ARGE Baurecht, Bonn 1998, S. 3

Arnold, Hans, Das Europäische Übereinkommen vom 20. Januar 1966 zur Einführung eines einheitlichen Gesetzes über die Schiedsgerichtsbarkeit, NJW 1967, S. 142 ff.

Bärmann, Johannes, Schiedsfähigkeit, in: Bökelmann, Erhard / Henckel, Wolfram / Jahr, Günther (Hrsg), Festschrift für Friedrich Weber (zum 70. Geburtstag), Berlin New York 1975, S. 1 ff.

Bar, Christian von, Internationales Privatrecht, Erster Band, München 1987

Battis, Ulrich, Öffentliches Baurecht und, Raumordnungsrecht, Stuttgart 1999, 4. Auflage

Battis, Ulrich / Krautzberger, Michael / Löhr, Rolf-Peter, Baugesetzbuch, München 1999, 7. Auflage, (zit.: Battis/Krautzberger/Löhr-Bearbeiter, BauGB, ...)

Berber, Friedrich, Lehrbuch des Völkerrechts, III. Band: Streiterledigung Kriegsverhütung Integration, München 1977, 2. Auflage

Bebr, Gerhard, Arbitration Tribunals and Article 177 of the EEC Treaty, CMLRev. 1985, S. 489 ff.

Berger, Klaus Peter, Internationale Wirtschaftsschiedsgerichtsbarkeit, Berlin New York 1992

Bernstein, Ronald / Tackaberry, John / Marriott, Arthur / Wood, Derek (Hrsg.), Handbook of Arbitration Practice London 1998, 3. Auflage

Bernstorff, von, Christoph Graf, Vertragsgestaltung im Auslandsgeschäft, Frankfurt 1997, 4. Auflage

Betant, Helen / Monrad, Fleming/Stuhr, Ebbe, How to handle Disputes in Major Construction Contracts - A Danish Approach, ICLR 1995, S. 614 ff.

Bleckmann, Albert, Europarecht, Köln Berlin Bonn München 1997; 6. Auflage

Böckstiegel, Karl-Heinz, Die UNCITRAL-Verfahrensordnung für die Wirtschaftsschiedsgerichtsbarkeit und das anwendbare nationale Recht, RIW 1982, S. 706 ff.

ders., Das UNCITRAL-Modell-Gesetz für die internationale Wirtschafts-Schiedsgerichtsbarkeit, RIW 1984, S. 670 ff.

ders., ICC-Schiedsgerichtsbarkeit aus der Sicht eines Schiedsrichters, in: Böckstiegel, Karl-Heinz (Hrsg.), Recht und Praxis derSchiedsgerichtsbarkeit derInternationalen Handelskammer, Schriftenreihe des Deutschen Instituts für Schiedsgerichtswesen, Band 6, Köln Berlin Bonn München 1986, S. 75 ff.

ders., Vorwort des Herausgebers, in: Böckstiegel, Karl-Heinz (Hrsg.), Handelsschiedsgerichtsbarkeit ind England und der Bundesrepublik Deutschland, Schriftenreihe des Deutschen Instituts für Schiedsgerichtswesen, Band 7, Köln Berlin Bonn München 1987, S. 1 ff.

ders., Erfahrungen als Schiedsrichter mit der UNCITRAL-Schiedsgerichtsordnung, JbPraxSch Bd. 4 (1990), S. 15 ff.

ders., Schiedsgerichtsbarkeit im wiedervereinigten Deutschland, BB 1992, Beil. zu Heft 15, S. 4 ff.

ders., The Problems Facing Arbitration in the European Union, Arbitration 1995, S. 191 ff.

ders., Einführung in Recht und Praxis der Schiedsgerichtsbarkeit, in: Labes, Hubertus W. / Lörcher, Torsten (Hrsg.),, Nationales und internationales Schiedsverfahrensrecht, München 1998, S. XV ff.

ders., Vorwort und Einführung in die Vortragsveranstaltung „Die ICC-, Schiedsgerichtsordnung 1998“, DIS-Mat. II (1998), S. 1 ff.

ders., Alternative Dispute Resolution (ADR) - Relevanz und Kriterien, DIS-Mat. V (1999), S. 1 ff.

Bösch, Axel, Provisional Remedies in the International Commercial Arbitration, Berlin New York 1994

Bourque, Jean-Francois, The Legal Framework of Arbitration in the European Union, in: *International Commercial Arbitration in Europe, Special Supplement* zum ICC-Bulletin *November* 1994, S. 8 ff.

Bowcock, John, The New Supplement of the FIDIC Red Book, ICLR 1997, S. 49 ff.

Boysen, Uwe / Plett, Konstanze, Bauschlichtung in der Praxis, Düsseldorf 2000

Braun, Thomas, Die Rolle des *Federal District Court Judge* im Verhältnis zu den Parteien, Berlin 1986

Breidenbach, Stephan, Mediation, Struktur, Chancen und Risiken von Vermittlung im Konflikt, Köln 1995

ders., Komplementäre Konfliktbehandlung durch Mediation, in: Breidenbach, Stephan / Henssler, Martin (Hrsg.), Mediation für Juristen, Köln 1997, S. 1 ff.

Breidenbach, Stephan / Henssler, Martin (Hrsg.), Mediation für Juristen, Köln 1997

Briner, Robert, Die neue ICC-Schiedsgerichts-ordnung - Die Antwort der ICC auf die neuen Herausforderungen der internationalen Handelsschiedsgerichtsbarkeit, DIS-Mat. II (1998), S. 9 ff.

Broches, Aron, Recourse Against the Award; Enforcement of the AwardReport VII, in: Sanders, Pieter (Hrsg.), *UNCITRAL'S Project for a Model Law on International Commercial Arbitration, ICCA Congress series No. 2,* Antwerp Boston London Frankfurt 1984, S. 201 ff.

ders., Commentary on the UNCITRAL Model Law on International Commercial Arbitration, Deventer Boston 1990

Brown, William, Commercial Arbitration and the European Econonomic Community, J.Int.Arb.1985, No. 1; S. 21 ff.

Bucher, Eugen, Allgemeine Einführung in die Schiedsgerichtsbarkeit in der Schweiz, in: Böckstiegel, Karl-Heinz (Hrsg.), Die Internationale Schiedsgerichtsbarkeit in der Schweiz, Schriftenreihe des Deutschen Instituts für Schiedsgerichtswesen, Band 1, Köln Belin Bonn München 1979, S. 1 ff.

Büchner, Sebastian, Privates Baurecht, in: Büchner, Sebastian / Groner, Monika / Häusler, Rudolf / Lörcher, Gino / Lörcher, Heike / Rabe v. Pappenheim, Henning / Schröder-Frerkes, Alexander / Völtz, Jürgen / Wagner, Klaus / Winkler, Karsten / Winograd, Bianca, Außergerichtliche Streitbeilegung, München 1998

Bühler, Michael, Die Schiedsgerichtsordnung der Internationalen Handelskammer, in: Plantey, Alan / Böckstiegel, Karl-Heinz / Bredow, Jens, Festschrift für Ottoarndt Glossner, Heidelberg 1994, S. 57 ff.

Bülow, Arthur / Böckstiegel, Karl-Heinz / Geimer, Reinhold / Schütze, Rolf A. (Hrsg.), Internationaler Rechtsverkehr in Zivil- undHandelssachen, Quellensammlung Band II, München 1997, Stand: 11. Ergänzungslieferung zur 3. Auflage, (zit.: Bülow/ Böckstiegel/Geimer/Schütze-Bearbeiter, Internationaler Rechtsverkehrs in Zivil- und Handelssachen, Bd. II, ..., S...)

Bunni, Nael G., The FIDIC Form of Contract, The Fourth Edition of the Red Book, London Oxford 1997, 2. Auflage

Calavros, Constantin, Das UNCITRAL-Modellgesetz über die internationale Handelsschiedsgerichtsbarkeit, Bielefeld 1988

Capper, Phillip / Bunch, Anthony, Construction Industry Arbitration, in: Bernstein, Ronald / Tackaberry, John / Marriott, Arthur / Wood, Derek (Hrsg.), *Handbook of Arbitration Practice,* London 1998, 3. Auflage, S. 333 ff.

Clamm, Nils / Bergmann, Matthias, Bauvertragsrecht, Berlin 1998

Cohn, B. J., Die englische Schiedsgerichtsbarkeit, AWD des BB 1974, S. 65 ff.

Cohn, Ernst J., Schiedsgerichtsbarkeit und EWG-Vertrag, AWD zum BB 1965, S. 367 ff.

Craig, W. Laurence / Park, William W. / Paulsson, Jan, International Chamber of Commerce Arbitration, Oceana New York London Rome 1990, 2. Auflage

Cuypers, Manfred, Bauvertragsrecht, München 1998

Dasser, Felix, Internationale Schiedsgerichtsbarkeit und lex mercatoria, Dissertation, Zürich 1989

Davis, Benjamin, The ICC Pre-Arbitral Procedure in Context with Technical Expertise, Conciliation and Arbitration, ICLR 1992, S. 218 ff.

Delaume, George R., ICSID Arbitration, in: Lew, Julien (Hrsg.), *Contemporary Problems in International Arbitration,* Dordrecht Boston Lancaster 1987, S. 23 ff.

Derains, Yves, The Revision of the ICC Rules of Arbitration - Methods an Objectives, ICC-Bulletin Vol. 8 No. 2 - *December* 1997, S. 10 ff.

Derains, Yves / Schwartz, Eric A., A Guide to the New ICC Rules of Arbitration, The Hague London Boston 1998

Deutscher Beton-Verein (e. V.) (Hrsg.), 50 Jahre Deutscher Beton-Verein, 5. Dezember 1898-1948, Wiesbaden 1949

Diedrich, Frank, Grundlagen der Schiedsgerichtsbarkeit, JuS 1998, S. 158 ff.

Diesselhorst, Malte, Mehrparteienschiedsverfahren-Internationale Schiedsverfahren unter der Beteiligung von mehr als zwei Parteien, Dissertation, Frankfurt 1994

Dünnweber, Inge, Vertrag zur Erstellung einer schlüsselfertigen Industrieanlage im internationalen Wirtschaftsverkehr, Berlin New York 1984

Duve, Christian, ADR - Alternative zur Schiedsgerichtsbarkeit, DIS-Mat. V (1999), S. 25 ff.

Eisbrich, Helmut, Immer mehr Bauherren erwarten immer mehr, BW 1990 S. 58 ff.

Escobar, Alejandro A., Three Aspects of ICSID's Administration of Arbitration Proceedings, News from ICISD Vol. 14 No. 2 1997, S.4 ff.

Fleischhauer, Carl-August, The UNCITRAL Model Law on International Commercial Arbitration, Arb.J.1986, Vol. 41, S. 17 ff.

Flocke, Hans-Joachim, Risiken beim Internationalen Anlagenvertrag, Hinweise zu ihrer Bewertung sowie Möglichkeiten der Risikobeschränkung durch Vertragsgestaltung, Heidelberg 1986

Fouchard, Philippe, L'Arbitrage Commercial International, Paris 1965

Funck-Bretano, Lise, Schiedsgerichtsbarkeit und Europarecht, EuZW 1995, S. 65

Geimer, Reinhold, Internationales Zivilprozeßrecht, Köln 1997, 3. Auflage

Gentinetta, Jörg, Das Verhältnis des europäischen Übereinkommens über die internationale Handelsschiedsgerichtsbarkeit von 1961 zu anderen multilateralen Abkommen auf dem Gebiet der Schiedsgerichtsbarkeit, in: Schweizerische Vereinigung für internationales Recht (Hrsg.), Schw.Jb.int.Recht Bd. XXV (1968), Zürich 1970

ders., Die Lex Fori internationaler Handelsschiedsgerichte, Bern 1973

Glossner, Ottoarndt, Die UNCITRAL-Schiedsordnung in der Praxis, RIW 1978, S. 141 ff.

ders., Die UNCITRAL-Schiedsregel zwischen Privatrecht und Völkerrecht, RIW 1981, S. 300

ders., Bauschiedsgerichtsbarkeit bei der Internationalen Handelskammer, in: Böckstiegel, Karl-Heinz (Hrsg.), Vertragsgestaltung und Streiterledigung in der Bauindustrie und im Anlagenbau, Schriftenreihe des Deutschen Instituts für Schiedsgerichtswesen, Band 4, Köln Berlin Bonn München 1984, S. 277 ff.

ders., Die Lex Mercatoria - Vision oder Wirklichkeit, RIW 1984, S. 350 f.

ders., Aus der Praxis der ICC-Kommission Internationaler Schiedsgerichtsbarkeit, in: Böckstiegel, Karl-Heinz (Hrsg.), Recht und Praxis der Schiedsgerichtsbarkeit der Internationalen Handelskammer, Schriftenreihe des Deutschen Instituts fürs Schiedsgerichtswesen Band 6, Köln Bonn Berlin München 1986, S. 89 ff.

Glossner, Ottoarndt / Bredow, Jens / Bühler, Michael, Das Schiedsgericht in der Praxis, Heidelberg 1990, 3. Auflage

Goedel, Joachim, Die Neufassung der FIDIC-Bauvertragsbedingungen im März 1977, ZfBR 1977, S. 10 f.

ders., Die FIDIC-Bauvertrags-bedingungen im internationalen Baurecht, RIW 1982, S. 81 ff.

ders., Aspekte der internationalen Streterledigung bei internationalen Bauverträgen und das Arbitral Referee Verfahren, in: Böckstiegel, Karl-Heinz (Hrsg.), Vertragsgestaltung und Streiterledigung in der Bauindustrie und im Anlagenbau, Schriftenreihe des Deutschen Instituts für Schiedsgerichtswesen, Band 4, Köln Berlin Bonn München 1984, S. 33 ff.

ders., Vertragliche Regelungen zur Streitbeilegung in internationalen Bau- und Anlagenbauverträgen, in: Böckstiegel, Karl-Heinz (Hrsg.), Vertragsgestaltung und Streiterledigung in der Bauindustrie und im Anlagenbau (II), Schriftenreihe des Deutschen Instituts für Schiedsgerichtswesen, Band 4/II, Köln Berlin Bonn München 1995, S. 67 ff.

Gottwald, Walther / Strempel, Dieter (Hrsg.), Streitschlichtung, Köln 1995

Grabitz, Eberhard / Hilf, Meinhard, Kommentar zur Europäischen Union, Band II: Art. 137-248 EGV, EWGV, München, Stand: 12. Ergänzungslieferung Mai 1998, (zit.: Grabitz/Hilf-Bearbeiter, Kommentar zur Europäischen Union, Bd. II, Art. ... Rn. ...)

Groeben, von der, Hans / Thiesing, Jochen / Ehlermann, Claus-Dieter, Kommentar zum EU-/EG-Vertrag, Band 4 Art. 137-209 a EGV, Baden-Baden 1997, 5. Auflage, (zit.: von der Groeben/Thiesing/ Ehlermann-Bearbeiter, Kommentar zu EU-/EG-Vertrag, Art. ... Rn. ...)

Günther, Klaus, Mediation - Ein Vorverfahren zur Streitbeilegung?, DIS-Mat. V (1999), S. 9 ff.

Habscheid, Walther J., Die sogenannte Schiedsgerichtsbarkeit der Internationalen Handelskammer, RIW 1998, S. 421 ff.

ders., Zum Problem der Mehrparteienschiedsgerichtsbarkeit, in: ASA (Hrsg.), Schweizer Beiträge zur Internationalen Schiedsgerichtsbarkeit, Schweizer Studien zur Schiedsgerichtsbarkeit Bd. 1, Zürich 1984, S. 173 ff.

Heger, Susanne, Internationale Schiedsgerichtsbarkeit in Osteuropa, RIW 1999, S. 481 ff..

Heiermann, Wolfgang / Kroppen, Heinz, Kommentar zur SchiedsGO für das Bauwesen, Wiesbaden und Berlin 1975

Heiermann, Wolfgang, Das Schiedsgerichtsverfahren bei Baustreitigkeiten - Vorteile und Risiken, in: Spezielle Fragen des Bauvertrags- und Architektenrechts, Schriftenreihe der deutschen Gesellschaft für Baurecht e.V. Band 7, Frankfurt 1976, S. 51 ff.

ders., Überarbeitung der FIDICBauvertragsbedingungen, BW 1979, S. 1979

ders., Die Schiedsgerichtsvereinbarung im nationalen und internationalen Bauvertrag, JbPraxSch Bd.1 (1987), S. 23 ff.

ders., Der Schiedsvertrag im Bauwesen und Anlagenbau, JbPraxSch Bd. 2 (1988), S. 66 ff.

ders., Vertragsgestaltung und Streiterledigung in Bau- und Anlagenbauverträgen, in: Böckstiegel, Karl-Heinz (Hrsg.), Vertragsgestaltung und Streiterledigung in der Bauindustrie und im Anlagenbau (II), Neue Entwicklung in Recht und Praxis, Schriftenreihe des Deutschen Instituts für Schiedsgerichtswesen, Band 4/II, Köln Berlin Bonn München 1995, S. 13 ff.

Heiermann, Wolfgang / Riedl, Richard / Rusam, Martin, Handkommentar zur VOB, Teile A und B, Wiesbaden und Berlin 2000, 9. Auflage, (zit.: Heiermann/Riedl/Rusam, VOB Teil ..., § ... Rn. ...)

Helps, Dominic, Harmonisation of Construction Law and Practice - Part I: The Current Position, ICLR 1997, S. 525 ff.

Henn, Günter, Gibt es eine bindende Kompetenz-Kompetenz der Schiedsgerichte ?, NJW 1954, S. 1835 f.

Hepting, Reinhard, Art. 177 EWGV und die private Schiedsgerichtsbarkeit, EuropaR 1982, S. 315 ff.

Herrmann, Gerold, UNCITRAL's Work towards a Model Law on International Commercial Arbitration, P.L.Rev. 1984, S. 537 ff.

ders., The role of the courts under the UNCITRAL model law script, in: Lew, Julian D M (Hrsg.), *Contemporary Problems in International Arbitration,* Dordrecht Boston Lancaster 1987, S. 164 ff.

ders., Schiedsregeln der UNCITRAL, BfAI Rechtsinformation Nr. 100, Köln 1977, S. 1 ff.

Hesse, Hannes, Die Bedeutung der Schiedsgerichtsbarkeit im gegenwärtigen politischen und wirtschaftlichen Umfeld, in: Böckstiegel, Karl-Heinz (Hrsg.), Schiedsgerichtsbarkeit im Umfeld von Politik, Wirtschaft und Gerichtsbarkeit, Schriftenreihe des Deutschen Instituts für Schiedsgerichtswesen, Band 9, Köln Berlin Bonn München 1992, S. 27 ff.

Hetsch, Patrick, Arbitration in Community Law, ICC-Bulletin *November* 1995, S. 47 ff.

Hök, Götz-Sebastian, Das Schiedsverfahren in Bausachen nach neuem Recht: Ein Vergleich des Schiedsverfahrens mit dem gerichtlichen Verfahren in Bausachen, BauR 1998, S. 835 ff.

Hoffmann, Bernd von, Internationale Handelsschiedsgerichtsbarkeit, Frankfurt/M. Berlin 1970

ders., Wege zur Beilegung von Streitigkeiten in internationalen Bauverträgen, in: Simons, Kaus (Hrsg.), Der Streit bei internationalen Bauverträgen, Symposium Bad Ems 1980, Braunschweig 1981, S. 22 ff.

ders., Mehrparteienschiedsgerichstbarkeit und Internationale Handelskammer, in: Habscheid, Wolfgang / Schwab, Karl-Heinz (Hrsg.), Beiträge zum internationalen Verfahrensrecht und zur Schiedsgerichtsbarkeit, Festschrift für Heinrich Nagel, Münster 1987, S. 112 ff.

Holtzmann, Howard M. / Neuhaus, Joseph E., A Guide to the UNCITRAL Model Law on International Commercial Arbitration, Deventer Boston 1989

Hoyningen-Huene, Dagmar von, Mediation – Eine Alternative zum gerichtlichen Verfahren, JuS 1997, S. 352 ff.

Hülsen, Hans-Viggo von, Die Zulässigkeit von Schiedsverfahren in Kartellsachen in den Vereinigten Staaten und Europa, RabelsZ 1971, S. 132 ff.

Hunter, J. Martin H. / Paulsson, Jan, A Commentary on the 1985 Rules of the London Court of International Arbitration, Yearbook Commercial Arbitration X (1985), S. 167 ff.

Hußlein-Stich, Gaby, Das UNCITRAL-Modellgesetz, Dissertation, Köln Berlin Bonn München 1990

ICC-Publ., ICC Vergleichs- und Schiedsgerichtsordnung, Ausgabe Nr. 447 - 3, Paris Juli 1996

ICSID (Hrsg.), Doc. ICSID/16/Rev. 5, *ICSID Cases, November* 30 1996

ders., ICSID 1997, *Annual Report*

Ingenstau, Heinz / Korbion, Hermann, VOB Teile A und B, Düsseldorf 1996, 13. Auflage, (zit. Ingenstau/Korbion, VOB ...)

Jarvin, Sigvard, Aus der Praxis des ICC-Schiedsgerichtshofes, in: Böckstiegel, Karl-Heinz (Hrsg.), Recht und Praxis der Internationalen Handelskammer, Schriftenreihe des Deutschen Instituts für Schiedsgerichtswesen, Band 6, Köln Berlin Bonn München 1986, S. 7 ff.

ders., The sources and limits of the arbitrator's powers, in: Lew, Julian D M (Hrsg.), *Contemporary Problems in International Arbitration,* Dordrecht Boston Lancaster 1987, S. 50 ff.

ders., Die Erfahrung der ICC mit technischen Gutachten, in: Nicklisch, Fritz (Hrsg.), Der komplexe Langzeitvertrag, Heidelberg 1987, S. 551 ff.

Jaynes, Gordon L., Dispute Review Boards - Yes!, ICLR 1993, S. 452 ff.

Kantz, Simon, Zweites Symposium: „Internationale Schiedsgerichtsbarkeit, in mittel- und osteuropäischen Staaten -aktuelle Rechtslage und Praxis-", RPS, BB 1999, Beil. 4 zu Heft 11, S. 11 f

Karrer, Pierre, Einstweiliger Rechtschutz in Schiedssachen - Mut zum freien Ermessen, IPRax 1994, S. 56 ff.

Kegel, Gerhard, Internationales Privatrecht, München 1995, 7. Auflage

Kerr, Michael, Arbitration and the Courts: The UNCITRAL-Model Law, I.C.L.Q. 1985, S. 9 ff.

ders., The London Court of International Arbitration 1892 - 1992, Arb.Int. 1992, S. 317 ff.

Kilgus, Stefan, Zur Anerkennung und Vollstreckbarerklärung englischer Schiedssprüche in Deutschland, Dissertation, Berlin 1995

Klein, Bohuslav, Länderbericht Tschechische Republik - Schiedsgerichtsbarkeit und Vollstreckung von Schiedssprüchen in der Tschechischen Republik, in: Böckstiegel, Karl-Heinz (Hrsg.), Recht und Praxis der internationalen Schiedsgerichtsbarkeit in Staaten Zentral- und Ost-Europas, Schriftenreihe der Deutschen Institution für Schiedsgerichtsbarkeit Band 13, Köln Berlin Bonn München 1998, S. 393 ff.

Klein, Frédéric-Edouard, Das Europäische Übereinkommen über die internationale Handelschiedsgerichtbarkeit, ZZP 76 (1963), S. 342 ff.

Knacke, Jürgen, Auseinandersetzungen im privaten Baurecht, Köln 1995, 2. Auflage

Kohler, Josef / Peiser, F. E., Hammurabi's Gesetz, Band I, Leipzig 1904

Kornblum, Udo, Private Schiedsgerichte und Art. 177 EWGV - Zur Befugnis bzw. Verpflichtung privater Schiedsgerichte, Vorabentscheidungen des EuGH einzuholen, JPraxSch Bd. 2 (1988), S. 102 ff.

Koussoulis, Stelios, Fragen zur Mehrparteienschiedsgerichtsbarkeit, ZZP 1994, S. 195 ff.

Kremer, Gottfried, Risiken bei Anlagenverträge in technischer Sicht, in: Nicklisch, Fritz (Hrsg.), Bau- und Anlagenverträge - Risiken, Haftung, Streitbeilegung, München 1984, S. 7 ff.

Kropholler, Jan, Internationales Einheitsrecht, Tübingen 1975

Krumm, Hein, Anlagenverträge im Osthandel, Heidelberg 1987

Kühn, Wolfgang, Arbitrability of Antitrust Disputes in the Federal Republic of Germany, Arb.Int.1987, S. 226 ff.

ders., Vorläufiger Rechtsschutz und Schiedsgerichtsbarkeit, JPraxSch Bd. 1 (1987), S. 47 ff.

Lachmann, Jens-Peter, Handbuch für die Schiedsgerichtsbarkeit, Köln 1998

Lalive, Pierre, The First „World Bank" Arbitration (Holiday Inns v. Morocco) - Some Legal Problems, Brit. Y. B. Int. Law (1980),, S. 123 ff.

ders., The New Swiss Law on International Arbitration, Arb.Int. 1988, S. 2 ff.

Lamm, Carolyn B. / Smutny, Abby Cohen, The International Centre for Settlement of Investment Disputes: Responses to Problems and Changing Requirements, Arbitration 1998, Vol. 1 Supplement, S. 22 ff.

Lando, Ole, Principles of European Contract Law, An Alternative or a Precursor of European Legislation, RabelsZ 1992, S. 261 ff.

Laschet, Franz, Die Mehrparteienschiedsgerichtsbarkeit, in: Böckstiegel, Karl-Heinz / Glossner, Ottoarndt (Hrsg.), Festschrift für Arthur Bülow, Köln Berlin Bonn München 1981

Lebedev, S. N., The LCIA Rules for International Commercial Arbitration, Arb.Int. 1992, S. 321 ff.

Lionnet, Klaus, ICC-Schiedsgerichtsbarkeit aus der Sicht einer Partei, in: Böckstiegel, Karl-Heinz (Hrsg.), Recht und Praxis der Schiedsgerichtsbarkeit der internationalen Handelskammer, Schriftenreihe des Deutschen Instituts für Schiedsgerichtswesen, Band 6, Köln Bonn Berlin München 1986, S. 65 ff.

ders., Schiedsgerichtsbarkeit und „Meditation" - Alternativen und Gegensätze, in: Nicklisch, Fritz (Hrsg.), Der komplexe Langzeitvertrag (Strukturen und Internationale Schiedsgerichtsbarkeit), Schriftenreihe Technologie und Recht Band 8, Heidelberg 1987, S. 543 ff.

ders., Handbuch der internationalen und nationalen Schiedsgerichtsbarkeit, Stuttgart München Hannover Berlin Weimar Dresden 1996

ders., ICC-Rules of Arbitration 1998, BB 1997, Beil. zu Heft 13, S. 15 ff.

Locher, Horst, Das private Baurecht, München 1996, 6. Auflage

Lörcher, Heike, Das internationale Handelsschiedsverfahren in Frankreich, Dissertation, Köln Berlin Bonn München 1997

LCIA (Hrsg.), An Introduction to the London Court of International Arbitration, London 1997

Mähler, Hans-Georg / Mähler, Gisela, Streitschlichtung – Anwaltssache, hier: Mediation, NJW 1997, S. 1262 ff.

Mandelkow, Dieter, Chancen und Probleme des Schiedsgerichtsverfahrens in Bausachen, Dissertation, Köln 1995

ders., Schiedsgerichtsverfahren in Bausachen, BauR 1997, S. 785 ff.

Markfort, Rainer, Mehrparteien-Schiedsgerichtsbarkeit im deutschen und ausländischen Recht, Dissertation, Köln Berlin Bonn München 1994

Mallmann, Roman A., Neue FIDIC-Standardbedingungen für Bau- und Anlagenverträge, RIW 2000, S. 532 ff.

Markowsky, Peter, Der Bauvertrag im internationalen Rechtsverkehr, Dissertation, Frankfurt 1997

Mengel, Hans-Joachim, Probleme der Zuständigkeit des International Centre for Settlement of Dispute (ICSID), RIW 1986, S. 941 ff.

Mezger, Ernst, Das Europäische Übereinkommen über die Handelsschiedsgerichtsbarkeit, RabelsZ 1965, S. 232 ff.

Moitry, Jean-Hubert, Arbitrage international et droit de la concurrence: vers un ordre public de la lex mercatoria?, Rev.Arb. 1989, S. 3 ff.

Mok, M. R. / Johannes, Hartmut, Schiedsgerichtsbarkeit und EWG-Vertrag, AWD des BB 1966, S. 125 ff.

Mok, Young-Joon, The Principle of Reciprocity in the United Nations Convention on the Regocnition and Enforcement of Foreign Arbitral Awards of 1958, Journal of International Law 1989, S. 127 ff.

Molineaux, Charles, Moving Toward a Construction Lex Mercatoria - A Lex Constructionis, J.Int.Arb. 1997, No. 1, 55 ff.

Münzberg, Reinhard, Die Schranken der Parteivereinbarungen in der privaten internationalen Schiedsgerichtsbarkeit, Dissertation, Berlin 1970

Mustill, Michael John, Arbitration: History and Back-, ground, J.Int.Arb. 1989, No. 2, S. 49 ff.

Mustill, Michael John / Boyd, Stewart C., The Law and Practice of Commercial Arbitration in England, (Commercial Arbitration), London und Edinburgh 1989, 2. Auflage

NAI, Introduction to NAI Rules, in: NAI (Hrsg.), *Netherlands Arbitration Institute Arbitration Rules,* Rotterdam 1993, S. 9 ff.

Nathan, K. V. S. K., ICSID and Dispute Resolution in International Civil Engineering Contracts, Arbitration 1992, S. 193 ff.

Nicklisch, Fritz, Risiken bei Bau- und Anlagenverträge aus rechtlicher Sicht - Besondere Vertragsstrukturen mit speziellen Risiken, in: Nicklisch, Fritz (Hrsg.), Bau- und Anlagenverträge - Risiken, Haftung, Streitbeilegung-, Schriftenreihe Technologie und Recht Band 4, Heidelberg 1984, S. 101 ff.

ders. (Hrsg.), Der komplexe Langzeitvertrag (Strukturen und Internationale Schiedsgerichtsbarkeit), Schriftenreihe Technologie und Recht Band 8, Heidelberg 1987, S. 543 ff.

ders., Privatautonomie und Schiedsgerichtsbarkeit bei internationalen Bauverträgen, RIW 1991, S. 89 ff.

ders., Mehrparteienschiedsgerichtsbarkeit und Streitbeilegung bei Großprojekten, in: Plantey, Alain / Böckstiegel, Karl-Heinz / Bredow, Jens, Festschrift für Ottoarndt Glossner, Heidelberg 1994, S. 221 ff.

ders., Schiedsgerichtsverfahren mit integrierter Schlichtung, RIW 1998, S. 169 ff.

ders., Schiedsgerichtsverfahren mit integrierter Schlichtung, DIS-Mat. V (1999), S. 81 ff.

Nicklisch, Fritz / Weick, Günter, VOB Verdingungsordunng für Bauleistungen Teil B, München 1991, 2. Auflage, (zit.: Nicklisch/Weick, VOB, ...)

Okekeifere, Andrew I., The UNCITRAL Model Law and the Problem of Delay in International Commercial Arbitration, J.Int.Arb. 1997, No. 1, S. 125 ff.

Paulsson, Jan, Report on the UNCITRAL-Model Law on International Commercial Arbitration as adopted in Vienna on 21 June 1985, Arbitration 1986, S. 98 ff.

ders., International Commercial Arbitration, in: Bernstein, Ronald / Tackaberry, John / Marriott, Arthur L. / Wood, Derek (Hrsg.), *Handbook of Arbitration Practice,* London 1998, 3. Aufl., S. 533 ff.

Peter, Bernhard, Switzerland, in: Bösch, Axel (Hrsg.), *Provisional Remedies in International Commercial Arbitration, A Practitioner Handbook,* Berlin New York 1994, S. 691 ff.

Peterson, Courtland H., Foreign Country Judgements and the Second Restatement of Conflict of Laws, Colum.L.Rev. 1972, S. 220 ff.

Philip, Allan, Arbitration Institutions in Denmark, ASA-Bulletin 1985, S. 184 f.

ders., Denmark, Mai 1986, S. 1 ff., in: Sanders, Pieter / van den Berg, Albert Jan, *International Handbook on Commercial Arbitration, Vol. II, National Reports, Basic Legal Texts, International Council for Commercial Arbitration,* Den Haag London Boston 1998

Philipp, Otmar, Schiedsverfahren fördern, EuZW 1994, S. 612 f.

Pike, Andrew, Dispute Review Boards and Adjudicators, ICLR 1993, S. 157 ff.

Pirrung, Jörg, Die Schiedsgerichtsbarkeit nach dem Weltbank-Übereinkommen für Investitionsstreitigkeiten, (unter der besonderen Berücksichtigung der Rechtslage bezüglich der Bundesrepublik Deutschland), Berlin 1972

ders., Die Schiedsverfahrensordnung der UNCITRAL, RIW 1977, S. 513 ff.

Raeschke Kessler, Hilmar / Berger, Klaus Peter / Lehne, Hans K., Recht und Praxis des Schiedsverfahren, Köln 1995, 2. Auflage

Raeschke-Kessler, Hilmar, Stellungnahme zu: Schiedsverfahren: Der Schiedsrichter als Vermittler, ASA-Bulletin 3/1995, S. 568 ff.

Rauh, Karlheinz, Die Schieds- und Schlichtungsordnung der UNCITRAL, Dissertation, Köln Berlin Bonn München 1983

Redeker, Konrad / Oertzen, Hans-Joachim von, Verwaltungsgerichtsordnung, Stuttgart Berlin Köln 1997, 12. Auflage (zit.: Redeker/von Oertzen, VwGO, ...)

Redfern, Alan / Hunter, Martin / Smith, Murray, Law and Practice of InternationalCommercial Arbitration, London 1991, 2. Auflage

Reiner, Andreas, Handbuch der ICC-Schiedsgerichtsbarkeit, Wien 1989

Robert, Jean, Domaine ouvert à l'arbitrage dans le cadre du droit communautaire, Travaux du 2e congrès international de l'arbitrage, Rev.Arb. 1966, S. 23 ff.

Roth, Günter H., Der Vorbehalt des Ordre Public gegenüber fremden gerichtlichen Entscheidungen, Bielefeld 1967

Samuel, Adam, Arbitration in Western Europe -A Generation of Reform, Arb. Int. 1991, S. 319 ff.

Sanders, Pieter, Commentary on UNCITRAL Arbitration Rules, Yearbook Commercial Arbitration II (1977), S. 172 ff.

Sanders, Pieter / van den Berg, Albert, The Netherland Arbitration Act 1986, Deventer Antwerp 1987

Schlosser, Peter, Das Recht der internationalen privaten Schiedsgerichtsbarkeit, Tübingen 1989, 2. Auflage

*Schmidt-Gayk, Andreas / Jamin, Peter-René,*Zwangschlichtung am Bau?, BauR 1999, S. 811 ff.

Schmitthof, Clive M., Arbitration and EEC Law, CMLRev. 1987, S. 143 ff.

Schneider, Michael E., International Construction Contracts, D.P.C.I. 1983, S. 277 ff., 429 ff., 649 ff.

ders., An Introduction to Swiss Construction Contract Issues: The Hongrin-Léman Case, ICLR 1984, S. 167 ff.

ders., Schiedsverfahren in Streitigkeiten aus Bau- und Anlagenverträgen, in: Böckstiegel, Karl-Heinz (Hrsg.), Vertragsgestaltung und Streiterledigung in der Bauindustrie und im Anlagenbau, Schriftenreihe des Deutschen Instituts für Schiedsgerichtswesen, Band 4, Köln Berlin Bonn München 1984, S. 159 ff.

Schütze, Rolf A. / Tscherning, Dieter / Wais, Walter, Handbuch des Schiedsverfahren, Praxis der deutschen und internationalen Schiedsgerichtsbarkeit, Berlin New York, 1990, 2. Auflage

Schütze Rolf A., Schiedsgericht und Schiedsverfahren, München 1998, 2. Auflage

Schwab, Karl Heinz / Walter, Gerhard / Baumbach, Adolf, Schiedsgerichtsbarkeit, Systematischer Kommentar, München 2000, 6. Auflage

Schwab, Karl Heinz / Walter, Gerhard / Baumbach, Adolf, Schiedsgerichtsbarkeit, Systematischer Kommentar, München 1995, 5. Auflage

Schweitzer, Michael / Hummer, Waldemar, Europarecht,Neuwied und Kriftel 1985, 2. Auflage (Vorauflage)

Sedlacek, Wilhelm, Das UN-Übereinkommen vom 10. Juni 1958 über die Anerkennung und Vollstreckung ausländischer Schiedssprüche, Öst. Zeitschrift für Rechtsvergleichung 1962, S. 23 ff.

Seppala, Christopher R., The New FIDIC Provision for a Dispute Adjudication Board, ICLR 1997, S. 443 ff.

Simons, Klaus, Ursachen und Gründe für Streitigkeiten bei internationalen Bau- und Consultingverträgen, in: Simons, Kaus (Hrsg.), Der Streit bei internationalen Bauverträgen, Symposium Bad Ems 1980, Braunschweig 1981, S. 1 ff.

Sorbier, du, Monegier, Comité d'arbitrage de la Fédération des travaux publics, in: *Institution d'Arbitrage en France,* Rev.Arb. 1990, S. 225, 272

Storme, Marcel (Hrsg.), Rapprochement du Droit Judiciare de l'Union Européenne - Approximation of Judiciary Law in the European Union, Dordrecht 1994

Stürner, Rolf, Der europäische Zivilprozeß - Einheit oder Vielfalt?, in: Grunsky, Wolfgang / Stürner, Rolf / Walter, Gerhard / Wolf, Manfred (Hrsg.), Wege zu einem europäischen Zivilprozeßrecht, Tübinger Symposium zum 80. Geburtstag von Fritz Baur, Tübingen 1992, S. 1 ff.

Stumpf, Herbert, Vor- und Nachteile des Verfahrens vor dem Schiedsgericht gegenüber dem Verfahren vor dem ordentlichen Gericht, in: Böckstiegel, Karl-Heinz / Glossner, Ottoarndt (Hrsg.), Festschrift für Arthur Bülow, Köln Berlin Bonn München 1981, S. 217 ff.

Swoboda, Hans Wolfgang, Risiken bei Auslandsbauverträgen aus ökonomisch-technischer Sicht, in: Nicklisch, Fritz (Hrsg.), Bau- und Anlagenverträge -Risiken, Haftung, Streitbeilegung-, München 1984, S. 21 ff.

Szász, Iván, Introduction to the Model Law of UNCITRAL on International Commercial Arbitration, Report I, in: Sanders, Pieter (Hrsg.), *UNCITRAL'S Project for a Model Law on International Commercial Arbitration, ICCA Congress series No. 2,* Antwerp Boston London Frankfurt 1984, S. 31 ff.

Szurski, Tadeusz, Arbitration Agreement and Competence of the Arbitral Tribunal, Report II, in: Sanders, Pieter (Hrsg.), *UNCITRAL'S Project for a Model Law on International Commercial Arbitration, ICCA Congress series No. 2,* Antwerp Boston London Frankfurt 1984, S. 53 ff.

Thode, Reinhold / Wenner, Christian, Internationales Architekten- und Bauvertragsrecht, Köln 1998

Uff, John / Jefford, Nerys, European Harmonisation in the Field of Construction, ICLR 1993, S. 122 ff.

Ungar, Herbert / Másilko, Vilém, Das Schiedsverfahren in Handelssachen und die Vollstreckung von Schiedssprüchen in der Tschechoslowakei, AWD des BB 1967, S. 297 ff.

UNIDO (Hrsg.), UNIDO/PC.25, Rev. 1 1983

United Nations, UNCITRAL Legal Guide on Drawing Up Contracts for the Construction, New York 1988

Van den Berg, Albert Jaan, The New York Arbitration Convention of 1958, Antwerpen Boston London Frankfurt 1981

Van den Berg, Albert Jaan / Delden, van den, R. / Snijders, Henk J., Netherlands Arbitration Law, Deventer Boston 1993

Verbist, Herman, The Application of European Community Law in ICC Arbitrations, Special Suppl. zum ICC-Bulletin *November* 1994, S. 33 ff.

Villard, Michel, L'organisation profisionelle d'arbitrage des Travoaux publics, Rev.Arb. 1973, S. 47 ff.

Walde, Hermann /Belinghoff, Gerd, Das Auslandsgeschäft mit Industrieanlagen, anbahnen - projektieren - finanzieren - abwickeln, München 1967

Wallace, I. N. Duncan, The UNCITRAL Legal Guide on Industrial Work Contracts, ICLR 1991, S. 233 ff.

Walter, Gerhard, Neuere Probleme der privaten Schiedsgerichtsbarkeit in Europa, in: Grunsky, Wolfgang / Stürner, Rolf / Walter, Gerhard / Wolf, Manfred (Hrsg.), Wege zu einem europäischen Zivilprozeßrecht, Tübinger Symposium zum 80. Geburtstag von Fritz Baur, Tübingen 1992, S. 111 ff.

Weigand, Frank-Bernd, Evading EC Competion Law by Resorting to Arbitration, Arb.Int. 1993, S. 249 ff.

Werner, Ulrich / Pastor, Walter, Der Bauprozess, Düsseldorf 1999, 9. Auflage

Wiegand, Christian, Das anwendbare materielle Recht bei internationalen Bauverträgen - Zur internationalprivatrechtlichen Anknüpfung bei Bauexportverträgen, in: Böckstiegel, Karl-Heinz (Hrsg.), Vertragsgestaltung und Streiterledigung in der Bauindustrie und im Anlagenbau, Schriftenreihe des Deutschen Instituts für Schiedsgerichtswesen, Band 4, Köln Berlin Bonn München 1984, 59 ff.

ders., Rechtsprobleme einer speziellen internationalen Bauschiedsgerichtsbarkeit, in: Nicklisch, Fritz (Hrsg.), Bau- und Anlagenverträge - Risiken, Haftung, Streitbeilegung-, Heidelberg 1984, S. 289 ff.

ders., Internationales Bauschiedswesen - UNCITRAL als Schrittmacher der Rechtsvereinheitlichung, ZfBR 1985, S. 5 ff.

ders., Das *Pre-Arbitral-Référée*-Verfahren der ICC, JbPraxSch Bd. 4 (1990), S. 146 ff.

ders., „Brussels" and Arbitration, J.Int.Arb. 1995, No. 4, S. 5 ff.

ders., „Adjudication" – beschleunigte außergerichtliche Streiterledigungsverfahren im englischen Baurecht und im internationalen FIDIC-Standardvertragsrecht, RIW 2000, S. 197 ff.

Zerbe, Götz, Die Reform des deutschen Schiedsverfahrensrechtesauf der Grundlage des UNCITRAL-Modellgesetzes über die internationale Handelsgerichtbarkeit, Dissertation, Baden Baden 1995

Zerhusen, Jörg, Schlichtungs- und Schiedsordnung für Baustreitigkeiten (SO-Bau) der ARGE-Baurecht im Deutschen AnwaltVerein, BauR 1998, S. 849 ff.

FSC
www.fsc.org
MIX
Papier | Fördert
gute Waldnutzung
FSC® C083411

Kolibri 360 GmbH
Ferdinand-Jühlke-Straße 7
99095 Erfurt, Deutschland
produktsicherheit@kolibri360.de

Druck:
CPI Druckdienstleistungen GmbH
im Auftrag der
Kolibri 360 GmbH
Ferdinand-Jühlke-Str. 7
99095 Erfurt